S. 23 Entstehen des Neuen
Testaments

S. 352 Lehre Jesu

S. 59 Gebet

S. 67 Vorbereitung für ein KiW

S. 73 Josef von Arimathäa

S. 77 Religion → Mythos

S. 184 Satya Sai Baba

S. 328 Umfug im Namen Gottes

S. 336 Nabelschnur Erde

S. 352 individualisierte Seele

S. 365 Lichtheimat - über Tod

S. 353 Literatur

S. 356 -n- Omraam

S. 367 Lebensplan vor Geburt geschaffen

Saint Germains Vermächtnis

DAS
GEHEIME WISSEN
ÜBER DIE WELT UND
DAS LEBEN

Myra

Einleitung und Redaktion von Brigitte Hussak

// SILBERSCHNUR VERLAG

Hinweis

Die Angaben in diesem Buch sind nach bestem Wissen und Gewissen zusammengestellt. Sie sind weder ein Ersatz für Medikamente noch für irgendwelche ärztlichen oder psychotherapeutischen Behandlungen. Hinsichtlich des Inhaltes dieses Werkes und der darin dargestellten Resultate geben der Verlag und die Autorin weder indirekte noch direkte Gewährleistungen. Demzufolge können und sollen die Inhalte dieses Buches keinen Arztbesuch ersetzen und stellen keine Anleitung zur Selbstdiagnose dar. Empfehlungen hinsichtlich Diagnoseverfahren, Therapieformen oder Ähnlichem werden nicht gegeben. Autorin und Verlag übernehmen somit keinerlei Haftung. Die in diesem Buch vorgestellten Gedanken stellen die persönliche Meinung und Interpretation sowie das persönliche Verständnis des Autors dar und nicht die der Rechteinhaber von *Ein Kurs in Wundern*®.

In diesem Buch wurden Zitate und sinngemäße Wiedergaben entnommen aus dem Werk »Ein Kurs in Wundern«®, Greuthof Verlag, Freiburg, © 1994, 2008.
Nähere Informationen: www.greuthof.de
Ein Kurs in Wundern®, *EKIW*® und *A Course in Miracles*® sind als Marken eingetragen.

© Copyright Verlag »Die Silberschnur« GmbH

ISBN: 978-3-89845-409-4

1. Auflage 2013

Gestaltung & Satz: XPresentation, Güllesheim
Umschlaggestaltung: XPresentation, Güllesheim; unter Verwendung des Motivs #7294299,
www.istockphoto.com
Druck: Finidr, s.r.o. Cesky Tesin

Verlag »Die Silberschnur« GmbH · Steinstr. 1 · 56593 Güllesheim
www.silberschnur.de · E-Mail: info@silberschnur.de

INHALT

Amora,
dem liebevollen Lichtwesen, das meine "innere Reise"
seit einigen Jahren begleitet, und seinen beiden
medialen Übermittlern, meinen lieben Freunden
Waltraud Rempe und Andreas Bader,
ist dieses Buch in Dankbarkeit gewidmet.

Lehrer öffnen dir das Tor,
über die Schwelle treten musst du selbst.

Hakuin, japanischer Zen-Meister (1686-1776)

Ein echter Lehrer ist daran zu erkennen,
dass er bedingungslos lebt, was er lehrt.
Er verfolgt keine Ideologie und ist selbst frei
von Bindungen jeder Art, außer jener an Gott.

Saint Germain

Vorwort

Liebe Leserin, lieber Leser,
die vorliegende Sammlung einzelner Texte meines Lehrers Saint Germain entstand zu den verschiedensten Anlässen. Es finden sich hier philosophische Abhandlungen, Texte über die Schöpfung, den Mythos, über Dao (auch Tao), *Ein Kurs in Wundern*, aber auch Lebenshilfen zu unterschiedlichen Themen und Problemen. Wir hatten oftmals und auch außerhalb unserer Schulungen Fragen, die Saint Germain entweder während einer medialen Sitzung für eine einzelne Person beantwortete oder aber Myra, seinem Medium, für unsere gesamte Gruppe diktierte. Die Antworten waren und sind jedoch für unseren Freundeskreis genauso interessant, und so mögen sie auch für Sie aufschlussreich sein.

Saint Germain holte uns, eine kleine Gruppe befreundeter Menschen, 1993, da er als unser Lehrer aus alten Zeiten wieder in unser Leben trat, dort ab, wo wir uns in unserer Entwicklung gerade befanden. Er wies uns behutsam über die gemeinsamen Jahre hinweg den Weg zur Selbsterlösung, der ein Weg in die innere Freiheit ist. Gral, Heil(ig)ung, Kabbala, Rosenkreuz, die Kräfte der Natur, Kundalini, Dao und so weiter waren die Themen, sodass letztendlich jeder einen ihm gemäßen und gangbaren Weg zur Auswahl und

Verfügung hatte. Er versteht es, *"Wissen, das zur Weisheit führen soll"*, wie er es ausdrückt, den Menschen auf spannende und berührende Weise nahezubringen. Die geistige Verbindung zwischen Orient und Okzident neu zu beleben und zu fördern, ist ihm ein Anliegen, was er auch in allen Veröffentlichungen getan hat. Und es war und ist Saint Germain ebenfalls wichtig, deutlich zu machen, dass ein spiritueller Weg, der sich auf Wahrheit gründet, keine Spielerei ist, sondern einige Disziplin verlangt, denn alles andere führt nicht zum gewünschten Ergebnis.

Ausführliche Informationen über Saint Germain und unsere Jahre mit ihm, die den Rahmen dieses Buches sprengen würden, sind im ersten Buch *Saint Germains Vermächtnis. Ein westlich-abendländischer Einweihungsweg* enthalten.

Das vorliegende Buch ist das letzte der Reihe. Da ich nicht davon ausgehen kann, dass jeder Interessierte die bereits erschienenen Bücher kennt, habe ich, wo es mir nötig schien, erklärende Kommentare hinzugefügt.

So darf ich "Saint Germains Vermächtnis" einen guten Weg in die Herzen der Leser wünschen.

Brigitte Hussak
Dießen am Ammersee im Frühjahr 2013

12

Geleitwort von Amora

Liebe Leserin, lieber Leser,

es ist mir, Amora, als geistigem Wesen, welches auf dem rosaroten Strahl der Liebe wirkt, eine sehr große Freude, diesem Buch ein paar Geleitworte hinzufügen zu dürfen. Wie Sie erkennen können, handelt es sich bei dieser Veröffentlichung um eine Sammlung von zeitlosen Wahrheiten. Gerade in der jetzigen Zeit, da das globale und persönliche Bewusstsein sich auf die nächsthöhere Stufe der Evolution erhebt, können diese Wahrheiten ihre Wirksamkeit voll entfalten. Denn aufgrund der globalen Schwingungserhöhung haben Sie jetzt die Möglichkeit, die Botschaften dieses Buches direkt im Herzen aufzunehmen und damit Bewusstseinswandlungen in sich geschehen zu lassen. Die Worte und Energien der verschiedenen Kapitel wirken hierbei als energetische Schlüssel in Ihren Bewusstseinsfeldern.

Sowohl Meister Saint Germain, der diese Botschaften in wunderbare Worte gefasst hat, als auch die Redakteurin geleiten dieses Buch mit ihren Schwingungen der reinen Herzensliebe und Weisheit. Viele Engel und Lichtwesen sind ebenfalls anwesend, wenn Sie dieses Buch in Händen halten. Genießen Sie also jede einzelne Zeile, denn mit jedem Wort, das Sie in sich aufnehmen, fließen gleichzeitig gnadenreiche Erkenntnisenergien dieser neuen Zeit, die in Ihrem Leben zur Heilung und Bereicherung für Körper, Geist und Seele werden.

Auch ich, Amora, hülle Sie liebe Leserin, lieber Leser, ein in meine Schwingungen der Liebe aus dem Herzen meines göttlichen Seins.

Gott zum Gruße!

Das lichtvolle geistige Wesen Amora, dem dieses Buch gewidmet ist, könnte man nach esoterischer Lesart als »Aufgestiegene Meisterin« bezeichnen. Sie ist, wie auch ihre beiden medialen »Übersetzer« Waltraud Rempe und Andreas Bader, ein Mitglied meiner Seelenfamilie, der unter anderen Saint Germain, Myra und unsere Schulungsgruppe angehören, so wie jeder Mensch Mitglied einer Seelenfamilie ist, deren es unzählige gibt.
Als ich Amora um ein Geleitwort für dieses Buch bat, meinte sie, das würde sie gerne tun, allerdings sollte ich mehr von meiner persönlichen Energie einfließen lassen. Daher entstand aus meiner Energie ein Text, den Sie am Ende des Buches finden.*

Texte in abgesetzter Schrift sind erklärende Anmerkungen von Brigitte Hussak.

SAINT GERMAIN
ÜBER GOTT, DIE WELT
UND DAS LEBEN

GOTT – SEIN ODER NICHTSEIN

Die Frage, wer oder was Gott ist, durchzog wie ein roter Faden unsere Schulungen, die wir durch Saint Germain genossen haben. Die Antworten, die wir erhielten und die in den bereits erschienenen Büchern nachgelesen werden können, waren befreiend, erforderten aber ein Umdenken und das Verlassen anerzogener und eingefahrener religiöser Pfade.

Über Gott zu sprechen heißt, das Wesen der Liebe zu benennen. Er ist nicht irgendeine Person, sondern Energie, die allem innewohnt.

Mit wenigen Ausnahmen – Buddhismus und Taoismus seien hierfür stellvertretend genannt – gebieten alle Religionen über einen anthropomorphen (= persönlichen, menschlichen) Gottesbegriff, den sie ihren Anhängern überstülpen – die Ursache für unendliches Leid beinahe seit Anbeginn der Menschheit.

Jede Kultur hat sich aus ihren traditionellen Überlieferungen ein religiöses Kleid entworfen, das den speziellen Anforderungen so weit wie möglich gerecht wird. Wie jedes Kleid hat auch dieses besondere Eigenschaften und Aufgabenstellungen: Es bedeckt die ursprüngliche Nacktheit, zudem wärmt und schmückt es seinen

Träger. Es kennzeichnet ihn entweder als in die Gesellschaft noch nicht integriertes oder scheinbar überhaupt nicht integrierbares Individuum – oder es zeigt auf den ersten Blick die Zugehörigkeit zum "Clan". Sofort erkennt man, ob der "Träger" sich der vorherrschenden Meinung unterzuordnen vermag oder ob er einer oppositionellen Strömung zuzurechnen ist, die man bekämpfen muss. Man könnte dies noch lange fortschreiben, aber die wenigen Beispiele verdeutlichen schon die Problematik, die mit beinahe jeder religiösen Strömung einhergeht. Hier liegen fast alle Konflikte begraben, die die Menschheit seit jeher entzweiten und die aus Brüdern Feinde mach(t)en und Völker, ja Kontinente in schier unüberwindbare religiöse, ideelle, kulturelle (= weltanschauliche) Konflikte stürzten.

Auch in Europa erleben wir die Auswirkungen bis in die heutige Zeit hinein. Wenn wir nach Nordirland blicken (1999, als dieser Text entstand, war Nordirland noch nicht befriedet), können wir die spaltende Kraft, die aus nur sekundär religiös motivierter Gegnerschaft Angehörige unterschiedlicher Glaubenssysteme in blutige Bürgerkriege führt, in ihrer Struktur erkennen. Wenn wir die dort herrschende Feindschaft bis auf ihren Ursprungsgrund zurückverfolgen, finden wir einen machtbesessenen englischen Herrscher, Heinrich VIII., der dem kirchlichen Gebot der Unauflöslichkeit der Ehe trotzt und sich, um sich einiger unliebsam gewordener Ehefrauen legal entledigen zu können, von der bisherigen staatstragenden Kirche trennt und sein Volk zwingt, diesen Schritt mitzugehen.

Der englische Protestantismus ist ein treffendes Beispiel für den Missbrauch der Religion, um politische oder auch persönliche Ziele durchzusetzen, was für einen absolutistischen Herrscher, wie am Beispiel von Heinrich VIII. gesehen, nur den Erlass eines entsprechenden Dekretes bedeutete, dem sich das Volk zu beugen hatte. Wer am bisherigen Glauben festhielt, hatte automatisch sein Leben verwirkt. Man kann sich leicht vorstellen, was dies in jener Zeit bedeutete, und noch heute schwappt die Grausamkeit solch religiöser Gegnerschaft herüber bis ins Nordirland unserer Tage, wo sie identisch ist mit gesellschaftlicher Ächtung, die auf grausame Weise gerächt wird und noch immer – am Ende dieses Jahrtausends (20. Jahrhundert) – mit Folter und Tod einhergeht.

Letztlich war auch der Wahn des Nationalsozialismus in eurem Land mit pseudo-spirituell angehauchter Ideologie vollgepfropft, die in toto verantwortlich war für den Rassenwahn, der zur gänzlichen Ausrottung von Juden, Zigeunern und sonstigen "Untermenschen" führen sollte. "Herrenrasse" und andere gleichwertige Schlagwörter basieren stets auf einem übersteigerten Machtwahn, der aus Kleingeistern plötzlich "Herrenmenschen" macht, vor denen der "Rest der Welt" zittern und "im Staube kriechen" soll. Längst hat die Psychologie nach C. G. Jung Antworten hierfür und hierauf gefunden.

Auch wenn wir diese Auswürfe der menschlichen Gesellschaft heute mit psychologisch geschultem Sachverstand entsprechend zu etikettieren verstehen und das Urmuster, das solcher Tollheit als Modell diente, zu entschlüsseln vermögen, bleibt doch immer noch ein gänzlich unverdaubarer Rest in uns zurück, der sich nicht mit psychologischen Erklärungen zufriedengibt, sondern "Wurzeln" ganz anderer Art aus dem Humus der Geschichte graben möchte.

Solcherart in die Tiefe, in das Dunkel der Vergangenheit – was auch bedeuten könnte, in die eigene Kollektivschuld – geforscht, kommen seltsame Erkenntnisse, aber auch ein Bündel unterschiedlicher Fragen ans Licht, die, wie im Wort der "Kollektivschuld" bereits angeklungen, unsere eigene Einbindung in das Auf und Ab von Gut und Böse zum Inhalt haben. Es gibt keinen Menschen, der nicht "zweipolig" in seiner Persönlichkeitsstruktur angelegt ist, der beide Keime in sich trägt. Ursprungsmythen (Schöpfungsmythen) versuchen, Antwort hierauf in der Abspaltung der Götter von den Menschen zu finden, was ja nichts anderes bedeutet, als dass wir uns in den produktiven und kontraproduktiven Kräften (im "Personal", das den Mythos bevölkert) Schicht für Schicht wiederfinden und ihr Zusammenwirken am eigenen Leib und im eigenen Geist Tag für Tag erleben.

Dass der Mensch im Ursprung göttlich ist, sich aber im Laufe seiner Entwicklung vom göttlichen Ursprung entfernt hat, zieht sich wie ein roter Faden durch die Geschichten und Mythen aller Völker. Was aber ist dieser "göttliche Ursprung", und was war die Ursache für unseren "Sturz aus den Himmeln"? Wenn wir zur Beantwortung dieser Fragen den Mythen und religiösen Überlieferungen der Völker folgen, geraten wir leicht in Gefahr – wie fast alle Menschen vor uns –, dass wir Kräfte und Energien personifizieren und das *Perpetuum mobile*, das in endlosem Gleichmut Gott und Menschen separat bewegt, anstatt den unseligen Kreislauf der Trennung im Geiste endlich zum Stillstand zu bringen, durch unsere Projektionen unablässig in Bewegung halten und somit Gott an die Welt binden, anstatt die Welt zu Gott zurückzuführen.

Gott ist Unendlichkeit, "die Kraft hinter der Kraft, die alle Kräfte bewegt". Zu Beginn der Schulungen haben wir bereits den Versuch unternommen, diese Kraft, das *"Centrum centrorum"*, den "Unbewegten Beweger", zu erklären. Hier zur Erinnerung noch einmal einige Punkte in einer kurzen Zusammenfassung. (Veröffentlicht im Buch *Saint Germains Vermächtnis. Ein westlich-abendländischer Einweihungsweg.*)

> Der Gottesbegriff fußt auf der menschlichen Vorstellung, es handle sich hierbei um eine Person, indes das Gesetz aber vom reinen Prinzip ausgeht, der kosmischen Intelligenz, die das reine, geistige Licht nur widerspiegelt. Diesem Licht liegt unser gesamtes Dasein zugrunde. (...) Es handelt sich hierbei um die Widerspiegelung des un-

beweglichen, des höchsten Prinzips in der gewordenen Welt. (...) Das höchste Prinzip kann sich in einem geistigen, in der irdischen Welt bestehenden Zentrum manifestieren und wird dort die Aufgabe übernehmen, die unversehrte, geistige, ursprüngliche Tradition unversehrt zu bewahren. In der indischen Tradition spricht man hierbei von einem "Avatara". (...) Das kosmische Prinzip ist Energie. Bewusstsein wird erst durch Bewusstheit zum Bewusstsein und damit begreifbar. Gott kann seitdem nur noch als Bild oder Form, als Widerspiegelung gewisser Qualitäten, die man mit "göttlich" beschreibt, erfasst werden. Aber er ist und bleibt selbst einzig DAS PRINZIP.

Buddha lehrte: *"Das höchste Wahre ist ohne Bild. Gäbe es aber gar kein Bild, so gäbe es keine Möglichkeit, wodurch es sich als das Wahre manifestieren könnte. Das höchste Prinzip ist ohne Worte, gäbe es aber überhaupt keine Worte, wodurch könnte es sich dann als Prinzip offenbaren?"*

In jeder Religion, in jedem System, das den Menschen diszipliniert, das ihn also das sogenannte Gute lehrt, finden wir einen Teil der Wahrheit und somit ein Glied des göttlichen Körpers. Wenn wir alle Religionen und "Gut-Systeme" zusammennähmen, die heute und seit Beginn der Menschheit existier(t)en, und alle göttlichen Verkörperungen seit Anbeginn der Menschheit nebeneinanderstellten, fänden wir nicht mehr denn einen Hauch am Körper Gottes. Und selbst wenn wir aller Erkenntnisse, die die Menschen bis heute gewonnen haben, wenn wir aller Ergebnisse, die das Wissen hervorgebracht hat, gewahr würden und sie in eine Waagschale legten und Gott in die andere, würde sich unsere Schale weniger denn einen Bruchteil eines Milligramms bewegen. Das, was als Grundlage menschlicher Werte gilt, Wahrheit, Gerechtigkeit, Liebe, Güte, Gewaltlosigkeit und so weiter, würde, wenn es uneingeschränkt von jedem Lebewesen praktiziert würde, die damit gefüllte Waagschale nur um ein Weniges nach oben bewegen, während das göttliche Gewicht unbeeindruckt von allen Bemühungen menschlichen Wirkens und Seins in seiner Fülle und "Schwere" endlos auf dem "Grund aller Dinge und Welten" bestünde.

Macht solches Wissen verzagt oder frei? Wenn es so ist, dass kein Mensch zu irgendeiner Zeit das Wesen und die Natur Gottes begreifen konnte und kann, so zeigt uns dies, dass es niemals Aufgabe des menschlichen Geistes sein kann, diese Größe zu entschlüsseln und die, was daraus folgert, unbeantwortbare Frage nach dem Wesen Gottes auch nur zu stellen. Wer es also aufgibt, sein Gehirn mit einer Größe und mit Fragen zu belasten, die es überhaupt nicht zu fassen vermag, und stattdessen das Göttliche in sich hervorkehrt, indem er selbstlose Liebe lebt, Wahrheit verkündet, Gerechtigkeit, Güte und Gewaltlosigkeit in unspektakulärer Weise praktiziert, kommt dem Sinn der menschlichen Existenz sehr nahe. Denn dieser besteht darin, Gott auf die Erde zu bringen und die Trennung – deren Ursprung ebenso unergründlich ist wie das Wesen Gottes –, wie der "Kurs" (= *Ein Kurs in Wundern*) es lehrt, als Traum zu entlarven und sich damit aller unbeantwortbarer Fragen zu entledigen.

Hierin verbirgt sich auch eines der wunderbarsten Geheimnisse von überlieferten "göttlichen Herabkünften", die in "Jungfräulichkeit" – was meint: das unberührte, nicht vom verderbten Ego-Wunsch gebrandmarkte Sein – aus Erbarmen für die Menschheit selbst Mensch werden, damit die "Blinden sehend" und die "Lahmen gehend" werden.

Wer sich seiner innewohnenden Göttlichkeit bewusst ist und sie im Dienst am Bruder, der Schwester lebt, wird – ohne sich um die oben angesprochenen, nicht beantwortbaren Fragen zu kümmern – Gott auf die Erde bringen. Er wird zum "Sohn Gottes", der – indem er den Mitmenschen als sein Ich und somit Gott erkennt – Lahme und Blinde im doppelten Sinne zu heilen vermag. Wir finden solche Überlieferung in vielen Kulturen, und die Autoren des Neuen Testaments taten gut daran, den Mythos der Menschwerdung Jesu solchen Überlieferungen zu entnehmen, weil so bereits im Anbeginn die spätere Gottverwirklichung des Meisters sichtbar werden konnte. Er entsprach genau jenem Typus von "Prophet", welcher die Sehnsucht nach dem "wahren Messias" als einem Befreier aus der Knechtschaft einer zu Stein gewordenen, im Ritual sich erschöpfenden Religion zu befriedigen vermochte – und nicht die (was sich natürlich auch so manche von ihm erhofften, wie am Beispiel des Judas gesehen) nach einem Befreier aus der irdischen Knechtschaft.

Und hier verbirgt sich auch das Dilemma, das bis heute fortdauert. Die unmittelbaren Jünger, einfache Menschen, konnten weder die Sprache noch die so gänzlich neuen Inhalte dieser revolutionären Lehre in ihrer tiefen Geistigkeit begreifen. Auch waren einige von ihnen enttäuscht, weil er sie nicht heilte, sondern ihnen gebot, ihr Leben zu ändern, obwohl sie täglich miterlebten, dass er andere, die weder Anhänger noch offensichtlich bessere Menschen waren, spontan heilte. Eifersucht, Neid, Missgunst – alles Eigenschaften, die nicht über Nacht verschwinden, nur weil ein großer Lehrer in der Mitte weilt. Auch hierin waren die Jünger normale Menschen. Und aus ihrem mangelhaften Verständnis heraus woben sie nun den "Mantel der Geschichte", der, aber und abermals entstellt, von den Evangelisten neu geschnitten und geschneidert, dann – von den frühen "Kirchenvätern" wiederum verschnitten und geteilt – schließlich die junge Kirche kleidete und sehr bald zu einer eigenständigen, von Kulten und Klerus beherrschten Abart anderer existierender Gemeinschaften wurde. In ihr wurde zwar an die Lehre Jesu erinnert, wirklich praktiziert aber wurde sie nur von Randgruppen, wie zum Beispiel den Gnostikern, die nur im Verborgenen, im Geheimen wirken und lehren konnten und die die wahren Zeugnisse, die nichtzensierten Erinnerungsschriften an den lebendigen Christus, in Verstecken aufbewahrten, um sie so vor dem vernichtenden Zugriff fanatischer Anhänger des Apostels Paulus (den Ahnvätern der nachmaligen römischen Kirche) zu bewahren.

Gäbe es Worte für das, was Jesus nach seinem Heimgang für seine Brüder und Schwestern und um seiner Brüder und Schwestern willen litt, müssten sich "die Himmel" für Jahrzehnte öffnen, um solche Wolkenworte, angefüllt mit seinem Schmerz, dem "Tau des Gerechten", herabregnen zu lassen. Denn die Liebe ist nie frei von Schmerz für die, denen man mit dem Herzen zugetan ist, jedenfalls solange sie diesem Herzen fern sind – und bis sie wieder dorthin zurückgefunden haben. Nun ist solcher Schmerz aber nicht zu vergleichen mit jenem, den die Welt gibt – er gleicht einem Schrei, der die Himmel erzittern lässt und das Festgefügte in Stücke reißt. Jeder, der einmal berührt wird von der Süße solcher Liebe und dann durch seine Taten solchen Schmerz auslöst, wird so lange selbst zum Schmerz, bis er die Quelle seines Leides erkennt und in das Herz des göttlichen Geliebten zurückkehrt.

Diese Worte Saint Germains über Jesus sind gewiss auch nachzuvollziehen, wenn man bedenkt, welche Verbrechen »für« und »im Namen« von Jesus im Laufe der letzten zweitausend Jahre Kirchen- und Weltgeschichte begangen wurden.

Gott ist als Prinzip der Vater allen Seins. Im Vaterprinzip verbirgt sich jegliche potenzielle Möglichkeit des Lebens, das sich in der Zeugung (Schöpfung) manifestieren kann. Wenn wir die Schöpfung unter diesem Gesichtspunkt betrachten, können wir erkennen, dass der Schöpfungsvorgang erst möglich werden konnte, als sich das Göttliche in das Vater-Mutter-Prinzip, in die Dualität, aufgespalten hatte.

Jesus sagte die Heilsworte in *Ein Kurs in Wundern*: "*Niemand auf Erden kann erfassen, was der Himmel ist und was sein einziger*

Schöpfer wirklich bedeutet. Wir haben jedoch Zeugen: Diese sollte die Weisheit anrufen. Es hat diejenigen gegeben, deren Lernen das weit übersteigt, was wir lernen können, und wir möchten auch nicht die Begrenzungen lehren, die wir uns auferlegten. Niemand, der zu einem wahren und hingebungsvollen Lehrer Gottes geworden ist, vergisst seine Brüder. Doch was er ihnen anbieten kann, ist durch das begrenzt, was er selbst lernt. Wende dich denn an den Einen, der alle Grenzen abgelegt hat und über die äußerste Grenze des Lernens hinausgegangen ist. Er wird dich mit sich nehmen, denn er ist nicht allein gegangen. Und du warst damals bei ihm, wie du es jetzt bist." [1]

Zu welchem Lehrer Gottes du dich auch hingezogen fühlst - sei es Jesus oder ein anderer: Dieser letzte Satz ist deine Wahrheit, und du wirst ihrer Stimme folgen bis zum Erwachen in deine eigene Meisterschaft.

DER MYTHOS

1.

Die wichtigsten Fragen, die die Menschheit seit jeher bewegen, kreisen um den Ursprung der Welt und des Menschen sowie um die Erkenntnis seiner wahren Natur.

In allen Religionen wird davon berichtet, dass der Mensch göttlich sei. Das Christentum im Gewand der Kirchen ist mit der Aussage Jesu *"Wisset, dass auch ihr göttlich seid"* nie besonders glücklich gewesen, weil man Göttlichkeit dort ausschließlich Jesus zuerkennt und dem "sündigen", erlösungsbedürftigen Menschen dieses Attribut nicht zugestehen kann.

Und hier begegnet uns bereits im Vorfeld unserer Betrachtungen ein grundlegendes Problem, das die exoterischen (= äußeren) Kirchen ebenso wie andere im Äußeren verhaftete Religionen auszeichnet. Sie sind auf eine spektakuläre Zurschaustellung äußerer, greifbarer Rituale ausgerichtet, in denen die tiefliegenden Geheimnisse, die sich in jedem Ritual verbergen, in vordergründigen Handlungen untergehen.

Die Aussage von Karl Marx, dass Religion "Opium für das Volk" sei, trifft genau diesen wunden Punkt in der sogenannten Volksreligion, was sich beileibe nicht nur auf die christlichen Kirchen, sondern auch auf den Hinduismus, auf bestimmte Formen des Buddhismus, des orthodoxen Judentums und auf viele andere religiöse beziehungsweise spirituelle Gruppierungen übertragen lässt.

Rituale stellen eine Art "Geheimschrift" dar, mit deren Hilfe es möglich ist, das Wirken des Göttlichen mit allen Sinnen zu erfassen. Manche religiösen Gemeinschaften leben geradezu von ritualisierten Handlungen, und es ist leicht zu verstehen, dass sich diese im Laufe der Zeit zu verselbstständigen begannen und heute nur mehr eine auf der glatten Oberfläche sichtbare Bedeutung haben.

Im kirchlichen Bereich, wo es den einfachen Gläubigen bis in unser Jahrhundert (das 20. Jahrhundert) unter Androhung von Strafe verboten war, die Bibel zu lesen - sie hätten sich ja eine eigene, nicht von der Kirche sanktionierte Meinung bilden können –, übernahmen Rituale - man könnte sagen: der Not gehorchend - Funktionen, die die Menschen in eine besondere, oft tiefe persönliche Beziehung zu deren Inhalten setzten.

Solche "Beziehungsgeschichten" durchziehen das gesamte Kirchenjahr, beginnend mit Weihnachten, Dreikönig, Lichtmess, der Karwoche und Ostern, der Auferstehung Christi und Mariä Himmelfahrt bis hin zu dem seltsamen Fest Fronleichnam, von dem kaum einer zu sagen weiß, welches Geheimnis sich hinter der Zurschaustellung all der prächtigen Fahnen und dem Herumtragen von Heiligenfiguren in den feierlichen, von weihevollen Gesängen begleiteten Umzügen verbirgt. Ein gut geschulter Katholik wird einem vielleicht noch sagen können, dass dieses Fest der feierlichen Einsetzung des allerheiligsten Altarsakramentes dient, aber was fängt der Laie damit an?
In der Tat verbirgt sich darin aber ein großes Geheimnis, und die Sakramentenlehre der katholischen Kirche ist, wenn man von den üblichen Vergröberungen einmal absieht und in die Tiefe forscht, ein Brunnen mit klarem, reinstem Wasser, der die mystischen

Inhalte dessen, was Erfahrung durch Glauben im Ritus auch sein kann, im tiefliegenden Urgrund sichtbar machen könnte – *könnte*, denn es wurde den ursprünglichen Inhalten so viel aufgepfropft, was einem aufgeklärten, nach der Wahrheit dürstenden Menschen unannehmbar ist. Eine Heerschar von sogenannten Kirchenvätern und Theologen hat über die Jahrhunderte hinweg trübes Wasser – eine durch falsches Autoritätsdenken entstellte Lehre – in den einst so klaren Brunnen geschüttet, sodass der reine Urgrund sich immer weiter vom Auge des Betrachters zu entfernen schien. Es bedürfte einer wahrhaft durchgreifenden "spirituell-chemischen Keule", um dieses Wasser wieder von allen "Giften" und "Schlacken" zu befreien.

Aber es gibt ja gottlob andere, bis heute rein erhaltene Zugänge zu jenen eingangs zitierten Fragen nach dem Woher und Wohin, und deshalb wollen wir uns hier nur solchen Quellen zuwenden, aus denen das "Wasser des Lebens" noch immer klar und unverfälscht sprudelt, das den Durst der nach Wahrheit Suchenden zu stillen vermag. (Eine dieser Quellen, von denen Saint Germain hier spricht, ist das schon erwähnte, von ihm empfohlene und von Jesus diktierte Buch *Ein Kurs in Wundern*.)

Kaum ein Mensch ist in der Lage, sowohl die Bibel als auch andere heilige Bücher ohne Hilfe zu verstehen. Darin liegt sicher auch ein Grund für jene durch tausendfache Interpretation entstandene Vergröberung, von der ich eingangs sprach. Der jeweilige Zugang zu den Inhalten der heiligen Schriften ist ja immer nur möglich aus dem Blickwinkel der Zeit, aus deren Mitte heraus man sie betrachtet. Das zähe Ringen nach Erkenntnis konnte für einen Menschen des frühen oder späten Mittelalters, des Barock oder des 19. Jahrhunderts niemals identische Ergebnisse erbringen. Wir sind heute in der glücklichen Lage, alle uns nicht zusagenden, einengenden und absolutistischen Strukturen und Lehrmeinungen zu ignorieren und uns wohlmeinenderen, unsere Individualität berücksichtigenden Lehren zuzuwenden. Aber ohne Lehrer vermögen wir das "Material" eben nicht wirklich zu verstehen, so wie uns unbekannte Hieroglyphen auch nicht durch einfaches Anschauen ihr Geheimnis preisgeben.

Hinzukommt, dass die Texte der heiligen Schriften immer auch "Bilder der Seele" sind, dass man sie also in mehreren, oft übereinander gelagerten "Schichten" lesen und entschlüsseln kann.
Die Aussage von Kenneth Wapnick zu *Ein Kurs in Wundern*, dass diese Texte ohne Sigmund Freud gar nicht möglich, weil ohne ihn überhaupt nicht verständlich wären, wirft ein Licht auf diese Problematik. Erst die Erkenntnisse der Psychologie, vor allem aber jene von C. G. Jung – ohne die bahnbrechenden Verdienste Freuds schmälern zu wollen –, ermöglichen ein grundlegenderes Verständnis der metaphernreichen Sprache der heiligen Schriften aller Religionen.

Wenn man also verstehen lernt, dass die Gestalten der Bibel, der Bhagavad Gita und so weiter nicht weit entfernte Helden, sondern (auch) Archetypen unserer Seele sind, vermögen sie weit mehr als bisher unser Interesse an ihrem Leben, ihren Handlungen, Verstrickungen, aber auch an ihrer Schau beziehungsweise Erkenntnis des Göttlichen zu wecken.

Alle großen Weisheitslehrer sprachen und sprechen in einer bilderreichen Sprache, in Gleichnissen und Parabeln. Schon im Neuen Testament gibt es eine Vielzahl von Gleichnissen Jesu, die zum Teil in die Alltagssprache eingegangen sind, ohne dass die meisten Menschen um ihre Herkunft wissen. In den "verborgenen" (= apokryphen) Schriften gibt es noch eine Vielzahl weiterer Jesus-Worte. Das Thomas-Evangelium besteht ausschließlich aus solchen "Herrenworten", und viele sind derart verschlüsselt und "geheim", dass sie ohne entsprechende Interpretationshilfe von den heutigen Menschen, deren Blick durch zweitausend Jahre Kirchensprache getrübt ist, nicht mehr zu verstehen sind.

In anderen Textstellen – sowohl der bekannten wie auch der apokryphen Evangelien – begegnen wir dem Mythos in seiner höchsten
und reinsten Form. So setzen sich die heiligen Schriften aus Belehrungen, oft in Form von Gleichnissen, aus Lebensbeschreibungen
von Helden, Feiglingen, Verrätern, Schurken, Mitläufern und Heiligen sowie aus allegorischen Darstellungen des göttlichen Wirkens
zusammen, beginnend beim Schöpfungsmythos, der sich durch
alle Religionen und Kulturen – im jeweils spezifischen kulturellen
Gewand – zieht, bis hin zur "apokalyptischen Schau des nahenden
Weltenendes". Gerade in diesen sogenannten Endzeittexten, die im
unaufgeklärten, "psycho-**logisch**" noch nicht gebildeten Menschen
vergangener Zeiten die Angst vor dem Gottesgericht schürten,
finden wir heute die stärksten, urgewaltigsten und hilfreichsten Bil-
derkräfte, die überhaupt aus dem "Off der Vergangenheit" zu uns
im "O-Ton eines Eingeweihten" sprechen können. Unübersehbar
ist die Schar derer geworden, die diese Texte nun zu interpretieren
versuchen, und es kann ja auch dies wieder nur eine zeitgebundene
Sichtweise sein.

2.

Das griechische Wort "Mythos" bedeutet ursprünglich "Wort",
"Rede" oder "Geschichte". Erst mit Herodot (ca. 4. Jahrhundert
v. Chr.) und seiner Geschichte des griechisch-persischen Krieges
fand auch die Vorstellung historischer Fakten Eingang in das griechische Denken. "Mythos" erhielt nun die Bedeutung "Fiktion",
ja sogar "Lüge" – im Unterschied zu "Logos", dem Wort der
"Wahrheit". Von da an erkannte man auch, dass "Logos" immer
einen Urheber besitzt. In der jüdischen, christlichen und islami-
schen Tradition ist dies Gott. Dagegen ist der "Mythos" zumeist
anonym und stammt immer aus einem unergründlich fernen
Raum und einer fernen Zeit.

Das "schöpferische Spiel" ist das eigentliche Wesen der Mythen-
schöpfung. Die dort sichtbar gemachten Erfahrungen zwischen
allen Aspekten des Lebens – den sichtbaren wie den unsichtbaren,
den irdischen und himmlischen, menschlichen, tierischen, pflanz-
lichen und mineralischen – müssen, in den Mythos eingebettet, allumfassend, also kosmisch sein. So transportiert der Mythos Sinn
in der tiefsten Bedeutung des Wortes. Doch da dieser Sinn weltweit
in einer Tradition menschlicher Gemeinschaft entstand, die egalitär
– also nichthierarchisch und nichtautoritär – ist, spielt er eher mit
den Zuhörern und Lesern, als dass er sich über sie erhebt. Dies ist
wohl eines der Geheimnisse der universellen und andauernden Faszination des Mythos.

In der Umgangssprache des heutigen Menschen bedeutet "Mythos"
alles, was im Gegensatz steht zur "Wirklichkeit". Diese Abwertung
wurzelt im Christentum. Für die Urchristen war alles, was seine Be-
stätigung nicht im Alten und Neuen Testament fand, falsch, es war
eine "Fabel". Für den Menschen der "primitiven" oder traditionellen
Gesellschaftsformen dagegen ist der Mythos die einzig gültige
Offenbarung der Wirklichkeit. Er sieht im Mythos den Ausdruck
der absoluten Wahrheit, da er eine sakrale Geschichte erzählt, das
heißt ein "Ursprungsgeschehen", das "am Anfang der Zeiten" ein-
getreten ist.

Einen Mythos erzählen heißt verkünden, was sich ab initio ereignet
hat. Dadurch, dass der Mythos einmal ausgesagt, das heißt geoffenbart ist, wird er zu einer absoluten Wahrheit. Der Mythos verkündet das Eintreten einer neuen kosmischen "Situation" oder erzählt ein "Ursprungserlebnis oder -geschehnis". Er ist also der
Bericht einer "Schöpfung": Man erzählt, wie etwas bewirkt wurde,
wie etwas "zu sein" angefangen hat. Daher ist der Mythos auch verwandt mit der "Ontologie", der "Lehre vom Sein". Er spricht nur
von Wirklichkeiten, von dem, "was wirklich geschehen ist", beziehungsweise von dem, was "voll geoffenbart" wurde.

Es handelt sich dabei natürlich um "sakrale" Wirklichkeiten, denn für die archaischen Gesellschaften war das Sakrale das eigentlich Wirkliche. Alles zur Profansphäre Gehörende hat nicht teil am Sein, und zwar gerade aus dem Grund, weil das Profane ontologisch nicht durch den Mythos begründet worden ist.

Dieser Gesichtspunkt des Mythos ist vor allem hervorzuheben: Der Mythos offenbart die Sakralität, denn er berichtet von der schöpferischen Tätigkeit der göttlichen und übernatürlichen Wesen. Mit anderen Worten: **Der Mythos beschreibt die verschiedenen, bisweilen dramatischen Einbrüche des Sakralen in die Welt. Dieser Einbruch ist es, der die Welt wirklich gründet.**

Jeder Mythos erzählt, wie eine Wirklichkeit zu sein angefangen hat, sei es nun die "totale Wirklichkeit", der Kosmos oder nur ein Bruchstück – eine Insel, eine Pflanzengattung, eine menschliche Einrichtung, eine Dynastie. Indem man erzählt, wie die Dinge ins Dasein getreten sind, "erklärt" man sie und beantwortet indirekt eine andere Frage: Warum sind sie ins Dasein getreten? Dieses **Warum** ist immer aufs Engste verbunden mit dem **Wie.** Dies aus dem einfachen Grund, weil man mit dem Bericht darüber, wie etwas geboren wurde, eine Manifestation des Sakralen, die letzte Ursache jeder wirklichen Existenz aufzeigt.

Andererseits stellt jede Schöpfung, da sie ein göttliches Werk ist, auch einen Einbruch schöpferischer Energie in die Welt dar. Jede Schöpfung ist ein Ausfluss einer Fülle. Die Götter, die Demiurgen, die mythischen Ahnen erschaffen aus einem Übermaß von Macht, aus einer Überfülle von Energie. Die Schöpfung ist Folge eines ontologischen Überflusses. Das ist auch der Grund, warum der Mythos, der diese sakrale Ontophanie (diese großartige Manifestation einer Seinsfülle) erzählt, zum beispielhaften Muster aller menschlichen Tätigkeiten wird. Denn er allein offenbart das Wirkliche, das Überfließende, das Wirkkräftige. *"Wir müssen das tun, was die Götter am Anfang taten"*, sagt ein indischer Text aus der

Shatapatha Brahmana. *"So haben es die Götter getan, so tun es die Menschen",* fügt Taittiriya Brahmana hinzu.

Hauptaufgabe des Mythos ist es also, die vorbildhaften Muster aller bedeutungsvollen menschlichen Riten und Tätigkeiten festzusetzen, die Ernährung oder die Ehe ebenso wie die Arbeit, die Erziehung, die Künste oder das Wissen.
Für die heutigen Menschen ist es kaum möglich, die ungeheure Bedeutung abzuschätzen, welche die Orientierung im Raum für den "Primitiven", den Menschen der Frühzeit hatte. Diese Orientierung meint die "Teilung des Raumes in vier Himmelsrichtungen", was gleichbedeutend ist mit der "Gründung der Welt".

Die Homogenität des unbekannten Raumes war in gewissem Maße dem Chaos gleichgestellt. Die Erlangung des "Zentrums" durch die Kreuzung zweier gerader Linien und die Projektion der vier Horizonte in den vier Hauptrichtungen stellte eine "wahrhafte Schöpfung der Welt" dar. Der Kreis - oder das von einem Zentrum ausgehende konstruierte Viereck - war eine *imago mundi.*

Alle diese Methoden der Orientierung - dazu gehört auch die Gründung der Städte und Dörfer - sind immer verquickt mit einem kosmogonischen Mythos (Kosmogonie = Lehre von der Entstehung des Kosmos). Der Mensch der "primitiven" und traditionellen Gesellschaften schafft sich seine eigene Welt, das Gebiet, das er "besetzt", sein Haus, sein Dorf nach einem Idealbild (= demjenigen der Götter oder des Gottes als Schöpfer des Universums). Das will natürlich nicht heißen, dass der Mensch sich für den Göttern ebenbürtig hält, sondern nur, dass er nicht in einem "Chaos" leben kann, dass er das Bedürfnis verspürt, immer in einer organisierten Welt zu Hause zu sein - und deren Vorbild ist der Kosmos.

Der Struktur nach sind die Ursprungsmythen, das heißt die Mythen, welche berichten, wie etwas zum Sein gekommen ist, den kosmogonischen Mythen gleichzusetzen. Da die Schöpfung der Welt die Schöpfung per se ist, wird die Kosmogonie zum Urbild jeder Art von Schöpfung.

Jeder Ursprungsmythos berichtet und beweist eine neue Situation – neu in dem Sinn, dass sie nicht "seit dem Anfang der Welt" bestand. Die Ursprungsmythen führen die kosmogonischen Mythen weiter und ergänzen sie. Sie berichten zum Beispiel, wie die Welt umgewandelt, wie sie reicher oder ärmer wurde.

Die Kosmogonien aller Kulturen können als Muster für alle Arten von Schöpfung dienen. So spielt der kosmogonische Mythos eine Hauptrolle in allen Riten der periodischen Erneuerung des Kosmos und der Schöpfung von "Himmel und Erde" – und folglich in der Entwicklung der mythischen Idee der **kreisförmig verlaufenden, umkehrbaren Zeit**. Insbesondere betrifft dies auch den indischen Mythos, aus dem sich der Hinduismus speist.

Entsprechende Auffassungen haben sich also – erweitert und in ein religiöses System gebracht – vor allem in den großen östlichen Kulturen entwickelt: die chinesischen "Methoden" der "Rückkehr zum Ursprung" (= zum ursprünglichen Zustand), der der Schöpfung voranging; die indischen Wege der "Rückkehr zur großen (Gebär-)Mutter" oder des "Rückwärts-Wiederkehrens", was heißt, die Zeit rückläufig (pratiloman = "gegen den Strich") zu durchlaufen, um zu dem paradoxen Zeitpunkt zurückzukommen, vor dem die "Zeit" nicht existierte, weil noch nichts manifestiert war. Alle diese "therapeutischen" und "soziologischen" Methoden leiten sich letzten Endes von der Gewissheit ab, dass man die Kosmogonie wiederholen, dass man im Ritus die "Schöpfung der Welt" noch einmal beginnen könnte.

So kann man sagen, dass das Aufkommen der großen östlichen Metaphysiken dadurch möglich geworden ist, dass die Menschen seit Jahrtausenden zu wissen glaubten, wie sie sich zu Zeitgenossen des Weltanfangs machen könnten.

Und davon spricht auch Sathya Sai Baba, wenn er sich zum Schöpfer erklärt: *"Es war niemand, der wusste, wer ich war, bis ich mich von mir selbst trennte, um mich selbst lieben zu können. Augenblicklich entstand die Welt, Berge, Flüsse, Meere, Sonne, Mond, alle Formen der Tiere, Vögel und Menschen. Alle Kräfte wurden ihnen gegeben. Der erste Platz wurde der Menschheit eingeräumt, und mein Wissen ward in ihren Geist gegeben ..."* Einen solchen Ursprungsmythos zu erzählen ist entweder naiv oder es verbirgt sich eine ganz andere Geschichte in ihm, die allen Ursprungsmythen eigen ist.

Jesus sagt in *Ein Kurs in Wundern*, dass Mythen und Magie in enger Verbindung zueinander stünden, da Mythen sich gewöhnlich auf die Ursprünge des Egos bezögen und Magie auf die Kräfte, die sich das Ego zuschreibe. Das besagt, dass alle mythischen und magischen Entwürfe, genau wie die auf Gott gerichteten Projektionen aller religiösen Systeme, die von einem "persönlichen Gott" ausgehen, auf den alle menschlichen Schwächen und Unzulänglichkeiten projiziert wurden, Erfindungen des Egos sind, um eine Daseinsberechtigung für seine einzig die Welt bejahende und Gott verneinende Struktur zu haben. Gott zu verneinen gibt dem Ego jene Macht, die es seit seinem Anbeginn ausübt. Spirituelle Ego-Systeme, die über ein persönliches Gottesbild verfügen, blicken lediglich zu einem "überhöhten Menschen" auf, nicht aber zu jener nondualistischen Kraft und alles umfassenden Liebe, von der der Kurs spricht und andere nonduale Lehren, wie der Vedanta oder der Daoismus (auch Taoismus).

Wie aber müssen wir dann den von Sathya Sai Baba erzählten Schöpfungsmythos verstehen? Wenn wir genau hinhören, handelt es sich hierbei um eine Geburtsstunde des Egos, denn warum hätte das Göttliche den Wunsch verspüren sollen, sich selbst lieben zu können, wenn es doch umfassend und unteilbar **das Wesen der**

Liebe ohne ein Zweites ist, neben dem nichts anderes existiert? Sathya Sai Baba gibt hier einen Abriss über die Geburt seines eigenen Entschlusses, in die Welt der Formen einzutreten. Unausgesprochen gibt er zu verstehen (auch wenn der Text vordergründig etwas anderes aussagt), dass er nur ein Spiegel, eine Projektion, nicht aber der **unveränderliche Eine** sein kann. (Die Herkunft und Aufgabe des Manu – der Manu unseres Zeitalters ist Sathya Sai Baba in drei aufeinanderfolgenden Inkarnationen – beschreibt Saint Germain im Buch *Saint Germains Vermächtnis. Kabbala und Rosenkreuz*.)

Im Ganzen gesehen beruhen die von den ersten Philosophen ausgearbeiteten kosmogonischen Systeme auf einer uralten Tradition: Die Ionier setzen die Orientalen fort und diese die "Primitiven". Aber man muss präzisieren – das philosophische Denken, das Nachdenken über die letzte Wirklichkeit, ist nicht nur aus einer verstandesmäßigen Neugier, die ersten Ursachen zu (er-)kennen, entsprungen, sondern aus der "rituellen Vertrautheit" mit den Weltanfängen, das heißt aus der Gewissheit, dass die zwischen dem Schöpfungsaugenblick und dem gegenwärtigen Augenblick verflossene Zeit kein unüberwindliches Hindernis darstellt, denn diese Zeitspanne kann aufgehoben oder einfach übersprungen werden.

Weil man glaubte, man könne wirklich, was meint existenziell, zum Beginn der Welt gelangen, hat man von einem bestimmten Zeitpunkt an angefangen, systematisch über die Beschaffenheit dieses ersten Zustandes der Dinge nachzudenken, wobei man bestrebt war, das Geheimnis des Seins in der Gestalt Gottes und der Welt zu durchdringen, so wie es sich zum ersten Mal geoffenbart hatte. Deshalb sind die alten Kosmogonien der orientalischen Völker nicht nur Zeugnisse der Weltliteratur, sie zählen auch zu den wichtigsten religiösen Vorstellungen der Menschheit, die auch das Denken der abendländischen Völker ganz wesentlich beeinflusst haben.

Die Entstehung des Kosmos im 1. Buch (Genesis) der jüdischen Bibel stellt in der biblischen Theologie faktisch nur den ersten Akt dar: Die Mitspieler der Geschichte erhalten (auf ewig) ihren Platz zugeteilt, und der eine Regisseur ist verantwortlich für das ganze Stück. Als Gott jedes Wesen und jeden Prototypen schuf, gab er ihnen eine Rolle ein, die sie immerdar zu spielen haben – und jeder ihrer Nachkommen. Alle haben nur noch ihre Rolle vorzutragen unter der ewigen Leitung und dem wachsamen Auge des Spielleiters. Und wie dieser (nach dem Bericht des Hiob) über das Meer verfügte, so verfügt er auf ewig über alles. Sobald es aus dem Chaos befreit und in sich selbst Bestand gewonnen hatte, hat er ihm seine unüberschreitbaren Grenzen gesetzt und ihm sein unabänderliches Gesetz auferlegt.

Die Schöpfung ist in der Bibel also nicht ein Akt für sich, der – abgesetzt von allem Übrigen – ein für allemal vollbracht ist und nicht wiederholt werden kann. Sie ist nur ein Anfang, das bedeutet, dass der von Gott gelenkte Gang der Welt (auch) andere gleichartige Momente enthält. So wird die Sintflut ausdrücklich als eine neue Weltschöpfung dargestellt: göttlicher Wille, alles neu zu beginnen; Rückkehr zum wässrigen Chaos durch die "Vermischung der oberen mit den unteren Wassern"; die wieder ganz mit Wasser bedeckte Erde; erneute Trennung der "oberen" und "unteren" Wasser, danach des feuchten Elementes und der Erde; neues Ins-Dasein-Treten aller Tiere, Art für Art; neues Fruchtbarkeits- und Fortpflanzungsgebot und neue Einteilung der Geschöpfe, die einander nun (auch) als Nahrung dienen sollen; gewisse wunderbare Eingriffe Gottes in den Lauf der Dinge. Plötzlich durch ihn bewirkte Veränderungen in der Naturordnung erinnern ebenfalls sehr lebhaft an seine schöpferische Wirksamkeit.

Als die israelischen Denker ihre Theologie der Schöpfung entwarfen – seit mindestens dem 8. Jahrhundert vor unserer Zeitrechnung – haben sie nichts anderes getan, als eine ganze Auswahl kosmogonischer Vorstellungen, die ihnen aus vor und außerhalb ihrer Zeit liegenden Überlieferungen zuflossen, mit ihrer eigenen religiösen Mentalität, Ideologie und Geschichte zu durchtränken.

Lange vor Israel und seiner Jahwe-Religion hat man sich im Vorderen Orient Fragen über den Ursprung der Welt und des Menschen gestellt und versucht, sie zu beantworten – jedes Volk und jede Zeit gemäß der ihnen eigentümlichen religiösen Schau der Dinge. So entstanden zahlreiche kosmogonische Systeme, deren jedes in den Augen seiner Anhänger mehr oder weniger Glaubwürdigkeit besaß, genau wie das biblische System in den Augen der Jahwe-Gläubigen. Man muss sich daher immer vergegenwärtigen, dass alle Kosmogonien immer mythologischer Art sind, das bedeutet, ihre "Erarbeitung", das "Ent-Sinnen", entstammt einem Denken, das noch nicht vorgedrungen war bis zu den reinen Ideen und nicht gelernt hatte, wesensbestimmte Urteile zu bilden, und deshalb in Bildern und Vorstellungsverknüpfungen einherging. Dabei ging es ihm viel weniger um die kontrollierte und objektive Genetik eines Grundgeschehens, als um die Reihenfolge von – mit mehr oder weniger Fantasie – rekonstruierten Ereignissen, die zu erklären allen genügte.

Einige dieser Kulturen, wie zum Beispiel die mesopotamisch-getragenen Systeme, die im alten Vorderen Orient eine beachtliche Bedeutung und Verbreitung besaßen oder auch einfach von Nachbarvölkern Israels erarbeitet worden waren, sind diesem bekannt gewesen. Wenn man die kosmogonischen Texte der Bibel analysiert und dabei die der Bibel eigene Theologie beiseitelässt, findet man die Fährte der mythologischen Weltentstehungslehren wieder, entweder als Spuren früherer Glaubensanschauungen oder als Unterlage für die der Jahwe-Religion eigentümlichen Vorstellungen.

So kann man mitten im theologischen System Israels – bei den Stellen, die sich auf den Ursprung der Welt und des Menschen beziehen – Mythen entdecken, von denen wir heute wissen, dass sie in ganz anderen theologischen Systemen ausgearbeitet worden sind. Die israelischen Denker und Autoren der biblischen Schriften haben also einen ganzen Ballast von Verbildlichungen, die der Jahwe-Religion fremd sind, beibehalten und in ihre eigene Schöpfungslehre integriert. Eine gewisse Anzahl dieser frühen Spuren scheint den dichterischen Schwung der biblischen Schriftsteller gefördert zu haben. Aber da die Dichter sich oft von der Folklore, das heißt vom Aberglauben und von dem üblichen Volksglauben, inspirieren ließen, ist die Annahme gerechtfertigt, dass das, was in den Augen dieser großen Geister bloße Metapher war, in den Augen des "gewöhnlichen" Volkes einen absoluten Wert besaß – und immer noch besitzt.

Hier kann uns die spätere Geschichte der Bibel belehren. Wenn man sich die gefährlichen Gegenströmungen und Kämpfe in Erinnerung bringt, die unter den "Gläubigen", für die die Bibel **das** heilige Buch bleibt, entstanden, als die genetischen Wissenschaften, wie zum Beispiel die Anthropologie, aufkamen und ihre ersten Fortschritte machten, wird man die Bedeutung der Mythen und kosmologischen Vorstellungen für die alten Jahwe-Gläubigen ermessen können und zwar an dem Wert, den sie mehr als zwei Jahrtausende nachher und sogar bis zum heutigen Tag behalten haben, nicht nur in den Augen der einfachen Leute, sondern auch in denen gelehrter Köpfe und großer Geister. Man darf sich also die Frage stellen, ob die biblischen Schriftsteller selbst nicht ebenso sehr an die kosmogonischen Bilder, die sie entworfen haben, gebunden waren wie an die religiösen Vorstellungen, die sie vermitteln.

Es gibt Fälle, wo die Abhängigkeit der biblischen Schriftsteller hinsichtlich des von ihnen angenommenen mythologischen Systems weiterreicht und das Gebiet der eigenen Vorstellungen trifft. So kommt es, dass wenigstens in der Bibel selbst der Begriff der eigentlichen Erschaffung ex nihilo noch nicht erscheint: Gott ordnet ein unermessliches Chaos, wandelt es um, stattet es aus. Aber dieses Chaos bestand "im Anfang", und nirgendwo wird in unbezweifelbarer Weise gesagt, dass Gott sein Urheber ist und es aus einem vorher absoluten Nichts hervorgebracht hat. Das aber ergibt sich aus der Art, wie die Frage nach der Weltentstehung in der mesopotamischen Mythologie gestellt wird.

Sucht man indes nicht mehr nach Ähnlichkeiten, sondern nach den Unterschieden zwischen der babylonischen Version der Weltentstehung und den Versionen der biblischen Schriften, so erscheint die Theologie Israels deutlich als eine Glanzleistung. So sind die verschiedenen Berichte der mesopotamischen Schöpfungsmythen durchtränkt mit Polytheismus und der Vermenschlichung Gottes. Denn es herrscht nicht nur häufig Streit unter den Göttern, nicht nur sind Neid, Angst, Begierde, Grausamkeit und alle menschlichen Laster die ständigen Beweggründe der (auf den Ursprung unserer Welt bezüglichen) göttlichen Entscheidungen, sondern – was viel schwerer wiegt und von weittragender Bedeutung ist – die Weltentstehung beginnt mit der Entstehung der Götter, und das Werden der Götter ist einbezogen in das Werden des Alls und alle Götter gehören restlos zum Kosmos. Alles dies ist in der Bibel ausgemerzt worden. Hier ist der Schöpfergott der einzige Gott. Die Urgottheiten, die den "Rohstoff" der Welt bildeten, haben ihren göttlichen Charakter verloren und nur ihr gigantisches und ungeheuerliches Aussehen behalten. Dem Schöpfergott haften keine Fehler mehr an, er ist unendlich vollkommen und gerecht. Weder Neid noch Notwendigkeit veranlassten ihn, das All zu erschaffen.

In einer Hauptschrift der jüdischen Bibel, der "Priesterschrift", gibt es den Kampf gegen das Chaos nicht mehr. Dort wird alles göttliche Tun vergeistigt, indem sie das **wirksame Wort** intervenieren lässt. Und selbst im Anfang behält sie nur ein unpersönliches Chaos, und die furchtbaren Wesen, die es verselbstständigten, verwandelt sie in einfache Geschöpfe. Vor allem aber ist der Schöpfer kein Teil des Kosmos, er ist keinem Werden mehr unterworfen – und dieses Werden ist fortan nur noch dem Kosmos vorbehalten. Es gibt nicht mehr ein einziges All, das alles Bestehende unter seinen Gesetzen vereint, sondern zwei irreduktible Bereiche – den Schöpfer und das Geschöpf.

Und hierin liegt eine Umgestaltung von nicht zu ermessender Bedeutung und der eigentliche Gipfelpunkt des israelischen Weltentstehungssystem. Diese Umgestaltung ist zweifellos in der Bibel nicht zu Ende geführt, sie setzt nur den Ausgangspunkt, die wesentliche intuitive Schau. Über ihre objektive Bedeutung mag man verschiedener Meinung sein, es muss jedoch zugegeben werden, dass sie im metaphysischen Bereich eine der höchsten Errungenschaften des menschlichen Geistes darstellt und dem religiösen Bereich eine staunenswerte Vertiefung gibt.

3.

Die urchristlich-gnostischen Texte greifen die mesopotamisch geprägte Bilderwelt auf, verfremden sie indes nach eigenem Gutdünken – und dies wohl aus zwei wesentlichen Gründen:

1. Der biblische Gott Jahwe hatte sich von den Darstellungen der oben erwähnten Priesterschaft im Laufe der Jahrhunderte streng reglementierter jüdischer, zutiefst orthodoxer Praxis eigentümlich weit entfernt. Und seine menschlichen Eigenschaften, die die einfachen Gläubigen auf ihn übertrugen, ließen sich mit den Lehren des "Erlösers", wie Jesus in den gnostischen Schriften stets genannt wird, nicht mehr vereinbaren, der von einem liebenden Vater sprach, den man im Tetragrammaton nur schwer erkennen konnte. Da man das

mosaische System nicht so *eo ipso* angreifen wollte, in dessen physischer und geistiger Mitte man sich ja immer noch befand, wurde die Schöpfungsgeschichte umgeschrieben, umgedeutet und der Name JALDABAOTH – den alle gnostischen frühchristlichen Texte verwenden – anstelle des Tetragrammatons JAHWE eingeführt.

2. Ziel aller gnostischen Schriften ist das Erwähnen und Aufzeigen der Lehre des Erlösers. Festgefügte Meinung der gnostischen Autoren war: Hätte die jüdische Welt und ihre Geisteshaltung nicht dieses Erlösers bedurft, dann wäre er nicht zur Zeitenwende erschienen. Zudem lastete der vermeintliche Auftrag der Missionierung der "Heiden" schwer auf jenen Menschen, die sich in der autorisierten Nachfolge dieses Erlösers wähnten. In Wirklichkeit aber befanden sie sich – wie das Christentum per se – in der Nachfolge des Apostels Paulus.

Wie weit sie bereits damals von Jesu rigoroser Lehre des *"Liebe deinen Nächsten wie dich selbst"* und *"Liebet eure Feinde, tut Gutes denen, die euch hassen"* entfernt waren, wagen wir vielleicht erst heute – wieder an einer Zeitenwende angelangt – zu ermessen beziehungsweise zu begreifen. Dies kann dem heutigen Menschen auch deshalb möglich sein, weil eben dieser Jesus sein Wort aus der Unendlichkeit von Zeit und Raum wieder aussandte – zur Berichtigung seiner verfremdeten, verunstalteten Lehre und zur Veränderung des Bewusstseins der Menschen durch das Buch *Ein Kurs in Wundern.*

Es soll aber hier keine Kritik an den frühen Christen geübt werden, die sich ja in einer besonderen, extremen Lage befanden, die die heutigen Menschen mit Sicherheit nicht nachempfinden können. Im Denken noch verhaftet in der alten Religion der Väter, waren sie emotionell und intellektuell durchglüht von der Lehre des Erlösers, die sie nun in einem Prozess der Auflösung der alten Strukturen durch Angriff auf deren Glaubenssystem zu erreichen hofften. Die Inhalte dieser neuen Lehre waren insbesondere für das jüdische, weniger für das griechische Umfeld brisant. Und so verlagerten sie, auf der Grundlage traditioneller Mythenbildung, die Inhalte ihrer "auflösenden" Botschaft in den Mythos, der die alten (mesopotamischen) Bilder zum Teil wiederbelebte, sie aber schwungvoll in den Kontext der jüdischen Überlieferung stellte, um ihn dort gewissermaßen ad absurdum zu führen.

Es liegt an uns, die "Bilderrätsel" aufzulösen, die sie uns hinterlassen haben, und sie sowohl an der orthodoxen jüdischen Lehre, deren Entstehung wir soeben skizzierten, als auch an der eintausend Jahre später begründeten Lehre der Kabbala und schließlich in der Sprache und Darstellung des "Jesus von heute" in *Ein Kurs in Wundern* zu messen. Dabei wollen wir aber das Eigentliche – das, was auch für unser Leben so bedeutsam und wichtig ist und weswegen wir diese Reise in scheinbar versunkene Welten überhaupt unternehmen – niemals aus den Augen verlieren und alle Erfahrungen in die Tiefe unserer eigenen Seele verlagern. Nur dort kann der Mythos Wurzeln schlagen und der verzweifelten Sehnsucht nach dem Wirken des Göttlichen in Welt und Leben, die die Menschen aller Zeiten zu erkennen und zu stillen trachteten, mit Antworten begegnen, die Geist und Seele mit Gewissheiten und Erkenntnissen befriedigen und zu "neuen Ufern" drängen.

Keine einzige Religion, kein Glaubenssystem enthält die ganze Wahrheit. Es kann sie gar nicht beinhalten, und auch *Ein Kurs in Wundern* gibt sie nur in Auszügen wieder, gerade in jenem Maß, wie wir sie aufnehmen und verarbeiten können.

Wir wollen deshalb nicht "zu Gericht sitzen" über unsere jüdischen und frühchristlichen Ahnen und sie ihrer Naivität wegen belächeln. Wenn wir den gnostischen Schöpfungsmythos *Vom Ursprung der*

Welt lesen und den Versuch einer modernen, zeitgemäßen Interpretation wagen, so begegnen wir dort einer so vielschichtigen mythischen Weisheit, die uns mit Gewissheit erst durch die Pionierarbeit von C. G. Jung zu interpretieren möglich geworden ist.

Die damaligen Menschen – noch ohne solche Errungenschaften – mussten die Sprache der Seele über den Bilderreichtum des Mythos bestens zu "übersetzen" gewusst haben, will man nicht davon ausgehen, das kein Mensch vor unserer Zeit diese Parabeln hätte zu deuten vermocht.

DER URSPRUNG DER WELT

Warum und wie konnte es geschehen, dass wir uns damals, am Beginn der Zeit, aus der Einheit unserer göttlichen Urheimat gelöst und uns in die Vielheit begeben haben? Das ist eine Frage, die viele Menschen bewegt, deshalb habe ich diesen Text, der schon im Buch *Saint Germains Vermächtnis. Devas, die Natur hinter der Natur* veröffentlicht ist, hier nochmals aufgenommen.

Die Quelle der physischen Welt ist das **reine Denken**, in dem ununterscheidbar ALLES EINS ist. Doch wie konnten aus dem reinen Denken Nachschöpfer, Schöpfungen und Geschöpfe hervorgehen, deren Formgeber – aber **nicht** Schöpfer (!) – Gott ist?

Der Geist vom Geist, den in Gott ruhenden Gotteskindern innewohnend, schuf einen winzig kleinen Gedanken als Ab(zieh)bild der göttlichen Vollkommenheit, in der alles enthalten war, und formte ihn zur Idee. Man könnte auch sagen, die Gotteskinder entnahmen der Lichtquelle "spielerisch" einzelne "Lichttropfen". Sie fingen an, ganze Bilderfolgen aus dem Meer des göttlichen Gedankenuniversums zu "träumen" und hielten bald den "Traum" für ihre neue Daseinsform in Händen. Sie diskutierten die Frage, ob sie sich selbst – **und** diese "entnommenen Bilder" – vielleicht gänzlich vom "Vater" isolieren könnten, um ein bewusstes Leben außerhalb der "Quelle" zu gewinnen. Diese Gedankensplitter formten sich in ihrem Geist zu **Ideen**, die sich immer mehr verselbstständigten und sich langsam vom All-Geist zu isolieren begannen. **Die Einheit war aufgespalten worden in die Vielheit der Ideen des potenziell Möglichen.**

Die Schöpfung als Ausgestaltung der in Gottes Geist enthaltenen Bilder war nun in ihrer "Traumwelt" **möglich** geworden. Es bedurfte nur noch eines "Gefäßes", in das sie ihre "schöpferisch hervorgebrachten Gedankenkeime" projizieren konnten. Dieses Gefäß konnte nicht aus sich selbst entstehen. Es brauchte eine Heimstatt und eine dem Ursprungsbild adäquate "äußere Form" – den Fleisch gewordenen ADAM –, in der sich die Gedanken und Ideen der Gotteskinder, die sie als "Blaupause" aus der "Matrix", dem Meer der Unendlichkeit, dem absoluten Sein, entwendet hatten, nach und nach zu gebundenen und sich schöpferisch entfaltbaren Energieformen entwickeln konnten.

ADAM, das Geschöpf, aber vergaß die ursprüngliche Heimat und seine Schöpfer und sank immer tiefer in die Materie, die er sich "untertan" machte und als sein Eigentum betrachtete. **Nur im Schweigen, in der Stille ist er fähig, die Stimme seiner Schöpfer zu vernehmen, die ihn rufen, aufzuwachen und wieder zur Quelle heimzukehren.** Deshalb ist der Mensch göttlich, zu physischen Nachschöpfungen fähig und dennoch eine Schöpfung außerhalb von Gottes Willen.

GOTT IST! Alles ist darin – in IHM – als Möglichkeit enthalten. Da Gott alles ist, sind auch alle Gedanken und Ideen sein. Er ist deren erste Ursache, aber nicht ihr Schöpfer – und somit auch nicht der Schöpfer des Sichtbaren, da in ihm kein Wille zur Tat vorhanden ist. Warum sollte er etwas ins Dasein rufen, das anfang- und endlos sowie in Vollkommenheit in ihm vorhanden ist?

DIE NATUR DER SCHÖPFUNG
IM LICHT DER KABBALA

Dieser und die nachfolgenden Texte über die Kabbala sind nicht leicht zu verstehen ohne das Wissen um den Sinngehalt des kabbalistischen Lebensbaumes und die Weisheit der Kabbala. Ich habe die beiden Texte in diese Textsammlung aufgenommen für die Leser, die mit der Lehre der Kabbala vertraut sind, aber auch für jene, denen er als Anregung dienen mag, sich damit zu beschäftigen. Laut Saint Germain ist der kabbalistische Lebensbaum ein »alles enthaltendes Symbol« und das System der Kabbala eine uralte Weisheitslehre, die auf der Basis der Tabula Smaragdina des Hermes Trismegistos beruht und alles Wissen der Menschheit enthält. Ein umfassendes Buch hierzu ist von Saint Germain/Myra unter dem Titel *Saint Germains Vermächtnis. Kabbala und Rosenkreuz* erschienen.

Das Wunder der Schöpfung ist auf unnennbare Weise komplex, und es ist daher gänzlich unmöglich, dass ein Mensch mit den Fähigkeiten seines Gehirns dieses auch nur im Ansatz begreifen könnte. Eine entfernte Ahnung hiervon mögen Astronauten gewinnen, die sich in der Weite des Weltalls befinden, und es ist bezeichnend, dass jeder Mensch, der einmal in und durch den Weltraum gereist ist, eine grundlegende Wandlung hin zur Spiritualität erfahren hat.

Die Kabbala bedient sich nur durch eine Metapher der Schöpfungsgeschichte, der Genesis, indem sie die sieben Tage der Schöpfung in den Kontext des Lebensbaumes stellt. Wenn wir diese Darstellung zusammenfassen, so gewinnen wir eine entfernte Ahnung von den Zusammenhängen, die uns die Betrachtung des kabbalistischen Lebensbaumes aufzeigen kann. Die Schöpfung beginnt hier als ein gewaltiger Akt der "Zeugung durch den Willen":

GOTT VATER-MUTTER, auf immer in KETHER verborgen, tritt in CHOCKMAH hervor, damit das Mysterium der Schöpfung beginnen kann.

In seinem VATERASPEKT wird dieser sein **"Wille zur Tat"** nun **frei,** und seine bisher nur gedachten Gedanken beginnen, sich nach und nach zu manifestieren.

In seinem MUTTERASPEKT nimmt er es auf sich, die **"Konsequenzen für sein Tun"** zu tragen und mit den Kindern der Schöpfung zu gehen. Dies ist ein ungeheurer Akt, der in dieser nüchternen Darstellung kaum einen Einblick in das Mysterium gestattet, das sich hier ereignet.

CHOCKMAH, die erste Sephira, beinhaltet die göttlichen "Qualitäten" **Weisheit** und **Wille.** Weisheit ist es auch, die den Menschen mit Gott verbindet, und so stellt Chockmah **auch** die Verbindung des Menschen mit **Gott als dem Urgrund der Weisheit** dar.

BINAH, die zweite Sephira, entspricht der "Qualität" des umfassenden **Verständnisses** und der **Klugheit,** die es braucht, die Dinge, die Gott erschafft, in der Tiefe zu verstehen **und** "mitzutragen". Nach der Darstellung der Kabbala ist dies ein "Aspekt des Opfers". Die "Mutter" nimmt sich der Welt an und trägt sie aus Liebe zum "Vater".

Im Kontext der Kabbala entspricht dieses "Opfer" dem **Wesen des Verständnisses,** worin sich schon die **niemals verurteilende göttliche Kraft** im Keim zu erkennen gibt. Denn wie in jedem Mythos finden wir auch hier personifizierte Kräfte, die in **untrennbarer Beziehung** zueinander stehen. Wir müssen deshalb zum eigentlichen Kern vordringen, um im Zusammenwirken dieser Kräfte, die die Kabbala im Lebensbaum beschreibt, **das eigentliche Mysterium** zu entdecken.

Die ERSTE TRIADE (KETHER-CHOCKMAH-BINAH) ist bereits vor der eigentlichen Schöpfung existent. Sie besteht seit Ewigkeit "aus sich" und **ist nicht geschaffen durch den Willen zur Tat**. Sie repräsentiert die **Schöpfungsprinzipien**, beinhaltet also jene "Zutaten", die zur Manifestation befähigen. Hier geht die Kabbala bereits weit über die jüdische Bibel hinaus, die mit dem Schöpfungsbericht der Genesis beginnt.

Nun erfahren wir in diesem Zusammenhang noch etwas Wichtiges. Die Schöpfung der Welt gilt den Kabbalisten als die "**letzte Tat Gottes**". Wir wollen dies ein wenig vertiefen. Der Begriff "Schöpfung" wird in der Kabbala für **jede Verwirklichung** verwendet, wobei die "Schöpfung der Welt" erst **nach Vollendung der sieben Schöpfungstage** als "letzte Tat" geschehen konnte.
"Im Anbeginn" – was hier meint jene "Zeit", die aus der Ewigkeit fiel, als der "Wille zur Tat" einsetzte – sind zuerst die ASPEKTE **mit ihren EBENEN** entstanden, wie wir sie im Muster des Lebensbaumes finden.

Erst **nach der Schöpfung von MALKUTH** begannen die Gedanken Gottes, nun **Gestalt nach seinem Willen** anzunehmen. Das endlose All mit allen seinen Gestirnen kann als der treffendste Ausdruck für die Unendlichkeit des göttlichen Gedankenkosmos angesehen werden. Die Schöpfung unserer Welt – der Erde – markiert nach mittelalterlichem Verständnis das Ende des schöpferischen Willens. Er setzt sich jedoch ununterbrochen im Menschen fort, der den göttlichen Keim und somit die Fähigkeit zur "Nachschöpfung" ja in sich trägt.

49

Bevor die sichtbare Schöpfung ins Leben trat, emanierten

- aus KETHER CHOCKMAH (Weisheit), DAATH (tiefes Wissen) und BINAH (Verständnis),
- LIEBE und GNADE in Form des LICHTES,
- aus diesem entwickelten sich KRAFT und STÄRKE,
- daraus entstanden HERRLICHKEIT und PRACHT,
- und diese gebaren SIEG und RUHM IN ALLE EWIGKEIT,
- diese brachten die SCHÖNHEIT und den LOBPREIS auf den Schöpfer hervor,
- so entstand die GRUNDLAGE, das FUNDAMENT,
- auf dem das KÖNIGREICH entstehen konnte, die sichtbare Welt, um das VOLLKOMMENE GESCHÖPF, den GOTT-GLEICHEN, aufzunehmen, das Spiegelbild von Weisheit, Wissen und Verständnis.

Dieses Geschöpf nun erblickt im Auf und Ab seiner eigenen Entwicklung das wie durch einen Spiegel reflektierte Bild seiner persönlichen Ansichten beziehungsweise Sichtweisen auf Gott. Es weiß, dass dies nicht Gott selbst ist – denn ER ist auf immer verborgen –, sondern seine eigene Projektion auf Ihn. Er kann sich nun jenen zuwenden, die in CHOCKMAH "hervorgetreten" sind, jenen Aspekten Gottes, die IHN in die Welt projizieren, die Heiligen, Gottverwirklichten, die das LICHT – die Manifestation des ersten Schöpfungstages – widerspiegeln.

Indem der Mensch nun seine Handlungen in einen sittlich-moralischen Kontext einbindet und die einzelnen Stationen des Lebensbaumes durchschreitet, kommt er Gott immer näher. So ist – und sollte sein – sein Leben eine **Sichtbarmachung des Unsichtbaren**.

Was die Kabbala von den apokryphen Schriften und der Lehre von *Ein Kurs in Wundern* unterscheidet, ist lediglich ein "Kratzer an der Oberfläche der Bilder", während im tiefsten Inneren, im LUZ, die Abweichungen ihre Bedeutung verlieren. (Das hebräische Wort »Luz« bedeutet »Mandelkern«, und in diesem Zusammenhang bezeichnet es – innerhalb des Kabbalasystems – den »Knochen«, in dem eingerollt die »Schlange« der Kundalini ruht und von wo aus sie eines Tages ihren Weg durch die Chakren nach oben nimmt. Siehe auch Saint Germain / Myra *Saint Germains Vermächtnis. Kundalini, die Lebenskraft des göttlichen Feuers.*)

Hier wie dort ist die Schöpfung hervorgegangen aus dem DENKEN DES EINEN. Seine Schöpfung ist vollkommen, und das Unvollkommene ist nicht seine Schöpfung. Der Lebensbaum macht sinn- und augenfällig, dass das Hinabgleiten in die Welt der Materie den Verlust der Erinnerung mit sich brachte, und bietet nun eine Möglichkeit, das Verlorene durch das Durchschreiten der einzelnen Bewusstseinsstationen wieder zurückzugewinnen beziehungsweise zu erinnern.

DIE SCHÖPFUNG IN DER KABBALA

In der Kabbala wird **CHOCKMAH** (Weisheit und Wille) als erste Sephira bezeichnet. Es umfasst dort der Begriff WEISHEIT den weisen Schöpfergott, der alles bewegt und bewirkt. Weisheit ist es auch, die den Menschen mit Gott verbindet. Und so stellt Chockmah die Verbindung des Menschen mit Gott, der der Urgrund der Weisheit ist, dar.

Im Anfang der Weisheit, sagt der Talmud, liegt die "Furcht vor Gott". *"Jirah"* (frei übersetzt mit "Furcht") bedeutet aber wörtlich ERKENNTNIS. Weiter sagt der Talmud: *"Da der Mensch Gott erkennt, wird er von Furcht und Zittern begleitet."* Die Kabbalisten deuten dies so: Der einfache Jude muss vor Furcht zittern, da er Gott niemals erkennen kann. Seine Unwissenheit bindet ihn an das Rad des Lebens, bis er geläutert wird (auch hier haben wir das Wissen um die Reinkarnation).

Der Weise – der Kabbalist – aber ist von der ERKENNTNIS überwältigt, und daraus entsteht "EHR-FURCHT". Denn nur ein "ehrfürchtiger" Jude findet zu jener Weisheit, die ihn mit Gott als seinem Urgrund verbindet. Dies ist eine Erklärung von Chockmah.

Die andere Seite von CHOCKMAH ist BINAH. Wir übersetzen Binah mit VERSTÄNDNIS, was auch meint **Klugheit und Einsicht in die Dinge, die Gott schuf.**

Die Kabbala lehrt: In Chockmah herrscht der Wille, aus dem die Welt hervorging. In Binah nimmt sich die MUTTER der Welt an und trägt sie aus Liebe zum VATER. Sie unterwirft sich seinem Willen und trägt die Konsequenzen aus seinem Tun.

Daraus entsteht nun das, was die Welt erhält: das WISSEN, ausgedrückt in der unsichtbaren Sephira DAATH, was wir auch mit TAT übersetzen können. In Daath treffen das Erkennen von Chockmah und das Opfer von Binah zusammen. Daath kann nur durch das Wirken dieser beiden existieren, und **so ist das Wissen das Kind von Weisheit und Verständnis.** Wissen aber wird nie öffentlich kundgetan, es ist eine Sache des Herzens. Deshalb ist Daath verborgen.

Warum deuten die jüdischen Kabbalisten diese Triade **vor** der ersten Sephira KETHER? Dies hängt mit der Sichtweise des Menschen zusammen. Im OBEN kann er nichts erkennen, sein Blick fällt zuerst auf das UNTEN, nämlich AUF DAS, WAS GESCHAFFEN IST, UND DIES IST NICHT GOTT!

Auch CHOCKMAH, BINAH und DAATH existierten bereits vor der Schöpfung, aber sie repräsentieren die Schöpfungsprinzipien und können deshalb, wie jedes Prinzip, vom Verstand des Menschen erkannt werden.

Oben in KETHER verbirgt sich Gott selbst. Dort ist er auf immer verborgen. In Chockmah, Binah und Daath aber tritt er hervor. Es sind dies zum Beispiel jene göttlichen Aspekte (sanskrit: *avatara*), die Mensch geworden sind.

Die EBENE der ersten drei sichtbaren Sephiroth ist ATZILUTH. Hierin findet sich das Wort *"zel"* (= Schatten); *"azel"* hat viele Entsprechungen um den Begriff "Schatten". Wir können dies am treffendsten beschreiben mit "Nähe, auf die Schatten fällt", was heißt, "dass dieser so nahe steht, dass der Schatten Gottes auf ihn fällt". Das geschieht nur den höchsten Wesenheiten, den Gottgleichen. *"Zelem"* heißt Bild. Der Mensch als Ebenbild Gottes (= BEZELEM ELOHIM).

Die nächste Triade – **B'RIAH** – gehört in den Bereich der Erzengel. Es handelt sich zwar bereits um die Welt nach der Schöpfung, aber sie ist dem Menschen noch nicht zugänglich. Gemeint ist hier die Schöpfung des Universums – das, was als vorweltlich gilt, denn die Schöpfung der Welt gilt den Juden als "die letzte Tat Gottes".

Jetzt – mit der zweiten Triade – beginnt **dieser** Schöpfungsprozess. Die Kabbala lehrt: Am ersten Schöpfungstag (der Welt) entstand CHESED, die LIEBE und GNADE. Sie befindet sich direkt unter Chockmah.

So befindet sich auf dem kabbalistischen Lebensbaum die Weisheit über der Liebe. Weisheit vermag ohne Liebe nicht zu existieren. Also ist Weisheit weit mehr als Liebe. Liebe ist nur ein Aspekt der Weisheit.

Am ERSTEN SCHÖPFUNGSTAG schuf Gott das Licht, "OR". Steht CHESED für den ersten Schöpfungstag, so bedeutet dies gleichzeitig, dass das sichtbare Licht der äußere Ausdruck Cheseds genannt werden kann.

Dem ZWEITEN SCHÖPFUNGSTAG entspricht die Sephira GEBURAH, was mit KRAFT und STÄRKE übersetzt werden kann. Der Gottesname dort lautet ELOHIM GIBBOR. Das ist jener Held, der mit seiner Kraft in Chesed das Prinzip der Liebe in der Welt, für die Chesed steht, möglich macht. Liebe und Macht, zwei Synonyme für die Kraft des Gibbor, in dessen Name sich gleichfalls "OR" – das Licht – verbirgt.

Die Kabbala lehrt: Chockmah kann nur durch das Wirken von Binah verwirklicht werden, diese Verwirklichung findet in Daath statt (so wie der Mann nur durch das Wirken der Frau seine Bestimmung in der Welt finden kann).

Deshalb gilt Geburah als die Durchsetzungskraft, die das Wirken von Chesed ermöglicht. Liebe kann nur mithilfe der Kraft verwirklicht werden. Der Talmud lehrt: *"Wo die Liebe wirkt, stehen die Gegenkräfte schon am Tor."*

Übertragen auf die Sephiroth heißt das: Die Weisheit Gottes gründet sich darin, dass er mit der Tat zur Schöpfung auch die Gegenkräfte bedachte. Deshalb ging Binah, die Mutter, mit den Kindern der Schöpfung, um sie vor allem zu behüten und um sie vor drohenden Gefahren zu bewahren.

TIPHERETH symbolisiert den DRITTEN SCHÖPFUNGSTAG und wird übersetzt mit HARMONIE UND ORDNUNG. In dem Wort finden sich auch die Begriffe HERRLICHKEIT, PRACHT und LOB.

Chesed und Geburah sind die Wegbereiter für Tipheret. Ohne ihr Wirken könnten niemals Harmonie und Ordnung entstehen.

Nun entsteht aus dem Licht von Chesed und der Ausdehnung von Geburah, die – so sagen die Kabbalisten – es möglich macht, dass die oberen Wasser von den unteren geschieden werden, der neue, der

VIERTE SCHÖPFUNGSTAG mit der WELT DER FORMUNG – JETZIRAH.

Dieses Wort wird abgeleitet von *"jazar"*, was bedeutet "bilden" und "formen". Daraus entsteht nun NETZACH, was übertragen heißt SIEG und RUHM. In der Auslegung der Kabbala bedeutet dies, dass trotz der Gegenkräfte und Widerstände die Welt entstehen konnte, weil sie aus Gottes Willen entsprang. Diese Welt trägt daher das Siegel Gottes, sie ist der sichtbare Ausdruck seines Willens und seiner Kraft. Netzach bedeutet daher auch EWIGKEIT.

Die Sephira des FÜNFTEN SCHÖPFUNGSTAGES ist HOD. Dieses Wort beinhaltet die Ausdrucksformen LOB und PREIS GOTTES. Deshalb ist jeder Lobpreis zugleich ein Preis(en) des Schöpfers, aus dem alles Geschaffene hervorgeht. Durch Lob und

Preis wird alles heil, wird **Gott als einzig heilbringendes Prinzip** verherrlicht.

Der SECHSTE SCHÖPFUNGSTAG entspricht der Sephira JE-SOD, was bedeutet GRUNDLAGE, FUNDAMENT. In der alten jüdischen Überlieferung bezieht sich dieses auch auf den Altar im Tempel als den Ort des großen Mysteriums. Im Word *"sod"* findet sich die Bedeutung für Geheimnis, Mysterium. **Also ist das Fundament gleichzeitig das Geheimnis Gottes.** Alles geschieht im Verborgenen, die Schöpfung ging aus dem Verborgenen hervor. Auch die Wurzeln liegen dem Auge verborgen im Erdreich. **Dem gemäß liegen auch die Wurzeln des Menschen im Verborgenen, befindet sich das Fundament seines Wesens in den Mysterien seiner Herkunft.**

So gelangen wir zum SIEBTEN SCHÖPFUNGSTAG, der Ebene ASSIAH, ausgedrückt in der Sephira MALKUTH, was bedeutet REICH, KÖNIGREICH.
Aus *"melech"* leitet sich das Wort "König" ab. Auf diese Weise wird die Verbindung mit KETHER offenbar. Sie erfolgt durch die KRÖNUNG DES KÖNIGS – MALKUTH – KETHER.
Malkuth steht gleichermaßen am Ende und am Anfang. Der Kreis ist geschlossen, aber er muss **durchschritten** werden, wenn man von Malkuth nach Kether gelangen will.
Die Kabbala lehrt: Das Materiell-Sichtbare ist auch auf den anderen Ebenen da, nur verborgen. Deshalb sind die Sephiroth gleichzeitig das Attribut des Sichtbaren wie des Unsichtbaren. Wenn Kether also, wie soeben erkannt, als das Synonym für Gott genannt werden kann, dann muss Gott beziehungsweise **das Göttliche gleichermaßen sichtbar wie unsichtbar sein.**

Für den Kabbalisten ist Gott nicht der Gleiche wie für den orthodoxen Juden oder den Kirchenchristen. Er schaut im Auf und Ab seiner eigenen Entwicklung auf das wie durch einen Spiegel reflektierte Bild seiner persönlichen Ansichten beziehungsweise Sichtweisen auf Gott und erkennt in solchem Bild nicht Gott selbst, sondern nur seine eigene Projektion auf ihn. Und da nach Meinung der Kabbalisten Gott nie und der Mensch immer irrt, solange er lebt, auch wenn er bereits das Stadium des Heiligmäßigen erreicht hat, finden sich dort keine "Erleuchteten".

Das Judentum, das seine ganze Hoffnung auf die Wiederkehr des Messias richtet, wird in der Welt niemals nach dem Wirken des Göttlichen suchen, und daher findet sich dort keine Heiligenverehrung wie im Christentum – oder noch stärker ausgeprägt: im Hinduismus. Allerdings sind es im Hinduismus eine Vielzahl von Götterbildern, die eine ähnliche Funktion erfüllen wie die göttlichen Attribute in den einzelnen Sephiroth am Lebensbaum.

Wenn der Mystiker im Geist zu dieser Quelle "hinaufsteigt", durchquert er gleichzeitig Myriaden von Universen, die in den zehn Sephiroth enthalten sind, ebenso wie die vier archetypischen Welten, die göttlichen Namen und die zahllosen "Gesichter" auf dem Baum.

Der kabbalistische Mystiker geht nun daran, "den Baum emporzusteigen", sich also "den Welten zu stellen", die Verbindung zu seiner eigenen Person anzuerkennen und somit zur Erfahrung des göttlichen Grundes in seinem Inneren zu kommen, auf dem das ganze Schema (be)ruht:

> Die Sphäre der "Herrschaft" – MALKUTH – repräsentiert dabei die materielle Welt.

> ASSIAH – Begründung (Fundament), beständige Dauer und Majestät (Jesod, Netzach und Hod) versinnbildlichen die prämanifeste Welt des Geistes – JETZIRAH.

Schönheit, liebende Freundlichkeit und Gericht (Tipheret, Chesed und Geburah) bilden die Welt der Schöpfung – B`RIAH.

Die Welt von Weisheit, Verstehen und Krone (Chockmah, Binah und Kether) bildet den Bereich der göttlichen Immanenz (des Innewohnens) – ATZILUTH.

TELESMA, KABBALA UND DER MANU

»Telesma« ist ein Begriff aus der Tabula Smaragdina des Hermes Trismegistos und bezeichnet das »reine weiße Christuslicht«. Es nimmt großen Raum ein im ersten Teil des Buches von Saint Germain/Myra *Saint Germains Vermächtnis. Ein westlich-abendländischer Einweihungs-weg.* Saint Germain gab uns das folgende kraftvolle »Telesma-Gebet«.

Wenn wir jetzt mit unserem Telesma-Gebet beginnen, wollen wir den Worten hinterherlauschen und versuchen, sie ganz in unserem Inneren aufgehen zu lassen, sie zu verstehen. Denn dies ist wahrhaft kein Gebet, das nur Lippenbekenntnis sein darf. In dem Maße, wie wir es uns selbst erschließen, wie wir seinen Inhalt in uns le-bendig werden lassen, werden sich auch Ergebnisse in unserem Le-ben zeigen.

> Ich bin das reine Christuslicht.
> Christus in mir ist Vollkommenheit,
> wie der Vater vollkommen ist.
> Ich sehe nur Vollkommenheit
> und anerkenne nur Vollkommenheit.
> Ich bin Christus,
> die heilende Kraft Telesma,
> die Kraft hinter der Kraft,

die alle Kräfte bewegt.
Ich richte mein Denken auf das Höchste in mir,
das weiße Christuslicht,
das nun durch meine Hände
und aus meinen Händen strömt
und alle Blockaden löst,
die mich daran hinderten,
die göttliche Vollkommenheit zu leben.
Denn ich bin vollkommen,
wie der Vater vollkommen ist,
und ich anerkenne nur diese Vollkommenheit.
Diese Anerkennung ist ein Befehl an das Licht,
damit es Vollkommenheit zeuge.
Diese Anerkennung macht mich frei
von allen Schatten (einer Krankheit),
denn ich bin Licht,
der lichte Funke aus dem Herzen
meines vollkommenen Schöpfers. Amen – OM.

Wo stehen wir mit unserer Anerkennung? Wir spüren dabei, wie weit der Weg ist vom Kopf zum Herzen. Es ist der weiteste Weg, den der Mensch zu gehen hat. Mit dem Verstand erfassen wir sehr viel, doch der Glaube ist das, was Berge zu versetzen imstande ist. Dass dies möglich ist, zeigt uns die Geschichte des Hanuman aus dem indischen Epos *Ramayana*. Im Christentum tun wir uns schon etwas schwerer mit der Anerkennung, dem Glauben, dem Bewusstsein, dass wir in der Lage sind, damit wirklich Berge zu versetzen, das heißt, einen anderen Stand in uns zu finden. Es sind dies keine Vorwürfe, denn es wird uns doch so schwer gemacht, wirklich zu glauben. Wenn Jesus sagte: "Dein Glaube hat dir geholfen, geh hin und sündige nicht mehr", so sagen wir: "Ja nun, er war eine göttliche Gestalt und konnte Heilung bewirken." Es ist leicht zu glauben, wenn ein göttlicher Mensch vor uns steht und Heilung bewirkt. Dann mag man auch hingehen und künftig vielleicht nicht wieder in Sünde verfallen, was heißt, sich wieder von Gott abwenden. Wenn wir aber in unserem Alltagsleben, hineingestellt in all die Sorgen und Probleme, die die Welt uns bereitet, zu diesem Glauben finden sollen, tun wir uns schwer. Jesus aber sagte es ganz klar: "Ich konnte nur etwas bewirken, weil dein Glaube stark war." Woran aber müssen wir uns halten? Woran müssen wir glauben, um gleichfalls heil zu werden? Wer oder was ist Gott? Ist er für uns fassbar? Ist er begreifbarer geworden, jetzt, da wir diese Schulung durchlaufen haben, da wir uns bemüht haben, ihn über die Kabbala und über die "chymische Hochzeit" etwas näher kennenzulernen (siehe *Saint Germains Vermächtnis. Kabbala und Rosenkreuz*), das heißt, etwas von ihm, von seiner Art, von seinem Wesen zu verstehen? Oder ist er immer noch eine undefinierbare Größe?

Wir wollen uns jetzt noch einmal mit der Kabbala auseinandersetzen, die durchaus Ansatzpunkte enthält, die uns helfen können, göttliches Wirken zu verstehen. Müssen wir es wirklich verstehen, um glauben zu können? Das ist die entscheidende Frage, die jeder für sich beantworten muss. Der eine braucht die äußeren Bilder, braucht Erklärungen – und ein anderer kann im Augenblick Gott in seiner ganzen Wesensnatur erfassen. Der Erfahrungsweg ist individuell. Wir können hier nur Modelle kennenlernen, äußere Modelle, die den Weg nach innen markieren. Wie jeder Einzelne ihn geht, liegt in seinem persönlichen Vermögen. So kann ich immer nur Lehrer sein, der euch den Weg zeigt, der die Möglichkeiten aufzeigt, die ihr gehen könnt, und der euch etwas von der Liebe zeigen möchte, die in der Lage ist, Berge zu versetzen. Sie anzunehmen, sie zu leben und umzusetzen, vermag ich euch nicht zu vermitteln.

Letztendlich möchte ich euer Herz auch öffnen für den, der unter euch lebt, das höchste Prinzip, das Form annehmen kann. Wir wollen uns noch einmal wichtiger Grundsätze erinnern, die uns bei der Beschäftigung mit der Kabbala begegnet sind. Wenn ein göttlicher Name gerufen wird – in der Sprache der Kabbala heißt das "vibrieren" –, wird auf der mentalen Ebene eine Vision, ein magisches Bild erzeugt. Entsprechend der vier Ebenen der Kabbala wird nun die jeweilige göttliche Energie, die ihr als Betende im Geist bewegt, in eurem Geistkörper Form annehmen können. Was heißt das, wenn wir es nun zum Beispiel auch auf das Telesma-Gebet übertragen? Es ist kein Gebet der Anrufung, sondern mehr eine Feststellung. Aber wenn ich sage "Ich bin Christus" und mich dabei innerlich auf diese Ebene zubewege, sie in mir aufschließe – der Schlüssel dazu ist meine Liebe, die innere Kraft, die ich allein aus diesen Sätzen gewinnen kann –, dann wird dies in mir auch Form annehmen können. Das heißt, es wird im Augenblick auch zu meiner Wirklichkeit.

Der Manu unseres Zeitalters, Sri Sathya Sai Baba (mehr über den Sinn und die Funktion des Manu im Buch *Saint Germains Vermächtnis. Kabbala und Rosenkreuz*), wirkt im übertragenen Sinn als Repräsentant der Hierarchie in allen von der Kabbala benannten Ebenen gleichzeitig: durch seine physische Verkörperung und als Folge seiner Amtsausübung in der Welt in Assiah, seiner Entwicklung und Stellung wegen in Jetzirah und durch seine Spiegelwirkung in B'riah und Atziluth. Dadurch wirkt er unmittelbar durch die Qualitäten einer jeden einzelnen Sephira auf allen Ebenen, wenngleich sein Amt per definitionem nicht unbedingt in den kabbalistischen Kontext passt. Er bezieht sein Selbstverständnis, seine Autorität und die Grundlage seiner Lehre aus der uralten hinduistischen Geisteswelt, sein Kommen und das Amt des Manu stehen in dessen geistigem Kosmos. Sein weltweites Wirken hat seinen Anfang in der Erneuerung der indischen Gesellschaft und breitet sich von dort Segen bringend über die ganze Welt aus. Wie der Manu der Spiegel des Göttlichen ist, so ist Indien der Spiegel für die von ihm erneuerte Welt. Nur vom Hinduismus und Buddhismus kann erwartet werden, dass sie als Prototyp-Religionen für universelle Toleranz die Basis für eine erneuerte Weltgesellschaft zu bilden vermögen. Im Abendland wird nur das esoterische Christentum überleben und mit der uralten Tradition des Ostens einmal eine innige Synthese eingehen – unter Führung und Anleitung der personifizierten Shakti-Shekina des Prema Sai.

Ich habe dies deshalb hier eingefügt, damit ihr Sai Baba noch besser, noch tiefer versteht und euch nicht an seine äußere Form hängt, sondern es wirklich versteht, euch mit seiner Allmacht, seiner Göttlichkeit, mit der universellen Liebe, deren Repräsentant er ist, zu verbinden. Es tut dem Menschen gut zu wissen, dass der Repräsentant hier ist, ein Mensch aus Fleisch und Blut, der neben ihm geht; und der Weg, den er geht, führt direkt hinein in das Herz jedes Einzelnen. Was sich um ihn herum ereignet, ist Menschenwerk, man mag es annehmen oder ablehnen, das ist einerlei. Durch die Kabbala kann man verstehen, wenn man die vier Ebenen wirklich begreift, wie sich sein Wirken in allen Welten auszuwirken vermag. Um eine Vorstellung von seiner Größe zu haben: Seine Aura umfasst die ganze Welt und die Welten darüber, und jeder Einzelne ist eingeschlossen und wird berührt von ihr.

Doch nun wieder zurück zur Kabbala. Der höchste Name in jeder Sephira ist jeweils jener von Atziluth, der Welt des Geistes. Dieser Gottesname verkörpert das höchste Prinzip und herrscht dort über alle anderen Aspekte. So kann keine Sephira lebendig werden ohne die Anrufung des ihr zugehörigen Gottesnamens. Er schafft erst die Grundlage, auf der dann eine Weiterentwicklung möglich ist.

Nun wollen wir uns der "Devekut" zuwenden. Die Thora, das Buch des Gesetzes des Judentums, lehrt: Devekut bedeutet nicht die Auflösung des Menschen in Gott in einer anderen Welt, sondern bestärkt die Berufung des Menschen in dieser Welt vor Gott und den Menschen – und das besagt, er muss beiden dienen.

Der Mensch, der die Devekut lebt und seine Aufgabe in deren Sinn erfüllt, erhält von Gott das Privileg, die Freude der oberen Welt bereits in dieser Welt zu kosten. Devekut ermöglicht es also dem Menschen, die wahre obere Welt, den "Olim haba", dorthin zu holen, wo er, der Mensch, sich befindet. Und je mehr er durch das Studium des Gesetzes in das Wesen Gottes eindringt, desto eher wird er von ihren Lichtern erfasst. Wir müssen deswegen nicht die Thora studieren, sondern können jedes andere heilige Buch dafür benutzen.

Durch seinen Wunsch, "Or Ain Soph", das Licht des Unendlichen, zu schauen, ermöglicht ihm die Devekut, dessen ersten Schimmer zu empfangen. Er lebt auf immer in der unmittelbaren Nähe zu Gott, fast vollständig in Gott. Und da die Shekina in ihm gegenwärtig ist, hat Gott ja schon in Wahrheit Wohnung in ihm. So begegnen wir auch hier wieder unserem Telesma-Gebet. Er wird von der Shekina, der Herrlichkeit von Gottes Gegenwart, überflutet. Dies entspricht dem Luz-Prozess des Kabalisten (vergleichbar mit dem Kundalini-Prozess).

Dies alles ist auch die Grundlage unseres Telesma-Gebetes. Wer diese Sätze begriffen hat, wird im Augenblick auch das Mysterium des Glaubens verstehen. Denn dieser Glaube entspringt einem tiefen Wissen, wo kein Zweifel mehr auch nur den geringsten Raum findet. Was die Seele in diesem Zustand, in diesem Bewusstsein gebietet, führt Gott im Augenblick aus. Hier ist der Schlüssel für jede Art von Heilung.

EIN KURS IN WUNDERN:
DIE LEHRE JESU FÜR UNSERE ZEIT

Das Buch *Ein Kurs in Wundern* ist weltweit verbreitet und gilt als »Bibel der Neuzeit«. Mit allem, was Saint Germain in unseren Schulungen lehrte, wollte er uns den Inhalten dieses Werkes annähern und uns mit ihnen vertraut machen.

Dr. Helen Schucman (1909-1981), eine renommierte amerikanisch-jüdisch-atheistische New Yorker Psychologieprofessorin, besprach mit ihrem Kollegen William Thetford an einem Tag des Jahres 1965 die Probleme innerhalb des Kollegiums der medizinischen Fakultät, und Thetford meinte, es müsse doch einen anderen, einen besseren Weg geben, miteinander Umgang zu pflegen, einen Weg der Liebe und Akzeptanz. Dieser Wunsch, der beide bewegte, erwies sich als eine Art Initialzündung für das, was die Welt später als das von Jesus durch Helen der Welt geschenkte Buch *Ein Kurs in Wundern* kennenlernen sollte.
Dieses großartige Werk berichtigt das zweitausend Jahre alte kirchlich-dogmatische Denksystem und eröffnet uns den Blick auf ein ganz anderes, ein neues inneres Christentum mit einem uns bisher unbekannten, aber irgendwie doch sehr vertrauten Jesus.
Im Kontext von *Ein Kurs in Wundern* wird der Begriff »Wunder« nicht auf die herkömmliche Weise interpretiert, sondern er meint den »Geisteswandel,

der unsere Wahrnehmung von der Egowelt der Sünde, Schuld und Angst auf die Welt der Vergebung des Heiligen Geistes verschiebt«, wie es Kenneth Wapnick beschreibt. [2]

Der Kurs benutzt christliche Begriffe, gibt ihnen aber eine andere, neue Bedeutung, die zu beachten wichtig ist, weil der Kurs sonst nicht verstanden werden kann. Zum Beispiel »Sünde« = »Der Glaube an die Wirklichkeit unserer Trennung von Gott, die vom Ego als nicht korrigierbarer Akt angesehen wird, weil sie unseren Angriff auf unseren Schöpfer darstellt, der uns daher niemals vergeben würde.« (Kenneth Wapnick) »Sühne« wird definiert als »der Berichtigungsplan des Heiligen Geistes, um das Ego aufzuheben und den Glauben an die Trennung aufzuheben.« [3] (Kenneth Wapnick)

Die Inhalte sind eine Herausforderung für unser gesamtes Denk- und Ego-System. Sie reichen über das uns Bewusste hinaus und sind weit mehr als das, womit sich spirituelle Menschen und Esoteriker aller Zeiten herumschlagen. Dies mag ein Grund dafür sein, dass immer wieder gerne behauptet wird – und soweit ich das beurteilen kann vor allem von Menschen, die den »Kurs« nie in der Hand hatten –, dass Jesus gar nicht der Autor sei.

Helen Schucman liebte die Sprache Shakespeares, und so diktierte Jesus aus Liebe zu ihr den Text im Versmaß (fünffüßiger Jambus) und Sprachrhythmus dieses großen Dramatikers und Poeten, was das Buch über die Inhalte hinaus (auch in der kongenialen deutschen Übersetzung) zu einem Lesegenuss macht.
Kenneth Wapnick, Vertrauter Helen Schucmans und William Thetfords, schrieb einige empfehlenswerte Bücher zum Verständnis des »Kurses« und unter anderem auch Helen Schucmans berührende Biografie (siehe Buchempfehlungen).

So mag ein jeder selbst für sich herausfinden, ob der Weg, den ihm Jesus mittels des »Kurses« weist, ein für ihn gangbarer Weg ist. Allerdings muss dieser Weg, wie Jesus sagt, (in welcher Form und unter welcher Anleitung auch immer) eines Tages so oder so von jedem Menschen gegangen werden. Die folgenden Texte von Saint Germain mögen dabei hilfreich sein.

1.

Sind Kabbala und apokryphe Schriften nötig als Vorbereitung für die Aufnahme der Inhalte von *Ein Kurs in Wundern* (in der Folge abgekürzt mit "KiW"), der "Bibel der Neuzeit"? Bedarf es, um dieses "Buch der Bücher" wirklich verstehen zu lernen, einer Vorbereitung über ebenfalls nicht leicht zu verstehende Texte und Denksysteme? Im Prinzip: Jein! Selbstverständlich erklärt sich der KiW quasi aus sich selbst heraus – und zusätzlich über die ausgezeichnete Sekundärliteratur von Kenneth und Gloria Wapnick. Das Studium der vorangegangenen Texte ist also keinesfalls eine Vorbedingung für ein besseres Verständnis des Denksystems von KiW.

Jesus sagt hierzu im KiW: *"Vielleicht beklagst du dich, dieser Kurs sei nicht konkret genug für dich, um ihn zu verstehen und anwenden zu können. Vielleicht aber hast du auch nicht getan, was er ausdrücklich empfiehlt. Dies ist kein Kurs über das Spiel mit Ideen, sondern über ihre praktische Umsetzung. Nichts könnte konkreter sein, als gesagt zu bekommen, dass du empfangen wirst, wenn du bittest (...)."* [4]
"(...) Nur durch Bitten wirst du lernen, dass nichts, was von Gott kommt, dir irgendetwas abverlangt. Gott gibt, ER nimmt nicht. Wenn du es ablehnst zu bitten, dann deshalb, weil du glaubst, dass Bitten Nehmen ist statt Teilen." [5]

Die Inhalte des Kurses sind von jedermann, sobald er dessen Denksystem begriffen und "verinnerlicht hat, (mehr oder weniger) leicht zu verstehen. Es geht dort aber, wie bereits an früherer Stelle erwähnt, auch um eine "Korrektur" des bisherigen spirituellen Weltbildes, denn die Zielsetzung des Kurses ist die Berichtigung. Er will mit den Mitteln der vertrauten Sprache das bisherige (= überlieferte) Denksystem einer völlig neuen Deutung unterziehen.

Um diese "Überlieferung" aber auch in ihrem Wurzelgrund und nicht nur im Kontext der anerzogenen Kirchensprache zu verstehen, ist das Graben nach den eigenen Wurzeln ein durchaus gewinnbringendes Unterfangen. Was finden wir dabei auf unserer "Habenseite"? Zunächst ein besseres Verständnis des christlichen "Wurzelgrundes" (= des jüdischen Denksystems), das in der Kabbala einen mystischen Höhepunkt ganz allgemein erfährt und im innersten Kern eins ist mit allen mystischen Richtungen, insbesondere mit der des indischen Vedanta.
Inhalt mystischen Denkens ist ja immer das Bewusstsein, dass Gott und Mensch eins sind und dass der Mensch nur die Illusion nährt, er wäre von Gott getrennt. Diese Illusion erklärt das Denksystem der Kabbala in einer eindrucksvollen Bildersprache, die das hermetische "Das Obere ist gleich dem Unteren" in besonderer Weise verdeutlicht (siehe *Saint Germains Vermächtnis. Kabbala und Rosenkreuz*).

2.

Hat Jesus in annähernd zweitausend Jahren nur dieses eine Mal, beim Diktat des Kurses, zu uns gesprochen? Vielen mag diese Vorstellung befremdlich erscheinen angesichts dessen, was in seinem Namen (aber natürlich muss es heißen: im Namen der Kirche) an unsagbarem Leid über die Menschen gebracht wurde. Um der Gerechtigkeit indes Genüge zu tun, muss man an dieser Stelle aber auch festhalten, wie viel an unendlich Gutem ebenfalls in diesem Namen vollbracht wurde.

Hat Jesus zu keinem dieser Menschen, die "aus ihm und in ihm und mit ihm" lebten, gesprochen, sondern nur zu einer Frau mit amerikanisch-jüdischem Hintergrund, die lediglich - zusammen mit ihrem Kollegen Thetford - die Frage nach einer Möglichkeit zum besseren Umgang mit Kollegen und Patienten stellte? Wir wissen es nicht. Die mystische Schau einer heiligen Hildegard von Bingen, eines San Francesco, eines Padre Pio, einer Therese Neumann, eines Meister Eckhart war mit Sicherheit auch ein Einssein mit dem "Wurzelgrund der Mystik" (= dem CHRISTUS in seiner JESUS-Gestalt). Aber Verschmelzung hier und Lehre dort sind lediglich zwei Seiten einer Medaille.

Vor dem Zeitalter der Aufklärung wäre jedes "Medium", das den Geist Jesu in Form von korrigierenden Belehrungen empfangen und diese weitergegeben hätte, der Ketzerei beschuldigt und auf dem Scheiterhaufen verbrannt worden. Das Zeitalter der sogenannten "Aufklärung" selbst brachte zunächst eine Kehrtwende. Endlich konnte sich jeder straflos zu seiner "privaten Religion" bekennen, die oftmals - als logische Konsequenz und als Antwort auf die menschen- und leibfeindliche Institution der Kirche - eine generelle Abkehr von jeder dogmatischen Lehre bis hin zum "beinharten" Atheismus beziehungsweise Agnostizismus beinhaltete.

Im Gefolge dieser neuen Freiheit finden wir sehr bald die wildwuchernden Gewächse esoterischer Zirkel und Bewegungen, ein Phänomen, das bis zum heutigen Tag unvermindert anhält. Es war also allerhöchste Zeit, dass der **Lehrer der Lehrer** auf den Plan trat. Und dabei ist die Frage unerheblich, ob er dies auch zu anderen Zeiten und an anderen Orten tat. Der Kurs beinhaltet den eigentlichen Kern seiner Lehre, die eins ist mit der universellen Lehre aller Richtungen und Zeiten. Es liegt an uns, ob der Kurs zu einer Erneuerung im **Denken** und **Handeln** der Menschen beiträgt.

Wenn wir die gnostischen Schriften der Urchristen mit den Aussagen des Kurses vergleichen, können wir eine wunderbare Übereinstimmung feststellen, was den doppelten Wurzelgrund, auf dem wir spirituell stehen – hier jüdisches Denken, dort frühes Christentum – in besonderer Weise erfahrbar macht.

In den drei Jahren nur, in denen der Mensch JESUS durch die Jordantaufe zum CHRISTUSTRÄGER wurde und aus dem CHRISTUSGEIST predigte, hat er es vollbracht, den schrecklichen jüdischen Gott Jahwe (in den gnostischen Schriften Jaldabaoth genannt) zu entdämonisieren und Gott als liebenden Vater in das Bewusstsein der Menschen zu pflanzen.

Und dennoch dauerte es zwei Jahrtausende, bis diese Menschheit aufzuwachen begann aus der religiösen Erstarrung, um diese Glück verheißende, befreiende Botschaft endlich anzunehmen. Wären viele dieser wichtigen Schriften der frühen Christen nicht annähernd zweitausend Jahre lang verschollen gewesen, führte uns heute mit Sicherheit keine wegweisende Spur mehr zum **wahren Jesus, dem Lehrer der Allliebe**, denn die Kirche hätte sie restlos beseitigt. Nichts von dem, was die Kirche als Dogma lehrte, findet sich in diesen frühen Schriften der Christen, genauso wenig irgendein Hinweis auf die erniedrigende Rolle, die sie den Frauen zuwies.

Wir sind Abendländer und Christen, jedenfalls werden getaufte Menschen Christen genannt, auch wenn sie nie etwas vom Christus gehört haben und ahnungslos sind, wer oder was sich hinter diesem Namen verbirgt. "Christus" ist im Christentum ein Synonym für Jesus. Deshalb müssten die Christen im Prinzip eigentlich "Jesuisten" heißen, aber auch dann würde kaum einer von ihnen dem Anspruch gerecht, der an das Tragen auch dieses Namens geknüpft ist. (Jesus selbst spricht im KiW indes von Christen, wenn er die Menschen, die sich zum Christentum bekennen, meint.)

Seit nahezu zweitausend Jahren bemüht sich eine unübersehbare Heerschar von sogenannten Theologen, die Natur dieses Jesus von Nazareth zu ergründen. Wir wollen hier nicht einen weiteren Versuch hinzufügen, sondern ihn selbst zu Wort kommen lassen und seine Botschaft der Liebe und Vergebung – und die Berichtigung des alten Denkens, von der in diesem Text bereits gesprochen wurde – in die Tiefe unserer Seele sinken lassen, damit sie uns von dort "erneuert" und wir dem Wunsch, **wirkliche Christen** zu werden, immer näher kommen können.

Der KiW definiert die Schöpfung als Ausdehnung und sagt hierzu: *"Schöpfungen sind die Ausdehnungen unseres reinen Geistes; die Wirkungen unseres Erschaffens, analog zu der Schöpfung, als GOTT seinen SOHN dadurch erschuf, dass er sich selbst ausdehnte. Als Ausdehnungen Christi sind unsere Schöpfungen Teil der zweiten Person der Dreieinigkeit. Die Schöpfung dauert im Himmel ununterbrochen fort, jenseits von Zeit und Raum und unabhängig davon, dass der SOHN sich ihrer in dieser Welt nicht bewusst ist."* [6]

Der "Traum", von dem Jesus im KiW erzählt, ist nur psychologisch zu entschlüsseln. Kenneth Wapnick räumt ein, dass der Kurs ohne die Pionierarbeit eines Sigmund Freund nicht zu verstehen wäre. Wenn wir uns im Folgenden also nun den Inhalten von *Ein Kurs in Wundern* zuwenden, wollen wir immer auch ein Auge auf Sigmund Freud und/oder C. G. Jung werfen, um die Metaphern tiefenpsychologisch zu entschlüsseln.

3.

Worauf fußen die christlichen Geheimlehren, die sich nie auf die Lehre der Kirche berufen, sondern seit jeher behaupten, das Wissen im Verborgenen bewahrt zu haben und es nur an Eingeweihte weiterzugeben? Es handelt sich bei diesem Wissen und der Weitergabe jeweils um eine Reihe von Initiationen in das Leben Jesu Christi. Es ist ein Teilhaben an seinen Erfahrungen innerhalb des eigenen Lebensbereichs. Wenn wir das Anliegen des KiW in diesem Kontext betrachten, können wir auch in ihm eine Art von Geheimlehre sehen, was wir im Verlaufe unserer Betrachtungen an vielen Textstellen erkennen werden.

Es ist indes ein anderer Jesus, dem wir im KiW begegnen – nicht der gewohnte, wie er den Christen übergestülpt wurde, sondern der ursprüngliche, der den Ballast, der ihm zwei Jahrtausende lang aufgebürdet wurde, abschüttelt und uns nicht neben sich stellt, **sondern uns teilhaben lässt am Einssein mit ihm als einem, in dem Christus auf die gleiche Weise präsent ist wie in jedem von uns!**

Dem Kirchenvater Origenes (185-254 n. Chr.) zufolge kam es zum Sündenfall, weil der Anfang der Schöpfung unbeständig war, und er war unbeständig wegen seiner Unschuld, was hier Unwissenheit meint. Also gibt es nach geltendem (kirchlichem) Dogma trotz aller Unschuld und Unwissenheit des neugeborenen Menschen keine Befreiung von der allgemeinen Sündenhaftigkeit "der Welt". Denn aller "Anfang" bedarf – mit den Augen Origenes' und seiner Nachfolger gesehen – der Erlösung durch die Apokatastase (= die Wiederherstellung der Welt in den ursprünglichen Zustand der Vollkommenheit).

Genauso wie Christus das heilige Drama von Menschwerdung, Geburt, Initiation in der Wüste (= eines der Symbole für das "wüste Land" im Gralsmythos), das aktive Wirken auf der Erde und die Kreuzigung durchleben musste, so muss der suchende, "sündige Mensch von Anfang an" seine Erfahrungen sammeln, um die "Keime seiner Unwissenheit" (= Schuld) zu ersticken.

72

So wird Christus auf diese Weise zum **göttlichen Archetypus:** Er wird als "Botschaft" in den Lichtleib der Jungfrau Maria eingepflanzt, wird geboren und verwandelt auf der Hochzeit zu Kanaan erstmals Wasser in Wein. Er steigt in das Wasser des Jordan und nimmt die Sünden all jener auf sich, die Johannes der Täufer zuvor getauft hat. Beim Passahmahl gibt er den Jüngern "sein Fleisch" und "sein Blut", damit sie im wahrsten Sinne des Wortes "übergehen" ins gelobte Land der Erlösten (= in die Jenseitswelt der spirituellen Mystik). Er bittet inständig darum, dass dieser Kelch des Leidens an ihm vorübergehen möge, trinkt ihn aber trotzdem "bis zur bitteren Neige" (bis zum letzten Tropfen) aus. Nachdem Joseph von Arimathia (der "Vater" beziehungsweise "Ahnherr" aller Einweihungssysteme, insbesondere der Gralsmysterien) seine Körperflüssigkeit (Blut und Schweiß) aufgefangen hat, wird der Leichnam in ein Felsengrab gelegt. Vor seiner Auferstehung steigt er hinab in das Reich des Todes.

(Joseph von Arimathia war der Onkel von Jesus und der Bruder von Jesu Mutter Maria. »Er war meiner Schwester Sohn«, erklärte Saint Germain auf Nachfrage und meinte damit, dass er in einer seiner Vorinkarnationen Joseph von Arimathia gewesen sei. Während der sogenannten »verborgenen Jahre Jesu«, also zwischen dessen zwölftem und dreißigstem Lebensjahr, von denen die Evangelien nichts zu berichten wissen, reiste er mit ihm nach Griechenland, Ägypten, Persien, Indien und Tibet; er war sein Mentor und einer seiner Lehrer.)

Wir erfahren Jesus also auf vielfache, vielfältige Weise: Wir begegnen dem "Kirchen-Jesus" und dem "Meister der Mysterien" in den abendländischen Einweihungsschulen, dem "persönlichen Jesus", den jeder von uns als Bild oder Kraft oder auch als Negationsfigur in sich trägt, und jener "leisen Stimme", die Helen Schucman das Kursmaterial diktierte und durch die sich **ein vollendeter Mensch, Bruder und Lehrer der "Berichtigung"** zu erkennen gibt.

Nun wollen wir anhand einiger Zitate aus den ersten Kapiteln des Textbuches hören, wie sich Jesus im Kurs selbst definiert und welche Rolle er im Leben eines jeden Menschen, der sich ihm, dem Lehrer und spirituellen Führer, anvertraut, übernommen hat:

Ich habe nichts an mir, was du nicht (auch) erreichen kannst. Ich habe nichts, was nicht von Gott kommt. Der jetzige Unterschied zwischen uns ist, dass ich nichts anderes habe. Dadurch bin ich in einem Zustand, der in dir nur potenziell vorhanden ist.[7]

"Niemand kommt zum Vater, denn durch mich" bedeutet nicht, dass ich in irgendeiner Weise von dir getrennt oder anders bin außer in der Zeit, und die Zeit existiert nicht wirklich.[8]

Mir obliegt der Prozess der Sühne, den in Gang zu setzen ich übernommen habe.[9]

An die Stelle der durch Angst erzeugten Leere muss die Vergebung treten. Das ist es, was die Bibel mit dem Satz meint "Es gibt keinen Tod" und weshalb ich aufzeigen konnte, dass der Tod nicht existiert. Ich bin gekommen, um das Gesetz zu erfüllen, indem ich es neu deutete. Das Gesetz selbst, richtig verstanden, bietet nur Schutz.[10]

Die Zeit untersteht meiner Führung, die Zeitlosigkeit jedoch gehört Gott.[11]

In der Zeit existieren wir füreinander und miteinander, in der Zeitlosigkeit existieren wir gemeinsam mit Gott.[12]

Bevor du beschließt, irgendetwas zu tun, frage mich, ob deine Entscheidung mit der meinen in Einklang ist.

Wenn du sicher bist, dass das der Fall ist, wird keine Angst dabei sein.[13]

Du fürchtest Gott und mich und auch dich selbst. Du hast uns fehlwahrgenommen oder fehlerschaffen und glaubst an das, was du gemacht hast.[14]

Ich habe gesagt, dass ich bei dir bin alle Tage, bis ans Ende der Welt. Deshalb bin ich das Licht der Welt. Wenn ich bei dir bin in der Einsamkeit der Welt, so ist die Einsamkeit vergangen.[15]

Wenn mein Licht überall mit dir geht, leuchtest du sie (die Dunkelheit) mit mir hinweg. Das Licht wird unseres, und du kannst nicht in der Dunkelheit verweilen, ebenso wenig wie die Dunkelheit dort weilen kann, wohin du gehst. Die Erinnerung an mich ist die Erinnerung an dich selbst und an IHN, der mich zu dir gesandt hat.[16]

Mein Auftrag war einfach, den Willen der Sohnschaft mit dem Willen des Vaters dadurch zu vereinen, dass ich mir des Willens des Vaters bewusst war. Das ist das Gewahrsein, welches dir zu geben ich gekommen bin, und dein Problem es anzunehmen, ist das Problem dieser Welt. Es aufzulösen ist das Heil, und in diesem Sinne bin ich das Heil der Welt. Die Welt muss mich daher verachten und zurückweisen, weil die Welt glaubt, Liebe sei unmöglich. Wenn du die Tatsache akzeptierst, dass ich bei dir bin, leugnest du die Welt und nimmst Gott an. Mein Wille ist der Seine, und deine Entscheidung, mich zu hören, ist die Entscheidung, Seine Stimme zu hören und in Seinem Willen zu wohnen. Wie Gott mich zu dir sandte, werde ich dich auch zu anderen

senden. Und ich werde mit dir zu ihnen gehen, damit
wir sie Frieden und Vereinigung lehren können.[17]

Wenn du dich mit mir vereinst, vereinst du dich ohne
das Ego, weil ich dem Ego in mir entsagt habe und mich
daher mit dem deinen nicht vereinen kann. Unsere Vereinigung ist deshalb der Weg, dem Ego in dir zu entsagen.
Die Wahrheit in uns beiden liegt jenseits des Egos. Dass
es uns gelingen wird, das Ego zu transzendieren, verbürgt
uns Gott, und ich teile diese Zuversicht für uns beide
und uns alle. Ich bringe Gottes Frieden allen Seinen
Kindern wieder, weil ich ihn von Ihm für uns alle empfangen habe.[18]

Ich werde dir nichts verweigern, wie auch Gott dir nichts
verweigert. Wir haben einfach die Reise zurück zu Gott
zu tun, der unser Zuhause ist.[19]

ZUM BESSEREN VERSTÄNDNIS VON
EIN KURS IN WUNDERN

In jeder Religion verbirgt sich ein Mythos, die Geschichte eines Volkes, seit Urzeiten von Generation zu Generation weitererzählt – wobei sie sich immer weiter vom Ursprung entfernt hat. Selbst eine der jüngsten Religionen, das Christentum, basiert größtenteils – auch wenn die etablierten Kirchenchristen dies nicht wahrhaben wollen – auf mythischen Geschichten, die in die vier Evangelien des Kirchenkanons eingegangen sind.

Es sind nicht die Theologen, die uns auf die wahren Wurzeln einer Religion hinweisen können, sondern die Mythenforscher, Historiker und Archäologen. Da jede Religion aus einem Mythos hervorgegangen oder nach wie vor der Inbegriff eines solchen ist, muss die Tatsache nicht verwundern, dass uns Gott oder die Götter, denen wir dort begegnen, mit einem wahrhaft menschlichen Antlitz entgegentreten, mit menschlichen Eigenschaften zuhauf, die sich aus der Stammesgeschichte eines Volkes herauskristallisierten und die in ihrer guten und negativen Ausformung nun zur Eigenart des dort verehrten Gottes wurden. Dieser ist somit nichts anderes als eine riesige, übersteigerte Projektionsfläche (s)eines Volkes.

Nicht nur der jüdisch-christliche Gott hat diese Metamorphose erfahren, wir finden sie in jedem Kulturkreis, und das führt uns zu der Tatsache, dass Religion zumeist nichts Wirkliches mit Gott, dem unbegreiflichen Phänomen, aber immer eine Menge mit den Menschen, die ihn "formten", zu tun hat. Dies hat natürlich nicht nur negative Konsequenzen für die Menschen, die in solch einer Tradition ihre geistig-spirituelle Heimat finden. Denn Religionen bilden auch jenen moralischen Rahmen, der für das Zusammenleben der Menschen und eine humane Gesetzgebung in den einzelnen Ländern verantwortlich ist.

Eine negative Problematik tritt dann auf, wenn die (vor-)herrschende Religion sich zur allein selig machenden und einzig erlösenden Instanz erklärt und die Menschen in ihre Abhängigkeit zwingt. Leider arbeiten diese "moralischen Instanzen" zumeist mit der "moralischen Keule" und der Androhung von Höllenfeuer für Abtrünnige und schüren die Urangst vor dem Versagen im Menschen, die er nun auf die "höchste Instanz", nämlich auf Gott überträgt. Ein auf diese Weise funktionierender Machtapparat, der die Menschen klein und in Abhängigkeit hält, ist ein eindeutiges Indiz für die Inkompetenz seiner Akteure und nicht für Gottes Wesen der Liebe.

Keinem Menschen wird es je gelingen, die "absolute Wahrheit" zu finden, da vor jede Art der Erkenntnis zunächst einmal das Urteil eines oder mehrerer Menschen gesetzt ist. Eine Erfahrung kann nur im Kontext anderer Erfahrungen gelesen und beurteilt werden, die dann eine Bewertung möglich machen. Jeder Austausch von Erfahrungen setzt einen zuvor festgelegten Bewertungsrahmen voraus, in den die eigenen (und andere) Erfahrungen nun eingepasst werden können. Niemand wird je in der Lage sein, das eigene Erleben im völlig luftleeren Raum, also frei von irgendeiner Art von Bewertung, darzustellen, und immer sind es erst die Rückschlüsse auf bereits erfolgte Rastermaße, welche die eigene Erfahrung als Bewertungsgröße definieren. Selbst die viel beschworene Freiheit des Geistes ist diesem Raster unterworfen. Denn auch Freiheit zu erkennen ist ja nur möglich, wenn man auch um deren Gegenteil weiß.

Und somit sind alle Erfahrungen, die ein Mensch in seinem Leben machen kann, in der Dualität, der Wechselseitigkeit angesiedelt. Wie sollte ein Mensch dann Gott, von dem es heißt, er sei "nondual", erkennen? Allein schon die Definition, mit der wir ihn beschreiben, setzt voraus, dass wir ihn zunächst personalisieren müssen, um sein non-duales Wesen – über das verstandesmäßige Denken hinaus – im Ansatz zu begreifen. Niemand ist in der Lage, so abstrakt zu denken, wie das Wesen Gottes als das eine, nichtduale Prinzip es erfordert. Wir brauchen also die Hilfe, die uns die **Person Gottes** bietet, um die **Nichtperson** anerkennen **und** lieben zu können. Aber diese gedanklichen Exkursionen machen ja nur dann Sinn, wenn wir **dahinter** das Licht der Erkenntnis, die Wahrheit, das Eigentliche vermuten – bis zur ahnenden Gewissheit, dass nur in diesem "Dahinter" das Glück unseres Daseins zu finden ist.

Diese Sinnsuche verbindet uns nicht nur mit dem Wesen des Göttlichen, das wir in uns zu finden hoffen, sondern mit allen Menschen seit Anbeginn und wirft auch alle Fragen, die je gestellt wurden, wieder von Neuem auf – und wieder wird um Antwort(en) gerungen, so lange wie das Leben im Universum währt. Eine mögliche Antwort auf die Frage nach dem Wesen Gottes finden wir bereits in der ersten Zeile des Gebetes, das uns Jesus gab (veröffentlicht in dem Buch von Baird Spalding *Leben und Lehren der Meister im Fernen Osten*):

"Wie ich so allein dastehe in deinem großen Schweigen,
Gott mein Vater – Christus –,
leuchtet in meinem Innern ein reines Licht auf
und erfüllt jedes Atom meines Wesens
mit seinem großen Glanz ..."

Nur wenn wir uns frei machen von jeder Vorstellung, wer oder wie Gott sei, und uns einzig auf die Tatsache besinnen, dass er reine Lichtenergie, das Wesen der Liebe ist, können wir in der tiefen Meditation über diese wenigen Worte eintauchen in die Verbindung mit dieser Energie und eins werden mit ihr.

Wie können wir die in *Ein Kurs in Wundern* (in der Folge "KiW" abgekürzt) erläuterte **Natur und Welt Gottes** überhaupt begreifen? Die Probleme unserer Wahrnehmung beginnen ja bereits mit den ersten Übungen, in denen uns gesagt wird, dass der Tisch, den wir sehen, nicht in Wirklichkeit existiert. Was ist denn unsere Wirklichkeit? Ist sie das Leben, das wir hier leben, oder das Leben jenseits dieser an die Materie gebundenen Erfahrungen? Auch haben wir Probleme mit der Aussage des KiW, dass Gott, der die Welt der Vollkommenheit geschaffen hat, nichts mit unserer unvollkommenen Welt, einer reinen Schöpfung unseres Egos, zu schaffen hat, ja dass das Sein Gottes in keiner Weise hineinreicht in unsere unvollkommenen Schöpfungen und wir infolgedessen nicht einmal in Kontakt mit Ihm treten könnten. Was ist dann, so fragen wir uns in diesem Kontext zu Recht, mit unseren Gebeten und Gesprächen, die wir mit ihm führen? Wen erreichen sie, oder verpuffen sie einfach ins Leere? Diese Frage ist nicht zu beantworten, wenn wir den **Begriff der Wirklichkeit** nicht vollkommen verstanden haben. Alles, was der Vergänglichkeit anheimfällt, ist und kann nicht wirklich sein im Sinne der Vollkommenheit, die allein unvergänglich ist. Gott, so lehrt der Kurs, hat nichts Unvollkommenes erschaffen, also ist alles Geschaffene, das der Vergänglichkeit zugehört, nicht wirklich und daher nicht Gottes Schöpfung. In Gottes wahrer Schöpfung existiert nichts Negatives.

Wie können wir daher Gott für irgendetwas verantwortlich machen, das unseren eigenen Schöpfungen entspringt und von dem wir wissen, dass es "nicht gut" ist? Wir müssen aufhören, auf Gott unseren Unmut und unsere Wut zu projizieren, die wir angesichts der chaotischen Zustände auf unserem Planeten empfinden. Im Telesma-Seminar (veröffentlicht in dem Buch *Saint Germains Vermächtnis. Ein westlich-abendländischer Einweihungsweg*) lernten wir: *"Gott hat nichts zu schaffen mit der Sünde des Menschen."* Dieser Ausspruch befremdet viele, weil die religiöse Erfahrung von Tausenden von Jahren gelehrt hat, dass Gott verantwortlich sei für die Dinge, die dem Menschen widerfahren. Es ist so einfach, Gott für die eigenen "Sünden wider den Geist" zur Rechenschaft zu ziehen, nur um dem Schmerz nicht anheimfallen zu müssen, den das eigene Versagen unweigerlich auslöst.

In diesen Kontext gehört auch die Aufbauschung der Ereignisse in der Passionsgeschichte Jesu in den Evangelienberichten, in denen vom Verlangen Gottes nach dem Opfertod seines Sohnes berichtet wird und von der Hingabe dieses Sohnes an diesen göttlichen Blutdurst. Gott hat mit den "Körpern", den vergänglichen Attributen des Menschseins, nichts zu schaffen, also auch nicht mit dem Wahnsinn des Leides, mit dem Menschen anderen Menschen körperlichen und geistigen (und vermeintlich seelischen) Schmerz zufügen. Gott erkennt im Menschen nur sein Ebenbild, also den unvergänglichen *"Seelen*bruder", auf dessen reiner Oberfläche sich niemals der Hauch von Unvollkommenheit zeigt.

Wie wir aus der Darstellung des kabbalistischen Lebensbaumes noch in Erinnerung haben (veröffentlicht in *Saint Germains Vermächtnis. Kabbala und Rosenkreuz*), gibt es "Zugang" zu Gott über jene Ebenen, die wir als Engel und hohe Geistwesen bezeichnen (Symbole und Energieträger für das Göttliche, das der Mensch erkennen kann) und die – wenn wir uns in der rechten Weise mit ihnen verbinden – unsere Gebete "nach oben", in das **Licht der Erkenntnis** tragen.

Wir **müssen** Bilder zu Hilfe nehmen, um das Un(be)nennbare begreifbar zu machen. Der **Vater**, von dem Jesus spricht, ist jener

Christus, mit dem er eins wurde, das heißt, dass das Licht der Erkenntnis (was meint, dass er nicht getrennt war vom Vater) seine Bindung an den Körper auflöste ins Nichts – das ist die zentrale Botschaft seiner Auferstehung!

Christus ist das dem Menschen zugeneigte Antlitz Gottes, was meint, dass wir Gott im Christus erkennen und lieben können. In Jesus und Buddha und vielen anderen hat dieser Christus menschliche Form angenommen, und so denken wir, Gott sei insgesamt anthropomorph (= menschlich, menschenähnlich), weil wir seine Wirklichkeit, die sich jeder bildlichen oder literarischen Darstellung entzieht, mit dem Gehirn, unserem vermeintlich einzigen Wahrnehmungsorgan, nicht einmal im Ansatz zu begreifen vermögen. In der Meditation jedoch können wir die Begrenztheit des Gehirns mit Leichtigkeit überwinden und zusammen mit den Augen des Geistes auf die Oberfläche unserer Seele blicken, die von keiner Unvollkommenheit getrübt ist.

Nur im Zustand der meditativen Versenkung werden wir die Botschaft von *Ein Kurs in Wundern* wirklich verstehen und ihn als das Schlüsselwerk für unsere Befreiung aus der Abhängigkeit an die Welt der Körper und alles Vergängliche erkennen.

KONZEPT UND ZIELSETZUNG VON
EIN KURS IN WUNDERN

Wie es der Titel des Werks zum Ausdruck bringt, steht das, was *Ein Kurs in Wundern* (in der Folge "KiW") als Wunder bezeichnet, im Mittelpunkt seiner Lehre. Deshalb wollen wir zunächst ein Bewusstsein für das Umdenken entwickeln, das der Begriff "Wunder" in toto notwendig macht.

Wie schon gezeigt wurde, ist die Vorstellung des Wunderwirkens immer mit äußeren "wundersamen Ereignissen" verbunden, die sich – seit es eine religiöse Tradition gibt – zwischen der Kraft Gottes und der Vorstellung von Magie bewegte, aber im Prinzip immer das Gleiche meinte: die öffentliche Zurschaustellung sogenannter "übernatürlicher" Phänomene. Was aber ist "übernatürlich"? Jede spirituelle Tradition braucht das "Wunder", um das Wirken Gottes in der Welt zu illustrieren, von dem es heißt, bei ihm sei kein Ding unmöglich. Wenn Menschen solche Wunder außerhalb ihres tradierten beziehungsweise relevanten Kulturkreises vollbringen, betreiben sie Magie, da nur Gott oder seine Diener Wunder vollbringen können. Im Wunderwirken findet also de facto – und dies ist beinahe allen Kulturen gemein – eine Rechtfertigung für die Natur des einzig wahren Gottes statt, der sich jeweils nur dort verbirgt und in seinen Wundern hervortritt. Die Grenzen zwischen Symbolik, Legendenbildung und tatsächlichen Ereignissen sind überall fließend. Sie treten klar und offen im Hinduismus, besonders bedeutungsschwer im Judentum und Christentum zutage und sind im Islam ebenso zu finden wie auch im – vor allem tibetischen – Buddhismus. In den Naturreligionen der Völker ist die Vorstellung des Göttlichen stets identisch mit der Vorstellung des Übernatürlichen, das in Ritualen und tausenderlei kultischen Handlungen "beschworen" wird.

Bei jedem löst die Erwähnung des Wortes "Wunder" automatisch die Vorstellung irgendeines übernatürlichen Phänomens aus – die Himmelfahrt Jesu, Marias oder Mohammeds, die "wunderbare Brotvermehrung" bei der Speisung der Tausend oder die Verwandlung von Wasser in Wein bei der Hochzeit zu Kanaan, die Heilung scheinbar Unheilbarer oder die Materialisation irgendwelcher Dinge aus dem "Unsichtbaren", wie es Satya Sai Baba und andere indische Heilige praktizieren. Kann aber die Verwandlung oder Umgestaltung von Materie – und um nichts anderes handelt es sich dabei – im Sinne des Wortes ein Wunder sein? Die Physik ist noch lange nicht am Ende ihres Lateins angekommen. Irgendwann wird der Begriff "Materie" auch auf die feinen Strukturen ausgedehnt, die man heute noch mit keinem Messinstrument erfassen kann, die aber dennoch der **Welt der Erscheinungen** zugehören und somit in der **Wirklichkeit Gottes** keinerlei Bedeutung haben. Somit ist alles, was sich innerhalb dieser Welt der Erscheinungen ereignet – auch wenn es im Bereich des sogenannten Übernatürlichen geschieht –, ohne irgendeine Bedeutung für die "Welt Gottes". Deshalb definiert der KiW den Schwerpunkt eines Wunders vollkommen anders, als unsere gewohnte Sichtweise dies tut: Der KiW bezeichnet unseren Geisteswandel, der unsere Wahrnehmung von der Egowelt der Sünde, Schuld und Angst auf die Welt der Vergebung des Heiligen Geistes verschiebt, als Wunder. Dieses Wunder kehrt die Projektion um, indem es den Geist als Verursacher erkennt und uns erlaubt, noch einmal zu wählen: die Welt Gottes und die Vergebung – oder die Welt des Egos.

Das Wunder transzendiert die Gesetze dieser Welt, sodass sie die Gesetze Gottes spiegeln. Im Gegensatz hierzu steht die Magie. Der KiW deutet sie als einen *"Versuch, ein Problem dort zu lösen, wo es nicht ist, das heißt das im Geist bestehende Problem durch physische oder 'geistlose' Maßnahmen zu lösen, nämlich die Strategie des Egos, das wirkliche Problem – den Glauben an die Trennung – von Gottes Antwort fernzuhalten."*[20] An anderer Stelle wird Magie auch als "falsche Heilung" bezeichnet.

Wenn Jesus also solche Schwerpunkte setzt und sie klar abgrenzt von tradierten, landläufigen Meinungen, so bedeutet dies nicht nur eine Rückdeutung der kirchlichen Lehre, sondern weit darüber hinaus eine **weltumfassende Erneuerung der gesamten religiösen und/oder spirituellen Denkmodelle**. Denn jedem, der den KiW mit Hirn und Herz zu lesen versteht, muss bewusst werden, dass nur ein **grundlegender Geisteswandel** das Leben diesseits und jenseits der "natürlichen" Schwelle zum **Ursprung** zurückführen kann.

Wir wollen deshalb den Wunderbegriff persönlich definieren:
Wo beginnt für dich der Umwandlungsprozess in deinem Geist? Überprüfe dein Denksystem, und konfrontiere es mit dem Denksystem des Kurses. Bedenke hierbei, dass *Ein Kurs in Wundern* dir nur die Richtung weisen, die eigentliche Arbeit aber erst im Alltag beginnen kann ...

Wie sieht dein Alltag ganz allgemein aus? ...

Wie gehst du mit Andersdenkenden um? ...

Wie begegnest du Problemen, die dir in Form von anderen Menschen gegenübertreten? Bist du fähig, unter der Maske, hinter der ein Mensch sich verbirgt, seinen wahren, guten Kern zu erkennen? Bist du fernerhin fähig, im Ärger, den er in dir auslöst, deinen eigenen Projektionsmechanismus zu durchschauen? ...

Wähle nun unter allen Menschen, die du kennst, denjenigen aus, mit dem du "am wenigsten gut kannst", der dir vielleicht allein durch sein Dasein deinen Alltag vergällt und dir regelmäßig die gute Laune verdirbt, sooft er deinen Lebensweg kreuzt ...

Schau ihn dir genau an, und erkenne dann deinen eigenen Anteil an den Problemen, die er dir (scheinbar) macht ...

Schreibe nun alles auf, was dir hierzu einfällt, ohne es vorher in deinem Kopf zu sortieren ...

Und nun überprüfe, wie es sich für dich anfühlen würde, wenn du diesem Bruder, dieser Schwester künftig nicht mehr dein Urteil überstülpen würdest, sondern ihn/sie freisprichst von jeder Verurteilung, jedem Angriff, den dein negatives Denken ja darstellt ...

Und nun schau auf Jesus. Was hat er getan, dass die Welt ihn schuldig sprach? (In Wahrheit war es ein sogenanntes "Gottesurteil", das auch die Christen später als Rechtfertigung für ihre Schuldsprüche gegen Ketzer nicht minder drastisch einsetzten.) Er hatte Gott "gelästert", indem er sagte: *"Mein Reich ist nicht von dieser Welt."* Und: *"Ich bin Gottes Sohn."* Somit widersprach er der gängigen Lehrmeinung der Rabbiner und der Vorstellung, die die etablierte jüdische Lehre von Gott hatte. Das machte ihn in den Augen derjenigen, die die Tradition bewahrten, todeswürdig.
Jesus nahm das Urteil, welches das jüdische und weltliche (römische) Gesetz über ihn fällte, an, indem er ihm nicht sein eigenes in Form einer Verurteilung der Tradition entgegensetzte. Seine

einzige Verteidigung bestand darin, **an der Wahrheit festzuhalten.** Er wusste, dass er das äußere Leben dadurch verlieren, aber das **Leben in Gott** durch seine **Treue für die Wahrheit** gewinnen würde. Auch wusste er, dass niemand in seiner Umgebung, auch nicht seine Jünger, die Opferung seines äußeren Lebens für die **Aufrechterhaltung der Wahrheit** verstehen konnten, obwohl sie während der vier Jahre, die er sie unterwies, tausendmal die Möglichkeit erhalten hatten, ihr Denksystem umfassend zu korrigieren. So wurde er auch durch die Unentschlossenheit seiner Jünger mitverurteilt, die trotz ihrer Liebe zu ihm am Denksystem des Egos festhielten. Das Festhalten am Denksystem des Egos bedeutet also immer Angriff, Verurteilung und Unversöhnlichkeit.

Was bedeuten in diesem Kontext jene vom Evangelisten überlieferten Sätze, die Jesus in der Stunde seines Todes sprach: *"Vater, vergib ihnen, denn sie wissen nicht, was sie tun!"*? Und was bedeutet *"Vater, in deine Hände gebe ich meinen Geist!"*? Um dies in der Tiefe verstehen zu können, müssen wir zunächst erkennen, was es mit diesem "Vater" auf sich hat, der so offensichtlich tatenlos zusieht, wie sein Sohn leidet und im größten Elend stirbt.

Nach der Definition des KiW ist *"(...) Gott die erste Person der Dreieinigkeit, der Schöpfer der Welt Gottes und die Quelle allen Seins oder Lebens, auch der Vater genannt, dessen Vaterschaft durch die Existenz seines Sohnes Christus begründet wird (...)."*[21] Solange Jesus also vom Vater sprach, war er noch nicht wirklich eins mit ihm geworden, waren Bewusstsein und Realität im Geist noch nicht verschmolzen. Im Augenblick jedoch, da er sagte: *"Vater, in deine Hände gebe ich meinen Geist"*, war das Wunder dieser Einheit geschehen, worauf er ausrufen konnte: *"Es ist vollbracht!"* Die Auferstehung seines Geistleibes war nicht das Wunder, sondern die Konsequenz: die restlose Auflösung des Denksystems der Trennung. Das Wunder ereignete sich vorher, im letztgültigen und absoluten Geisteswandel, indem die Vaterschaft Gottes zum ersten Mal für die Menschen nachvollziehbar wurde, da sein Sohn heimkehrte ins **Wort**, indem der Logos seine Gottes- **und** Menschennatur offenbarte.

Für uns in der Nachfolge Jesu bedeutet dies, dass wir dem Urteil der Welt unseren Nichtangriff auf ihr Denksystem entgegenstellen müssen, damit wir seiner Herrschaft über unser Leben entrinnen und zum Leben im Vater finden – damit auch wir sagen können: "Es ist vollbracht!" Mit jedem Nichturteil über unseren Bruder oder unsere Schwester kommen wir diesem Ziel ein großes Stück näher.

Deshalb nehmen wir die Person, die unser Leben bisher so beschwerte, nun vollkommen in unser Herz, dem Sitz des göttlichen Lichtes in uns, und spüren, wie sich das Problem – von dem ja nur unser Kopf dachte, es handele sich um ein solches – auflöst im Licht der Liebe ...

ÜBER DIE NOTWENDIGKEIT DER ERLÖSENDEN NATUR VON *EIN KURS IN WUNDERN*

1.

In der Bibel finden sich sehr viele Erzählungen, die von wundersamen Ereignissen berichten, die zum größten Teil von Wundern handeln, welche die göttliche Kraft bewirkt: Befreiung aus Gefangenschaft, Heilung, Auferstehung vom Tod. An einigen Stellen jedoch gibt es auch Wunder magischen Charakters, also "Zaubereien", in denen andere Kräfte als die Gottes am Werk sind. Außerdem ist in manchen Geschichten zu bemerken, dass göttliche Wunder magischen Zaubereien sehr ähnlich sind, obwohl sie keinerlei magische Ursache haben.

Wenn das Alte Testament ausdrücklich von Magie spricht, dann nur, um sie zu verdammen. Die biblischen Autoren kleiden ihre Kritik bisweilen in strengste Befehlsformen, etwa in der – vor allem von späteren Christen – viel zitierten und entsprechend umgesetzten Stelle (Exodus 22,18): *"Die Zauberinnen sollst du nicht am Leben lassen."* Anderswo wird die Lehre indirekt durch Geschichten vermittelt, die von der Bestrafung magischen Treibens berichten. König Saul, der alle Anhänger okkulter Wissenschaften aus seinem

Reich *"vertilget"* hat, wendet sich nichtsdestoweniger vor der Schlacht gegen die Philister an die "Hexe von Endor" um Rat (Samuel 28). Diese Frau beschwört den toten Propheten Samuel herbei, der kommt auch wirklich – allerdings sehr unwillig über die Störung – und verkündet, der König werde zur Strafe für seine Missetaten in der Schlacht besiegt und getötet werden. Frühchristliche Kommentatoren wie Hippolyt (170-236 n. Chr.) waren überzeugt davon, dass es nicht wirklich der Geist von Samuel gewesen sein könne, vielmehr sei bloß ein Dämon in der Rolle des Propheten vor Saul erschienen.

Die größte Bedeutung in der biblischen und religiösen Literatur überhaupt aber gewann das Motiv des "Zauberwettkampfes" zwischen den Dienern Gottes und den heidnischen Magiern. Im Buch Exodus 7,8-13 (Altes Testament) beeindruckt Aaron den Pharao, indem er seinen Stab auf die Erde wirft und ihn in eine Schlange verwandelt. Die ägyptischen Zauberer tun es ihm nach *"mit ihren geheimen Künsten"* – sie werfen alle ihre Stäbe hin, und sie verwandeln sich ebenfalls in Schlangen. Dann aber erweist sich die überlegene Macht des jüdischen Gottes: Aarons Stab verschlingt alle anderen Stäbe. In einem anderen biblischen Zauberturnier tritt der Prophet Elias auf dem Berg Karmel gegen heidnische Baal-Priester an und besiegt sie blutig (I. Könige 18). In der frühen christlichen Literatur sollte aber vor allem die Episode von den Magiern des Pharaos Bedeutung erlangen: Isidor von Sevilla und andere frühchristliche Autoren führen sie immer wieder zum Beweis der Überlegenheit göttlicher Wunder über teuflische Zauberei an.

Das klassische Beispiel für einen bösen Zauberer im Neuen Testament (Apg. 8,9-24) ist Simon Magus aus Samaria. Simon hatte mit seinen magischen Kunststücken großen Eindruck auf das Volk gemacht. Als er aber sieht, welch große Wunder und Zeichen die Apostel wirken, bietet er ihnen Geld und bittet sie, ihn an ihrer Macht teilhaben zu lassen. Der Apostel Petrus belehrt ihn dann voller Empörung, dass diese Macht nicht käuflich sei. Im Laufe des zweiten und dritten Jahrhunderts bauten christliche Autoren diese kurze Episode zu einer ziemlich komplexen und detaillierten Geschichte aus, in der die Figur des Simon Magus in den Rang eines Erzhäretikers und Rivalen des heiligen Petrus aufsteigt. Nicht zuletzt deswegen, weil dieser denselben Namen trug, lag es nahe, die beiden Figuren gewissermaßen als "feindliche Brüder" aufeinander zu beziehen – Simon Petrus versus Simon Magus. In den apokryphen (von der Kirche nicht in die Bibel aufgenommenen) Petrus-Akten, einem Legendenwerk, das über die Erzählungen der biblischen Bücher hinaus von den Taten des Apostels berichtet, finden wir eine ausführliche Beschreibung eines Wunder-Wettkampfes. Simon Magus täuscht dort eine Totenerweckung vor, indem er durch undurchschaubare Tricks eine Leiche einige schwächliche Bewegungen ausführen lässt. Aber erst Simon Petrus gelingt es tatsächlich, den Mann zum Leben zu erwecken. Enttäuscht und von seinen Anhängern im Stich gelassen, kündigt der Magus an, er werde jetzt emporfliegen zu Gott. Er hebt auch tatsächlich ab, da betet Petrus und der Zauberer stürzt zur Erde und stirbt bald danach. Eine Variante dieser Geschichte, die in der mittelalterlichen Welt noch weithin bekannt war und die in die viel gelesene "Legenda aurea" des 13. Jahrhunderts aufgenommen wurde, macht unmissverständlich klar, dass Simon Magus nur mithilfe von Dämonen fliegen konnte und dass Petrus mit seinem Gebet nichts anderes tat, als diese bösen Geister zu vertreiben.

Die Magier, denen wir an einer anderen Stelle des Neuen Testaments begegnen, haben mit jenem Zauber so gut wie nichts gemeinsam. Diese "Magier", die nach Bethlehem kommen, um den neugeborenen Heiland anzubeten (Matthäus 2,1-12), sind durchaus ehrenwerte Personen. Die Legendenbildung des Mittelalters hat sie sogar in den Rang von Königen erhoben. Die Verteidiger der Magie konnten diese Bibelstelle als Argument für die höhere Würde ihrer Wissenschaft anführen, da doch Magier zu den Personen gehörten, die Jesus Christus als Erste ihre Verehrung und Referenz erwiesen. Dem entgegnet man – der früheste Beleg stammt aus dem zweiten Jahrhundert – mit folgender Argumentation: Gewisse Formen der Magie seien unter dem Gesetz des Alten Bundes noch erlaubt gewesen, mit dem Neuen Bund aber habe sich das geändert; wenn sich die Magier der Herrschaft Jesu Christi unterwerfen, so bedeute dies symbolisch, dass die Magie besiegt und vernichtet worden sei von der Macht Gottes.

Man könnte nun natürlich einwenden, dass auch Jesus selbst und seine Jünger "Magie" betrieben haben. Es war dies tatsächlich ein Argument, das in den Diskussionen des zweiten Jahrhunderts zwischen Christen und "Heiden" häufig verwendet wurden. Der "heidnische" Schriftsteller Celsus stellte die Behauptung auf, Jesus sei bei den ägyptischen Magiern in die Lehre gegangen und habe dort gelernt, wie man eine Krankheit "fortbläst", wie man bei den Leuten die Illusion einer "wunderbaren Brotvermehrung" erzeugt und wie man es anstellen muss, damit unbelebte Dinge sich scheinbar bewegen. Um eine solche Theorie zu stützen, konnte man sich auf bestimmte Stellen in den Evangelien berufen. Wenn beispielsweise die Kraft Jesu eine Frau heilt, die lediglich den Saum seines Gewandes berührt, und er daraufhin ausruft *"Es hat mich jemand angerührt, denn ich fühle, dass eine Kraft von mir gegangen ist"* (Lukas 8,46), dann kann man sich fragen, welcher Art denn diese Kraft sein mag. Wenn er einen Taubstummen heilt, indem er seine Finger in dessen Ohr legt und die Zunge mit Speichel berührt (Markus 7,32 ff.), wenn er einen Blinden sehend macht, indem er Erde mit Speichel vermischt und dem Kranken auf die Augen legt (Johannes 9,6 ff.), so haben diese Prozeduren durchaus einiges mit magischen Heilverfahren gemeinsam. In anderen Fällen, vor allem bei Matthäus, sehen wir Jesu Heilungen ohne derartiges Beiwerk, sondern allein mit der Kraft seines Wortes vollbringen. Er spricht ganz einfache Befehle aus: *"Sei rein!"* Oder: *"Steh auf!"* Oder auch: *"Steh auf, nimm dein Bett und geh!"* Aber auch dieser Verzicht auf alles Zeremonielle schien manchen Beobachtern verdächtig. Manche jüdische Gegner des Christentums, die Jesus für einen Zauberer hielten, folgerten dies aus eben der Tatsache, dass seine bloßen Worte eine derartige Macht besaßen.

Für die frühen Christen waren Jesu Wundertaten nicht allein an sich, sondern wegen ihrer weiteren religiösen Bedeutung wichtig. Manchmal heilte Jesus Leute und sagte dazu, er tue es um ihres Glaubens willen. Es kommt auch vor, dass die Heilung von Krankheit verbunden ist mit spiritueller Reinigung – Christus heilt Leib **und** Seele. Die Wundererzählungen sind somit wesentlicher Bestandteil der Evangelien, sie sollten den Glauben anfachen und zur Buße aufrufen. Und sie haben auch eschatologische Bedeutung (Eschatologie: griech. Lehre vom Weltende und dem Anbruch einer neuen Welt, von Tod und Auferstehung, von den letzten Dingen), denn sie sind Episoden aus jenem "Krieg" um die Seelen, den das Reich Gottes mit dem Reich "Satans" führt. Das zeigt sich besonders deutlich an den Fällen von Teufelsaustreibungen, wie sie von den Synoptikern (Synopsis = vergleichende Übersicht, besonders der Berichte gleichen Inhalts in den Evangelien) geschildert werden. Man kann aber auch die Heilung von physischen Krankheiten durchaus als Sieg über die Mächte des Bösen oder über Dämonen interpretieren. Wenn Jesus Dämonen austreibt und unschädlich macht, führt er als "Streiter Gottes" einen vernichtenden Schlag gegen das Böse in der Welt, oder um es mit den Worten Jesu aus dem Evangelium des Matthäus (12,28) zu sagen: *So ich aber die Teufel durch den Geist Gottes austreibe, so ist das Reich Gottes zu euch gekommen."* Freilich, einen Juden oder Heiden musste all das nicht überzeugen, er konnte sehr leicht sagen, Magie bleibe nun einmal Magie, gleichgültig welche tieferen oder symbolischen Bedeutungen man auch hineinlegen wolle.

Die frühen christlichen Autoren waren sich völlig klar darüber, dass aus dem technischen Ablauf der Wunderheilungen oder aus ihrer symbolischen Bedeutung keine Begriffsbestimmung zu gewinnen war – jedenfalls keine, die Andersgläubige überzeugen musste –, und sie konzentrierten sich bei der Diskussion in aller Regel auch gar nicht auf diese Punkte. Sie führten vielmehr eine ganz andere Überlegung ins Feld: Ihre Argumentation ging von der Grundannahme aus, dass Magie Dämonenwerk sei, während Wunder aus der Kraft Gottes kämen. Zu Ende gedacht bedeutet dies natürlich, dass der christliche Gott der wahre ist, die heidnischen Götter dagegen bloße Götzen – und das war es auch, worauf die Christen hinauswollten. Ihr Anspruch hatte für das soziale Leben einige Relevanz, denn im Gegensatz zu den "Heiden" und den Juden hatten die Christen untereinander keinerlei ethnischen Zusammenhalt. Was ihre Identität als Gruppe gewährleistete, das waren zum einen ihre mysteriösen Rituale (hierin ähnelte das Christentum von Anfang an anderen Mysterienkulten) und zum anderen das starke Bewusstsein dessen, dass ihr Gott etwas Einzigartiges und etwas ganz anderes als die übrigen Götter war, eine Lehre, die sie auch offensiv nach außen vertraten. Auch die Juden hatten immer schon Wert darauf gelegt, dass ihr Gott nicht einfach einer von vielen Göttern sei, aber die Christen waren die Ersten, die daraus ein Argument für den Kampf mit anderen Meinungen machten. Für sie war das allgemeingültige Wahrheit, und außerdem war es auch die Basis, auf der sich die Gemeinschaft als Gruppe definieren konnte. Und als Konsequenz aus dieser Wahrheit ergab sich die klare Unterscheidung – die Heiden trieben Magie, die Christen dagegen wirkten Wunder. Die beiden Dinge konnten äußerlich ganz ähnlich aussehen, so ähnlich aber der "treue Hund" dem "bösen Wolf" auch sein mag, so verschieden sind sie doch ihrem Wesen nach und *so hat auch das durch die Kraft Gottes Vollbrachte mit dem, was durch Zauberei geschieht, nichts gemein!"* (Kirchenvater Origenes, 185-254 n. Chr.)

Ist schon der Bericht der Evangelien problematisch, so erst recht die Apostelgeschichte. An mehr als einer Stelle dieses biblischen

Buches wird von Wundern erzählt, die Magisches an sich haben. Da brechen Leute, die gegen Gebote der christlichen Gemeinde verstoßen haben, wie vom Blitz getroffen tot zusammen (Apostelgeschichte 4,32-5; II); dem Schatten des Petrus werden heilende Kräfte zugeschrieben (Apostelgeschichte 5,12-16), ähnlich auch Taschentüchern und Gürteln, die er berührt hat (Apostelgeschichte 19, II). Öfters besiegen die Apostel gegnerische Magier. Als die Zauberer von Ephesus sich bekehren, schaffen sie ihre Zauberbücher herbei und verbrennen sie (Apostelgeschichte 19,13-19). Die Apostelgeschichte zeigt uns, dass die Apostel offenbar einen systematischen Feldzug gegen alles führten, was sie für Magie hielten. Vom Standpunkt der Juden und Heiden freilich musste es so aussehen, als verfügten diese Leute lediglich über stärkere magische Kräfte als sie selbst. Dieser Betrachtung der Dinge gegenüber behaupteten die Christen – bis zum heutigen Tag – ihr Gott sei der einzig wahre Gott. Wenn das, was die Apostel taten, so sagten sie, äußerlich vielleicht auch eine gewisse Ähnlichkeit mit magischen Praktiken habe, so sei es in Wirklichkeit doch etwas ganz anderes, die Kraft Gottes nämlich offenbare sich in solchen "Wundern".

Diese wenigen Beispiele mögen aufzeigen, warum die Inhalte von *Ein Kurs in Wundern* (in der Folge "KiW") mit ihrer struktur-erlösenden Botschaft von Jesus als "Pflichtlektüre" bezeichnet werden. Um den erlösenden Charakter zur Gänze zu verstehen, ist es notwendig, sich der Anfänge des Christentums zu entsinnen – und insbesondere jener Organisation, die behauptet, die "einzig wahre Kirche mit dem einzig wahren Gott" zu sein, die lückenlos zurückreiche bis zu den Aposteln. Das Entstehungsgefüge der jungen Kirche ist das bedeutendste Beispiel einer Sektenentwicklung, die sich aus der Übernahme und Umschreibung bestehender religiöser Texte und Legenden speist, wie wir dies expressis verbis am Beispiel der jüdischen Bibel – einem Destillat aus mesopotamischen und altägyptischen Überlieferungen – verfolgen können.

Es sind immer die "Wunder" und andere magische Elemente in den heiligen Schriften, die ab dem Zeitalter der Aufklärung Kritik hervorriefen und vielfach eine Ablehnung des gesamten Systems zur Folge hatten. Auch Jesus selbst scheint sich im KiW von solch äußeren "Wundern" zu distanzieren, indem er dem "Wunder" per se einen ganz anderen Akzent verleiht. Das, was die Evangelisten – mit ihrer Sicht aus der großen Entfernung von 100 bis 150 Jahren – berichten, entnahmen sie Sammlungen von Aufzeichnungen, die man im Laufe der Zeit alle Jesus zugeschrieben hatte, die aber vielfach ganz andere Personen und Situationen beschrieben.

Indem Jesus im KiW den Akzent eines "Wunders" auf unseren persönlichen Geisteswandel legt, der unsere Wahrnehmung von der Egowelt der Sünde, Schuld und Angst auf die Welt der Vergebung des Heiligen Geistes lenkt, führt er auch die kirchliche Lehre in toto ad absurdum.

Im KiW wird das "Wunder" zu jenem Instrument, das unsere Projektion der Sünde, Schuld und Angst umkehrt, indem es unseren Geist als Verursacher der Angst entlarvt und uns erlaubt, noch einmal zu wählen – *Mein Bruder, wähle noch einmal!*[22] Angst wird hier verstanden als eine Emotion des Egos, die im Gegensatz zur Liebe steht, jenes uns von Gott gegebene "Gefühl". Sie hat dem KiW zufolge ihren Ursprung in der Erwartung, dass wir – wie unsere Schuld es fordert – für unsere Sünden bestraft werden; und das ist die reine Kirchenlehre. Das "Wunder" – diesem Kontext folgend – transzendiert die Gesetze dieser Welt, sodass sie die Gesetze Gottes spiegeln. Das "Wunder" wird durch unsere Verbindung mit dem Heiligen Geist (der "Kommunikationsverbindung" zwischen Gott und seinen Kindern; die Stimme für Gott, die für ihn und unser wirkliches Selbst spricht und uns an jene Identität erinnert, die wir **vergessen** haben) oder Jesus bewirkt und ist das Mittel, unseren eigenen und den Geist anderer zu heilen. Und das lässt den einzigen Umkehrschluss zu, dass auch jene Wunder, die man dem biblischen Jesus zuschreibt, nur in diesem Sinn zu verstehen sind. Und alles dies hat mit Magie nicht das Mindeste zu tun, sondern ist das Resultat der **Einswerdung mit dem Vater, der Allliebe ohne Gegenteil.**

Wenn wir uns in diesem Kontext magische Rituale und Erfahrungen in anderen Kulturräumen - insbesondere im indischen Raum - betrachten, können wir feststellen, dass die Verquickung zwischen Magie und dem Werk Gottes überall lebendig ist. Wozu - und diese Frage muss sich dem Sucher aufdrängen, der den KiW als Jesu eigentliches Vermächtnis erkennt - sollen Demonstrationen des "Übernatürlichen" überhaupt dienen, wenn es doch im Prinzip nur um die Auflösung unserer Projektionen von Sünde, Schuld und Angst geht? In der Tat distanzieren sich fast alle großen indischen Heiligen von der Zurschaustellung von "Siddhis", die jeder "Magier" ohne Weiteres erlernen kann und die für ein spirituell ausgerichtetes Leben oder für die eventuelle "Heiligkeit" eines Menschen ohne jede Bedeutung sind. Sie mögen allenfalls die Kraft des Geistes beleuchten, der sich über den Körper zu erheben vermag. Gerade im Fall von Sai Baba zeigen sie, wie sehr sie imstande sind, (vor allem westliche) "Gläubige" zu polarisieren und Missgunst, Neid und Eifersucht auf "Bevorzugte" im sich benachteiligt fühlenden Schüler zu wecken. Satya Sai Baba ist vom westlichen Menschen nicht oder nur bedingt zu verstehen. Je heftiger sich seine abendländischen Anhänger verbal von seinem "äußeren" Wirken distanzieren wollen, umso dringender steigt ihr inneres Verlangen, von ihm bei den täglichen Darshans beachtet und durch häufige Besuche seines Ashrams schließlich "vom Karma erlöst" zu werden. Die indische Karmalehre aber ist auch nur ein Glaubenssystem, ebenso wie die buddhistische Auffassung.

Alle diese Lehren beziehungsweise Systeme beschreiben die äußere, physisch-geistige und nicht die innere Wirklichkeit der Einheit, wie sie uns in der Lehre des DAO, des Advaita oder eben in *Ein*

Kurs in Wundern begegnet. In der Wirklichkeit Gottes gibt es keine Schuld und daher auch kein Karma. Für diese Wirklichkeit – die Welt Gottes – sind die wiederholten Erdenleben nur Traumerfahrungen, und niemand, der aus dem Traum erwacht, wird allen Ernstes behaupten, der vergangene Traum habe irgendetwas mit der Realität des wirklichen Lebens jenseits des Traumes zu tun.

Wer oder was ist aber dann Satya Sai Baba? So wie San Francesco oder Padre Pio, um zwei herausragende Beispiele zu nennen, sich nur innerhalb der katholischen Kirche inkarnieren konnten, um ihr begonnenes Werk zu vollenden, so können sich die drei Inkarnationen Sathya Sai Babas nur dort vollenden, wo sie ihren Ausgangspunkt genommen haben. Mit ihm "inkarnierten" sich auch alle in früheren Inkarnationen erworbenen "Eigenschaften", die dem hinduistischen System zugehören – so wie San Francesco und Padre Pio das christliche System, das ist die Erlösungslehre, die auf Christi Leiden beruht, als ihre persönliche und unbeugsame Wahrheit in der Erfahrung des Mitleidens durch die Stigmata "bestätigten". Und so wie das physische Leben Sathya Sai Babas hineinreicht in das physische Leben Krishnas und mit ihm zu einem verbunden ist, so reicht das physische Leben San Francescos und Padre Pios in das physische Leben des Jesus von Nazareth hinein, mit dem sie in tiefer Liebe verbunden waren. Ihr späteres Leid, durch die Stigmata offenbart, ist Ausdruck der unverarbeiteten vermeintlichen Schuld, die auf ihnen lastete, weil sie einst das Leid und den physischen Tod des geliebten Freundes nicht zu verhindern wussten.

So können wir an diesen wenigen Beispielen "karmische Zusammenhänge" erkennen, die – "von oben" betrachtet – das EINE LEBEN in unterschiedliche Entwicklungsstadien unterteilen. Man kann Sathya Sai Baba als Alpha und Omega der Krishnalinie des Hinduismus bezeichnen, so wie Jesus das Alpha und Omega des Christentums ist, das von ihm einst in die Vollendung geführt werden wird, genau wie die letzte Inkarnation Sathya Sai Babas die Lehre Krishnas vollenden wird. (Sathya Sai Baba, der »Manu« unseres Zeitalters, hat drei Inkarnationen: Shirdi Sai Baba, gestorben 1918, Sathya Sai Baba, gestorben 2011, und Prema Sai Baba, die noch bevorstehende Inkarnation. Mehr über Sinn und Aufgabe eines »Manu« im Buch *Saint Germains Vermächtnis. Kabbala und Rosenkreuz*.) Das Wesen des Hinduismus ist "magisch", und da die Anfeindungen an "Magier" dort nie so vernichtend waren wie im christlichen Abendland, konnte sich eine ganz andere Haltung zu dieser religiösen Randzone entwickeln, die natürlich mit Religion im ursprünglichen Sinn ebenso wenig gemein hat wie das – zumeist falsch verstandene und daher vergebliche – Wunderwirken der abendländischen Alchemisten.

Letztendlich geht es um die **Überwindung der Materie durch den Geist,** und nichts anderes begegnet uns im Leiden, Sterben und Auferstehen des Geistkörpers Jesu, aber auch – in anderer Gewichtung – in den Wundern Sathya Sai Babas. Und wenn er diese öffentlich demonstriert, bedeutet dies im Prinzip das Gleiche wie die Aufforderung Jesu zur Nachfolge. Immer geht es um die **Überwindung des niederen Menschen,** der gebunden ist an die "Schwerkraft" des physischen Körpers. Erst in der Einswerdung mit Gott, für die Satya Sai Baba in persona steht und die uns Jesus vorlebte, sind die physischen Gesetze zugunsten der Wirklichkeit, die kein Gegenteil hat, aufgehoben. Dazu aber muss man wissen, dass die äußeren Demonstrationen **Abbilder der inneren Prozesse** sind, die in einer Wesenheit wie Sathya Sai Baba ununterbrochen – wie die Eruptionen auf der Sonne – durch seine Doppelnatur ihren Ausdruck finden. Er steht immer inmitten jenes "Ozeans", der beide Welten verbindet, und schöpft zu seiner und der Freude anderer ununterbrochen aus dem Fundus des Geistes, der ihm wie ein offenes Buch zu Gebote steht. Nur – man muss die Gesetze kennen, denen seine wiederholten Erdenleben und seine Krishnanatur unterliegen, um die Besonderheit seiner Wunder zu verstehen und zu akzeptieren.

Den Gedanken, dass es Reinkarnation im eigentlichen Sinn nicht gibt, bei Sathya Sai Baba zu Ende gedacht, bedeutet also, dass Krishna sich, wie es seiner Natur entspricht, in ununterbrochenem Wandel befindet. Er passt sich demnach den "Zeiten" an, die er durchwandert, und kehrt schließlich wieder dorthin zurück, von wo er gekommen ist – in den "Milch-Ozean" oder an jenen Ort, wo "Milch und Honig" fließen, in das Paradies, den heiligsten Ort, der kein Gegenteil "in der Welt" hat. Und so könnte man sein Auftauchen auch als einen jener Träume deuten, die der materiellen Welt eigen sind und die doch nichts anderes bedeuten, als das "Augenspiel Gottes" zwischen zwei Wimpernschlägen. Doch lasst euch von solchen Metaphern nicht irreführen, sondern versucht, hinter die "Bilder" zu blicken, in den unerschöpflichen Kosmos des Göttlichen.

Die zentrale Frage, vor die sich jeder denkende Mensch gestellt sieht, lautet: Warum bin ich in diesen Kulturkreis und dessen Ideologie hineingeboren worden, und was ist meine Lernaufgabe hier? Führen wir uns zur Beantwortung dieser Frage noch einmal die Beispiele von San Francesco und Padre Pio vor Augen. Der Lern- beziehungsweise Auflösungsprozess (= Erkenntnisprozess) kann sich nur dort vollenden, wo er seinen Anfang genommen hat. Nun mag man einwenden, dass es doch eine Vielzahl von Menschen gibt, die ihre angestammte Kulturzone verlassen und anderswo Wurzeln schlagen, sei es durch Heirat, Beruf, wegen eines Krieges oder sozialer Probleme – oder weil sie einem inneren Ruf folgen. Sieht man jedoch genau hin, wird man feststellen, dass eine hundertprozentige Assimilation nur sehr wenigen gelingt. Immer bleibt ein Rest von Fremdheit, was nicht nur auf ein Fremdsein in der Sprache zurückzuführen ist. Je nach Motivlage der Immigration wird Heimweh zum lebensbeherrschenden oder verdrängten Element, aber immer bleibt es eine Dominante im Dasein eines Emigranten.

Die Problematik findet sich auf mehreren Ebenen. Die Alltagsrealität in der neuen Heimat ist oft so schwierig, dass das Heimweh die einzige Waffe gegen die Situation bildet, aus der es vielleicht kein Entrinnen mehr gibt. Aber auch jenen, die einem inneren Ruf gefolgt sind, bleibt der Heimwehschmerz nicht erspart. Und wer diesem Schmerz auf den Grund geht, findet neben der Sehnsucht nach den Menschen, die man daheim zurückgelassen hat, und den Düften, die man mit dem Begriff "Heimat" verbindet, ein **unerlöstes Sehnen nach Erkennen der eigenen Identität**, die eng verbunden ist mit den **Seelenbildern,** die der Persönlichkeit zugrunde liegen. Und diese Bilderwelt reicht weit zurück, viel weiter als die physische Erinnerung.

Der Begriff der "kulturellen Heimat" muss erweitert werden auf die geistig-spirituelle Komponente, denn sie ist für die seelische Prägung verantwortlich, sie bildet die Nahrung, aus der jeder Mensch die lebenserhaltenden Kräfte schöpft. In jedem Menschen wirken diese Seelenbilder, sie sind das Fundament, das ihn trägt. Selbst wenn jemand noch so tief eintaucht in eine andere Kultur und Religion, er wird darin erst Wurzeln schlagen können, wenn er die eigene Identität "erlöst" hat und sie nun in der neuen Heimat aufgehen kann im Bewusstsein der Einheit alles Seins und Lebens.

Aber wie ist solche Erlösung zu gewinnen? Die Antwort werden all jene erhalten, die *Ein Kurs in Wundern* mit dem Verstand **und** mit dem Herzen zu lesen wissen. Denn der KiW ist das Mittel, das uns helfen kann, unseren Geist zu heilen, also zu erlösen von der Urangst, die uns beherrscht und in immer neue Daseinsformen zwingt, bis wir endlich die Liebe wählen. San Francesco und Padre Pio, aber auch der große indische Heilige Ramakrishna und viele andere haben uns vorgelebt, wie sich diese Wahl im Leben auswirkt: **Das Licht der Liebe leuchtet durch den physischen Schmerz – der Schmerz ist das Mittel, das zur "Wahl" zwingt.** Er ist nicht von Gott gegeben, denn Gott ist ohne ein Zweites, kann also nicht etwas geben, das sich nicht in ihm findet. **Leid und Schmerz gehören zur Welt des Egos, die im Gegensatz steht zur Welt der**

Liebe. Leid ist also Selbstbestrafung, und wenn wir begreifen, dass es in der Welt Gottes Leid und Schmerz nicht gibt, werden wir nicht mehr zögern, unsere Wahl zu treffen. Das könnte keine Lehre von Seelenwanderung und Reinkarnation so "auf den Punkt" bringen.

Wenn wir in unserem Denken nicht mehr gebunden sind an die Annahme, dass jedes Leben ein zwanghaft erwirkter Neuanfang ist, in dem das Karmapendel "unbarmherzig zurückschlägt", sondern wenn wir erkennen, dass jedes "neue Leben" die Fortführung eines Traumes in neuen Traumlandschaften darstellt (dass wir also frei sind, den Traum oder das Erwachen zu wählen, und nicht einem unbarmherzigen Gesetz von Ursache und Wirkung ausgeliefert sind, sondern Jesus oder den Heiligen Geist - als unsere Stimme für Gott - bitten dürfen, so wie Jesus und seine Freunde uns im Kurs auffordern, damit das einzig wirkliche Wunder, die Heilung unseres Geistes, geschehen kann), können wir getrost alle anderen Versuche, unseren Geist zu disziplinieren, aufgeben. Ein gesund(et)er Geist ist frei von allen Anhaftungen und somit auch von jedem Zwang zu einer erneuten Inkarnation befreit. Insofern ist *Ein Kurs in Wundern* allen östlichen und westlichen Weisheitslehren äonenweit überlegen, denn es findet sich in ihm in keiner einzigen Zeile das Prinzip der "Strafe". Da ist nur die **Stimme der Liebe**, die uns auffordert: *"Mein Bruder, wähle noch einmal!"* (KiW) Auch dies meint auf einer untergeordneten Ebene natürlich die Reinkarnation, aber nicht als unabweisbares Mittel der "Gerechtigkeit", sondern als frei wählbare Komponente. Es ist keine Wiedergutmachung begangenen Unrechts, sondern lediglich das Erkenntnismittel für die Natur des Egos. Es ist ja unser Denken, das die Lebensenergie in die entsprechenden Bahnen lenkt. Wenn unser Denken frei ist von all der Last, die sowohl die östliche Lehre von "Ursache und Wirkung" als auch die christliche Lehre von "Schuld und Sühne" in uns auslösen, und wir uns nur der Stimme der Liebe zu öffnen brauchen, die da spricht *"Mein Bruder, wähle noch einmal"*, dann wird

unsere Lebensenergie automatisch eine Kraft der Liebe sein, die auflöst, anstatt erneut zu binden. Dann ereignet sich jenes "Wunder",
das die Gesetze dieser Welt transzendiert, sodass sich die Gesetze
Gottes zu spiegeln vermögen. Das ist Erlösung, Befreiung, die
Heimkehr des verlorenen Sohnes in das Haus des Vaters!

2.

Die Astrologie baut auf Erkenntnissen der Astronomie über die
Struktur des Kosmos auf. Gewisse Annahmen schienen jedem Europäer seiner Zeit (ab ca. 1000 n. Chr.) unabweisbar, es waren für
ihn schlichte Tatsachen: Im Verlauf eines Tages bewegt sich die
Sonne auf einer Kreisbahn über den südlichen Himmel von Osten
nach Westen. In der Nacht beschreibt der Mond zwar nicht exakt
dieselbe, aber doch eine ähnliche Bahn. Beide Himmelskörper waren im üblichen Sprachgebrauch "Planeten". Der astronomisch
halbwegs Gebildete konnte auch die fünf übrigen Planeten erkennen
und unterscheiden, die auf ähnlichen Bahnen über den Himmel
zogen, allerdings mit je verschiedener Geschwindigkeit: Merkur,
Venus, Jupiter, Mars und Saturn. Weiter von der Erde entfernt,
aber wiederum auf ungefähr die gleiche Weise, bewegten sich jene
zwölf Sternzeichen, die zusammen den "Tierkreis" bilden: Widder,
Stier, Zwillinge und so weiter. Während die Planeten mit je verschiedenen Geschwindigkeiten die Erde umlaufen, wechseln die
einzelnen Tierkreiszeichen einander in immer gleichen Intervallen
ab. Die zwölf Bilder zusammen beschreiben eine Kreisfigur, die
sich über den südlichen Himmel und über die "Rückseite" der
Erde spannt, die Planeten bewegen sich auf überaus komplizierten
Bahnen in etwa an jenem Kreis entlang.
Diese Vorstellung vom Kosmos war jedem Gebildeten selbstverständlich und wurde nicht angezweifelt. Die Planeten und die
Tierkreiszeichen umkreisen also nach ganz bestimmten ewigen

Regeln und Gesetzen die Erde, weswegen der Tierkreis auch zum Symbol für die Bewegung der Zeit ganz allgemein werden konnte. In dieser Funktion begegnet er uns in verschiedenen künstlerischen Kontexten, zum Beispiel in den sogenannten "Stundenbüchern", das sind Gebetbücher für Laien. Wenn wir in derartigen Zusammenhängen die Symbole des Tierkreises finden, so bedeutet dies noch nicht notwendigerweise, dass der Künstler oder Autor damit Vorstellungen von irgendwelchen Einflüssen der Gestirne auf den Menschen verbindet. Der Tierkreis für sich genommen war, wenn man es modern ausdrücken will, ein astronomisches Phänomen und nicht ein spezifisch astrologisches.

Außerdem waren sich die meisten Europäer gleichfalls darin einig, dass diese Planeten und Sterne – und in geringerem Maße auch die übrigen Fixsterne – auf verschiedene Arten das Schicksal der Menschen beeinflussten. Wie man sich solche Einflüsse im Einzelnen vorstellen müsse, war freilich heftig umstritten. Manche Wirkungen der Sonne liegen offen und unbestreitbar zutage – sie verbreitet Licht und Wärme und vertreibt die Feuchtigkeit. Die Astrologen aber verwiesen darauf, dass die Sonne weit edlerer Natur sei als das irdische Feuer, und sie schrieben ihr deswegen noch viele andere Kräfte zu, die allerdings auf sehr subtile Weise wirksam seien, weswegen man sie "okkult", verborgen also, nennen könne. Ganz genauso verhalte es sich auch mit den übrigen Gestirnen. Alle Planeten und Sterne (die Astrologen unterschieden terminologisch nicht immer exakt und bezeichneten kurzerhand alle Himmelskörper als Sterne) haben mehr oder weniger Macht über irdische Dinge, wenn es auch im Einzelnen schwierig sein mag, Qualität und Quantität dieser Potenzen genau zu bestimmen. Wie groß die Kraft ist, die ein Himmelskörper ausübt, hängt unter anderem von der Position des Gestirns am Himmel ab. Wenn es gerade über dem östlichen Horizont aufgegangen war, stand es im "Aszendenten", in dieser Position war die Wirkung besonders stark – genauso wenn es den Zenit erreicht hatte.

Wer die verschiedenen Gestirne und ihre Positionen genau kannte, war in der Lage, die Quantität der verschiedenen Kräfte zu schätzen. Die Qualitäten der einzelnen Kräfte waren unterschiedlich, sie hingen von der Natur, vom Wesen eines Gestirns ab und nicht von dessen Position zu einem bestimmten Zeitpunkt. Ein Himmelskörper hatte also einen besonderen "Charakter", besondere Wirkungen und besondere Einflusssphären. Der Mond *(luna)* zum Beispiel war weiblichen Geschlechts, dem Element Wasser zugeordnet (daher kalt und feucht), er hatte besonders über die Kinder Macht, er verwirrte die Sinne der Menschen (das Wort "mondsüchtig" bezeichnete früher auch Formen von Geisteskrankheiten, ähnlich das englische Wort *"lunatic")* und er war der Planet der Keuschheit. Venus war ebenfalls weiblich, von luftähnlichem Wesen (heiß und feucht), sie hatte Macht vor allem über junge Leute und befasste sich bevorzugt mit den sinnlichen Dingen im Leben. In ähnlicher Weise wurden auch den übrigen Planeten jeweils spezifische Eigenschaften zugeschrieben.

Die Bahn, auf der alle diese Himmelskörper dahinzogen, wurde in zwölf "Häuser" von ungleicher Größe unterteilt; sechs davon in der sichtbaren Hemisphäre des Himmels, die übrigen sechs "unter dem Horizont". Ein Planet durchmaß auf seiner Reise um die Erde herum also alle zwölf Häuser. Je nachdem in welchem Haus er gerade stand, hatte er mehr oder weniger Macht über die einzelnen Bereiche des Lebens. Ein Planet im ersten Haus etwa, so wurde (und wird noch immer) angenommen, beeinflusse besonders den individuellen Charakter eines Menschen; wenn er im zweiten Haus stand, entschied er, so die Annahme, über sein materielles Wohlergehen; vom dritten Haus aus mische er sich in Familienangelegenheiten; in anderen Häusern besaß ein Gestirn Macht über die Beziehungen zu den Eltern oder zum Ehepartner oder zu den Kindern oder über das Sexualleben oder über die Gesundheit und so weiter. Wenn also, um ein konkretes Beispiel zu konstruieren, Mars zu der Zeit, die im Horoskop untersucht wurde, im zehnten Haus stand, so konnte das bedeuten, dass es einer Person bestimmt war, Soldat zu werden, denn der Mars hat seinem Wesen nach immer etwas mit kriegerischen Dingen zu tun und die Planeten im zehnten Haus entscheiden über die berufliche Laufbahn eines Menschen. Stünde Mars dagegen im achten Haus, so würde dies etwas ganz anderes bedeuten: Da das achte das Haus des Todes ist, könnte man auf einen Todesfall schließen, der infolge kriegerischer Ereignisse eintritt.

Der Einfluss der Gestirne – so lehrt es die Astrologie – ist in gewissen Momenten des Lebens besonders wirkmächtig, am meisten zur Zeit der Geburt. Ein Säugling, der eben den Leib der Mutter verlassen hat, ist noch ganz weich und ungeschützt und daher für "Einflüsse" aus dem Sternenhimmel extrem empfänglich. Jupiter im Aszendenten gilt seit jeher als überaus günstiges Zeichen. Mars im siebten Haus verhieß eine stürmische Ehe. Man ermittelte aber nicht nur für den Zeitpunkt der Geburt den Stand der Planeten, sondern auch ganz allgemein vor wichtigen Ereignissen und Entscheidungen. Man zog nicht in die Schlacht, wenn Mars in einer Position der Schwäche stand; man arrangierte eine Hochzeit mit Vorliebe so, dass sie auf einen Tag fiel, an dem Venus "regierte" oder aber in enger Nachbarschaft (Konjunktion) mit der Sonne stand und so von deren Macht profitierte. Die Umlaufgeschwindigkeit der Tierkreiszeichen war etwas höher als die der Sonne, sodass sich im Lauf eines Jahres deren Position im Tierkreis allmählich verschob: Wenn die Sonne in einem Monat im Bild des Widders stand, so erreichte sie im folgenden das Bild des Stiers und so weiter. Wenn man sagt, eine Person ist ein "Schütze", so meint man damit, dass sie in einer Zeit des Jahres geboren ist, als die Sonne in Konjunktion mit dem Sternzeichen Schütze stand.

In der populären Astrologie unserer Zeit hat sich das Interesse der Deuter und ihrer Klienten fast ausschließlich auf den Tierkreis hin verschoben, in der alten Astrologie war er lediglich einer von vielen Faktoren, die beobachtet, gedeutet und gewichtet werden mussten,

wenn man ein Horoskop erstellte. Es handelte sich also um ein
überaus komplexes System. Und es wurde ja nicht allein die Beziehung der Sonne zu jenen Sternbildern untersucht, sondern neben
zahlreichen anderen Kriterien spielte auch noch die Stellung aller
übrigen Planeten im Tierkreis eine Rolle. Die Sonne ist zum Beispiel
am stärksten, wenn sie im selben Haus steht wie der Löwe, Saturn
profitiert bei Tag am meisten vom Sternbild Steinbock, bei Nacht
dagegen wirkt sich die Verbindung mit dem Wassermann günstig
für ihn aus.
Dies sind die Grundannahmen, auf denen die astrologische Wissenschaft bis heute beruht.

Es verhält sich hier aber nicht anders als mit der Wissenschaft der
Alchemie. Wer nicht lernt, die äußere Virtuosität in der angeblichen
Beherrschung der Materie in eine nach innen gerichtete, entschlüs-
selbare Symbolsprache zu verwandeln, wird ebenso wenig die ver-
muteten Einflüsse der Gestirne in der richtigen Weise zu deuten
vermögen, wie ein "blinder" Alchemist in der Lage sein wird, die
wirkliche *materia prima* aus den entsprechenden Zutaten zu des-
tillieren. Auch die "äußere" Alchemie baute auf philosophischen
(und nicht auf spirituellen) Prinzipien auf, deren Substanz sich in
den Lehren des Aristoteles findet und die von den Scholastikern,
also jenen sogenannten Gelehrten, die am "Heilsbuchstaben"
kleben, weiterentwickelt worden waren. Von besonderem Gewicht
war die Feststellung, dass alle Materie sich auf vier Elemente (Erde,
Luft, Feuer, Wasser) zurückführen lasse und diese wiederum auf
eine "Urmaterie". Wenn alle Metalle aus jenen Elementen zusam-
mengesetzt sind, wobei lediglich die Quantitäten der einzelnen Be-
standteile verschieden sind, warum sollte es dann nicht möglich
sein, das "Mischungsverhältnis der Elemente" zu ändern und auf
diese Weise "schlechte" Metalle zu "veredeln"? Genau dies war der
Traum fast aller Alchemisten, die die Tabula Smaragdina nicht
wirklich zu lesen wussten. Astrologen und Alchemisten, die nur
"Sterndeuterei" beziehungsweise "Metallveredelung" betreiben,

aber forsch von sich behaupten, "esoterisch" tätig zu sein, vergeuden nur ihre eigene Lebensenergie, bereichern sich durch die Dummheit ihrer leichtgläubigen Mitmenschen - und nichts von dem, was sie "bewirken", kann auch nur einem einzigen Menschen von spirituellem Nutzen sein.

Wie wir schon am Beispiel der Sonnenfinsternis sahen, sind alle berechenbaren Phänomene in jenem Raum, in dem sich auch die Erde befindet - wenn man einmal von den lebenserhaltenden Einflüssen von Sonne und Mond absieht -, ohne irgendeinen besonderen Einfluss auf das Leben der Erdbewohner. Die "negativen" Einflüsse schaffen sie sich selbst, indem sie ihren Lebensraum verschmutzen, die schützende Ozonschicht und damit das Magnetfeld zerstören und damit den "schädlichen Einflüssen" des Kosmos aus reiner Profitsucht ausgeliefert sind.

Es ist ja immer der Mensch selbst, der den "Kosmos" beziehungsweise seinen Himmel **in sich** trägt und im Spannungsfeld von "innerer Sonne" und "innerem Mond" nach seinem ureigenen Lebenssinn sucht. Erst wenn er diesen gefunden hat, wird er begreifen, dass es nur um die eigene Verwandlung gehen kann. Es ist einzig der **freie Wille**, der den Menschen lenkt, und nicht irgendein Geschick von außen, dem er schicksalhaft ausgeliefert wäre. Der erste Schritt zur Auffindung der *materia prima* ist die **Vergebung**, wie *Ein Kurs in Wundern* sie lehrt. Wer dieses **Prinzip der Selbsterlösung** nicht für sich entdeckt und zur Vervollkommnung bringt, ist nur ein Spielball in den Händen von mehr oder weniger skrupellosen Geschäftemachern und Handlangern der Angst, die gerade in solchen Nischen lauern, in denen ein Mensch sich von sich selbst entfremdet wähnt. **Jeder aber hat die Möglichkeit, die Angst oder die Liebe zu wählen.**

Wer die Astrologie zur Bemeisterung seines Lebens wählt, leistet sich das teure Vergnügen, nicht wirklich existente "kosmische" Zusammenhänge für bare Münze (!) zu nehmen und Trugbildern zu folgen. Und es bleiben Trugbilder, auch wenn haarspalterische Erklärungen für die "schicksalhaften" Planetenkonstellationen, die das Leben bestimmen, vor dem verblüfften Sinnsucher ausgebreitet werden. Die westliche Astrologie befindet sich, wie wir sahen, in ihrem Denken noch immer in den Kinderschuhen und predigt denselben Unsinn wie schon ihre Ahnväter im 10. Jahrhundert n. Chr., die die Erde für den Mittelpunkt des Universums hielten. Auch wer Gold im Außen sucht, wird immer an die Grenzen stoßen, die die äußere Materie von der Welt im Inneren trennen. Wer das Seelenheil in wesensfremden Kulturen und Religionen sucht, wird gleichfalls nicht mit seinem Wurzelgrund verschmelzen. Es sage keiner, dass der Buddhismus jenem westlichen Menschen wirklich Trost zu spenden vermag, der auf der Suche nach seinem eigenen wahren Ursprung ist.

Im Jesus in *Ein Kurs in Wundern* (in der Folge "KiW") – dem Prinzip des gottverwirklichten Menschen, der die Selbstüberwindung (= Egoüberwindung) einzig durch die Vergebung erreichte (siehe das Kapitel "Über die Vergebung" in dem Buch *Saint Germains Vermächtnis. Ein westlich-abendländischer Einweihungsweg*) – findet sich das ursprünglichste, reinste "Idol", dem ein Mensch nacheifern sollte. Und wenn er es in jenen Erkenntnisschritten tut, die der KiW ihm aufzeigt, wird er das, was zum Beispiel die Buddhisten ignorieren, in seinem Herzen finden.

Selbsterlösung kann kein reiner Selbst-/Egozweck sein. In jedem, der die **Angst besiegt** und die **Liebe gewählt** hat, hat die ganze Welt Vergebung und somit Heil erfahren. In einem weitaus höheren Sinn, als die Astrologie dies vermutet, ist alles mit allem verbunden, und – hier schließt sich der Kreis – **wenn ein einziger "verlorener Sohn" nach Hause kommt, gelangt gleichzeitig die ganze Welt in das Licht des Vaters. Denn in jedem einzelnen Menschen sind beide Welten in einem.**

Ein Kurs in Wundern gibt lauen Esoterikern keine Nahrung, ebenso wenig werden Menschen, die nicht bereit sind, ihr Ego auf den Prüfstand zu stellen, davon profitieren. Alle bisher so lieb gewordenen esoterischen Spielereien müssen im Licht des KiW als null und nichtig erkannt und verabschiedet werden. Wer nicht bereit ist, sich dieser Herausforderung zu stellen, vergeudet mit dem KiW nur seine Zeit. Selbst Reinkarnation und andere bisher so streng verteidigte Grundwerte spirituellen Lebens haben hier **keine Bedeutung für die Wirklichkeit jenseits der Illusion.**

3.

Wer sich also ernsthaft mit den Inhalten des KiW auseinandersetzen will, muss vorab einen Reinigungsprozess in seinem Denkverhalten anstreben, sonst gerät er auch mit der Person Jesu über kurz oder lang in einen heftigen Konflikt. Und auch jene KiW-Schüler, die mit den überkommenen christlichen Traditionen längst gebrochen haben, werden sich, wenn sie nicht gelernt haben, diesem **radikalen Lehrer** bedingungslos zu vertrauen, mit dem KiW schwertun, da er jedermann zwingt, sich von althergebrachten und tief eingeprägten Denk- und Verhaltensmustern zu verabschieden. Radikales Umdenken, ja, das bisherige Denken vollkommen auf den Kopf zu stellen, ist die absolute Voraussetzung für die Bemeisterung der Texte. Leicht ist man da und dort geneigt, sich von der Schönheit der Sprache vordergründig begeistern oder sich von schwierigen Textpassagen vorschnell verwirren zu lassen. Die Sprache des KiW ist nur Mittel zum tieferen Zweck. Je komplexer und tiefer die Sprache, umso radikaler der Inhalt. Radikal im Sinne von erneuernd, zweckorientiert und zwingend, wenn es darum geht, **die Natur des Egos, seine Falschgesinntheit zu desavouieren und an seine Stelle die Rechtgesinntheit der Welt Gottes zu setzen.**

Nun ist dies ja kein x-beliebiger Vorgang, der sich ohne Weiteres realisieren ließe. Er zwingt zur Veränderung, zu einem lebenslangen "Training" in der vom KiW gelehrten **Praxis der Vergebung**, was nicht gleichzusetzen ist mit kritikloser Hinnahme von Ungerechtigkeiten und Sünden wider das Leben. **Vergebung, wie der KiW sie lehrt, ist etwas so Weltbewegendes, Großes und Tiefgreifendes**, dass sie nur in kleinen Schritten, im Lerntempo des individuellen Schülers zu begreifen – und last but not least **umzusetzen** ist. Der KiW ist der Weg der kleinen Schritte, und jeder Tag bringt neuen "Konfliktstoff", an dem der Schüler sich immer wieder neu zu beweisen hat.

Deshalb sind die Texte des "Übungsbuches" nicht für das Erarbeiten in einer Gruppe geeignet. Das würde die Gruppe lähmen und keine befriedigenden Ergebnisse bringen. Sowohl das "Textbuch" als auch das "Handbuch für Lehrer" sind für die Arbeit in der Gruppe geeignet, und es macht wenig Sinn, in die Materie einzusteigen, ehe das KiW-Konzept jedem Teilnehmer vollkommen klar geworden ist. (*Ein Kurs in Wundern* besteht aus einem Band, in dem die drei erwähnten Bücher enthalten sind.)

Daher muss zunächst ausführlich über die Zielsetzung des Kurses gesprochen werden, ehe man gemeinsam an ausgewählte Texte herangeht. Um den geeigneten Text für den jeweiligen Tag herauszufinden, sollte der "Heilige Geist" – die Verbindung zwischen dem Individuum und Gott – als "Instrument" der Kommunikation benutzt werden, vorausgesetzt in der Gruppe herrscht Einigkeit über die Methode der Auswahl.

Beginnt stets mit einer "Gewissenserforschung" und einer Analyse bezüglich eurer Bereitschaft zur Vergebung. Nur wenn in der Gruppe keinerlei Spannungen existieren, jeder uneingeschränkt das Vertrauen aller besitzt und die Bereitschaft der Versöhnung mit allen gegeben ist, kann man über den "Tellerrand" der Gruppe hinausschauen in den ganz normalen Sinn des Alltags und sich langsam von der Falschgesinntheit zur Rechtgesinntheit "vorarbeiten".

4.

Wenn wir uns vergegenwärtigen, dass Spiritualität und Religion querbeet durch die Geschichte bis hinein in die Gegenwart beherrscht waren (und werden) von Vorstellungen des menschlichen Geistes, die dem Numinosen, dem Unfassbaren und Erhabenen, dem Gefürchteten und Übergroßen (und daher auch oft Gehassten) einen Namen und eine vorstellbare "Natur" und Existenz aufzwangen – die also das, was man Gott nannte, anthropomorph (vermenschlicht) zeichneten oder unerreichbar in einen fernen Himmel dachten –, wenn wir also die Geschichte der Religionen zurechtrücken und den eigentlichen Kern, der **allen** zugrunde liegt, erkennen wollen, kommen wir an Jesus nicht vorbei. Von allen spirituellen Lehrern war es einzig Jesus, der die Fesseln, die die Religion ihren Gläubigen aufzwang, zu sprengen vermochte. Er offenbarte anstelle der Strafe, Rache und Verurteilung das **Gesetz der Liebe**. Kritiker könnten nun anführen, dass auch das Gottesbild Jesu anthropomorph geprägt war und der Vaterbegriff Assoziationen von menschlichem Verhalten hervorrufe. In der Tat waren viele der Gleichnisse Jesu dazu angetan, in Gott einen Übervater zu sehen, der mit dem Maß und Urteil der Menschen Strafe und/oder Liebe zumesse. Sprach der "historische" Jesus zu (s)einem jüdischen Umfeld, so spricht der "heutige" Jesus im Kurs zu den nachgeborenen Christen, und beide – die Juden von damals und die Christen von heute – stehen vor einer unüberbrückbar scheinenden Kluft, die ihre Religion von ihren Ursprüngen trennt. Auch das Judentum hatte sich, wie ihr in einem früheren Text nachlesen könnt (*Saint Germains Vermächtnis. Kabbala und Ro-*

senkreuz), im "Tanz um das Goldene Kalb" von seinem geistigen Zentrum entfernt. Die Menschen heute tanzen einen noch viel wilder gewordenen Tanz um die Attribute des "Goldenen Kalbes", und ein geistiges Zentrum ist hier überhaupt nicht mehr zu erkennen, denn die Repräsentanten jener Strömung, die sich auf Jesus als ihren "Ahnherrn" berufen, finden sich – mit den bekannten und geliebten Ausnahmen – bei jenem Tanz seit jeher an vorderster Front.

Wäre das echte Christentum – eine auf den Christus hin orientierte Religion – nicht **die** Idealform eines spirituellen Weges, so würde sich die Stimme ihres "Gründers", jenes "Erstgeborenen", der die "wahre Schau Christi" predigte und lehrte, nicht wieder durch die Linie des menschlichen Geistes hindurch einen Weg zu den Herzen der Menschen suchen **müssen**. Er musste seine Stimme durch ein "Instrument" hörbar machen, das er hierfür auswählte, und sich jener Mittel bedienen, über die es verfügte – die Bereitschaft, die gegebene Möglichkeit, seine Impulse in Sprache umzusetzen, und eine bedingungslose Hingabe an sein Werk. Die entsprechende Sprache ist das probate Mittel, durch das sich jeder direkt angesprochen fühlt.

Die Sprache des KiW ist nicht etwa Jesu "Umgangssprache". Sie ist das Ergebnis nicht nur seines Einverständnisses mit Helen Schucmans Vorliebe für Shakespeare, sondern weit darüber hinaus belohnte er sie mit der Möglichkeit, seine Sprache in dieser geliebten Form zu empfangen. Und er tat dies durchaus in dem Wissen, dass viele KiW-Schüler, vor allem die, die kein Englisch sprechen, gerade der anspruchsvollen Sprache wegen in einen tiefen Konflikt mit dem Kurs per se geraten können. Seine Liebe und Dankbarkeit für Helen Schucman ging also weit über das hinaus, was man bei einer solch "delikaten" Angelegenheit, wie sie der Kurs darstellt, normalerweise erwarten würde – dass sich das Medium stillschweigend den machtvollen Impulsen und ihrem

Urheber zu fügen habe. So führt Jesus die hohe Schule der Liebe wieder jedem exemplarisch vor Augen, der bereit ist "zu sehen" und "zu hören".

Nun ist die Sprache des KiW in ihrer Übertragung ins Deutsche (und in andere Sprachen) eine andere als die, die dem Ursprungsgedanken der "geistigen Zelle" Form gab. Diese "Form" entstand erst in Helen Schucmans Geist, und deshalb ist es wichtig, das Prinzip der Formwerdung auch beim Lesen der deutschen Übersetzung immer wieder individuell **neu** zu erfahren. Jesus spricht – durch die Übersetzung und die schriftlich aufbereitete Form hindurch – zu jedem Schüler, der den Kurs mit dem Herzen zu lesen bereit ist. Überlasse dich getrost seiner Führung!
Nimm den jeweiligen Satz in die Tiefe deines Herzens, und lasse ihn sich dort in deiner Sprache entwickeln. Und dann nimm Zwiesprache mit Jesus auf, wenn du etwas nicht verstehst oder seine Führung, seine Liebe, seinen Trost brauchst. Du denkst, du kannst es nicht? Dann hast du es noch nicht wirklich versucht. Beherzige stets die eigentlichen Grundgedanken des Kurses, sie sollen deinem Leben als Motto dienen:

VERGEBUNG IST NICHTURTEILEN: Dies ist nur möglich, wenn du lernst, jeden als Bruder/Schwester anzunehmen, was bedeutet, dass jede Form von Schuldprojektion auf ihn/sie aus dem Denken getilgt werden muss.

DAS ZIEL IST DIE SCHAU CHRISTI, die alle Menschen ohne Unterschied als Sohnschaft Gottes sieht und über die scheinbaren Unterschiede hinausschaut, in denen sich die Vorstellung der Trennung spiegelt.

TRENNUNG ist ein Festhalten an der Vorstellung, dass du eine von deinem Schöpfer getrennte Identität hättest. Der KiW bezeichnet diese Annahme als "Sünde". Denn aus dieser Vorstellung der Trennung von Gott entwickelte sich das gesamte Denksystem des Egos. Diese Vorstellung beinhaltet die Wahrnehmung einer Welt des Schmerzes, des Leidens und des Todes, die in der Zeit, die dieser Welt zugehört, wirklich, aber in der Ewigkeit Gottes unbekannt ist. Das Ego sieht diese Sünde, also die Annahme der Trennung, als nicht korrigierbaren Akt an. Sünde führt im Denken daher immer zur Schuld, die eine Bestrafung fordert. Wer also an der Vorstellung der Trennung (von Gott) festhält, praktiziert einen unablässigen Angriff auf Gott, von dem man, weil das Denksystem des Egos ihn vermenschlicht hat, nun erwartet, dass er solche Angriffe bestrafen und niemals wirklich vergeben wird. Mithilfe des HEILIGEN GEISTES nun ist es möglich, diesen Irrtum im Denken zu berichtigen. Jede Korrektur im Denksystem ist ein Akt der Vergebung und gleichzeitig auch der Heilung. Der Heilige Geist ist das höchste Prinzip der Liebe. Der KiW nennt ihn Gottes Antwort auf die menschliche Vorstellung der Trennung. Er gehört als "dritte Person der Dreieinigkeit" ebenso zu Gott wie zu den Söhnen Gottes. Er ist die Verbindung zwischen dem gespaltenen Geist des Egos und der Erinnerung des Sohnes Gottes an die Welt des Vaters. Der Heilige Geist ist dem KiW zufolge derjenige, der die Illusion (die vermeintlich reale Wahrnehmung) sieht und die Menschen durch sie hindurch zur Wahrheit (Erkenntnis) führt. Daher ist er die Stimme für Gott, die für die Welt Gottes spricht und jeden an die Identität erinnert, die er vergessen hat.

DIE WELT des Egos bezeichnet der Kurs als FALSCHGESINNT-HEIT. Sie enthält jenen Teil des getrennten und gespaltenen Geistes, der die gesamte Natur des Egos enthält (= die Stimme der Sünde, der Schuld, der Angst und des Angriffs).

DIE RECHTGESINNTHEIT ist jener Teil des Geistes, von dem man meint, er wäre vom eigentlichen Dasein abgetrennt. Er enthält den Heiligen Geist – die Stimme der Vergebung und der Vernunft. Der Kurs zeigt auf, wie man anstelle der Falschgesinntheit die

Rechtgesinntheit wählt, indem man auf die Führung des Heiligen Geistes vertraut (anstatt jener des Egos zu folgen), um auf immer zur EINSGESINNTHEIT CHRISTI zurückzukehren.

Den Versuch, die PROJEKTION DER SCHULD auf andere zu rechtfertigen, nennt der Kurs ANGRIFF. Indem man die Sündigkeit und Schuld der anderen aufzeigt, kann man sich selbst frei davon fühlen. Wer aber nicht mehr seine eigenen Ängste und Schuldgefühle auf andere projiziert, braucht sie auch nicht mehr anzugreifen. **Er stellt sie frei von jeder Schuld – das ist VERGEBUNG!**

Du kannst also nicht Vergebung üben, wenn du dein Urteil über jenen Menschen, dem du vergeben willst, nicht durch die SCHAU CHRISTI bereinigt hast. Bist du frei von jedem Urteil, hast du ihm automatisch vergeben. Jesus hat bis zum bitteren Ende seine Mörder und ihre Helfershelfer nicht verurteilt. Und als er sagte *"Vater, vergib ihnen, denn sie wissen nicht, was sie tun"*, hat er das Prinzip der Vergebung auf den höchsten Punkt geführt. Meditiere einmal über diesen Satz im Kontext des Urteils, das die Welt über ihn sprach ...

Wenn es etwas zu bereinigen gibt zwischen dir und deinem Nächsten oder "der Welt", dann tue dies in liebender Absicht und ohne den Vorsatz, den anderen zu verletzen. **Wer nicht angreift, ist selbst nicht angreifbar. Man kann immer nur dein Ego beleidigen, nie aber dein Selbst.** Und wenn du dieses Selbst in deinem Bruder liebst, wirst du ihn nicht durch einen Angriff auf sein Ego verletzen wollen – ungeachtet dessen, auf welcher Ebene er selbst (noch) agiert. Liebe lässt sich nicht herbeireden oder herbeizitieren. Sie ist als Prinzip eine undefinierbare Größe, die sich der Einordnung in begriffliche Kategorien entzieht. Sie ist immer dort anzutreffen, wo ein Mensch frei ist vom Urteil über seinen Bruder. Sie ist das Prinzip der Schau Christi, und Jesus hat es bedingungslos (vor-)gelebt.

Die oben aufgeführten erklärenden Texte über Wunder versus Magie und Astrologie sollen deinen Blick schärfen für das, was der KiW bereinigen möchte: Magie, Wunder, Zauber – diese "übernatürlichen" Dinge meinten stets nur menschlicher Geist, menschliches Denken. Ein Wunder, wie der KiW es lehrt, führt nicht in die enge Welt der Buchstabendeuter und auch nicht in die Darlegungen der Astrologen. Anstatt die Symbole zu entschlüsseln, die sich wie ein roter Faden durch die echte alte Astrologie ziehen, starren sie vordergründig auf den Himmel und die "Sterne" und versuchen, einen Einfluss zwischen ihnen und dem menschlichen Individuum herzustellen. Und ebenso falsch verstanden oder bewusst verdreht sind die meisten Dinge, die die Esoterikszene hervorbringt, die sich der menschlichen Dummheit beziehungsweise Ungebildetheit ganz allgemein bedient, die sich ja nur zu gern – und dies zu allen Zeiten – von Endzeitpropheten, Medien und "Magiern" beeindrucken und einschüchtern ließ. Jesus spricht nicht durch den "Mund" eines Mediums, er ist die sanfte Stimme im Herzen und im Geist derer, die ihn suchen. Er sucht in der Verbindung mit dem Individuum keine Öffentlichkeit. Seine Botschaft der Korrektur ist der KiW, und alle, die mit ihm sind und lehren, gehen diesen Weg der höchsten Verantwortung, und ihr einziges Anliegen ist die Korrektur des Ego-Denksystems ihrer Schüler.

Wessen Weg du folgst, ist deine freie Entscheidung. Solltest du aber diese sanften Hinweise ignorieren und lieber dem Denksystem des Egos und seinen Spuren folgen, wirst du das Ziel, das der KiW verheißt, noch lange nicht erreichen. Kehre um, nimm die Inhalte von *Ein Kurs in Wundern* und lasse dein Leben durch sie in ein beglückendes Dasein verwandeln. Und wenn du etwas nicht verstehst, bedeutet dies nicht, dass der Kurs schlecht oder ungenügend wäre – dein Denken hat sich noch nicht an die Notwendigkeit des Umdenkens gewöhnt, das ist alles – und vor allem, dies lässt sich ändern!

VON DER FALSCHGESINNTHEIT
UND RECHTGESINNTHEIT
ZUR EINSGESINNTHEIT

FALSCHGESINNTHEIT gehört der physischen Welt an und ist Teil unseres sich von Gott getrennt und gespalten wähnenden Geistes, in dem unser Ego enthalten ist. Die Falschgesinntheit ist auch die **Stimme der Sünde, der Schuld und der Angst,** aus denen unser fortwährendes Bedürfnis auf **Angriff** und **Projektion** resultiert. Wenn Jesus uns ermuntert *"Mein Bruder, wähle noch einmal",* so ist dies ein Aufruf, die Rechtgesinntheit anstelle der bisherigen Falschgesinntheit zu wählen.

RECHTGESINNTHEIT gehört zur Welt Gottes, des Himmels. Auch sie ist, genau wie das Ego, in unserem Geist enthalten. Sie ist die Anwesenheit des Heiligen Geistes in uns – die **Stimme der Vergebung und der Vernunft.** Jesus bittet uns in *Ein Kurs in Wundern* (in der Folge kurz "KiW") wiederholt, nicht der Führung des Egos, sondern der Stimme der Vernunft, des Heiligen Geistes zu folgen, damit wir zur Einsgesinntheit Christi zurückkehren können.

EINSGESINNTHEIT – der Geist Gottes oder Christi. Der KiW definiert die Einsgesinntheit als den **geeinten Geist der gesamten**

Sohnschaft als Ausdehnung Gottes, die sowohl die Falschgesinntheit als auch die Rechtgesinntheit **transzendiert**. Sie existiert nur auf der Ebene der reinen Erkenntnis und des Himmels (= der Welt Gottes) und ist, zunächst latent, in jedem Geist vorhanden. Wenn sich die an das Ego gebundenen Mechanismen von der Falschgesinntheit zur Rechtgesinntheit gewandelt haben, besteht keine Notwendigkeit mehr für die Existenz eines Körpers, und der Geist kann die Transzendenz (= das Überschreiten der Grenzen der Erfahrung und des Bewusstseins) vollbringen. Wahre Einsgesinntheit ist das bewusste Wiederverschmelzen mit dem Göttlichen, in der metaphorischen Sprache des KiW: *"das Erwachen aus dem Traum der Trennung."*

Unser Weg führt uns alle zunächst von der Falschgesinntheit zur Rechtgesinntheit und sollte ein ununterbrochener Dialog mit dem Heiligen Geist in uns sein, dem wir ab sofort die Führung für unser Leben überlassen sollten. Als wichtigstes Beispiel für einen rechtgesinnten Geist wollen wir uns an Jesu Aufruf zur absoluten Gewaltlosigkeit erinnern: *"Schlägt man dich auf die rechte Backe, so halte auch die linke Wange hin."* Dies ist kein Bekenntnis zur Feigheit, als das es oft ausgelegt wurde, sondern der Inbegriff eines rechtgesinnten Geistes, der auf Gewalt niemals mit Angriff oder Projektion antwortet. Diese Haltung ist nur wirklich zu verstehen, wenn man sich auf die Ebene des Geistes, der Einheit begibt und immer den Heiligen Geist anstelle des Egos antworten lässt.

Eine vom Standpunkt des Egos aus gesehen unbegreifliche Haltung Jesu in Bezug auf seine wertfreie Begegnung mit seinen Richtern und Verurteilern, seinen bedingungslosen Verzicht auf Gegenangriff und Projektion der Schuld auf andere kennen wir aus seinem Prozess vor dem Sanhedrin (im alten Jerusalem die oberste Staatsbehörde und oberstes Gericht) und seiner Befragung durch Pontius Pilatus. Seine Antwort auf den gegen ihn inszenierten Angriff des "kollektiven Egos" der Verteidiger des "reinen Glaubens" war

119

Schweigen (Matthäus: "... Jesus aber schwieg stille ..."). Er hat dies nicht getan, weil er der "einzige Sohn Gottes" und deswegen unangreifbar war, sondern weil er als Mensch auf die Stimme des Heiligen Geistes zu hören gelernt hatte und wusste, dass die leuchtende Wahrheit und Vollkommenheit Gottes jenseits des irdischen Lebens – jenseits von Folter und Tod – im Geist (Vater), in der Einsgesinntheit existent ist.

An vielen KiW-Stellen spricht Jesus von sich als Synonym für den Heiligen Geist, was für viele, die mit dem abstrakten und von der Kirche völlig missverstandenen göttlichen Attribut (noch immer) große Probleme haben, einen direkteren beziehungsweise leichteren Zugang zur Stimme Gottes in uns bedeutet. Jesus übernimmt dies "stellvertretend" für alle, die ihn als Lehrer wählen. Dies sollte für jeden Schüler des KiW eine Selbstverständlichkeit sein. Niemand muss daher Zuflucht zu einer abstrakten Vorstellung nehmen, denn derjenige, der wahrhaft aus eigener Kraft wieder eins mit dem Christus wurde, nimmt jeden, der sich ihm anvertraut und der bereit ist, den Weg zur Erkenntnis zu gehen, an der Hand und führt ihn aus der Dunkelheit zum Licht – also von der Falschgesinntheit zur Rechtgesinntheit/Einsgesinntheit. Wir müssen uns indes bewusst machen, dass diese Art von Hilfe nur dann gewährt werden kann, wenn das Motiv unserer Bitte rein ist, also aus einem rechtgesinnten Geist kommt. Alle materiellen Dinge gehören zur Welt des Egos. Der Heilige Geist als Stimme Gottes in uns besitzt kein "Organ", mit dem er eine solche Bitte verstehen, geschweige denn darauf reagieren könnte, denn alle materiellen Wünsche kommen von "getrennten Geistern".

Wenn es vom Standpunkt des Egos aus auch verständlich ist, um diese oder jene materiellen Dinge zu bitten, so erreicht man damit allenfalls die unterste Ebene des "hilfreichen Universums", deren "Bewohner" sich noch in vollkommener Abhängigkeit zur "Welt" befinden und die noch nicht wirklich "gewählt" haben. Wer möchte von abhängigen Geistern, die auf Kosten der physisch Lebenden eine Scheinexistenz führen, Hilfe erhalten? Werft alle Bücher, die euch suggerieren, man könne für irdische Probleme himmlische Hilfe erwarten oder gar "bestellen", auf den Müll, damit sie wenigstens zu hilfreichem Humus werden.

Wer sich mit dem Heiligen Geist und/oder Jesus verbindet in dem wahren Wunsch, die Rechtgesinntheit zu wählen, wird jeden reinen Wunsch erfüllt bekommen, das heißt, dass sich auch seine physischen Bedingungen in dem Grad "zum Guten" wenden, wie er den "Willen Gottes" tut. *("Sei vollkommen, wie dein Vater im Himmel vollkommen ist!")*

"Wer Ohren hat zu hören, der höre!" Was sollte es zu hören geben, wenn nicht die Stimme für Gott in uns?

Was können wir tun, um die Dissoziation (= Auflösung, Trennung, Zerfall) in unserem Geist zu erkennen und aufzulösen? Oder anders gefragt: Wie können wir unseren Geist wieder heilen? Alle Aussagen Jesu im KiW in Bezug auf Heilung zielen vordergründig auf die Heilung des "getrennten Geistes" und nicht auf die Heilung des Körpers, da dessen Krankheit nur ein Symptom ist, das auf unserer "geistigen Krankheit" fußt. Heilung kann also grundsätzlich nur dann stattfinden, wenn wir "anderen Geistes" geworden sind und dem Mechanismus des Egos die Antwort des Heiligen Geistes gegenüberstellen und die richtige Wahl treffen. Das bedeutet für unseren Alltag, dass wir den Fragen und Anforderungen des Lebens mit Bedacht (= "einwärtsgewandt") begegnen und so mehr und mehr die Stimme des Heiligen Geistes beziehungsweise die Stimme Jesu von jener des Egos zu unterscheiden lernen.

Solche Achtsamkeit sollte auch zur Folge haben, dass wir künftig erst sprechen, wenn unsere Gedanken durch den "Filter" des Heiligen Geistes gegangen sind. So können wir **nie mehr mit einem**

verbalen Angriff antworten. Denn jeder Angriff ist ein erneuter Versuch, die Projektion der Schuld auf andere zu rechtfertigen, indem wir ihre Schuld aufzeigen, damit wir uns davon frei fühlen können. Da Angriff immer eine Projektion unserer Verantwortung darstellt, ist er niemals, unter gar keinen Umständen gerechtfertigt.

KONTEMPLATION UND ÜBUNG
"ICH BIN DAS HEILIGE ZUHAUSE VON GOTT SELBST"

Das nachfolgende Gebet stammt aus dem Buch *Ein Kurs in Wundern.*

KONTEMPLATION
"Ich bin Gottes Sohn,
vollständig und geheilt und ganz,
leuchtend in der Widerspiegelung Seiner Liebe.
In mir wird Seine Schöpfung geheiligt
und ihr ewiges Leben garantiert.
In mir ist die Liebe vollkommen, die Angst unmöglich
und die Freude ohne Gegenteil begründet worden.
Ich bin das heilige Zuhause von Gott selbst.
Ich bin der Himmel, in dem Seine Liebe wohnt.
Ich bin Seine heilige Sündenlosigkeit selbst,
denn in meiner Reinheit wohnt Seine eigene." [23]

Was ist das göttliche Zuhause? Wo ist der Ort in dir, in dem Gott Wohnung hat? Hier im Herzen bist du eins mit ihm!

Kontempliere nun über den Satz: Ich bin das heilige Zuhause von Gott selbst.

Ist dein Körper ein Tempel, in dem Gott wohnen kann, weil er ein Gefäß der Reinheit ist? Was hindert dich daran, dass dein Selbst Gottes Wohnort ist? Dein Denken? Kläre nun deine Gedanken. Denke Licht – und du bist Licht! ...

Spüre nun in dein Herz ...

Was verbindet dich mit dem "Himmel"? Ist es ein Ort über dir? Wo denkst du dir diesen Ort, in dem Gott, alle Heiligen und Engel wohnen? ...

Der Himmel ist der Wohnort der Allliebe. Wie ist diese Heimat der Liebe beschaffen? Sie liegt in jenem Land, das zwischen deinem Bewusstsein und deiner Wirklichkeit liegt. Gehe nun an dessen Grenzen entlang ...

Was davon kannst du mit deinem Bewusstsein erfassen? Und was sagt das tiefe Wissen in dir? ...

Komm in mein Herz – komm in das Zentrum der Liebe – du und ich, sagt der Christus – wir sind der Himmel, in dem die Illusion keinen Raum hat ...

... Gott ist das Licht ...

Der Himmel in dir ist die Heimat des Lichts ...

KONTEMPLATION UND ÜBUNG:
ICH BIN DAS HEILIGE ZUHAUSE VON GOTT SELBST

"Ich bin das heilige Zuhause von Gott selbst,
ich bin der Himmel, in dem Seine Liebe wohnt."

Spüre jetzt die Lebenskraft im Zentrum deiner Wirbelsäule, und lenke nun dein Bewusstsein auf deine Mitte, den Hara-Raum. Verweile eine ganze Weile in ihm ...

Hier ist die Basis, das Fundament, auf dem dein Wesen gründet. Gehe ganz hinein in den Bereich dieser Urkraft, die in dir ist. Von hier aus drängt das Neue, das dich verändern will, in deine Welt. Öffne dein innerstes Sein und Wesen, öffne jede Zelle, jede Pore deines Seins, um diese Botschaft nun vom "Engel des Heils", GABRIEL, zu empfangen, sie in dich, in deinen Hara-Raum aufzunehmen und zu nähren, bis sie herangewachsen ist, um geboren zu werden. Sei offen für das Licht, das, was du heute, jetzt aus der Urkraft empfangen hast ...

Und nun denke an all jene, die dein Leben verschatten, an die, denen du noch immer nicht vergeben kannst, und gehe weit zurück in deiner Erinnerung, bis in die Zeit der Kindheit. Wir haben schon in einer früheren Erfahrung die unselige Kette durchtrennt, die dich mit den Generationen vor dir verband, aber es blieben Reste von unerlösten Schmerzen zurück. Doch frage dich: Was hat die Frau, der Mann, die/der du bist, mit dem Kind zu tun, das du einmal warst? All diese Restschmerzen sind Phantome. Die Psychologie bietet viele Möglichkeiten an, um mit diesen Schmerzen umzugehen, aber in letzter Konsequenz lässt sie die Menschen doch allein, wenn es darum geht, durch Vergebung geheilt zu werden ...

125

Hier, mit der Kraft des Göttlichen, die in dir heranwächst, um dich in die Freiheit zu führen, wächst dir auch die Kraft zur Vergebung zu. Schließe alle mit ein, die dir dein Leben nach wie vor – trotz der mannigfachen Bemühungen, die du bereits unternommen hast – erschweren. Sei dir bewusst, dass sie alle nur widerspiegeln, was bei dir oder in dir der Veränderung bedarf. Warum ihnen also mit Zorn oder Ärger begegnen? Sei ihnen dankbar, dass du auf sie wie in einen Spiegel schauen kannst, um deine eigenen Schwächen und sogenannten "Fehler" zu entdecken ...

Und vergib letztlich dir selbst, dass du noch immer unduldsam, unbeherrscht oder gar hochmütig auf all die kleinen Fehler deiner Mitmenschen reagierst. Sie alle sind ebenso ohne Schuld wie du selbst. Höre auf mit Schuldzuweisungen, die nur deine Eigenwilligkeit stärken und deine Schwächen zu verdecken suchen. Werde großmütig, ohne herablassend zu sein. Sei einfach du selbst, mit allen Unzulänglichkeiten, die zu dir gehören, und trachte danach, dem Anspruch, **dass der Himmel, in dem Gott wohnt, in dir ist**, gerecht zu werden ...

Dann kann die Eigenwilligkeit in den tiefen Abgrund stürzen und SABAOTH, der aus der Reue und Einsicht der Eigenwilligkeit geboren wurde, als "wahrer Gott" auch in dir geboren werden. Er ist derjenige, den alle Lobgesänge meinen und den auch wir preisen wollen als jene Kraft, die auch in uns wirkt, wenn wir das Wesen der Vergebung (= die Einsicht in den "wahren Willen Gottes" – den er ununterbrochen in uns offenbart –) und die Reue über unsere irrige Annahme, wir wären getrennt von Ihm, in unserem Alltag praktizieren!

So ruhen wir uns nun aus in der Erkenntnis, die wir aus den beiden Zeilen unseres Gebets mit in diesen Alltag nehmen, **dass wir gar nicht getrennt sein können von Gott, da unser heiliges Wesen, unser Geist sein Zuhause ist, und dass er im Himmel in uns wohnt! Was**

sollte uns also Angst machen? Die Angst gehört zur Eigenwilligkeit, sie wurzelt in einem Leben, das heute keine Bedeutung mehr für uns hat. Geben wir ihr keine neue Kraft durch das falsche Beharren auf unserer vermeintlichen Trennung. Wenn ER in uns wohnt, wovor sollten wir uns fürchten?

Wir atmen nun noch einmal mit Kraft, spüren, wie der Atem durch unseren Körper fließt, in jede Zelle und Faser, in jedes Organ. Wir dehnen uns dann in den Körper hinein, strecken uns und öffnen die Augen ...

FRIEDEN IN DIESER WELT?

Von allen Themen berührt kein anderes den Menschen seit jeher so unmittelbar und zwingend wie dieses, wohl auch deswegen, weil es Frieden auf diesem Planeten seit Menschengedenken nicht gegeben hat. Warum dies so ist, erklären die Texte in *Ein Kurs in Wundern* (in der Folge kurz "KiW") im Prinzip ebenso wie auch den Ausweg aus diesem scheinbar unlösbaren Problem.

Jesus erklärt uns: *"Gewiss scheint Frieden hier unmöglich zu sein. Doch das Wort Gottes verspricht andere Dinge, die ebenso unmöglich zu sein scheinen wie dies. Sein Wort hat Frieden versprochen."* [24]

Sein Wort – was ist sein Wort? Er meint die Worte der heiligen Schriften, insbesondere der christlichen Bibel.

Eine der bewegendsten Berichtigungen im KiW betrifft die seit zweitausend Jahren kursierende und für so viel Leid verantwortliche Bibelstelle, in der er Bezug nimmt auf die ihm untergeschobene Aussage: *"Ich bin nicht gekommen, den Frieden zu bringen, sondern das Schwert!"* Schon die unmittelbaren Jünger – weil sie einen anderen Messias in ihm erblickten als den der Friedfertigkeit in solch unfriedlichen Zeiten – verdrehten also seine Aussage zu "ihren Gunsten" und bereiteten "Feuer und Schwert" im Namen des Erlösers eine Zukunft des Schreckens und der Not. Sein Wort aber sagte genau das Gegenteil: *"Ich bin gekommen, den Frieden zu bringen anstelle des Schwertes!"* Die Welt, die Jesus so gerne als Vorbild und Gottes Sohn verehrt, könnte genesen alleine an der Übernahme dieser Berichtigung. Er aber geht im Kurs radikal an die Wurzel allen Übels: *"Frage dich, ob dein Urteil oder das Wort Gottes mit größerer Wahrscheinlichkeit wahr ist. Denn sie sagen zwei verschiedene Dinge über die Welt, und zwar Dinge, die so gegensätzlich sind, dass es zwecklos ist, sie miteinander versöhnen zu wollen. Gott bietet der Welt die Erlösung – dein Urteil würde sie verurteilen."* [25]

Es ist also jeder Einzelne aufgerufen, an der Erlösung mitzuwirken, indem er das geistige Urteil über die Welt im Wort Gottes auflöst.

ICH-ÜBERWINDUNG

Denken, Wollen, Handeln und Tun sind Schlüsselworte für die Ich-Überwindung, für die Überwindung des niederen Selbst. Wir fühlen uns immer wieder an die Grenzen dessen versetzt, was wir zu leisten vermögen. Denn die Welt mit ihrem lauten Getriebe, mit ihren Forderungen bringt uns oft dahin, dass wir auf die leise Stimme in uns gar nicht hören können, weil der Lärm um uns herum alles erstickt.

Wir brauchen die Stärke des Egos durchaus, um uns in der Welt zurechtzufinden. Aber dieses Ego hat viele Gesichter, und wir wissen genau, welches wir überwinden müssen - dieses Ich, das immerzu schreit: "Ich zuerst und dann der andere!" Weil es vielleicht so früh schon Mangel gelitten hat, weil Vater und Mutter es nicht wahrgenommen haben in seiner Bedürftigkeit, weil der Partner es nicht erkannt hat und so weiter, und so weiter.

Dieses "Ich zuerst" wollten wir ja schon so lange überwinden. Was haben wir nicht alles unternommen - in unendlichen Selbsterfahrungsgruppen und therapeutischen Sitzungen, in der Einwärtswendung in der Meditation, in der Hinwendung auf den höchsten Herrn, der über die Erde wandelt, in der Hinwendung an Jesus -, um dieses laute Ich zum Schweigen zu bringen. Wir spüren aber, je mehr wir uns dem Göttlichen hin- und zuwenden, umso lauter schreit das "Ich zuerst", und wir wissen, dass dieses Ich sterblich ist und daher mit allen Mitteln versucht, am Leben erhalten zu werden. Aber dieses Ich ist ja auch gleichzeitig der Lehrer für uns, der äußere Lehrer, der uns hinführen wird zum inneren Lehrer. Denn nur durch dieses Ich im Äußeren erkennen wir, was und wie wir lernen müssen und was es zu überwinden gilt.

Und so wollen wir uns angewöhnen zu sagen: "Du zuerst!" Dieses "Du" kann viele Formen haben. Es kann das Du sein in der Partnerschaft, aber vor allen Dingen ist es unser HOHES SELBST. Bis wir eines Tages nicht mehr trennen: dort das Du, dem ich mich nähern muss, hier das Du, das niedere Selbst, und irgendwo dazwischen das Ich mit allem, was zu mir gehört. Nein, sie müssen eine Einheit werden, die beiden müssen verschmolzen werden. Und die Seiten des Egos, des Ichs müssen transformiert werden, um dem Hohen Selbst immer zu Diensten zu sein - und nicht umgekehrt, selbst wenn wir denken, dass dies in der äußeren Welt für uns leichter wäre.

Was ist der Unterschied zwischen "Handeln" und "Tun"? Das Sprichwort sagt es schon: "Wie der Mensch denkt, so ist er." So werden wir immer wieder auf die Tätigkeit unseres Gedankenkörpers aufmerksam gemacht. Wenn unser Denken und unser Handeln eines Tages im Einklang stehen, dann haben wir dieses Ich überwunden. Und so ist genau dieses - Denken und Handeln in Einklang zu bringen - unser eigentlicher Entwicklungsweg. Dann wird unser Tun viel mehr sein als Handeln, weil das Tun den ganzen Menschen umschließt. Handeln wollen wir aus einem inneren Antrieb heraus, um unseren Alltag und unsere Pflichten zu erfüllen. Aber das Tun, das meint den ganzen Menschen, vom Denken bis zum Nichttun beinhaltet dies alles. Wie der Mensch nach außen wirkt, wie die anderen ihn empfinden, wahrnehmen, aufnehmen oder ablehnen, drückt sein Tun aus. Ein Mensch, in der Freiheit und Wahrhaftigkeit verankert, wird sein Tun immer in der rechten Weise zum Ausdruck bringen, aber vielleicht sind seine Handlungen so, dass viele sie nicht verstehen können. Aber in dem, wie sein Tun auf andere wirkt, offenbart er sich, und so ist das Tun die Sprache der Seele. **Und Nichttun heißt, dass Gott durch mich wirkt, dies ist die höchste Form des Tuns.**

Jeder große Künstler, jeder große Komponist oder Maler hat zu seinen reifsten Werken gefunden, wenn er nicht mehr im Handeln war, sondern wenn ES durch ihn gewirkt hat, wenn er also im reinen Tun war. So sind die großen und unsterblichen Werke entstanden. Ihr alle seid Künstler. Viele haben kein Zutrauen zu den inneren Schätzen und heben sie daher niemals ans Licht des Tages. Gerade die Vögel demonstrieren am besten, was es heißt, nicht zu handeln, sondern zu tun. Sie singen einfach ihr Lied und ernähren ihren Körper. Jedes andere Tier hat schon ein Ego aufgebaut, und darum rechnen wir die Vögel nicht zu den Tieren, denn sie sind ihrem Ursprung noch am nächsten. Werdet wie die Vögel! Sie können sich in die Lüfte erheben und dort so, wie der Schöpfer es ihnen gegeben hat, ihr Lied singen.

Das Ich zu überwinden, in die Ichlosigkeit zu gehen, heißt gleichzeitig, das eigene schöpferische Potenzial in sich zu heben, zur verborgenen Kraft im Inneren zu gelangen, ins Nichttun, ins Geschehenlassen zu gehen.
Ihr fragt euch immer wieder: *Was gibt es für mich, was kann ich wirklich Sinnvolles tun, um in der Welt meinen Platz zu behaupten? Es kann doch nicht alles sein, dass ich dort, wo ich hingestellt bin, täglich meine Pflicht erfülle ... Ich handle in dem mir übertragenen und aufgegebenen Maße. Ich will doch auch etwas Wichtiges, Vernünftiges tun!* Hast du schon hineingespürt in dich, bist du schon in deine Schatzkammer gegangen und hast dir angeschaut, was sich dort verbirgt? Vielleicht ist es dein Tun, deinem Nächsten zu dienen, das ist die höchste Form des Tuns. Aber vielleicht willst du auch

einen künstlerischen Schatz heben, indem du zu deinem eigenen Selbstausdruck gelangst. Auch das ist Tun. Ihr vergeudet viel Zeit mit der Überlegung, was ihr tun könntet. Und ihr findet keine Antwort darauf, weil ihr euch damit selbst im Wege steht, euch lähmt und nicht wirklich TUT.

Vom Denken zum Wollen, zum Handeln, zum Tun zu gelangen – natürlich muss sich erst einmal in eurer Vorstellung "etwas" "entwickeln". Geht zu eurem Inneren Bildner, den ihr in euch tragt, und überwindet dieses Ich, das euch lähmt und hindert, weil es ganz andere Sinnbefriedigungen sucht. Verbinde dich mit dem Bildner im Inneren und dem Erschaffer. Du trägst alles in dir. Gott ist überall gleichzeitig tätig und lebendig. In jeder Zelle deines Körpers will er sich entfalten, aber er kann es nur, wenn du das Ich, das niedere Selbst, überwunden hast. So übergib dieses niedere Selbst nun dem heiligen weißen Christuslicht, auf dass es umgewandelt und transformiert wird, und sprich in dir: "ICH BIN FREI!"

Und dann lass diesen Inneren Bildner zu Wort kommen und verfasse einen Liebesbrief, deinem HOHEN SELBST zugeeignet, und rühme wie einst Salomon dein geliebtes Gottselbst als die höchste Liebe. Entdecke so den Weg, der dir bei der Überwindung und Umwandlung vom Ego zum wahren Ich behilflich ist, der dich "hinüberträgt".

Hast du dich wirklich schon selbst wahrgenommen, außerhalb dessen, was dein Ego will, außerhalb der Bedürftigkeit dieses Egos? Kennst du den Schatz in dir wirklich? Diesen Edelstein wollen wir jetzt an das Licht des Tages heben, indem wir ihn in den höchsten Tönen besingen. Spürst du eine Scheu in dir, dir selbst so zu begegnen? Du scheust dich ja auch nicht, einem lieben Menschen in dieser Weise nahezutreten, indem du seine Vorzüge besingst und beschreibst und ihm dein Herz ausschüttest. Freilich ist ein

Liebesbrief, den man einem anderen Menschen schreibt, immer sehr stark vom Ego diktiert, weil man wiedergeliebt werden möchte. Wenn du dich aber deinem Schatz in dir näherst – der liebt dich ungebrochen und immerzu. So geh nun ganz in dich, in deine eigene, unauslotbare Tiefe, in deinen schöpferischen Urgrund – und beschreibe das, was dir dort begegnet, mit deiner liebenden Seele (= Liebesbrief an dein Hohes Selbst) ...

Warum spreche ich zu euch? Seit unendlichen Zeiten habe ich mich darauf vorbereitet, die Menschen in die Freiheit zu führen. Freiheit für jeden Einzelnen ist nur erreichbar, indem er lernt, sein Ich zu überwinden. So habt ihr nun vielleicht zum ersten Mal euch wirklich selbst entdeckt. Bleibt in diesem Gefühl des Sich-selbst-Erkennens – und bleibt verbunden mit dem tiefsten Teil in euch, der euch nun antworten will. Spürt die Antwort in euch. Dieses göttliche Selbst in dir will sich nun auf diesen Liebesbrief äußern und will dir Antwort geben. Nimm dir die Zeit, diese Antwort in dir zu vernehmen. Dies ist ein erster Schritt hin zur tiefen Fühlungnahme. Indem du in der Liebe bist und dir selbst aus und in dieser Liebe begegnest, wird dir die Liebe in dir antworten. Und wenn du die Antwort vernommen hast, dann schreibe sie auf, sie ist dein kostbarstes Vermächtnis ...

Und so wirst du lernen, nach und nach, wenn du dich dir selbst in Liebe einst, die Antwort aus der Liebe zu vernehmen. Und es wird mehr sein als nur ein vages Gefühl, du wirst immer stärker Impulse als die Antwort der Liebe verstehen lernen. Aus Impulsen werden Sätze, werden Wahrheiten, die unverrückbar in dir entstehen. Dies wird dein einziger verlässlicher Partner sein. Alles, was von außen als Antwort zu dir kommt, ist schon gefärbt. Wir alle wollen euch in der Tiefe eures Herzens direkt erreichen. Denn wir alle sind eins mit dem Göttlichen, das in dir ruht. Und wir alle und das Göttliche in dir wollen nur dein Allerbestes. Spüre jetzt die Liebe in dir, die dir Antwort gibt. Nimm jetzt die Rückseite deines Liebesbriefes und schreibe die Antwort darauf. Vielleicht spürst du zum ersten Mal in deinem Leben, wie es ist, wenn die tiefste Stimme, die Stimme aus deiner Tiefe zu dir spricht ...

Wie war die Begegnung für euch? Die Begegnung mit Herz und Geist eures Innersten? Habt ihr das Glück empfunden, das diese Begegnung in sich birgt? Oder habt ihr euren "Kopf" mit hineingenommen? Diese Übung sollte euch einen kleinen Einblick geben in die wahre Kommunikation zwischen eurem Hohen und eurem niederen Selbst. Lasst nicht nach in eurem Bemühen, diesen Kontakt immer wieder zu suchen. Und wenn Fragen auftauchen, könnt ihr euch unmittelbar an diese Quelle in euch wenden.

EINWÄRTSWENDUNG

Die beiden folgenden Texte stammen aus der Anfangszeit unserer Schulungen mit Saint Germain. Hier wird sein Wirken auch als Erzieher deutlich.

Es gehört sicher zum Schwierigsten, das Nicht-mehr-nach-außen-Hören. Wir können uns in die Stille in uns zurückziehen. Wir können tiefste Kontemplation und Meditation erlernen und üben. Aber wie vermag man die Ohren nach außen zu verschließen, besonders jetzt in diesen Zeiten, wo das Unterste nach oben gekehrt wird? Ich kann mich noch des Lesens übler Nachrichten enthalten, aber ich kann niemals meine Ohren ganz verschließen, denn ich muss immer noch unterscheiden, was wichtig ist, von mir gehört und wahrgenommen zu werden. Ich muss aber auch entscheiden, wem oder was ich mich tatsächlich verschließen muss. Also muss ich erst einmal hören, um die Wahl treffen zu können. Was lasse ich ein, und was ist nicht für meine Ohren gedacht? Wenn wir lernen, den Einen in uns, unser ICH BIN, zu unserem inneren Ohr zu machen, dann werden wir lernen, alles hören zu können, und das Unterscheidungsvermögen in uns wird sofort selektieren. Und wir werden nicht zulassen, dass wir uns emotional an dem Gehörten beteiligen, sondern wir werden in der Einwärtswendung lernen, all das umgehend reinigend und heilend ins Licht zu erheben. Es heißt: *"Wer Ohren hat, der höre!"* So wollen wir unsere Ohren nur noch dem öffnen, was uns auf unserer Wegstrecke und auf unserem Lebensweg hilft zu wachsen, damit wir voranschreiten können auf dem Weg in unsere innere Heimat.

So werden wir wieder den stillen Raum in uns ergründen und Platz nehmen in der Stille unseres ICH BIN, unser inneres Ohr zu öffnen versuchen und den inneren Meister und Lehrer in uns fragen, wie er uns dabei behilflich sein kann, unser äußeres Ohr so zu schulen, dass wir nur noch durch ihn, den Meister in uns, hören.

Darum wollen wir jetzt das lebendige Wort in uns hören und auch das wahre und liebevolle Wort, das von außen her in uns eindringt. Alles andere ist totes Wort. Schon im Augenblick, da es gesprochen wird, fehlt ihm die Seele des Lebendigen, weil es vielleicht nicht aus der Wahrheit kommt oder nicht aus der Liebe geboren wurde. Ich öffne mich nur Worten, die der ewigen Wahrheit und Liebe entströmen, alle anderen lasse ich durch mich durchgehen und keine Früchte in mir tragen. Auf diese Weise bin ich gezwungen, nur noch nach innen zu hören, dem inneren Lehrer zu vertrauen, denn nur dort kann ich unterscheiden und erkennen, was Wahrheit und Liebe ist und was dem Diktat des Egos entspringt.

So wird mein Sprechen nur noch aus diesen Gefühlen heraus geschehen, und ich werde niemanden mehr verletzen mit meiner spitzen Zunge oder mich daran berauschen, wenn ich mit meiner Sprache "jongliere". Wie oft tun wir dies zum Nachteil anderer ... Und ich werde mir angewöhnen, nicht mehr einfach draufloszureden, sondern erst in meinem tiefsten Grunde die Worte und Sätze in mir entstehen lassen und meinen inneren Freund und Meister fragen, ob er sie für würdig befindet, dass ich sie dem anderen zumute. Bis ich eines Tages nicht mehr unterscheiden muss, was aus mir, aus meinem niederen Selbst kommt und der Prüfung bedarf – und was aus meinem ICH BIN kommt, in dem ich verwurzelt bin, verwurzelt in mir. Diese Wurzeln sollen meine Nahrung sein, die meinen ganzen Alltag, mein Handeln bestimmen und nähren.

Jeder von euch weiß, wie schwer es ist, die Zunge im Zaum zu halten. Auch deswegen ist das Schweigen ein so wichtiges Gebot für den Lichtschüler, bis er gelernt hat, nur noch aus der Liebe heraus seine Worte zu formen, indem er sich einwärtswendet, immer mehr seinem Ursprung zu. Legt diese Seiten auf euren Schreib- und Arbeitstisch, auf den Frühstückstisch und auf den Tisch, auf dem ihr das Abendbrot bereitet, bis diese Worte euch in Fleisch und Blut übergegangen sind. Wer denn, wenn nicht ihr, sollte ein Beispiel geben? Ihr, denen so viel geschenkt wird und die so viel Hilfe bekommen. Gebt ein Beispiel und lebt die Dinge, die ich euch bitte, in eurem Leben wirksam werden zu lassen. Und lernt, dass das Schweigen wirklich aus der Tiefe eures Herzens heraus entsteht und wächst. Lernt, dass es euch nicht verlegen macht, und denkt nicht, ein Opfer zu bringen, wenn ihr nicht reden "sollt".

ALL-EINHEIT

Nur durch das Einbringen deiner eigenen Göttlichkeit wird Gott so vollständig, dass er all seine Glieder erhält. So wirkt jeder von euch auch an Gottes Vollständigkeit mit, und kein Mensch vermag ohne den anderen seine wahre Bestimmung zu leben. Und so ist es nicht an uns, uns zurückzuziehen aus der Welt, denn dort, wo wir sind, haben wir den Plan des All-Einen zu erfüllen und ihm seine Vollständigkeit zu geben. Also braucht Gott uns ebenso wie wir ihn - und der Mensch und alles geschaffene Leben braucht uns, jeden Einzelnen von uns, so wie wir zu unserer Vollständigkeit Seiner bedürfen. Darunter nur ist All-Einheit zu begreifen. Es ist nicht, dass wir uns erheben in irgendeinen Himmel und alles hinter uns lassen, um uns nur um unsere eigene Vollständigkeit, unser Nirwana zu bemühen. Nein, wir müssen einander Gefährte und Begleiter sein, und wir müssen im anderen erkennen, dass wir ihm/ihr Bruder/Schwester sein können, damit auch er/sie beitragen kann zur Vervollständigung des Bildes Gottes. Ja, es ist schwer, jedermanns Bruder oder Schwester zu sein. Und gerade jene, die es uns so schwer machen, brauchen uns am nötigsten.

Es geht nicht darum, dass wir krampfhaft nach irgendwelchen Ämtern suchen, die wir ausfüllen können, sondern dort, wo wir wirken, wo wir hingestellt wurden oder uns aus eigenem Antrieb hinbegeben haben, ist unser Lernfeld und ist all das zu erfahren, was uns zur All-Einheit bringt. Nun sind viele nicht zufrieden mit dem, was sie da vorfinden. Unzufriedenheit führt zu Kritiksucht und Disharmonie. Und so müssen wir lernen, dankbar zu sein für das, was uns geschenkt wurde und uns weiter zufließt aus der Fülle. Nur wenn wir diese Fülle anerkennen und aus ihr leben, vermögen wir uns zu verändern – und vielleicht ist Veränderung das, was uns eines Tages wieder weiterbringt, aber eben nicht aus Unzufriedenheit und Kritik, sondern aus dem tiefen Wunsch, zu wachsen und zu dienen. Und so seid ihr weit gekommen, habt mit eurem Verstand all die Dinge aufgenommen – und jetzt ist es an euch, dieses Wissen umzusetzen und zu leben.

Ja, es regen sich viele Stimmen gleichzeitig, denn mit der Dankbarkeit haben wir so unsere Probleme. So lasst euch dennoch nicht entmutigen und geht hinein in dieses Gefühl des Angenommenseins und der Dankbarkeit, denn nur aus der Vergebung und der Dankbarkeit heraus ist es uns möglich, unser Schwingungsfeld so zu erhöhen, dass wir dem Himmel in uns nahe kommen. Wenn du hundert Jahre sitzen würdest, um zu meditieren, und wenn du versuchtest, die Stimme Gottes in dir zu hören, und nicht deinem Bruder dienst, wäre alle Mühe vergebens. Wie sagt das Christusbewusstsein, das Fleisch angenommen hat und euch Lehrer ist und Freund (Satya Sai Baba, siehe auch *Saint Germains Vermächtnis. Kabbala und Rosenkreuz*)? – *"Dienen ist der Königsweg!"* Wie können wir wirklich dienen? Für jeden hat Dienst eine andere Bedeutung. Viele empfinden ihn sogar als Fron und als Beschneidung ihrer persönlichen Freiheit. Sie begreifen nicht, dass sie nur durch diesen Dienst ihrer Freiheit entgegenwachsen. Es macht aber keinen Sinn, sich nun in hektische Betriebsamkeit zu stürzen und irgendwem zu dienen, irgendeinen Dienst zu übernehmen und dabei vielleicht den Nächsten zu vergessen. Dieser Nächste ist immer der, den Gott vor uns gesetzt hat, zunächst in der Familie, im Freundeskreis, am Arbeitsplatz. Dort ist unser Lernfeld und dort können wir die All-Einheit am besten verwirklichen. **Und vergessen wir nie die Ärmsten und Schwächsten unter uns, die Tiere, die im Besonderen unsere Liebe und Fürsorge brauchen.** Wenn wir unseren Lichtdienst tun für die Welt, schließen wir sie, die Ärmsten und Ausgegrenztesten, mit ein, denn auch sie gehören zu unserem Dienst.

Der Begriff "Dienst", also dem anderen zu "dienen", hat etwas Zwanghaftes an sich. Wandelt jeden Dienst in Freude um, dann wird der Dienst ein Akt der Liebe.

Seid ihr, meine Geliebten, im "Ein-Klang" mit dem Vater, sodass nur noch **ein** Klang sei, der durch die Welten schallt? Das Wesen des Einen drückt sich aus in Licht, und dieses Licht ist das Prisma – und wir alle sind auf diesem Prisma und verstärken dessen Strahl, dass er die Welt erhelle. Und gleichzeitig ist alles Musik. Jeder Ton ist aufgefächert in viele Untertöne, und alles zusammen bildet die kosmische Symphonie, in der wir uns bewegen und die die Welt erhält. Wir können euch nur zurufen: Überwindet diese Welt, damit ihr mit uns sein könnt und mit dem Christus-Jesus, dem Freund und Geliebten!

Ihr alle habt euch mit großer Freude eures Talismans bemächtigt und seid darangegangen, ihn zu eurem ständigen Begleiter zu machen. Er möge euch immer daran erinnern, dass ihr nicht getrennt seid von Gott – doch dass ihr über das Kreuz, über den Weg des Kreuzes, den auch ihr selbst gewählt habt, wieder zurückfindet in die Herrlichkeit, in die Einheit.

Und es mag, wie alles Gute, durch schlechte Gedanken der Menschen belastet sein, dieses Symbol des Pentagramms. Alles niedere Denken fällt auf den Menschen zurück, und so werden all jene, die diese heiligen Symbole missbrauchen, irgendwann die Ernte einfahren. Das Symbol selbst kann davon nicht betroffen oder beeinträchtigt werden. (Hier bezieht sich Saint Germain auf den Missbrauch des Pentagramms durch schwarzmagische Praktiken, die dieses und andere heilige Symbole in Verruf gebracht haben. Mehr über den Sinngehalt von Symbolen im Buch *Saint Germains Vermächtnis. Ein westlich-abendländischer Einweihungsweg.*)

Ich habe es euch gegeben (Talisman und Pentagramm), weil ihr Teil dieser großen Bruderschaft seid und weil dieses Symbol zum Ausdruck bringt, was Ziel eines jeden ist, der der Bruderschaft folgt, und was uns am Ende unseres Etappenweges gleichermaßen als Ziel vorgegeben ist. Das, was die Welt in den letzten Jahrhunderten zusammengehalten hat, was all den negativen Strömungen entgegengewirkt hat, war dieses Wirken der Weißen Brüder, und sie sind nicht irgendwer, sondern sie sind die geistige Hierarchie, Gottes Diener in seinem Reich. Viele von ihnen sind immer wieder mit den Menschen in einem Körper gegangen, um die Menschen zu führen und zu leiten. Es ist die Mitgliedschaft in dieser Bruderschaft immer eine zutiefst geistige, ein Sicheinen mit den mächtigen kosmischen Kräften, die nicht in irgendwelchen Tempeln sitzen und dort Flammen hüten, sondern die in der Welt wirken und das Gotteslicht herunterleiten. Damit ihr euch auf der inneren Ebene bereitfinden könnt, "Mit-Glied", ein weiteres Glied in der Kette dieser Brüder und Schwestern, zu sein, bitte ich euch nun, euch die elf Regeln zu notieren, deren Befolgung jedem Ordensmitglied ans Herz gelegt wird. Es ist nichts davon undurchführbar. Es sind diese Regeln da und dort nachzulesen, und sie werden euch immer wieder begegnen, da das geheime Wissen jetzt mehr und mehr freigesetzt wird, weil so viele Menschen nun ihr Bewusstsein diesen Dingen geöffnet haben und es nicht mehr der Geheimhaltung bedarf. Es war dieses Geheime wichtig und notwendig in jenen Zeiten, da eine "allein selig machende" Kirche den Anspruch auf den einzig wahren Weg erhob.

11 REGELN DES ORDENS VOM ROSENKREUZ

1. Du sollst Gott über alles lieben.
2. Widme deine Zeit deiner geistigen Entwicklung.
3. Sei ganz und gar uneigennützig.
4. Sei gelassen, untertänig und schweigsam.
5. Erkenne die Herkunft der Metalle (Schätze), die sich in dir befinden.
6. Hüte dich vor Lügnern und Scharlatanen.
7. Verbringe dein Leben in ständiger Ehrfurcht vor der höchsten Güte.
8. Bevor du die Praxis versuchst, lerne erst die Theorie.
9. Tue Gutes jedem Lebewesen.
10. Lies die alten Bücher der Weisheit.
11. Versuche, ihren verborgenen Sinn zu erfassen.

(Es wird durch diesen Text deutlich, dass die Weiße Bruderschaft identisch ist mit dem »Inneren Orden« vom Rosenkreuz, der kein irdischer Orden ist. Mehr darüber in *Saint Germains Vermächtnis. Kabbala und Rosenkreuz.*)

Ist es dir möglich, all dies zu leben? Seit vielen Jahrhunderten leben es viele Menschen - und weit mehr - uneigennützig im Dienst des Allerhöchsten, ohne auf irgendwelche Früchte zu schauen, und sie säten so den Samen. An euch ist es nun, all die reiche Ernte einzufahren und den Samen, den diese Früchte geben, wiederum in fruchtbare Erde zu bringen. So ist es jetzt auch an euch, meine Geliebten, dass ihr euch nicht mehr beschränkt in eurer Verbindung mit dem Göttlichen und in dem, was ihr mit dessen Hilfe zu erreichen sucht - weder in eurem Dienst am Nächsten, noch darin, dass ihr versucht, andere durch das Auflegen eurer Hände zu heilen, noch darin, dass ihr ihnen, wann immer sie eure Hilfe brauchen und suchen, sie ihnen verweigert.

DIE KRAFT DES "ICH BIN"

Mit dem fortschreitenden Erfassen uralter Lebensweisheiten wird es dem Menschen wieder klar werden, dass es nicht genügt, einfach in den Tag hinein zu leben, sondern dass eigene Anstrengungen gemacht werden müssen, um die Welt zu verbessern. Jeder hat im Laufe seiner zahlreichen Erdenleben dazu beigetragen, dass die Zustände auf Erden ein solch chaotisches Ausmaß angenommen haben, und jeder hat daher auch die Verantwortung, an der Reinigung mitzuarbeiten. Jeder Mensch erhält mehrmals in seinem Leben den Anstoß für den geistigen Weg und für die wahren Werte des Daseins - er sollte ihn wohl beachten.

Mit der zunehmenden Erkenntnis des Menschen wächst seine Verantwortung, nach dem für gut und richtig Erkannten zu leben. Der göttliche Plan für ihn sieht keinerlei Unvollkommenheit vor, wie Krankheit, Elend, Verfall und Auflösung. Diese negativen Seiten des Lebens müssen und werden vergehen in dem Maße, wie der Mensch lernt, seinem Lebensplan zu folgen. Es gibt keine Vollendung des Menschenlebens, ohne dass die Lektion der brüderlichen Liebe, der Selbstlosigkeit und des Wirkens für den Fortschritt der gesamten Erdenentwicklung gelernt worden ist - und ist es nicht ein wahrhaft großartiger Gedanke, dass es Wege und Möglichkeiten gibt, die Verhältnisse auf unserer Mutter Erde verbessern zu helfen?

Jeder, der sich heute noch scheut, egoistische Ziele aufzugeben, wird einmal an den Punkt seines Weges kommen, da Schicksal und Erfahrungen ihn dazu zwingen werden. Alle Stufen bis zum großen Ziel müssen durchlaufen werden, und niemand kann dies für einen anderen tun.

Wir tragen ein Zentrum des Lichtes in uns, das unser ganz persönlicher Teil von Gott ist, unser höchstes Schwingungszentrum, in dem die göttlichen Schöpferkräfte liegen, im Keim erst, aber sie beinhalten alle reinen Eigenschaften und Kräfte, die uns einmal zum Gottmenschen, zum Christus, heranwachsen lassen werden, wenn wir alles gelernt und angewendet haben, was die Erdenschule uns bietet. Dieser Brennpunkt des Lichtes in uns wird "dreifältige Flamme" genannt. Es gibt auch eine poetische Bezeichnung für das innere Licht: "Das Juwel im Herzen des Lotos." Dieses Zentrum in uns wird von den kosmischen Kräften gespeist, die durch unsere "Silberschnur", die ein dehnungsfähiges Lichtband ist, herabströmen. Vom Herzmittelpunkt steigen sie ins Gehirn und verteilen sich durch die Nervenbahnen bis hin zu jeder einzelnen Körperzelle und in unsere feinstofflichen Körper. Dieser innere Brennpunkt ist der Samen für den vollendeten Menschen, das göttliche Ebenbild, zu dem wir einmal heranwachsen sollen. Es ist das größte Vermächtnis, das uns vom Schöpfer auf die Lebensreise mitgegeben wurde. In ihm ruhen alle Möglichkeiten für die künftige Entwicklung, geradeso wie im Samenkorn das Bild der vollkommenen Pflanze enthalten ist. Die Bedingungen für das Wachstum müssen wir jedoch selbst schaffen – sie heißen Liebe, Hingabe an das Gute, Mitgefühl, Vergebung, Frieden, Gottverbundenheit. Sie sind Voraussetzung für den Reifungsprozess des Menschen, der sich zum Gottmenschen entwickeln soll.

Die kosmischen Gesetze, die dem Leben zugrunde liegen, sind im Gegensatz zu irdischen Gesetzen ewig gültig. Die gesamte Schöpfung vollzieht sich nach ihnen. Die Kenntnis dieser Gesetze hilft uns, den geistigen Weg folgerichtig zu gehen. Ohne dieses Wissen werden wir nicht zu einem zufriedenen, glücklichen Leben finden. Unser Intellekt muss ein wenig zurückgenommen werden zugunsten der Intuition, wenn wir geistige Wahrheiten erkennen und den geistigen Pfad beschreiten wollen.

Nichts kann einen Menschen so mächtig segnen und beglücken wie das bewusste Erfassen des wahren Sinnes des Schöpferwortes "ICH BIN". Sagst und fühlst du "ICH BIN", so setzt du den Quell immerwährenden Lebens frei, damit er ungehindert hervorströmen kann. "ICH BIN" ist das volle Schaffen der Gottheit. Diese Kraft wirkt unbegrenzt weiter.

Gerade so - nur negativ gepolt - ist es, wenn wir sagen: "Ich bin krank, ich bin müde, ich bin dumm" und so weiter. Wenn wir mehr auf unsere Worte achten und auf unsere wirklichen Absichten, werden wir die Worte des ICH BIN niemals mehr mit einer negativen Feststellung verbinden.

ICH BIN DIE AUFERSTEHUNG UND DAS LEBEN
ALLES GUTEN IN MEINEM LEBENSSTROM!
ICH BIN DIE AUFERSTEHUNG
MEINER VOLLKOMMENEN GESUNDHEIT!
ICH BIN DIE AUFERSTEHUNG DER HARMONIE
UND DES FRIEDENS IN MEINER WELT!

DIE VOLLKOMMENE MUSIK

(Den folgenden Text diktierte Saint Germain für Eva, ein Mitglied unseres Kreises und Musikerin, mit deren Erlaubnis ich ihn hier veröffentliche.)

Jeder Mensch ist auf die Gnade angewiesen, die auf die Welt herabströmt und sie erfüllt. Der Raum dieser Welt ist mit göttlicher Musik angefüllt, der sogenannten "Sphärenmusik", die du nur mit dem inneren Ohr deines Herzens wahrnehmen kannst. Du kannst dich auch dieser Musik öffnen und sie in deine Seele strömen lassen. Diese Klänge vermögen deine niedere Natur zu verwandeln und dich in höhere Dimensionen des Lebens emporzuheben. Seit Anbeginn der Zeiten haben Mystiker versucht, sich mit dieser formbildenden Musik der Sphären in Einklang zu bringen. In ihrer Liebe zu diesen Klängen haben viele von ihnen zum Ausdruck gebracht, was sie durch Musik und Kunst vernommen haben. Jeder Klang erzeugt ein Muster. Tief in eurer Seele sehnt ihr euch danach, diese Musik zu verstehen, denn das Herz des Universums klingt in euch und will sich durch euch entfalten.

Du musst dich selbst mit dem reinsten Klang in Harmonie bringen und in der vollkommenen Tonart leben, um ein immerwährendes Beispiel der göttlichen Wahrheit zu werden. So wirst du zum Ausdruck des Göttlichen, wie es in der Musik der Sphären anklingt.

Ihr seid die Instrumente Gottes. Bei Rumi (1207-1273, islamischer Dichter und Mystiker, Begründer des Sufismus) heißt es: *"Ich bin die Flöte, doch die Musik ist Dein!"* Natürlich muss ein solches Instrument rein und fein gestimmt sein. Deswegen musst du zunächst deine Empfänglichkeit für jene einzigartig vollkommene Note wecken, die in dir selbst liegt. Du kannst dich so vollständig öffnen und zulassen, dass du verwandelt und durch die Liebe Gottes gestimmt wirst. Lass es zu, dass du gesehen, gehört und geliebt wirst.

Die Engel könnte man auch als "Obertöne des reinen Lichtes" bezeichnen, aus dem alle Dinge hervorgehen. Die Engel antworten als Obertöne, wann immer ein reiner Ton erklingt. Eure Verantwortung ist es, zuerst diesen reinen Ton zu treffen. Wenn ihr diesen "ersten Ton" erzeugt, wird euch alle erdenkliche Hilfe zuteil, die ihr braucht. Es hängt ganz von der Qualität des "Tones" ab, den ihr erzeugt, welche Art von Obertönen zu euch zurückkehrt. Jeder - ob im Schlafen oder Wachen - von euch erzeugte Ton hat seine Konsequenzen. Ist dieser Ton unklar oder rührt er gar von eurer niederen Natur her, so wird auch das Echo ähnliche Schwingungen haben. Gelingt es euch hingegen, einen reinen, schönen Ton zu treffen, dann werden die Engel zu euren Füßen singen.

Lausche noch mehr als bisher auf die Töne, die in deiner Umgebung erklingen. Und lausche gerade auf solche, die das durchschnittlich ausgebildete Ohr überhört. Es gibt eine Tonsprache des Augenblicks, und entsprechend gibt es auch eine Botschaft des Augenblicks.
Alles hat seinen spezifischen Klang. Es gibt dumpfe Klänge, wie Kummer und Depression. Es gibt hellere Klänge, wie Freude und Humor. Es gibt Klänge, die dich über die Grenzen deiner vorgefassten Meinungen hinausheben, und solche, die deine Fantasie ins Reich der unbegrenzten Möglichkeiten schweifen lassen. Klang und Denken fixieren gemeinsam das Muster deines Lebens. Entweder

lebst du in der Schönheit des Augenblicks, so wie er wirklich ist, oder aber du bist in der Hässlichkeit deiner eigenen Urteile gefangen. Dann strahlen auch die entsprechenden Klänge von dir ab.

Achte daher auch besonders auf den Klang deiner Stimme. Solange du voll von Urteilen, Groll, Neid oder Stolz bist, wird sich alles dies auch im Klang deiner Stimme niederschlagen und auf irgendeiner Ebene hörbar werden. Den Klang der Wahrheit findest du inmitten der Worte – er tönt durch sie hindurch. Im Klang deiner Stimme können die Absichten deines Herzens mitschwingen. Und welches ist der Klang deiner Gebete? Welches ist der Klang deines Lebens? Welches ist der Klang, der von dir, von euch ausgeht? Vielleicht könnt ihr den vollkommenen Klang der Liebe finden und euch ganz darauf einstimmen, damit andere diesen Klang vernehmen und erkennen, wie er beschaffen ist.

Indem ihr eure Empfindsamkeit entwickelt, könnt ihr beginnen, diese Klänge wahrzunehmen. Der Klang der Dankbarkeit wechselt rascher von einem Menschen zum anderen hinüber, als ihr die Augen schließen und wieder öffnen könnt. Ähnlich verhält es sich mit dem Lachen. Wann immer der Klang der Dankbarkeit vernehmbar wird, sind jeglicher Groll und alle negativen Gefühle augenblicklich verschwunden. Auch für Urteile bleibt dann kein Raum mehr. In der Dankbarkeit verschmelzen alle anderen Klänge zu einer Traummusik. Wenn ihr euch zu sehr abmüht, könnt ihr nichts hören. Dankbarkeit hat nichts damit zu tun, ob euch etwas gefällt oder nicht, denn dies würde ein Abwägen zwischen Gegensätzen implizieren. Dies wäre ein dualistischer Zustand, wo es doch gerade darauf ankommt, dass ihr euch unablässig bewusst seid, in der Einheit zu leben.

Ihr seid die Augen, durch die Gott sieht, die Ohren, durch die er hört, die Nase, durch die er riecht, die Hände, durch die er berührt, und der Mund, durch den er spricht. Ihr könnt also

Gott in jedem Augenblick eures Lebens erkennen. Und dieses Wissen erfüllt euch mit Liebe. Die Liebe und die Schönheit Gottes sind dann weder "innen" noch "außen", sondern jenseits solcher Unterscheidungen, weil ihr Gott zugleich innen und außen wahrnehmt. Manche sehen Gott in der Schöpfung, andere sehen die Schöpfung in Gott – doch der Mystiker sieht Gott gleichzeitig in der Schöpfung und die Schöpfung in Gott.

Sei offen für die Schönheit, die dich umgibt, und lasse sie bewusst auf dich wirken. Auch du kannst sie hervorbringen, wenn du bereit bist, sie in anderen ebenso zu erkennen. Denn die Schönheit liegt im Auge des Betrachters, und darin verbirgt sich ein Schlüssel. Der einzige Zweck der Liebe ist die Schönheit, und Liebe findet den Geliebten im Schönen. In der Liebe kannst du das Schöne erkennen und die verborgene Schönheit in den Dingen hervorbringen.

FÜR EIN BRAUTPAAR

Zwei Mitglieder unserer Schulungsgruppe hatten sich entschlossen, zu heiraten und eine Familie zu gründen. Am Ende eines unserer gemeinsamen Seminare, kurz vor der standesamtlichen Trauung, hielt Saint Germain eine kleine Rede:

E. und T. werden in der kommenden Woche den ersten Schritt tun und sich auf dem Standesamt ihr Jawort geben. In der traditionellen Überlieferung heißt es, dass der Mensch nicht trennen soll, was Gott verbunden hat. Wenn man sich heute aber umschaut, muss man feststellen, dass es unendlich viele "Wortbrüchige" gegeben hat und immer weiter geben wird. Und so ist dieser Satz wohl eine Bürde für viele, die am Beginn eines gemeinsamen Weges vom Wunsch beseelt sind, dieses Leben in Gemeinsamkeit in guten und in schlechten Zeiten zu gehen und alle Erfahrungen zu teilen. Wenn zwei Menschen beschließen zu heiraten, geben sie sich ein Jawort. Es ist eine Art von Schwur, den man leistet. Wenn man eines Tages feststellt, dass keine gemeinsame Basis mehr vorhanden ist, dann muss man diesen Schwur wieder lösen, muss den anderen also freigeben. Was wäre das für ein Gott, der etwas verbinden würde, was sich in der Praxis dann als nicht tauglich für ein ganzes Leben erweist? Und dennoch wagen immer wieder Menschen diesen Schritt und geben sich diesen Schwur.

Wir wollen hoffen und sind sicher, dass ihr beide, E. und T., es euch reiflich überlegt habt und nun zu der Erkenntnis gekommen seid, dass es leichter ist, das Leben als eines zu betrachten und sich gemeinsam auf ein bestimmtes Ziel hinzubewegen. Es ist die Liebe, die zwei Menschen auf diese Weise zusammenführt. Möge diese Liebe die Kraft haben, nicht nur die schönen, sondern auch die trüben Seiten eines gemeinsamen Lebens zu überdauern.

Es ist nicht Gott, der etwas bindet, sondern es ist das Versprechen, das Menschen aneinander bindet. Und so wollen wir diesen Bund heute segnen, und ein jeder mag aus seinem Herzen einen Segensspruch beisteuern, der euch begleitet. Wir wollen diese Segnung verbinden mit dem heiligen Abendmahl, das wir in dieser Gruppe nun empfangen wollen.

Indem wir schweigend Brot und Wein in uns aufnehmen, erinnern wir uns daran, was dies bedeutet, nämlich dass wir zuerst unsere gegensätzliche Natur in uns wieder in die Einheit führen, in die Einheit des Vaters, in seine Vollkommenheit, die auch unsere wahre Natur ist. Und dass wir aber anerkennen, dass wir zwei sind, Frau und Mann, und dass wir im Symbol der Ehe nichts anderes sehen und erleben als das, was wir im Abendmahl feiern: Wir bringen das Gegensätzliche in uns zur Auflösung und finden aus diesen Gegensätzen, die offenbar sind, auch die Kraft für ein Gemeinsames.

Wir erinnern uns an den größten unserer Brüder, an Meister Jesus, und in seinem Gedenken wollen wir nun Brot und Wein miteinander teilen. – Ich segne das Paar mit der Liebe meines Herzens, und ich freue mich, dass sie dem Ruf ihres Herzens gefolgt sind. Gott schütze und segne euch!

Den nachfolgenden Text »Die Liebe« erhielt das Brautpaar als Geschenk von Saint Germain.

DIE LIEBE

Das Verlangen, in den persönlichen Beziehungen sicher zu sein, erzeugt unvermeidlich Leid und Furcht. Dieses Suchen nach Sicherheit fordert die Unsicherheit heraus. Wer liebt und geliebt wird, wünscht sich auch Sicherheit in dieser Liebe. Aber ist das Liebe, wenn jeder seine eigene Sicherheit, seinen eigenen, persönlichen Weg sucht?

Was ist Liebe? Das Wort ist so belastet und verfälscht, dass man es ungern gebraucht. Jedermann spricht heute von Liebe – jedes Magazin, alle Medien, die Geistlichkeit – alle sprechen sie unaufhörlich von Liebe. Man liebt sein Heimatland, seinen König, man liebt irgendwelche Bücher, das Vergnügen, man liebt seine Frau und man liebt Gott. Ist Liebe also eine Idee? Wenn sie es ist, dann kann sie kultiviert, gehegt, gepflegt, herumgestoßen und verunstaltet werden, ganz nach Belieben. Und wenn man sagt, man liebt Gott, was bedeutet das? Es bedeutet zumeist, dass man das Projekt der eigenen Vorstellung liebt, eine Projektion der eigenen Persönlichkeit, die in konventionelle Formen gekleidet dem entspricht, was man für edel und heilig hält. Darum ist es absoluter Unsinn zu sagen: "Ich liebe Gott." Wer Gott anbetet, betet sich auf diese Weise selbst an – und das ist keine Liebe!

Da man sich über die menschliche Regung, die Liebe genannt wird, nicht klar werden kann, flüchtet man in abstrakte Begriffe. Und so mag Liebe die endgültige Lösung aller menschlichen Schwierigkeiten, Probleme und Qualen sein. Wie kann man also herausfinden, was Liebe ist? Durch bloßes Definieren? Die Kirche hat die Liebe auf ihre Art definiert, die Gesellschaft auf eine andere und es gibt Abweichungen und Entstellungen jeder Art. Jemanden verehren, mit jemandem schlafen, Gefühlsaustausch, Kameradschaft – ist es das, was man unter Liebe versteht? Das ist zur Norm, zur Schablone geworden und ist so überaus persönlich, sinnenhaft und begrenzt, dass die Religionen erklärt haben, dass "wirkliche Liebe" weit darüber hinausgeht. In der menschlichen Liebe sehen sie Sinnenlust, Wettstreit, Eifersucht und Neid, den Wunsch zu besitzen, festzuhalten, zu herrschen, sich in das Denken anderer einzumischen. Und da sie um die Komplexität dieser Dinge wissen, sagen sie, dass es eine andere Art von Liebe geben muss, eine göttliche, unversehrte, unverdorbene.

Überall in der Welt haben die sogenannten Heiligen behauptet, dass es unheilvoll sei, eine Frau nur anzusehen. Sie sagen, dass man Gott nicht näher komme, wenn man der Sexualität fröne, und daher stoßen sie sie beiseite, obgleich sie sich danach verzehren. Indem sie aber die Sexualität verneinen, ist es gerade so, als ob sie sich die Augen ausstächen und die Zunge ausrissen, denn sie verneinen die ganze Schönheit der Erde. Sie haben Herz und Geist verkümmern lassen, sie sind ausgetrocknete menschliche Wesen, sie haben die Schönheit verbannt, weil Schönheit immer mit Weiblichem verbunden ist.

Kann Liebe in eine heilige und eine profane, in menschliche und göttliche eingeteilt werden? Oder gibt es nur Liebe? Gehört Liebe dem einen und nicht den vielen? Wenn man sagt "Ich liebe dich", schließt das die Liebe zu anderen aus? Ist die Liebe persönlich, moralisch oder unmoralisch? Kann es sie nur im Rahmen des

Familienkreises geben oder auch außerhalb? Wenn man die ganze Menschheit liebt, kann man dann auch einen Einzelnen lieben? Ist Liebe also Sentimentalität oder eine schlichte Gefühlsregung? Ist sie Lust und Verlangen? Alle diese Fragen zeigen, dass man über die Liebe bestimmte Vorstellungen hegt, was sie sein oder auch nicht sein sollte, ein Modell oder ein Kodex, entwickelt durch die Kultur, in der man lebt.

Um nun in die Frage einzudringen, was Liebe ist, müssen wir sie zunächst von jahrhundertealten Krusten befreien und alle Ideale und Ideologien darüber, was sie sein und nicht sein sollte, beiseitetun. Etwas aufzuteilen in das, was sein sollte, und in das, was ist, ist der trügerischste Weg, sich mit dem Leben zu befassen.
Wie kann man nun herausfinden, was diese Flamme ist, die wir Liebe nennen? Nicht wie sie einem anderen zu erklären ist, sondern was sie an sich bedeutet? Ich werde zunächst ausscheiden, was die Kirche, die Gesellschaft, die Eltern, die Freunde – was jeder Einzelne und jedes Buch darüber gesagt haben, um herauszufinden, was sie wirklich ist. Hier liegt ein gewaltiges Problem, das die ganze Menschheit umfasst.

Es hat tausend Arten gegeben, die Liebe zu definieren, und bei der Betrachtung ist man selbst in irgendeiner dieser Schablonen gefangen, je nachdem was man im Augenblick denkt oder woran man sich erfreut. So müssen wir uns – um die Liebe zu verstehen – zuerst von den eigenen Neigungen und Vorurteilen befreien. Viele Regierungen sagen: "Gehe hin und töte aus Liebe zu deinem Vaterland." Ist solches Tun Liebe? Die Religion sagt, wir hörten es gerade: "Gib die Sexualität auf aus Liebe zu Gott." Ist das Liebe? Ist Liebe Begehren? Für die meisten Menschen ist dies so – das Begehren nach Sinnenlust, der Genuss, der durch die Sinne, durch sexuelle Bindung und Erfüllung erlangt wird.

Ich bin nicht gegen Sexualität, sehe aber, was sie in sich birgt. Was Sexualität vorübergehend zu schenken vermag, ist die völlige Preisgabe des Selbst, dann aber fällt man sofort wieder zurück in die Unruhe und wünscht eine ständige Wiederholung des Zustandes, in dem es vorübergehend keinen Kummer, keine Probleme gab. Wenn einer sagt, dass er seine Frau liebt, dann ist in dieser Liebe sexuelle Lust enthalten und das angenehme Gefühl, jemanden zu haben, der da ist. So wird man abhängig. Wer aber von den Freuden des Daseins abhängig wird, wird ihr Sklave. Wenn man liebt, muss Freiheit da sein, nicht nur von dem anderen, sondern auch von sich selbst.

Einem anderen anzugehören, von einem anderen seelisch gestützt zu werden, von jemandem abhängig zu sein, (er)schafft innere Unruhe, Furcht, Eifersucht, Schuldgefühle. Und solange Furcht da ist, gibt es keine Liebe. Ein Mensch, der von Kummer geplagt wird, kann niemals wissen, was Liebe ist. Sentimentalität und Gefühlsüberschwang haben nichts mit Liebe zu tun. Und so ist Liebe mehr als nur Vergnügen und Begehren. Liebe ist nicht die Frucht der Gedanken, die immer aus dem Vergangenen kommen. Aus dem Denken kann sich unmöglich Liebe entwickeln. Liebe wird nicht durch Eifersucht eingeengt und eingefangen, denn auch Eifersucht hängt mit dem Vergangenen zusammen. Aber Liebe ist immer lebendige Gegenwart. Sie ist nicht "Ich will lieben" oder "Ich habe geliebt".

WER DIE LIEBE KENNT,
WIRD NIEMANDEM FOLGEN.
LIEBE GEHORCHT NICHT.
FÜR DEN, DER LIEBT,
GIBT ES WEDER WERTSCHÄTZUNG
NOCH GERINGSCHÄTZUNG.
LIEBE IST.

Stellt man Vergleiche an, wenn man liebt? Wer jemanden von ganzem Herzen liebt, mit allen Kräften des Geistes und des Körpers, mit seinem ganzen Wesen – gibt es da noch ein Vergleichen? Wenn man sich dieser Liebe völlig hingibt, gibt es nichts anderes, kein Zweites.

Wer etwas nur aus Pflicht tut, liebt nicht. In der Pflicht gibt es keine Liebe. Der Begriff der Pflicht, der den Menschen gefangen hält, zerstört ihn. Solange man gezwungen ist, etwas zu tun, weil es "Pflicht" ist, liebt man nicht, was man tut. Wo Liebe ist, gibt es kein Gefühl der Pflicht und der Verantwortung.

Leid und Liebe können nicht zusammengehen. In der christlichen Welt hat man das Leid idealisiert, hat ihm im Kreuz Gestalt gegeben, es angebetet und deutlich gemacht, dass man niemals dem Leid entrinnen kann, ausgenommen durch dieses bestimmte Tor. Das ist die wahre Struktur einer ausbeuterischen religiösen Gesellschaft.

Wenn du nun weiter fragst danach, was Liebe wirklich ist, mag dies einen völligen Umbruch deines Lebens bedeuten. Wenn aber der Wunsch da ist, es herauszufinden, wirst du erkennen, dass Furcht nicht Liebe ist, dass Besitzgier und Herrschsucht nichts mit Liebe zu tun haben, dass Verantwortung und Pflichtgefühl keine Liebe sind, dass Selbstbemitleidung keine Liebe ist, dass der Schmerz, nicht geliebt zu werden, keine Liebe ist. Liebe ist nicht das Gegenteil des Hasses, ebenso wenig wie Demut der Gegensatz der Eitelkeit ist. Wenn du das alles aus dir entfernen kannst – nicht durch Zwang, sondern indem du diese Dinge fortspülst, so wie der Regen den Staub vieler Tage von einem Blatt wäscht –, dann wirst du vielleicht zu jener seltsamen Blume hinfinden, nach der der Mensch seit jeher hungert.

Wenn du keine Liebe in dir hast – nicht nur ein wenig, sondern sie muss in Hülle und Fülle vorhanden sein! –, wenn du nicht davon erfüllt bist, geht die Welt einer Katastrophe entgegen. Verstandesmäßig ist es dir klar, dass die Einheit der Menschen unbedingt ist und dass die Liebe der einzige Weg ist – aber wer wird es dich lehren, wie du lieben sollst? Kann dir eine Autorität, eine Methode, ein System sagen, wie zu lieben ist? Wenn es dir jemand sagt, ist es keine Liebe! Kannst du dir vornehmen, Liebe zu üben? Kannst du sagen "Ich will mich Tag für Tag hinsetzen und darüber nachdenken; ich will mich darin üben, freundlich und zartfühlend zu sein, und mich zwingen, den anderen Aufmerksamkeit zu schenken"? Willst du annehmen, dich so zur Liebe erziehen zu können? Glaubst du, dass du den Willen einsetzen kannst, um umfassend zu lieben? Wenn du Disziplin und Willen brauchst, um zu lieben, fliegt die Liebe zum Fenster hinaus. Wenn du Liebe nach einem System oder nach einer Methode praktizierst, magst du außerordentlich geschickt oder freundlicher werden oder in einen Zustand der Gewaltlosigkeit geraten, aber das alles hat noch nichts mit Liebe zu tun.

In dieser zerrissenen, wüsten Welt gibt es keine Liebe, weil Vergnügen und Begehren die Hauptrollen spielen. Doch ohne Liebe hat Leben keinen Sinn. Und ohne **Schönheit** ist keine Liebe möglich. Schönheit ist nicht etwas, was man sieht – nicht ein schöner Baum, ein schönes Bild, ein schönes Gebäude oder eine schöne Frau. Schönheit ist nur vorhanden, wenn du **aus tiefstem Herzen** weißt, was Liebe ist. Ohne Liebe und ohne das Gefühl von Schönheit gibt es keine Tugend, und jeder weiß sehr wohl, dass er mit all seinem Tun – die Gesellschaft zu verbessern, den Armen zu geben – nur mehr Unheil schafft, denn ohne Liebe ist im Herzen und im Geist nur Hässlichkeit und Armut. Wenn aber Liebe und Schönheit in dir wohnen, ist alles, was du tust, richtig, ist alles, was du tust, in Ordnung. Wenn du zu lieben weißt, dann kannst du tun, was du willst, dann werden sich alle Probleme lösen.

Kann aber der Mensch zur Liebe gelangen ohne Disziplin, ohne Gedanken, ohne Zwang, ohne irgendein Buch, einen Lehrer – kann er ihr begegnen, so wie man einen lieblichen Sonnenuntergang erlebt?

Ich glaube, dass es absolut notwendig ist – und das ist **Leidenschaft ohne Motiv**, eine Leidenschaft, die nicht das Ergebnis irgendeiner Bindung oder Neigung ist, eine Leidenschaft, die nicht Lust ist. Ein Mensch, der nicht weiß, was Leidenschaft ist, wird nie um die Liebe wissen, weil Liebe sich nur bei völliger Selbstlosigkeit entfalten kann.

Ein Mensch aber, der auf der Suche ist, hat keine Leidenschaft. Der Liebe zu begegnen, ohne sie zu suchen, ist der einzige Weg, sie zu finden. Man muss ihr unbeabsichtigt begegnen und nicht durch Anstrengung und Erfahrung. **Und du wirst entdecken, dass eine solche Liebe zeitlos ist.** Solche Liebe ist sowohl persönlich als auch unpersönlich, sie gehört dem einen wie den vielen. Sie ist wie eine duftende Blume. Du kannst ihren Duft wahrnehmen oder achtlos an ihr vorübergehen. Aber sie ist für jeden da – und besonders für den einen, der sich Zeit nimmt, ihren Duft innig einzuatmen und sie mit Entzücken anzuschauen. Ob man ihr im Garten ganz nahe ist oder weit entfernt, für die Blume ist es das Gleiche, weil sie voll des Duftes ist und ihn für jeden verströmt.

Liebe ist immer frisch, neu und lebendig. Sie hat kein Gestern und kein Morgen. Sie ist jenseits der gedanklichen Unruhe. Nur der unschuldige Mensch weiß, was Liebe ist, und er kann in einer Welt leben, die ohne Unschuld ist. Dieses Ungewöhnliche, das der Mensch ewig gesucht hat – durch Opfer, durch Anbetung, durch Beziehungen, durch Sexualität, durch jede Art von Lust und Leid –, wird er nur finden, wenn es dem Denken gelingt, sich selbst zu verstehen und auf natürlichem Weg zu einem Ende zu kommen. Dann hat die Liebe keinen Gegenspieler, dann ist sie ohne Konflikt.

Du magst dich nun fragen: Wenn ich eine solche Liebe finde, was ist dann mit meiner Frau, mit meinem Mann, mit den Kindern, den Freunden, der Familie? Sie alle müssen doch Sicherheit haben ... Wenn du eine solche Frage stellst, warst du nie außerhalb des Gedankenbereichs, des Bewusstseinsraumes. Wenn du einmal außerhalb dieser Ebene warst, wirst du niemals wieder eine solche Frage stellen, weil du dann wissen wirst, was eine Liebe ist, in der es kein Denken und daher keine Zeit gibt.

Du magst dies lesen und fasziniert, ja entzückt sein. Aber wirklich über Denken und Zeit hinauszugelangen und jenseits des Leidens zu sein, bedeutet, sich dessen bewusst zu sein, dass es eine andere Dimension gibt – Liebe genannt.
Aber du weißt nicht, wie du zu dieser ungewöhnlichen Quelle gelangen kannst. Was wirst du also tun? Wenn du dies nicht weißt, dann tu einfach nichts! Absolut nichts! Dann bist du innerlich vollkommen still. Verstehst du, was das bedeutet? Es bedeutet, dass du nichts suchst, nichts wünschst, kein Ziel verfolgst, es gibt überhaupt kein Zentrum mehr – dann ist die Liebe da!

Wir haben das Wesen der Liebe erforscht und sind dabei zu einem Punkt gekommen, der es erfordert, dass wir noch tiefer in das Problem eindringen, es uns noch stärker bewusst machen. Wir haben entdeckt, dass Liebe für die meisten Menschen Trost und Sicherheit bedeutet, ihnen eine Gewähr ständiger gefühlsmäßiger Befriedigung für den Rest ihres Lebens bietet. Dann kommt einer wie ich und fragt: Ist das wirklich Liebe? Und er befragt dich und bittet dich, in dich hineinzuschauen. Und du wagst dies nicht, weil es so beunruhigend ist. Du würdest viel lieber über die politische oder wirtschaftliche Situation diskutieren. Aber wenn du in die Enge getrieben wirst und hinschauen musst, dann kannst du erkennen, dass das, was du immer für Liebe gehalten hast, gar keine Liebe ist – es ist eine wechselseitige Befriedigung, eine gegenseitige Ausbeutung.

Wenn ich sage, Liebe hat kein Morgen und kein Gestern, oder wenn ich sage, dass, wenn es kein Zentrum, kein Ich mehr gibt, Liebe da ist, dann hat dies für mich Realität, aber auch für dich? Du magst es nachsprechen, es da und dort zitieren und es zu einer Formel machen, aber alles dies ist ohne Gültigkeit. Du musst es selbst sehen! Aber um schauen zu können, musst du ungebunden sein, frei von jeder Verdammung, Beurteilung, Zustimmung oder Ablehnung.

Nun, zu "schauen" ist eines der schwierigsten Dinge im Leben – oder zu "lauschen". Schauen und Lauschen sind das Gleiche. Wenn die Augen durch Plackerei blind geworden sind, können sie die Schönheit eines Sonnenuntergangs nicht wahrnehmen. Die meisten Menschen haben so die Verbindung mit der Natur verloren. Sie werden immer mehr zu Stadtmenschen, leben in überfüllten Wohnungen, die vollgepackt sind mit Zivilisationsschutt, und haben kaum genug Zeit, um abends oder morgens in den Himmel zu schauen. Dadurch geht ihnen sehr viel Schönheit verloren. Ich weiß nicht, ob du bemerkt hast, wie wenige Menschen einen Sonnenaufgang, einen Sonnenuntergang oder das Mondlicht oder die Lichtspiegelung auf dem Wasser betrachten. Da sie die Verbindung zur Natur verloren haben, neigen sie unbewusst dazu, intellektuelle Fähigkeiten zu entwickeln. Sie lesen viele Bücher, besuchen Museen und Konzerte, schauen in den Fernsehapparat und haben viele andere Ablenkungen. Sie zitieren auch endlos die Ansichten anderer Leute und denken und sprechen viel über Kunst. Wie kommt es, dass sie so sehr von der Kunst abhängig sind? Ist es eine Art Flucht, ein gewisser Anreiz? Wer in unmittelbarem Kontakt zur Natur ist und einen Vogel im Flug beobachtet, wer die wechselnde Schönheit des Himmels sieht, die Schatten über den Hügeln betrachtet oder die Schönheit auf dem Antlitz eines Menschen, wird kaum noch den großen Wunsch verspüren, in ein Museum, den Aufbewahrungsort des Gestern, zu gehen, um sich ein Bild anzuschauen.

Es gab einmal einen religiösen Lehrer, der an jedem Morgen zu seinen Schülern zu sprechen pflegte. Eines Morgens begab er sich zu seinem erhöhten Sitz und wollte gerade beginnen, als ein kleiner Vogel kam, sich auf das Fensterbrett setzte und zu singen begann und nicht aufhörte, aus voller Kehle zu singen. Dann flog er davon, und der Lehrer sagte: "Die Belehrung ist für heute beendet."

Ich halte es für eine der größten Schwierigkeiten, wirklich klar zu sehen – nicht nur die äußeren Dinge, sondern auch das innere Leben. Wenn du sagst, dass du einen Baum oder eine Blume, einen kleinen Vogel oder einen Menschen siehst, tust du dies dann auch wirklich? Oder siehst du nur das äußere Bild, das durch das Wort geschaffen wurde? Das heißt, wenn du einen Baum oder eine lichtüberstrahlte Wolke am Abendhimmel betrachtest, siehst du sie dann wirklich, nicht nur mit den Augen und dem Verstand, sondern **ganz hingegeben?**

Hast du jemals versucht, auf einen Gegenstand, zum Beispiel einen Baum, ohne jede Gedankenverbindung zu schauen, ohne dein erworbenes Wissen über diesen Baum, ohne eine vorgefasste Meinung, ohne jedes Urteil? Denn Worte werden zu einer Scheidewand zwischen dir und dem Baum und hindern dich daran, ihn zu sehen, wie er tatsächlich ist. Versuche es einmal und sieh, was sich wirklich ereignet, wenn du dich dem Baum ganz zuwendest und ihn voller Hingabe an seine Natur betrachtest. Wenn du das intensiv tust, wirst du erfahren, dass es keinen Beobachter mehr gibt, **da ist nur Achtsamkeit.** Wenn du unachtsam bist, gibt es den Beobachter und das Beobachtete. Wenn du aber etwas mit vollkommener Achtsamkeit betrachtest, ist da kein Platz mehr für eine Begriffsbildung, eine Formel oder eine Erinnerung. Es ist sehr wichtig, das zu verstehen, weil man in etwas eindringt, das einer sehr sorgfältigen Untersuchung bedarf.

Nur ein Mensch, der mit vollkommener Selbsthingabe auf einen Baum oder die Sterne oder das glitzernde Wasser eines Flusses schaut, weiß, was Schönheit ist. Und wenn du wirklich siehst, bist du in einem Zustand der Liebe! Du kennst Schönheit im Allgemeinen durch den Vergleich oder durch das, was der Mensch geschaffen hat. Und das bedeutet, dass du die Schönheit einem Objekt zuordnest. Wenn du ein Gebäude betrachtest und es schön findest, würdigst du seine Schönheit aufgrund deiner Kenntnis der Architektur und indem du es mit anderen Gebäuden, die du gesehen hast, vergleichst. Aber jetzt frage ich dich: Gibt es eine Schönheit ohne Objekt? Wenn ein Beobachter da ist, der zugleich ein Zensor, der Erfahrene, der Denker ist, ist in toto keine Schönheit vorhanden, weil sie etwas Äußerliches ist, etwas, das betrachtet und beurteilt wird. Wenn es aber keinen Beobachter und Beurteiler gibt – und das verlangt tiefe Meditation und Selbsterforschung –, dann besteht Schönheit ohne Objekt.

Schönheit liegt also in der völligen Preisgabe des Beobachters und des Beobachteten, und Selbsthingabe kann es nur in strenger Einfachheit geben, nicht in der Strenge der Priester mit ihrer Härte, ihren Vorschriften, Regeln und ihrer Gehorsamspflicht, nicht in der Einfachheit der Bekleidung, der Ideen, der Nahrung und des Benehmens, sondern es ist eine selbstverständliche Einfachheit, die völlige und echte Demut ist. Dann gibt es keine Zielsetzung, keine Leiter, die zu erklimmen ist. Es gibt nur den ersten Schritt – und dieser ist der ewig während Schritt.

Was ist die Zeit? Der Mensch glaubt, dass sich in ihm im Laufe der Zeit eine Wandlung vollziehen kann, dass nach und nach eine innere Ordnung geschaffen werden kann. Aber die Zeit bringt weder Ordnung noch Frieden. Darum darf man nicht an ein stufenweises Fortschreiten glauben. Und das bedeutet, dass es kein Morgen gibt, um darin friedvoll zu leben. Man muss augenblicklich friedvoll sein.

Ist Lernen eine Frage der Zeit? Nach Tausenden von Jahren hat der Mensch noch immer nicht gelernt, dass es eine bessere Art des Lebens gibt, als einander zu hassen und zu töten. Daher ist es so wichtig, das **Problem der Zeit** zu verstehen, wenn man dieses Leben verwandeln will, das durch das eigene Dazutun so monströs und sinnlos geworden ist.

Als Erstes muss man verstehen, dass die Zeit nur mit der Frische und Unschuld des Geistes betrachtet werden darf. Die vielen Probleme, die in jedem Leben da sind, verwirren, und in dieser Verwirrung findet man sich nicht mehr zurecht. Je nun, wenn man sich im Wald verirrt hat, was tut man da als Erstes? Man bleibt stehen und schaut sich um. Aber je verwirrter das Leben ist und je mehr man sich darin verirrt hat, umso mehr jagt man herum, sucht, fragt, fordert, bittet. Und so bleibt nichts anderes, als sich innerlich vollkommen still zu halten. Wenn man das tut, wird der Geist sehr friedlich und klar. Dann vermag man das Problem der Zeit wirklich zu betrachten. Probleme existieren nämlich nur in der Zeit – und dies auch nur dann, wenn man einer Sache unzureichend begegnet. Dieses unvollkommene Zusammentreffen mit einer Gegebenheit schafft das Problem. Wenn man also einer Herausforderung nur teilweise, bruchstückhaft begegnet oder ihr auszuweichen versucht, das heißt, wenn man ihr nicht mit ganzer Aufmerksamkeit gegenübersteht, schafft man ein Problem. Und dieses besteht dann so lange weiter, wie man fortfährt, ihm unzureichende Beachtung zu schenken, solange man hofft, es eines schönen Tages lösen zu können.

Wisst ihr, was Zeit ist – nicht die Uhrzeit, auch nicht die chronologische Zeit, sondern die psychologische Zeit? Sie ist das Intervall zwischen Idee und Handlung. Eine Idee dient offensichtlich dem Selbstschutz, sie ist die Vorstellung, gesichert zu sein. Handlung ist immer unmittelbar, sie gehört nicht der Vergangenheit und nicht der Zukunft an. Handlung also vollzieht sich immer in der Gegenwart. Aber Handlung ist so gefährlich, so ungewiss, dass ihr euch nach einer Idee ausrichtet, von der ihr hofft, dass sie euch eine gewisse Sicherheit geben wird.

Betrachtet also einmal diesen Vorgang in euch selbst. Ihr habt eine Vorstellung davon, was richtig oder falsch ist, oder ein ideologisches Konzept über euch selbst und die Gesellschaft und schickt euch an, nach dieser Idee zu handeln. Die Handlung stimmt mit der Idee überein, sie gleicht sich der Idee an und dadurch entsteht immer nur Konflikt. Da ist die Idee, das Intervall und die Handlung. Und in diesem Intervall liegt der ganze Bereich der Zeit, und es besteht im Wesentlichen aus dem Denken. Wenn ihr glaubt, dass ihr "morgen" glücklich sein werdet, dann tragt ihr die Vorstellung in euch, dass ihr diesen Zustand im Laufe der Zeit erreichen werdet. Der Gedanke, der beobachtet und wünscht und der dieses Wünschen durch das Denken weiter in Gang hält, sagt: "Morgen werde ich glücklich sein, morgen oder übermorgen werde ich Erfolg haben, morgen wird diese Welt schön sein." Und so erzeugt das Denken das Intervall, die Zeit.

Nun fragt ihr euch: Können wir der Zeit Einhalt gebieten? Können wir so vollkommen leben, dass es kein Morgen gibt, mit dem sich das Denken beschäftigen kann? Denn Zeit ist Leid. Das heißt, gestern oder vor langer Zeit liebtet ihr oder hattet einen Gefährten, der gegangen ist. Die Erinnerung daran bleibt, und ihr denkt über die vergangenen Freuden und Schmerzen nach – ihr schaut also zurück. Ihr wünscht, hofft, trauert. Das Denken grübelt ständig darüber nach und erzeugt das, was man Leid nennt, und lässt es zeitlich fortbestehen.

Solange also dieses durch den Gedanken erzeugte Zeitintervall besteht, muss es Leid geben, muss die Furcht andauern. So fragt man sich, ob dieses Intervall aufhören kann. Wenn ihr fragt, ob es jemals aufhören wird, dann ist es bereits eine Idee, etwas, das ihr zu erreichen wünscht, und damit habt ihr ein Intervall und seid von neuem gebunden.

Aber ist es möglich, jedem Problem ohne dieses Raum-Zeit-Intervall entgegenzutreten, ohne die Kluft zwischen sich und dem, wovor man sich fürchtet? Es ist nur möglich, wenn der Beobachter nicht fortbesteht, der Beobachter, der die Bilder schafft, der eine Kollektion von Erinnerungen und Ideen ist, ein Bündel abstrakter Begriffe.

Wenn ihr auf die Sterne schaut, seid ihr es - ein Mensch, der auf den Sternenhimmel schaut. Der Himmel ist überflutet mit leuchtenden Sternen, kühl ist die Luft - und da stehst du, der Beobachter, der Erfahrende, der Denker, du mit deinem sehnsuchtsvollen Herzen, du, das Zentrum, das den Zwischenraum erzeugt. Du wirst nichts von dem Raum zwischen dir und den Sternen verstehen, zwischen dir und deinem Partner oder dem Freund, weil du noch niemals ohne das Bild geschaut hast. Und darum weißt du nicht wirklich, was Schönheit, was Liebe ist. Du sprichst wohl darüber, schreibst vielleicht darüber, aber du hast es nicht erfahren, ausgenommen vielleicht in seltenen Augenblicken völliger Selbstpreisgabe. **Solange ein Zentrum besteht, das den Abstand erzeugt, gibt es weder Liebe noch Schönheit. Wenn kein Zeitraum da ist und kein trennender Umkreis, dann ist Liebe da. Und wenn du liebst, bist du Schönheit!**

Wenn du auf ein Gesicht dir gegenüber schaust, tust du es von einem Zentrum aus - und dieses Zentrum erzeugt die Distanz zwischen Mensch und Mensch. Darum sind die meisten Leben so leer und darum sind die Menschen sich gleichgültig. Aber so können sich Liebe und Schönheit nicht entwickeln - und so lässt sich auch die Wahrheit nicht einladen. Wenn du dir aber jederzeit dessen gewahr bist, was du tust, kannst du das Gewahrsein verfeinern, und in diesem Gewahrsein beginnst du einzusehen, was es mit der Freude, dem Verlangen und all dem Leid auf sich hat. Du siehst die unsägliche Einsamkeit und Langeweile der Menschen und wirst dabei auf das treffen, das "Raum" genannt wird.

Solange ein Abstand zwischen dir und dem Objekt, das du betrachtest, besteht, wirst du erleben, dass keine wahre Liebe möglich ist, und – wie sehr du dich auch anstrengen magst, die Welt zu reformieren oder eine neue soziale Ordnung hervorzubringen, wie viel du auch über Verbesserungen sprechen magst – **ohne Liebe wirst du nur weiteres Elend erzeugen.** Darum liegt es an dir! Es gibt keinen Führer, keinen Lehrer, es gibt niemanden, der dir sagt, was zu tun ist. Du bist allein in dieser Welt.

Jede Autorität, ganz gleich welcher Art, aber besonders jene auf dem Gebiet des Denkens und der Verständigung, ist verderblich und von Übel. Führer zerstören ihre Anhänger, und diese wiederum zerstören ihre Führer. **Jeder muss sein eigener Lehrer und Schüler sein.** Jeder muss unablässig alles infrage stellen, was der Mensch bisher für wertvoll und notwendig gehalten hat.

Wenn du niemandem folgst, fühlst du dich sehr einsam. So sei denn einsam! Warum fürchtest du dich davor, allein zu sein? Weil du dir dann selbst gegenüberstehst, so wie du bist, und feststellst, dass du schuldbewusst und ängstlich bist, ein minderwertiges zweitrangiges Wesen? Sieh dieser Tatsache ins Auge, schau darauf, geh ihr nicht aus dem Weg. In dem Augenblick, da du davonläufst, beginnt die Furcht.

Wenn du dich selbst erforschst, sonderst du dich nicht von der übrigen Welt ab. Es ist kein ungesunder Prozess. Der Mensch ist überall in der Welt durch die gleichen alltäglichen Probleme gefesselt. Wenn du dich daher selbst erforschst, bist du nicht im Geringsten neurotisch, weil es keinen Unterschied zwischen dem Einzelnen und dem Kollektiv gibt. Das ist eine Gegebenheit, eine Tatsache. Jeder macht das aus der Welt, was er selbst ist. So verzettle dich nicht in diesem Kampf zwischen einem Teil und dem Ganzen. Sei dir deines eigenen Selbstes in seinem ganzen Umfang gewahr. Dies umfasst das Bewusstsein des Individuums und das der Gesellschaft. Nur wenn dein Geist über dieses individuelle und soziale Bewusstsein hinausreicht, kannst du zu einem Licht werden, das niemals erlischt.

Wie aber sollst du erkennen, was tatsächlich in dir vor sich geht? Du kannst dich nur in den Beziehungen zu anderen wahrnehmen, weil alles Leben Beziehung ist. Es hat keinen Sinn, in einer Ecke zu sitzen und über sich selbst zu meditieren, keiner kann für sich allein bestehen. Jeder existiert nur durch die Beziehung zu Menschen, Dingen und Ideen. Indem du deine Beziehung zu den äußeren Dingen und Menschen wie auch zu den inneren Dingen untersuchst, fängst du allmählich an, dich zu verstehen. Jede andere Form des Verstehens ist nur eine Abstraktion, und du kannst deiner selbst nicht durch Abstraktion habhaft werden, denn du bist kein abstraktes Wesen. Darum musst du dich als gegenwärtige Wirklichkeit erforschen – so wie du bist, nicht wie du zu sein wünschst.

Wenn du liebst, gibt es da einen Beobachter? Ein Beobachter ist nur vorhanden, wenn Liebe Begehren und Vergnügen ist. Wenn Liebe nicht mehr mit Begehren und Lust verbunden ist, dann ist sie tief und zart. Sie ist, gleich der Schönheit, etwas völlig Neues – an jedem Tag. Sie hat, wie ich sagte, kein Gestern und kein Morgen. Sie ist immerwährendes Sein!

PISTIS – GLAUBEN UND VERTRAUEN

Wir wollen über den griechischen Begriff "Pistis" kontemplieren. Die Kirche bedient sich seiner seit jeher und übersetzt ihn mit "Glaube", was natürlich den Kirchenglauben oder den Glauben an das, was die Kirche lehrt, meint. "Pistis" aber ist universell zu verstehen und lässt sich nur mit "glaubendem Vertrauen" übertragen und meint konkret: **Sowohl Glauben als auch Vertrauen, doch niemals eines ohne das andere!**
Die griechischen Urtexte sprechen durchgängig von "Pistis", und noch immer bezieht man dies ganz allgemein auf das, was man noch heute, nach zwei Jahrtausenden Kirchengeschichte unter "rechtem Glauben" versteht. "Pistis" ist aber ein ganzheitlicher Begriff und zeigt auf, dass Glaube und Vertrauen seit Anbeginn des Menschen eine Einheit darstell(t)en.

So spüren wir in die Beschaffenheit unserer eigenen "Pistis-Natur" hinein:

> Was bedeutet **Glaube** für uns? Ist er Teil unseres **Vertrauens**, oder ist unser Vertrauen gleichzeitig unser Glaube? ...
>
> Halten wir beide in uns streng getrennt? ...
>
> Meinen wir "Pistis", wenn wir von unserem "Glauben" sprechen? ...

Meinen wir "Pistis", wenn wir vom **Vertrauen in Gottes un-begrenzte Möglichkeiten** sprechen und von der **göttlichen Vollkommenheit?** ...

Was war zuerst da, Henne oder Ei? Diese heute so salopp gestellte Frage versucht, den Schöpfungsmythos auf den Kopf zu stellen und eine Antwort zu finden, die den Wissenschaftlern besser ins Konzept passen sollte als das Zugebenmüssen einer gewissen Ratlosigkeit, wenn es sich um den **Anfang** von etwas ganz Konkretem handelt, der im Verborgenen, Unbekannten, Nichterklärbaren angesiedelt ist. Der Mythos hat es da leichter. Dort heißt das formende, handelnde Prinzip GOTT, DER AUS DEM NICHTS ETWAS SCHUF: Erde und Himmel, Land und Meer, Mann und Frau - und ein Huhn, das Eier legt ...

Die "Pistis-Haltung" der Kirche verlangt nun einen Glauben, der den Schöpfungsmythos wörtlich zu nehmen hat, wie wir solches auch bei vielen fundamentalistischen Sekten finden. Wer unerklärbare Phänomene, von denen die heiligen Schriften berichten, nicht glaubt, ist kein Sohn, keine Tochter der Kirche. Im Notfall, wenn Erklärungen nicht nachgereicht werden können, formuliert man ein Dogma und hat den Skeptiker in der Falle. Wer nicht "glaubt", wird ausgegrenzt, exkommuniziert, er darf an der "Gemeinschaft der Heiligen" nicht mehr teilhaben.

"Pistis" aber - das "glaubende Vertrauen" - entfernt den Menschen von einer kanonisierten Strenge und führt ihn hinein in die Annahme, dass **alles möglich** ist. Wenn Gott die Welt erschuf, warum sollte er dann nicht auch ein Huhn erschaffen, das ein Ei legt, das zuerst von Gott "befruchtet" wurde ...? Da Welt und Leben irgendwann "begonnen" haben und das Leben sich anschickte, seine Arten zu vermehren, musste und muss ja wohl eine Intelligenz dahinterstehen, die solches bewirkt - "Pistis". Glaubendes Vertrauen zeitigt keine moralisierenden Fragen. Dogmen bergen indes die logische Gefahr, dass die Zwangsvergläubigten solch dogmatisierte "Tatsachen" hinterfragen und dabei so lästig werden können, dass man sich ihrer entledigen muss, um das eigene Gesicht zu wahren. Die Erde ist eine Scheibe ... Es gibt auf deren Unterseite nur Wasser ... Die Sonne dreht sich um die Erde ...

Anhänger der "Pistis-Ideologie" mochten mit den Schultern zucken und solches akzeptieren, mag sein. Der vertrauende Glaube galt nicht einer Institution, sondern der Gewissheit, dass alles, was von Gott kommt, gut und vollkommen ist. Und wenn er die Erde als Diskus erschaffen hat, an dessen Unterseite sich Wasser befindet, wie man behauptet, warum sollte dies angezweifelt werden? Es ist nicht von solch erhabener Wichtigkeit. Wichtiger ist DER, DER DARIN WIRKT. "Pistis" ist also mit "Freiheit" am treffendsten übersetzt.

Ich möchte, dass ihr zu eurer eigenen "Pistis-Haltung" findet. Das ist ein sich frei entwickelnder Glaube, der immer **vertrauend** davon ausgeht, dass GOTT das Maß aller Dinge ist. Und dass ER und nichts anderes in euch wirkt und waltet. Wenn etwas so tief in euch verankert ist, muss es auch einen Zugang zu Ihm geben.

> PISTIS –
> GLAUBT IHM, VERTRAUT IHM, NUR IHM –
> DER, WENN ALLE SINNE SCHWEIGEN,
> LEUCHTEND AUS EUCH SPRICHT!

DAO: ES GIBT IN WIRKLICHKEIT KEINE BEFREIUNG

Dao (oder auch Tao) war das Thema eines der letzten Seminare mit Saint Germain. Ich veröffentliche hier den gesamten Text, damit der Leser einen Eindruck vom Ablauf eines solchen Seminars erhält.

1.

Seid mir willkommen! Ich bringe euch den Frieden meiner Welt. Öffnet euer Herz der Botschaft der Liebe! Es ist mir eine Freude, euch alle hier versammelt zu sehen. Zunächst bitte ich D., für uns das Telesma-Gebet zu sprechen:

ICH BIN DAS REINE CHRISTUSLICHT.

CHRISTUS IN MIR IST VOLLKOMMENHEIT,

WIE DER VATER VOLLKOMMEN IST.

ICH ANERKENNE NUR DIESE VOLLKOMMENHEIT

UND SEHE NUR VOLLKOMMENHEIT.

ICH BIN CHRISTUS, DIE HEILENDE KRAFT TELESMA,

DIE KRAFT HINTER DER KRAFT, DIE ALLE KRÄFTE

   BEWEGT.

ICH RICHTE MEIN DENKEN AUF DAS HÖCHSTE IN MIR,

DAS WEISSE CHRISTUSLICHT,

DAS NUN DURCH MEINE HÄNDE, AUS MEINEN HÄN-
DEN STRÖMT

UND ALLE BLOCKADEN LÖST, DIE MICH HINDERTEN,

DIE GÖTTLICHE VOLLKOMMENHEIT ZU LEBEN.

ICH BIN VOLLKOMMEN, WIE DER VATER VOLLKOMMEN
IST,

UND ANERKENNE NUR DIESE VOLLKOMMENHEIT.

DIESE ANERKENNUNG IST EIN BEFEHL AN DAS LICHT,

DAMIT ES VOLLKOMMENHEIT ZEUGE.

ICH BIN FREI VON ALLEN SCHATTEN,

ICH BIN LICHT, DER LICHTE FUNKE

AUS DEM HERZEN MEINES VOLLKOMMENEN
SCHÖPFERS!

AMEN – OM.

So konzentrieren wir uns nun im höchsten Punkt unseres Bewusstseins und gehen mit der Aufmerksamkeit tief hinein in unser
Drittes Auge. Wir versuchen, uns in dieser Ausrichtung und Konzentration heute zu verankern. Wir nehmen in unserem Gebet die
göttliche Vollkommenheit für uns in Anspruch. Was bedeutet
diese Vollkommenheit? Was bedeutet es wirklich, wenn wir sie
nicht nur beanspruchen, sondern uns mit ihr identifizieren?

2.

Alles menschliche Bemühen kreist, den traditionell vermittelten
christlichen Dogmen und kirchlichen Lehren und Forderungen
einmal entwachsen, um das eine: "Befreiung". Wie werden all die
Heiligen von ihren Anhängern bestürmt, die vermeintlich Befreiung
geben können ... Aber wer hat sich schon einmal die Frage gestellt:

Befreiung wovon? Von der Kette der Wiedergeburten, sagen die einen, von meinem Karma, sagen die anderen. Ist Karma also schlecht? Der Karmagedanke beschäftigt die Menschen am nachhaltigsten. Aber etwas daran sollte uns zu denken geben: Jede Religion, die ihn lehrt, lehrt auch unterschiedliche Auffassungen. Hindus und Buddhisten zum Beispiel lehren durchaus unterschiedliche Erfahrungsebenen, und die alte jüdische Kabbala mit ihrem verwinkelten, ausgeklügelten System hat wiederum einen hiervon diametralen Ansatzpunkt. Wer also hat recht? Wie kann es sein, dass Satya Sai Baba etwas ganz anderes darüber aussagt als zum Beispiel der Dalai-Lama? Und von beiden nehmen wir doch an, dass sie sich im Zentrum der Wahrheit und des Wissens befinden, oder?

Die Antwort hierzu finden wir nicht in der Auseinandersetzung, im Vergleich oder in einer parteiischen Beweisführung. Wir finden sie a) in der Tabula Smaragdina des Hermes Trismegistos und b) in der reinsten Lehre, die aus der Tabula je hervorgegangen ist, auch wenn diese Tatsache heute niemand mehr weiß (es lohnt sich, danach zu forschen). Diese "Lehre", die streng genommen gar keine ist, entbehrt jeder Form und ist dennoch **formvollendet**! Sie dringt wie von selbst zum **Wesenskern aller Dinge** vor - zum Nichtsein -, aber mit anderem Ansatz als zum Beispiel der aus dem Hinduismus hervorgegangene ADVAITA dies lehrt. Und sie ist in ihrer Aussage ebenso unnahbar wie die Tabula, deren kostbarstes Kind sie ist. Es ist dies der DAOISMUS (oder Taoismus). Er "lehrt" bei gänzlicher **Freiheit** und Entbehrung jeder Art von "Ismen" Folgendes, was wir in anderer Form (= Sprache) auch in Jesu *Ein Kurs in Wundern* finden:

- DAO ist vollkommener Verzicht auf jede Art von Verlangen, was meint das Begehren von nicht wirklichen Dingen.

- Alles kommt aus DAO und kehrt wieder zu DAO zurück. Und wenn auch du zurückgekehrt bist, wirst du es nicht wissen, wie du überhaupt nichts mehr "wissen" wirst von dem, was war, weil du dann selbst zum DAO geworden bist.

Was aber heißt dieses "Nicht-mehr-Wissen"? Was ist mit dem, was war, wohin geht es? So zu fragen heißt, dass man annimmt, es gäbe etwas wie Zeit in der Wirklichkeit.

DAO – alles Leben ist nur ein flüchtiger Gedanke, unwirklich, weil er zerrinnt, wie er gekommen ist. Es gibt nur DAO und nichts außerhalb.

Fast alle Religionen lehren die philosophische Anschauung, dass wir im Heute gebunden sind und daraus nur befreit werden können durch "Erleuchtung". Immer nur wir selbst seiend, könnten wir auf geheimnisvolle Weise "befreit" werden durch "Erleuchtung". DAO aber lehrt, dass es anders ist. In Wirklichkeit gibt es NICHTS, was wir erreichen können. Wie ist diese Tatsache aber zu verstehen? Es wird da und dort gesagt, dass wir nur aufzuwachen brauchen, um festzustellen, dass wir "frei" sind. Aufwachen wovon? Anders gefragt, was ist das für ein Schlaf, den wir anscheinend schlafen?

Der große Dao-Meister Wu wei Wu lehrt: Ein "Täter" erntet Karma (Wirkung, deren Ursache "gewolltes Tun" ist), weil "er" sich für den "Täter" hält. Wenn er aber begreift, dass "er" gar nicht existiert, dass es somit keinen "Täter" gibt und deshalb auch nicht irgendeine "Tat", sondern nur ein **phänomenales Geschehen in Raum und Zeit**, dann gilt er als "frei", "befreit" von seiner angenommenen Gebundenheit. Aber diese "Gebundenheit" ist lediglich eine Vermutung, denn es gab niemals einen "Er", um ihn zu "binden". "Seine Befreiung" ist demnach keine Befreiung von irgendetwas. Er wird lediglich "befreit" von der Vorstellung seines "Er-Selbst", und es ist somit auch nicht die Befreiung aus einer "Verantwortung", sondern lediglich aus der Annahme, dass "er" existiert, um für etwas "verantwortlich" zu sein.

Befreiung heißt also, dass es kein "Ich-Selbst" mehr gibt, das sich für "gebunden" halten könnte. "Er" – also die Vorstellung "Seiner" Existenz – bleibt nur so lange eine intellektuelle Vorstellung, als "Er" scheinbar (= angenommen) in Raum und Zeit lebt. In Wirklichkeit aber **wird** "Er" gelebt, ein Karma existiert also nur so lange, wie jene Bedingung weiter zu bestehen **scheint**.

Und so ist Befreiung ausschließlich die Befreiung von der Annahme eines Ich-Selbst als eines autonomen Individuums, das tatsächlich in einem realen Raum-Zeit-Universum existiert.

So finden wir am Schnittpunkt aller wahren Lehren das, was aus dem DAOISMUS in sie eingedrungen ist:

"Befreiung" ist ausschließlich die Befreiung von der Vorstellung einer Befreiung, was meint von jener Vorstellung, dass es in Wirklichkeit jemanden gibt, der "befreit" werden müsste!

Hierüber wollen wir nun kontemplieren:

- An welcher Stelle deines Denkens findest du den Schnittpunkt, der dein bisheriges Denken in dieser Frage, die ja die zentrale Frage auch deines Lebens ist, mit deiner vielleicht sogar angstbesetzten Vergangenheit verbindet? ...

- Wie ist dieser verbindende Knoten zu lösen? Wer oder was ist dieses "Ich", das offenbar nur eine scheinbare Existenz hat? Wie oder was ist also "deine" **wahre** Existenz? ...

- Wie sind Raum und Zeit zu überwinden, damit wir auch die **Illusion der Getrenntheit** überwinden können? Können wir in diesem Dasein, in dem wir eine **scheinbar reale Existenz** haben, diese Frage überhaupt lösen?

Wir vermögen es in der Meditation, kein anderer Weg führt uns dorthin! Wenn wir also zum Kernpunkt allen Seins gelangen wollen, an dem es weder Schuld noch "Un-Schuld" gibt – an dem also auch kein Karma existiert, von dem wir "befreit" werden müssten –, müssen wir die Erfahrung der Meditation anstreben.

Der Hinduismus mit seiner Vielheit an Strukturen des göttlichen Wesens ist für viele Menschen verwirrend. Der Buddhismus, der den Gottesbegriff nicht kennt, verunsichert jene, die Gott als Realität erfahren haben oder erfahren wollen.

Der Daoismus ist gelebter Buddhismus, aber mit einem Bewusstsein von **etwas**, das dort DAO genannt wird, das ALLES umschließt und identisch mit dem ist, was Jesus VATER nannte und das wir im kabbalistischen Lebensbaum erahnen können. Die Reise durch den Lebensbaum ist also auch nur **eine scheinbare Reise ins Zentrum**. Dort angekommen gibt es weder einen Reisenden noch die Erfahrung seines Abenteuers. In der Verschmelzung wird alles, was war, transzendiert.

DAO IST TRANSZENDENZ! Nichtsein ist absolutes Sein jenseits von Zeit und Raum. Dort ist NICHTS, also auch kein Karma. Und so müssen wir niemals irgendeinen Heiligen um Befreiung von etwas bitten, das in Wirklichkeit nicht existiert! DAO ist das absolute Sein, nichts ist außerhalb! Im ABSOLUTEN gibt es nichts, was bindet. Denken wir also nicht mehr an das Karma, denn es existiert nicht in der Wirklichkeit. Leben wir so, dass wir uns nicht mehr mit "der Welt" identifizieren, auch wenn die Wogen ihrer Meere an die zerklüfteten Felsen ihrer äußeren Natur peitschen. Dies ist nur ein Spiel, eine Illusion, die nicht in der "wahren Welt" gründet. Wenn es also in der Wirklichkeit kein Karma gibt, was quälen wir uns weiterhin mit der Frage von "Schuld"? *Ein Kurs in Wundern* lehrt, dass der Sohn Gottes ohne Schuld sei. Er lehrt die Natur des DAO.

Die Tabula Smaragdina sagt, dass alles durch Annehmen geboren wurde: "... *Und wie die Dinge aus einem gekommen sind, nämlich durch das Denken des Einen, so werden auch alle Dinge aus diesem Einen durch Annehmen geboren ...*" Dieser Satz ist der Schlüssel für unser Verständnis.

> WU WEI WU (= NICHTTUN, NICHTHANDELN, ANNEHMEN)
> IST REINES SEIN,
> IST NICHTHANDELN,
> ES IST DIE NATUR DES DAO.

3.

Wenn Befreiung ausschließlich die Vorstellung einer Befreiung ist, die impliziert, dass es jemanden gibt, der befreit werden müsste, so stellt sich die Frage: Was gibt es in unserem Leben überhaupt noch für ein Problem, da es in der Wirklichkeit doch gar nicht existiert? So ist all das, womit die Menschen sich herumplagen, letztlich vergeudete Liebesmüh. Und so muss der Mensch lernen, zu seiner wahren Identität jenseits von Zeit und Raum zu finden. Können wir in diesem Dasein, in dem wir eine scheinbare Existenz haben und uns identifizieren als wir selbst, als unser Selbst, diese Frage überhaupt lösen? Wie schon erwähnt, vermögen wir dies ausschließlich in der Meditation.

Überdenke dein Leben und versuche herauszufinden, wo sich dieser Schnittpunkt befindet, in dem du dich schuldig wähnst, schuldig fühlst, in dem Sinne, dass du schwer an deinem Karma trägst ... Das halbe Leben habt ihr euch damit herumgequält, schuldig zu sein und alles Erleben als Folge von Karma zu erfahren. Es ist nicht einfach, diese Gedanken aus dem Denken zu tilgen, aber es ist wünschenswert, dass wir uns dorthin bewegen. Denn frei sein können wir erst dann, wenn wir dies alles begriffen haben. Der Sohn Gottes ist ohne Schuld, aber er muss die Vergebung lernen.

Das, was wir nun schon oftmals miteinander praktiziert haben, wollen wir jetzt noch einmal für unsere eigene Befreiung, die ja auch nur, wie wir gehört haben, eine Illusion ist, praktizieren. So werden wir lernen, uns unser Denken, das sich Tag für Tag in so festgefügten Bahnen ereignet, zu vergeben. Und so spüren wir noch einmal in uns all diese Strukturen auf, wo wir uns schuldig fühlen, all diese Handlungsweisen, von denen wir annehmen, dass sie wiederum Karma erzeugen. - Lange Pause.

Wer mag, kann all diese Punkte aufschreiben, die er immer wieder an sich entdeckt, die ihn immer weiter hineintreiben in das Bewusstsein von Schuld und Karma und die den flehentlichen Wunsch nach Befreiung, nach Erlösung aufkommen lassen. Wir werden dabei erkennen, dass wir uns selbst immer mit dem identifizieren, was wir tun, was wir denken, was wir sind. Und wenn wir jetzt unser Gewissen erforschen, sollten wir dies von jenem hohen Standpunkt aus tun, den wir eingangs in unserem Telesma-Gebet für uns beansprucht haben. Wir sollten gewissermaßen aus unserer göttlichen Vollkommenheit heraus das Unvollkommene in uns erkennen und tilgen. - Lange Pause.

Und so wollen wir uns noch einmal den Schlüsselsatz von vorhin einprägen. Er ist einer der wichtigsten, die euch durch euer Leben begleiten sollten: "Befreiung ist ausschließlich die Befreiung von der Vorstellung der Befreiung, was meint, von jener Vorstellung, dass es in Wirklichkeit jemanden gibt, der befreit werden müsste."

Wu wei - Nichthandeln - muss ich also Tag für Tag in die subtilsten Denkvorgänge einfließen lassen. Es geht gar nicht nur um Loslassen, sondern darum, all die falschen Denkmuster, die uns bisher begleitet haben, einfach nicht mehr weiterzuknüpfen. Es gilt nur noch, in die Anerkennung unserer wahren Natur, unserer göttlichen Vollkommenheit zu gehen. Das "Erkenne dich selbst" heißt, aus der Gebundenheit unseres kleinen Ichs hinauszuwachsen, ja diese Schale zu sprengen – und in unsere wahre Natur hineinzufinden. So müssen wir lernen, auch unser Gegenüber, das Du, als das zu erkennen, was wir selbst sind.

Ich möchte euch jetzt bitten, dass wir noch einmal gemeinsam etwas üben, wie wir es am Anfang unseres gemeinsamen Weges getan haben. Wir setzen uns in Zweiergruppen zusammen, immer die beiden, die nebeneinandersitzen. Wir lernen, unser Gegenüber einfach in seiner Tiefe zu sehen, auf den Grund seiner Seele zu blicken und es als unser Selbst zu erkennen. Und so mögt ihr miteinander über die Punkte sprechen, die ihr vielleicht aufgeschrieben oder in euch bewegt habt. Versucht, in dieser Form der Gemeinsamkeit eine Möglichkeit zur Auflösung, zur Überwindung zu erkennen. Es wird ein bisschen schwierig sein, sich in diesem einen Raum so abzusondern, und dennoch wird es irgendwie machbar sein. So nehmt euch Zeit füreinander. – Lange Pause.

Seid ihr damit einverstanden, dass wir nur eine kurze Mittagspause einlegen, eine Kleinigkeit essen und dabei mental und körperlich frisch bleiben und dann lieber früher aufhören? Wer mag, kann danach noch gemütlich zusammensitzen und vielleicht auch noch gemeinsam essen. Ist euch dieser Vorschlag recht? – Allgemeine Zustimmung.

4.

So spüren wir jetzt in uns: Haben wir das aufeinander Eingehen jetzt geübt, oder waren wir schnell wieder im Philosophieren? Und so wollen wir uns einmal noch den Schlüsselsatz von vorhin einprägen, denn er ist einer der wichtigsten, die euch durch euer Leben begleiten sollten: "Befreiung ist ausschließlich die Befreiung von der Vorstellung der Befreiung, was meint von jener Vorstellung, dass es in Wirklichkeit jemanden gibt, der befreit werden müsste." Er ist unsere *materia prima*.

Wir gehen durch unseren Körper und erkunden alle Räume in uns, in denen wir eine Wahrnehmung haben. Wir gehen durch den ganzen Kopfbereich und spüren, wie das Gehirn als träge Masse sich in unserem Kopf befindet. Und wir spüren, dass dennoch unser ganzes Leben von dieser trägen Masse abhängt, gesteuert wird. Ja, wir reduzieren unser Sein auf das, was aus dem Gehirn vorbereitet und ausgeführt wird ...

Und so wandern wir langsam in andere Bereiche des Kopfes: in die Augen. Ja, wir spüren die Augenhöhlen und die Beweglichkeit unserer Augäpfel und das Vermögen des inneren Auges, Bilder zu sehen, zu kreieren, zu empfangen ...

Und wir spüren in unsere Ohren und gehen tief hinein in unser Innenohr, diesen verborgensten Teil in unserem Körper. Wir lernen, es mit Dankbarkeit wertzuschätzen ...

Wir wandern zu Mund und Zunge, auch sie unendlich kostbare Instrumente, die unserem Willen vollkommen untertan sind ...

Wir spüren unseren Halsbereich und entwickeln ein ganz neues Verständnis auch für unsere Stimmbänder, diese herrlichen Gebilde, die uns das Sprechen und Singen als sinnliche Erfahrung lehren, aber auch das Schweigen ...

Wir spüren die Beschaffenheit unseres Kehlkopfes, der an diesen Vorgängen eng beteiligt ist. Wir spüren auch die Speiseröhre, die

hinunterreicht bis in den Magen, auch sie eine ganz besondere
Kostbarkeit ...

Wir gehen noch einmal hinein in die Mitte unseres Kopfes, in die
Nasenregion, eines unserer wichtigsten Wahrnehmungsorgane. Wir
entwickeln eine Vorstellung davon, was die Nase mit uns tut, wie
sie uns andere Menschen wahrnehmen lässt, die wir riechen mögen
oder auch nicht. Sie teilt uns über die Gerüche, die wir wahrnehmen, mit, in welcher Umwelt und in welcher Situation in dieser
Umwelt wir uns befinden. Alles, was wir tun, ob wir lieben oder
auch hassen, ob wir essen, ob wir den Alltag genießen, ob wir schlafen, all dies wird weitestgehend von unserer Nase und durch sie gesteuert. Welch ein Wunderwerk also tragen wir an unserem Haupt,
in uns verbirgt sich – die wahre Werkstatt Gottes. Und wie gehen
wir im Alltag mit diesen unseren Fähigkeiten um? Wir benutzen sie
einfach wie Werkzeuge und haben das Staunen längst vergessen ...

Nun gehen wir weiter in unseren Körper, spüren die Schultergelenke,
die Gelenke an den Ellen, die Handgelenke, Fingergelenke – wie
alles an unserem Körper auch sie unserem Willen untergeordnet ...

Wir spüren noch einmal in unsere Halsgegend, nehmen unsere
Schilddrüse wahr, die so Unerhörtes für uns leistet. Haben wir ihr
schon einmal gedankt? Erst wenn unsere Einzelteile ihren Dienst
einschränken, werden wir ihrer überhaupt gewahr, solange sie voll
funktionsfähig sind, denken wir nicht an sie ...

Aber da, in der Mitte unserer Brust ist ein feines Empfindungs-
zentrum, das gespeist wird von dem, was sich in unserer linken
Brusthälfte befindet, unserem Herzen. Es ist nicht Diener unseres
Geistes, es wird von einer höheren Ordnung unterhalten. So spüren
wir nun den Schlag unseres Herzens. Wir mögen dazu die rechte
Hand auf unser Herzzentrum legen. Es steuert und koordiniert all
die Vorgänge, auf die wir keinen direkten Einfluss ausüben. Wir

können sie zwar durch unsere Lebensweise beeinflussen, aber nicht steuern ...

Und so gehen wir weiter in den Magen und den ganzen Bauchraum und spüren dort all die autonom wirkenden Kräfte in uns, die alles das zu verdauen, zu zerkleinern und zu transportieren haben, was wir ihnen zuführen oder auch zumuten. Wie groß ist das Wehgeschrei, wenn Magen oder Darm, Milz oder Nieren ihren Dienst einschränken, wie wir sie geradezu beschimpfen und nicht verstehen, dass wir gegen sie gesündigt haben ...

Wir danken den Hormonproduzenten in uns, die uns dazu verhelfen, ein Leben als Frau oder Mann führen zu können ...

Nun spüren wir in unsere Oberschenkel und Knie, unsere Unterschenkel und Füße bis hinein in die Zehen ...

... und wandern dann langsam mit der Aufmerksamkeit zurück durch den Körper bis in die Zentrale unseres Gehirns, unser Drittes Auge.

Dieses Körper-Ich ist unsere *materia prima*. Nun gehen wir in jenen Körperteil, der dem Salzextrakt entspricht – in unser Denkvermögen. Es ist ja unser wahres Vermögen, das wir immer mit uns tragen. Wir nehmen wahr, wie unsere Gedanken hin und her springen, wie wir unser Vermögen auch verzetteln und wie nötig es ist, dass wir dieses Salz in uns unter die Kontrolle unseres Geistes bringen ...

Jetzt gehen wir weiter in die Wahrnehmung des Quecksilber-Mercurius in uns, unsere bewegliche, mitfühlende Seele. Wie unterscheidet sich der Seelenzustand von unserem Denkzustand? Wir können das feststellen, wenn wir das in uns wohnende Schwefelfeuer betrachten – unseren in der Welt wirkenden Willen ...

Nun versuchen wir zu erkunden, wie wir unsere *materia prima* durch einen alchemistischen Vorgang zum "Purusha", dem göttlichen Menschen, hin verändern können. Wir überprüfen uns: Wie steht es mit unserem klaren, kristallinen Denken? Wie wirken die Kräfte der Welt in unserem Denken? Wie können wir es dauerhaft erreichen, dieses Denken immer auf den höchsten Punkt in uns zu konzentrieren? Wir assoziieren dieses Denken nun mit dem Salz, das durch unsere Gehirnrinde rinnt und unserem Dasein so die rechte Würze gibt ...

Der zweite Schritt mag uns jetzt schon etwas leichter fallen. Eine bewegliche, mitfühlende Seele nennen wir alle unser eigen. Aber wie steht es mit ihr, wenn man mit unseren Nerven so verfährt, wie es Kinder heutzutage in der Schule - liebe Lehrerinnen unter euch -, in den öffentlichen Verkehrsmitteln, auf den Straßen und Sportplätzen tun? Oder was sagt unsere mitfühlende Seele, wenn wir täglich an Metzgerläden vorbeigehen müssen, wo blutige Ware von geschundenen Tieren feilgeboten wird? Oder wenn aus dem Schlachthof oder Tiertransporter täglich das nicht abzustellende Gebrüll der Opfer an unsere Ohren dringt? Ja, wir schalten innerlich ab, denn wir meinen, keine andere Wahl und keine Möglichkeit zur Veränderung solcher Erscheinungen zu haben.
Was aber können wir mit unserer mitfühlenden Seele im Gepäck wirklich tun? Wir können allein durch die Erhöhung unserer Gedankenformen ein astrales Vibrationsfeld um uns herum schaffen, das wie ein Magnetfeld, wie ein morphogenetisches Feld alle Menschen miteinander verbindet, die denken wie wir - Vergebung! Wer vermag sich vorzustellen, welche Kräfte auf diese Weise freigesetzt werden können?

So wollen wir ein Modell entwickeln, wie wir zu wirklicher Quecksilberqualität, zu wahrem Seelenadel finden können. Wir stellen uns nun vor, dass das silbrige Element des Mercurius durch unsere Gehirnzellen strömt, die wir vorhin als träge Masse nur gespürt haben, weiter durch den ganzen Kopfbereich bis in die Brust und in das Herz, um dort unsere mitfühlende, bewegliche Seele zu erreichen ...

Damit haben wir den dritten Prozess nun eingeleitet und das Schwefelfeuer unseres in der Welt wirkenden Willens entfacht. Wir prüfen, wie wir die mächtige Kraft des Sulfur (Schwefel) weiter in unser Leben integrieren können, wie wir also durch unseren in der Welt wirkenden Willen dazu beitragen können, diese Welt eines Tages aus den Angeln zu heben und in eine bessere Zukunft zu führen. Wer, meine Kinder, sollte dies tun, wenn nicht ihr ...?

Und nun nehmen wir uns Zeit für uns. Wir spüren hinein: Was hat sich in uns verändert? Wie wirken die Kräfte des Salzes, des Quecksilbers und des Schwefels in uns ...?
Wenn wir unsere Bestandsaufnahme gemacht haben, mögen wir vielleicht aufschreiben, was sich unserer jetzigen Erkenntnis nach einer Verwirklichung des Purusha, des göttlichen Menschen, in den Weg stellt ...
Wir verbringen dies nun in den göttlichen Schmelzofen Athanor, den wir mit unserer Willenskraft auf unvorstellbare 200.000 Grad erhitzen, der ungefähren Temperatur unserer Sonne. Solcherart dem göttlichen Feuer ausgesetzt, fühlen wir uns dann wie Phoenix aus der Asche. Und wir spüren, wie das Werk der Verbrennung nun an uns getan wird. Wir nehmen wahr, wie in dieser Hitze alle unsere aufgebauten Probleme, unser Scheinglück, alles, was nicht wirklich ist und nicht zu uns gehört, aufgezehrt wird und uns neues, umgewandeltes Verständnis zur Verfügung steht. Diese Quintessenz wollen wir nun mit unserem ganzen Leben, unserer *materia prima*, verschmelzen – und so, ein wenig mehr zum Purusha geworden, bewegen wir uns in jenem Midgard, dem Paradiesgarten, in dem das Einhorn nun seinen Kopf in unseren Schoß legt. Wir lassen uns von diesem Bild nicht nur verzaubern, sondern hineintragen in die allertiefste Erfahrung. – Lange Pause.

Nun verlassen wir langsam den Bereich der Imagination und versuchen, alle Bilder im Kopf jetzt loszulassen und uns auf unseren Atem zu konzentrieren – so lange, bis alle Bilder getilgt sind und wir uns im Bereich des Salzes, des reinen kristallinen Denkens, das im bilderlosen Raum in uns wirkt, befinden. Alles ist Prana. Wir brauchen nun kein Bild mehr, weil in unserem Atem alles enthalten ist, was wir benötigen. Wir atmen jetzt die Lebenskraft, in der alles Seiende und Werdende enthalten ist. Prana fließt durch uns hindurch, und alles wird aufgelöst in ihm, bis wir unser ganzes Sein und Wesen als Prana selbst – als DAO – erkennen.

Und nun, ganz in uns versunken, bewegen wir behutsam die derzeit existenzielle Frage in uns. Wir prüfen, ob sie wirklich von so großer Wichtigkeit ist, und formulieren sie dann, wenn wir erkannt haben, dass sie uns bewegt, mit aller Kraft in uns. Und jetzt, von der absoluten Wichtigkeit unserer Frage überzeugt, stellen wir sie an die höchste Instanz in uns und bitten um umgehende Beantwortung – jetzt. Wir lassen weder den Zweifel zu noch eine andere Möglichkeit, die eine Beantwortung verhindern könnte. – Lange Pause.

Wir halten die Antwort fest wie einen Schatz und spüren sanft nach: Wer oder was antwortete in uns? Vielleicht wollt ihr die Antwort aufschreiben oder sonst wie festhalten in euch.
Wir bitten jetzt diese höchste Instanz in uns nochmals um Hilfe und fragen sie, ob sie uns in Zukunft, so wie jetzt, immer zur Verfügung steht, wenn wir aufhören, diese innere Wahrnehmung durch äußeres Denken zu stören. Und wir unterscheiden nun wieder ganz klar das eigene Denken und Wollen von der klaren Antwort aus den Innenräumen unseres Seins und Wesens.

Mit der Antwort aus unserem Innersten gesegnet, lassen wir uns nun ein auf unser ganzes Leben, denn dieses Leben ist die *quinta essentia*, die das Empfangene nun erst in uns festigt. Denn ohne dieses bedingungslose Ja zum Leben, werden wir weiterhin nur Tastende sein und vielen Meinungen, Ratschlägen und Offenbarungen anderer ausgesetzt sein. Durch das vom Salz gereinigte Denken können wir lernen, fremde Meinungen von jener uns zugehörigen Wahrheit zu unterscheiden. Auf diese Weise werden wir unabhängig und können auf jede Fremdhilfe verzichten, müssen es aber auch unterlassen, andere zu belehren, die unserer Meinung nach solche Belehrung benötigen. Macht euch bewusst, dass alle Antworten aus eurem Inneren immer nur euch selbst betreffen können. Nur ganz wenige Menschen sind in der Lage, das Hohe Selbst oder das höhere Bewusstsein eines anderen quasi anzuzapfen, um für ihn von dort Antworten zu erhalten. Solches Empfangen ist immer mit vielen Fragezeichen zu versehen, und deshalb sollte jeder lernen, selbstverantwortlich mit diesen Dingen nur für sich selbst umzugehen. Hilfe über ein sogenanntes Medium ist in acht von zehn Fällen bereits kritisch. Und auch ein rein gestimmtes Instrument ist nicht vor Irrtümern gefeit. Wer will sich also aufs Glatteis begeben, wo er doch alles in sich trägt?

Es gibt mehrere Möglichkeiten der persönlichen Kontaktaufnahme mit der Weisheit der eigenen Person. Dazu gehören die Naturmedizin, die Homöopathie, Kinesiologie, Bachblüten und so weiter, die oft sehr wichtige Wegweiser sein können. Aber die sicherste Methode ist ohne Zweifel dieser Weg zurück zu den eigenen spirituellen, geistigen Wurzeln der Weisheit unseres wahren ICH BIN. Und dieses allein ist die Instanz, die nicht mit dem Ego in Verbindung steht, da sein Kopf in den Himmel von Kether auf dem eigenen Lebensbaum reicht.

So haben wir diesen Schulungsweg vorläufig beendet. Es sollte zum wiederholten Mal der Weg zurück zu euren eigenen Wurzeln sein. Ihr könnt ihn nun, so euer Wissensdurst nicht erlahmt, alleine weitergehen. Geht ihn mit Beharrlichkeit, mit Entschlossenheit und unermüdlich – und nicht nur so lange, bis sich erste

Erfolge einstellen. Sie sollen ja Ansporn sein, um unbeirrt weiterzugehen. Die Welt braucht Menschen wie euch. Verschließt euch nicht, wenn andere an eure Pforte klopfen, und öffnet ihnen freudig eure Herzenstür. Wahre Hilfe erwächst nur aus der Liebe.

Ich wünsche mir, dass die Frucht aufgeht, die ich als kleines Saatkorn in euer Herz gesetzt habe, und segne euch aus der Tiefe meines Herzens!

ÜBER DIE NATUR DES DAO. ODER:
VOM SINN UND UNSINN
DES VERSTANDES

Dieser Text ist – wie auch der vorherige – philosophischer Natur und aus dem Geist des DAO zu verstehen, aus dem Geist der Nondualität, also in der Überwindung des dualen/polaren Denkens (im indischen Kulturkreis als »Advaita« bekannt und im westlichen von Jesus in *Ein Kurs in Wundern* beschrieben und gelehrt). Alle nondualen Geistesrichtungen – und eben auch *Ein Kurs in Wundern* – lehren, dass diese sogenannte Nondualität auch inmitten unserer polaren Welt erreicht werden kann durch eine radikale Umgestaltung unseres Denkens.

Wenn man seines Leidens innegeworden ist, dann darf der Verstand nicht wirkend eingreifen, um es zu rechtfertigen oder zu überwinden. Das Denken muss dabei untätig, wohl aber in schweigender Wachsamkeit verharren, sodass es ohne zu zögern begreift, was ihm das Leid offenbart. Das Denken kann nämlich der Geschichte nicht folgen, die ihm das Leid erzählt, solange es an Hoffnungen, Schlussfolgerungen oder Erinnerungen gefesselt ist.

Das Denken muss also erst frei sein, wenn es dem, was ist, in seinen geschwinden Bewegungen folgen will. Diese Freiheit ist mitnichten das Ende, das Ziel, sie muss vielmehr von allem Anfang an gegeben sein.

Und worin liegt nun die Bedeutung des Leides? Ist es nicht Anzeichen eines Konfliktes, des Konfliktes zwischen Schmerz und Freude? Deutet es nicht auf Unwissenheit hin? Unwissenheit ist nicht Mangel an Tatsachenkenntnis, sondern mangelnde Einsicht in das Wesen und Wirken des Ichs. Ehe man seiner Selbstheit nicht vollkommen inne wird, nimmt das Leid kein Ende.

Es gibt niemals ein Ende in der Beziehung der Menschen zueinander. Wahre Einsicht in das Wesen und Wirken des Ichs erwächst nur aus der Beziehung zum Du. Eine einzelne Beziehung mag irgendwann aufhören, dennoch bleibt eine Fülle anderer erhalten. Leben heißt ja "in Beziehung stehen", ein Leben in völliger Absonderung ist undenkbar. Wenn man versucht, sich durch eine Beziehung zu einem einzelnen Du von seiner Umwelt abzusondern, so führt diese gesuchte Absonderung unweigerlich zu Kummer und Leid. Leid ist also Absonderung des Ichs.

Kann die Freude von gestern heute noch einmal genossen werden? Das Begehren nach Wiederholung erhebt sich nur, wenn dieses Heute freudlos ist. Ist das Heute leer, dann wendet sich der Blick zurück in die Vergangenheit oder gar voraus in eine unbekannte Zukunft. Alles Begehren nach Wiederholung des Gewesenen ist ein Begehren nach Dauer. Und Dauer, das Fortwirken des Alten, schließt alles Neuwerden aus. Das Glück liegt nicht in der Vergangenheit oder in der Zukunft, sondern allein im Wirken der Gegenwart.

Ist es möglich, das Unermessliche durch Suchen ausfindig zu machen? Können wir überhaupt nach etwas suchen, was sich unserem Wissen entzieht? Um etwas zu finden, muss man vor allem wissen, was oder wonach man sucht. Wer dieses Unermessliche, das er

Gott nennt, aufs Geratewohl sucht, der findet am Ende nur seine eigenen Vorstellungen von ihm, und die sehen dann so aus, wie er sie sich wünscht. Orthodoxe Religionen geben hierfür ein trauriges Beispiel. Solche "Wunschkinder" aber sind niemals die Wahrheit.

Wahrheit hat keine feste Wohnstatt, es gibt keinen Pfad, der zu ihr führt, und das Wort des Menschen ist nicht Wahrheit. Ist diese Wahrheit etwa in einer bestimmten Umgebung, in einem besonderen Klima, unter diesen oder jenen Menschen zu finden oder zu entdecken? Ist sie hier und nicht dort? Kann jener Mensch zur Wahrheit führen und dieser nicht? Gibt es überhaupt einen Menschen, der zu ihr führen könnte? Wo man die Wahrheit sucht, kann das, was dabei zutage tritt, nur das Ergebnis von Unwissenheit sein, denn schon das Suchen zeugt von Unwissenheit. Die Fülle des Seienden lässt sich nicht erforschen oder suchen, und alles Forschen muss ein Ende haben, damit die Fülle offenbar werden kann.

Sind wir überhaupt imstande, dem Unermesslichen auf die Spur zu kommen? Ist es möglich, das Zeitlose durch ein Organ zu erforschen, das von der Zeit gebildet ist und ganz in ihr haftet? Oder kann uns etwa gewissenhafte Zucht das Geheimnis des Unbekannten entschleiern? Gibt es überhaupt ein Mittel, zu dem zu gelangen, was weder Anfang noch Ende hat? Lässt sich die Fülle des Seins im Netz unseres Begehrens fangen?

Was wir dabei erhaschen, sind immer nur Gestaltungen des Bekannten, das Unbekannte selbst lässt sich nicht in das Bekannte einbeziehen. Was wir benennen, ist nicht das DAO, das UN-NENNBARE. Indem wir es benennen, fordern wir nur ein bestimmtes Orakel heraus, das aus der Tiefe des eigenen Ichs stammt. Solche Orakel mögen noch so schön und edel sein, aber sie kommen nicht aus der WIRKLICHKEIT DES SEINS. Wir reagieren nur auf ihre Reize, aber die WIRKLICHKEIT bietet uns keine Reize – SIE IST.

Der Verstand schreitet also von Bekanntem nur wieder zu Bekanntem fort, er ist völlig außerstande, in das Unbekannte vorzustoßen. Man kann nicht denken, was man nicht weiß, das ist ausgeschlossen. Was man auch immer denkt, kommt aus dem Schatz des schon Gewussten, der Vergangenheit, gleichgültig ob sie schon weit entrückt ist oder noch so nahe, wie die eben verronnene Sekunde. Nur dieses Vergangene, Gewesene sind unsere Gedanken.

Gedanken werden durch mancherlei Einflüsse geformt, sie wandeln sich vielfach unter dem Druck der jeweiligen Umstände ab, aber darum bleibt das Denken doch untrennbar von der Zeit. Das Denken kann nur unter Bekanntem wählen und Bekanntes zu Bekanntem fügen, es kann aber niemals Ungedachtes und darum Unbekanntes entdecken oder erforschen. Das Denken kann also nichts wesentlich Neues finden, und nur wenn es schweigt, wird oder kann sich dieses Neue vielleicht offenbaren. Aber kaum ist es da, so ist auch das Denken sofort zur Stelle, um es in die Masse des Alten, des Erfahrenen einzuordnen. Denken heißt, Erfahrenes zu ordnen und zueinander in Beziehung zu setzen, am Zustand des Erlebens selbst ist es unbeteiligt. Erst wenn das Erleben aufhört, tritt das Denken an seine Stelle, um es zu benennen und in die Kategorie des Bekannten einzuordnen. Denken kann also nie zu Unbekanntem vordringen, somit kann es auch niemals die Fülle des Seins entdecken oder erleben.

Askese, Verzicht, Übung im Loslassen, Riten oder Tugendübungen sind gewiss edle und schöne Gepflogenheiten, aber sie sind eben doch nur von Menschen ausgedacht. Ihre Planung aber dient unweigerlich irgendeinem Zweck oder Ziel, das wiederum notwendig im Bereich des Gedachten, des Bekannten liegt. Gewissheit über das Namenlose zu suchen heißt, das Namenlose zu verleugnen. Alle Gewissheit, die man zu finden glaubt, stammt aus den Quellen des Gewesenen, des Gewussten.

Darum muss der Verstand gänzlich und bis zu seinem tiefsten Grund still werden. Aber diese Stille ist weder durch Opfer noch durch gewollte innere Erhebung oder Unterdrückung zu erlangen. Die Stille kommt ganz von selbst, wenn der Verstand nicht mehr sucht und nicht mehr nach dem Werden trachtet. Diese Stille ist – oder sie ist nicht. Wir können sie nicht in uns wachsen lassen oder etwa durch Übung fördern. Der Verstand darf von ihr ebenso wenig wissen, wie er vom zeitlosen Sein selbst weiß.

Wenn nämlich der Verstand die Stille erlebt, dann meldet sich sogleich das bewusste Ich, das nur ein Geschöpf aufgespeicherter Erinnerungen ist und als solches auch um eine früher erlebte Stille weiß. Alles, was dieses Ich dann noch erlebt, ist nur eine aus Erinnerung gespeiste Wiederholung. Der Verstand kann das außerhalb seines Denkbereichs gelegene Neue nicht erleben, darum muss er ganz und gar still sein. Er kann aber nur still werden, wenn er nicht auf seine Weise erlebt, das heißt nicht einordnet und benennt, nicht aufzeichnet und im Gedächtnis verwahrt.

Dieses Benennen und Einordnen ist ein ununterbrochener Vorgang, der sich nicht nur an der Oberfläche des bewussten Denkens, sondern auch in tieferen Schichten des Bewusstseins vollzieht. Wenn es an der Oberfläche des Verstandes ruhig wird, stellen sich immer noch Weisungen und Fingerzeige aus der Tiefe des Bewusstseins ein. Erst wenn unser ganzes Bewusstsein zur Ruhe gekommen ist und schweigt, wenn alles Werden aufgehört hat und die Freiheit des Seins an seine Stelle tritt, erst dann entfaltet sich die Fülle des Unermesslichen. Aber der Wunsch, die gewonnene Freiheit festzuhalten, gemahnt uns sofort wieder an Werden und Dauer und hindert dadurch die Fülle an ihrer Entfaltung. In der Fülle des Seins gibt es keine Dauer, sie ist von Augenblick zu Augenblick, immer gleich neu, immer gleich frisch. Was Dauer hat, kann niemals schöpferisch sein. Unser Oberflächenverstand ist ein äußerst brauchbares Werkzeug im Umgang der Menschen untereinander, aber das Unermessliche zu ermessen ist ihm versagt. Die

Fülle des Seins ist für die menschliche Sprache unerreichbar, sie verflüchtigt sich, wenn das Wort nach ihr greifen möchte. Was zurückbleibt, ist nur ein leerer Begriff, eine Hülse ohne Inhalt. Und dies ist auch Meditation.

Angst kommt immer aus dem Verstand, nicht aus dem Herzen. Sie verbirgt sich hinter vielen Masken: Tugend, Ansehen, Anpassung, Dienstbarkeit und so weiter. Angst steckt hinter allem Planen und Wirken des Verstandes. Wenn der Mensch etwas mit Überlegung tut, so wird ihm dieses Tun immer zum Mittel und Werkzeug, um die Kontinuität des Ichs zu erhalten, ihm Dauer und Bestand zu gewährleisten. Wie ein Kind Klavier übt, so übt er die Tugenden nicht etwa um seiner selbst willen, sondern in der schlauen Absicht, sein Ich für die Auseinandersetzung mit dem Leben mit Bestand und Durchschlagskraft zu wappnen. Oder um ein Ziel zu erreichen, das ihm als das höchste und begehrenswerteste erscheint. In Wahrheit ist dieses Ich aber dem Leben nur gewachsen, wenn es schutzlos und verwundbar ist und nicht hinter der schimmernden Wehr gesellschaftlichen Ansehens und dem Panzer ichbezogener Tugenden steht. Das Höchste ist niemals ein Ziel und kann daher nicht erreicht werden – zu ihm führt kein Pfad. Die Wahrheit muss zu dir finden, du kannst nicht zu ihr gelangen – und auch durch eifrige Tugendpflege kommst du ihr keinen Schritt näher. Was du damit erreichst, ist nicht die Wahrheit, sondern nur dein selbstgesetztes Wunschziel. In der Wahrheit allein aber ist alles Glück beschlossen.

Die schlaue Anpassungsfähigkeit des menschlichen Denkens in seinem Streben nach Selbstbetätigung und Selbsterhaltung erzeugt und erhält die Lebensangst. Und dieser Lebensangst ganz innezuwerden, ist viel wichtiger als alle Methoden der Tugendübung. Ein kleiner Geist mag sich noch so eifrig in den Tugenden üben, er bleibt darum dennoch klein. Für ihn ist Tugend nur Flucht aus der eigenen Kleinheit und Enge. Und mag er noch so viele Tugenden sammeln, er bleibt dennoch auch in seiner Tugend klein. Wer seiner eigenen Kleinheit nicht innewird, kann niemals die Fülle des Seins erleben. Wie könnte ein enges, ach so tugendhaftes Ich je die Weite gewinnen, deren es bedürfte, um sich vom Zeitlos-Unermesslichen durchdringen zu lassen?

Nur wenn das Wirken des Verstandes, der ja mit dem Ich identisch ist, durchschaut wird, kann sich echte Tugend entfalten. Diese ist dann keine gespeicherte Abwehr des Ichs, sie ist die natürliche Aufgeschlossenheit und ein Innewerden dessen, was ist.

Das Denken per se kann keine inneren Eindrücke gewinnen, es vermag höchstens innerlich Erfasstes in die Tat umzusetzen, aber das Innewerden selbst ist ihm versagt. Um Innezuwerden bedarf es einer Wärme des Erkennens und In-sich-Aufnehmens, die nur das Herz schenken kann, wenn alles Denken schweigt. Dieses Stillwerden des Denkens kann aber wiederum nicht das Ergebnis von Berechnungen sein. Das Verlangen nach Stille beschwört nämlich nur wieder den Fluch jenes ewigen Strebens und einen nie endenden Kampf und Leid. Alles Verlangen, etwas zu werden oder zu sein, sei es durch Streben oder Verzicht, schließt die Tugend des Herzens aus. Tugend ist nicht Kampf und/oder Sieg, es ist kein langes Ringen um einen endlichen Erfolg. Wahre Tugend kommt einzig aus dem Herzen – nicht aus dem Verstand oder durch Übung, Zwang, Kasteiung und gewaltsame Unterdrückung. Tugend ist ein Seinszustand, in dem alle Wünsche und Begierden des Ichs still geworden sind.

Wo um das Sein gerungen wird, da versagt es sich. Ringen um das Sein bedeutet Widerstand und Abwehr, Demütigung und Verzicht. Wahre Tugend ist die Stille, die sich einstellt, wenn das Ich nicht mehr begehrt zu sein. Und dieser Stille mag es gelingen, das Denken zur Ruhe zu bringen, aber eine solche Zucht zerstört das Innewerden.

Die Wunschlosigkeit des Herzens ist tausendmal wichtiger als Genügsamkeit. Im Grunde ist es gar nicht schwer, mit wenigem zufrieden zu sein. Aber auf Bequemlichkeit zu verzichten, ist noch kein Zeichen eines wunschlosen Gemüts. Man wird nicht dadurch frei, dass man in einer von Mode, Technik und Zerstreuungen besessenen Welt im Lendentuch herumläuft. Auch wenn man der Welt und ihrem Treiben abgeschworen hat, halten einen die Begierden und Leidenschaften deswegen nicht weniger in Atem. Selbst wenn man äußerlich das Gewand eines Mönchs trägt, heißt dies noch lange nicht, auch den inneren Frieden zu kennen. Äußerlich mag man sich kasteien, mag man Verzicht üben und schon im Vorhinein jeden Schritt planen auf dem Weg, der einen zum Ziel führen soll. Den so erzielten Fortschritt misst man jeweils am äußerlich Erreichten, indem man befriedigt feststellt, dass man nun dies oder jenes aufgegeben hat. Da und dort hat man Selbstbeherrschung, Güte, Freigebigkeit und diese und jene Tugend bewiesen. Hat man schließlich noch die Kunst der Konzentration gelernt, dann zieht man sich in einen Wald, ein Kloster oder ein verdunkeltes Zimmer zurück und meditiert. So vergehen die Tage mit Wachen und Beten. Das Leben ist äußerlich einfach geworden, und dieses ganze wohldurchdachte und berechnete Unternehmen soll dazu dienen, die innere Seligkeit zu erlangen, die nicht von dieser Welt ist.

Aber kommt man durch eine solche Unterwerfung unter selbst auferlegte Gesetze der Wahrheit wirklich näher? Genügsamkeit in äußeren Dingen oder der Verzicht auf unnötigen Luxus ist sicherlich notwendig, aber öffnet euch diese äußerliche Umstellung etwa das Tor zu dem, was ist? Gewiss, die ewige Sorge um Erfolg und Wohlergehen belastet Herz und Geist und nimmt ihnen Schwung und innere Freiheit. Macht man aber nicht allzu viel Aufhebens von solchen Äußerlichkeiten? Warum ist der Mensch so darauf erpicht, sein inneres Streben nach außen hin kundzutun? Etwa aus Angst vor Selbsttäuschung oder vor dem, was andere über ihn denken oder gar sagen könnten? Oder liegt die Erklärung darin, dass er sich der Bedeutung seines inneren Wachstums ständig bewusst bleiben möchte?

Das Verlangen, zum wunschlosen Sein vorzudringen, ist die Ursache aller Schwierigkeiten. Von diesem beständig wachsenden Verlangen getrieben, befasst ihr euch damit, euer inneres und äußeres Leben zu sichten – das eine zu mehren, anderem zu entsagen, dies zu pflegen, jenes zu unterdrücken. Ihr seht, wie die Zeit euch alles wegstiehlt, darum klammert ihr euch an das Zeitlose. Dieses Ringen um wunschloses Sein ist Bejahung und Verneinung. Durch Bindung oder Verzicht, durch Disziplin oder Askese kann niemals etwas entschieden werden, nur wahre Einsicht, jenes Innewerden, das euch das Wesen eures Ringens enthüllt, befreit euch auf eine natürliche, zwanglose Art von dem rastlosen Streben nach der Häufung äußerer und innerer Werte samt der Enttäuschung, zu der dies unweigerlich führen muss.

Der Weg der Entsagung führt also nicht in die Fülle des Seins, denn diese ist kein Zweck, der durch irgendein Mittel erreicht werden könnte. Alle Mittel sind nur Fesseln, und sie müssen fallen, wenn sich die Fülle des Seins wahrhaft entfalten soll.

Selbst in sogenannten "geistigen Bewegungen" behält die gesellschaftliche Stufenleiter ihre Bedeutung. Mit welchem Eifer wird eine Persönlichkeit von Rang und Namen auch dort begrüßt und zum ausgeschmückten Ehrenplatz geleitet ... Wie geschäftig drängt sich das Gefolge um den großen Mann, die verehrte Frau ... Der menschliche Hunger nach Auszeichnungen und Titeln ist unstillbar. Und dieses Verlangen nach äußeren Ehren nennt man dann kühn "geistiges Wachstum". Man unterscheidet die dem Verehrten Nahen und die ihm Fernen, man schafft eine Hierarchie, den Meister und die Eingeweihten, die Schüler und Novizen. In der Welt des Alltags ist dieses Verlangen offenkundig und einigermaßen verständlich, wenn diese gleiche Haltung aber in eine Welt übertragen wird, in der diese dummen Unterschiede keinerlei Bedeutung haben dürfen, dann beweist das deutlicher als alle Worte, dass Begierden und Gelüste dem menschlichen Wesen ihren unauslöschlichen Stempel aufdrücken. Es ist ein eitles Beginnen, sich von Stolz und Einbildung frei machen zu wollen, ohne vorher innezuwerden, wie es um das eigene Begehren bestellt ist.

Braucht die Welt solche Führer, Gurus, Meister? Was sie dazu veranlasst, einen fragwürdigen politischen oder geistigen Führer zu erwählen, ist ihre eigene Geistesverwirrung, und darum ist diese Wirrnis bei dem Erwählten zumeist nicht geringer als bei dem Einzelnen selbst. Jeder möchte gerne umschmeichelt und getröstet sein und verlangt, dass man ihm Mut macht und ihn belohnt, ihm moralische Leitlinien und Erklärungen für ihren Gebrauch an die Hand gibt, und darum wählt er den als Lehrer, der ihm gibt, was er so sehr begehrt.

Was man sucht, ist nie die Wahrheit, denn im Grunde sind alle nur hinter Anerkennung, Angenommenwerden und irgendwelchen großen Eindrücken her. Indem man sich einem Lehrer, einem sogenannten "Meister", zuwendet, erweist man dem eigenen Ego und dessen unstillbarer Selbstverherrlichung einen großen Dienst, denn dieses Ich wäre in Angst und Wirrnis verloren, wenn ihm seine Nichtigkeit zu Bewusstsein käme. Wenn man keinen persönlichen Lehrer hat, schafft man sich selbst einen, der irgendwo in der Ferne ein verborgenes, geheimnisvolles Dasein führt.

Kann aber ein Außenstehender, und mag er noch so bedeutend sein, etwas dazu tun, dass man innerlich ein anderer wird? Wenn es auch den Anschein haben mag, als hätte er das bewirkt, so wird man von diesem anderen in Wirklichkeit doch nur beherrscht oder beeinflusst, aber wirklich verwandeln kann er uns nicht. Der Einfluss mag lange Zeit nachwirken, dennoch führt er in Wirklichkeit keine Umwandlung herbei. Man steht nur unter fremder Herrschaft und ist daher ein Sklave.

Wie auch könnte man durch Kampf zu irgendeiner Einsicht kommen? Etwas besiegen heißt noch nicht, seiner innezuwerden. Was ihr einmal besiegt, muss immer und immer wieder besiegt werden, wenn ihr davon frei werden wollt. Ihr müsst es vollkommen durchschauen, müsst also seiner innewerden. Voraussetzung zu diesem Innewerden ist aber, dass man sich den Vorgang des inneren Widerstrebens klar vor Augen hält. Widerstreben ist ja viel leichter als das Innewerden, und überdies ist der Mensch dazu erzogen. Um zu widerstreben, bedarf es keiner Beobachtung, keiner Erwägung, keiner Mitteilung. Widerstreben verrät einen stumpfen Geist. Ein widerstrebender Geist ist ichbezogen und daher jeder Einsicht und feineren Empfindung bar. Und so fühlt man sich leicht einem Meister verpflichtet, der einem hilft zu widerstreben. Aber nur im Innewerden dessen, was ist, findet ihr Freiheit von dem, was ist.

Es ist eine seltsame Tatsache, dass sich Gefolgsleute von manchen Gurus gerne einschüchtern und willenlos leiten lassen. Sie glauben wahrscheinlich auch, dass eine raue Behandlung, die sie von einem solchen "Lehrer" erfahren, zu ihrer Erziehung gehöre, der Erziehung zum geistigen Aufstieg. Und so binden sie sich an einen anderen Menschen und schaffen auf diese Weise den Guru. Für das Glück, zu ihm zu gehören, sind sie zu jedem Opfer bereit. Sie nehmen – die jüngste Geschichte ist voll von solch traurigen Beispielen – Widrigkeiten aller Art, Beleidigungen und Einschüchterung auf sich. All dies aber gehört zur Ausbeutung und hat nicht das Geringste mit einer spirituellen Wirklichkeit zu tun – und führt vor allem niemals zum Glück.

Wie könnte das Denken jemals Frieden finden? Gewiss, es kann dem Frieden nachsinnen und kann auch bestrebt sein, zum Frieden zu gelangen, indem es sich dazu zwingt, still zu werden. Aber kann das Denken als solches zur Ruhe kommen? Ist Denken nicht seiner Natur nach rastlos? Ist es nicht eine ständige, ununterbrochene Antwort auf den ebenso ständigen, ununterbrochenen Anruf des Lebens? Dieser Anruf kann nie ein Ende nehmen, ist er doch die Herausforderung, die das Leben mit jeder seiner Regungen an euch richtet. Beachtet ihr ihn nicht, drohen euch Verfall und Tod. Dieses Wechselspiel von Anruf und Antwort, Herausforderung und Reaktion ist euer wirkliches Leben.

Eure Antwort auf den Ruf des Lebens kann nun entweder zugänglich oder unzugänglich sein. Fällt sie unzugänglich aus, dann ist das für das Denken das Signal, sich sofort mit seiner Unrast einzuschalten. Der herausfordernde Anruf des Lebens verlangt als Antwort Handlungen und keine Worte. Was ihr denkt, sind aber nur Worte. Das Wort, das Gleichnis verzögert euer Handeln, und die Idee ist ebenso wie die Erinnerung nur ein Wort. Es gibt keine Erinnerung ohne das Symbol, ohne das Wort. Erinnerung ist Wort, ist Gedanke. Wie könnte aber ein bloßer Gedanke die gültige Antwort auf den Anruf des Lebens sein? Jeder solche Anruf ist etwas Neues, noch nie Dagewesenes. Wie aber kann ein Gedanke, eine Idee jemals neu sein? Die Antwort auf die immer neue Herausforderung des Lebens ist also eine Ausgeburt des Alten, des Vergangenen. Wenn Altes das Neue zu meistern versucht, dann ist das Ergebnis notwendig unzulänglich. Schuld daran ist der Gedanke, der seine Unzulänglichkeit durch rastlosen Eifer auszugleichen und es dadurch dem Wirklichen, dem Leben an Vollständigkeit gleichzutun sucht. Kann aber der Gedanke, die Idee, jemals vollständig und umfassend sein, wie das Leben selbst?

Alle Gedanken, alle Ideen stammen doch aus der Erinnerung, und die ist immer unvollständig und bruchstückhaft. Bewusstes Erfahren ist eure erste Antwort auf den Anruf des Lebens. Alles Erfahren ist aber an das Vergangene, die Erinnerung gebunden, und diese Bindung wird durch jede neue Erfahrung nur noch verstärkt. Erfahren kann nicht befreien, es weckt und kräftigt nur die Überzeugung, die Erinnerung. Erinnern ist also letzten Endes eure Antwort auf jede Herausforderung des Lebens. Indem ihr dabei eure Erfahrung ins Spiel bringt, verfärbt und verfälscht ihr obendrein die Wirklichkeit dessen, was euch begegnet.

Verstehen ist kein intellektueller Prozess. Wissen über sich selbst zu erwerben, ist etwas ganz anders, als sich unmittelbar kennenzulernen. Das Wissen, das du über dich selbst anhäufst, gehört immer der Vergangenheit an, und ein Mensch, der mit der Vergangenheit beladen ist, ist voller Kummer und Sorgen. Sich unmittelbar kennenzulernen, ist nicht gleichzusetzen mit dem Erlernen einer Sprache, einer Technologie oder einer Wissenschaft, denn hier musst du ansammeln und in Erinnerung behalten, und es wäre ein törichtes Unterfangen, hier immer wieder von Neuem am untersten Punkt zu beginnen.

Im psychologischen Bereich hingegen lernst du dich selbst immer nur in der Gegenwart kennen, während das Wissen immer der Vergangenheit angehört. Da die meisten Menschen in der Vergangenheit leben und damit zufrieden sind, wird das Wissen außerordentlich wichtig für sie. Darum verehrt man die Gelehrten, die Gescheiten, die Klugen. Aber wenn du jederzeit, in jeder Minute deines Lebens lernst, während du beobachtest und lauschst, während du siehst und handelst, dann wirst du herausfinden, dass das Lernen eine ständige Bewegung ohne Vergangenheit ist.

Wenn du sagst, du willst dich allmählich kennenlernen, dann erforschst du dich nicht so, wie du jetzt bist, sondern nur durch erworbenes Wissen. Lernen erfordert eine große Sensitivität. Du bist aber nicht einfühlsam, wenn du eine Vorstellung hast, die der Vergangenheit angehört und die deine Gegenwart beherrscht. Dann ist der Geist nicht mehr lebendig, geschmeidig, wachsam. Die meisten von euch sind nicht sensitiv, nicht einmal körperlich. Wie soll der Geist wach, empfindsam, klar sein, wenn der Organismus träge und schwerfällig ist? Du magst in gewissen Dingen, die dich persönlich berühren, sensitiv sein, um dich aber in alle Verflechtungen des Lebens einfühlen zu können, darf es keine Trennung zwischen Körper, Geist und Seele geben, denn sie sind in ihren Regungen ein Ganzes.

Um etwas zu verstehen, musst du damit leben, musst du es beobachten, seinen ganzen Inhalt, seine Struktur, seine Strebungen kennen. Hast du je versucht, ganz mit dir selbst zu leben? Wenn du es einmal getan hast, wirst du beginnen zu verstehen, dass du keinen statischen Zustand darstellst, sondern ein frisches, lebendiges Wesen bist – und um mit etwas so Lebendigem zu leben, muss auch dein Geist lebendig und wach sein; aber er kann es nicht, wenn er durch Meinungen, Urteile und Wertsetzungen gefesselt ist.

Um die Regung deines Geistes und Herzens, deines ganzen Seins aufmerksam zu beobachten, musst du einen ungebundenen, freien Geist haben, keinen Geist, der zustimmt und ablehnt, der in einer Auseinandersetzung Partei ergreift, der über bloße Worte debattiert, sondern der sich beteiligt, um wirklich zu verstehen. Das ist schwer umzusetzen, denn die meisten Menschen wissen nicht, wie sie auf ihr eigenes Leben schauen oder wie sie ihm lauschen sollen, ebenso wenig wie sie es verstehen, die Schönheit eines Flusses in sich aufzunehmen oder dem flüchtigen Wind zwischen den Bäumen zu lauschen.

Wer verurteilt und rechtfertigt, kann nicht klar sehen, vor allem dann, wenn der Geist unaufhörlich schwatzt. Dann sieht man nicht, was ist. Man hat dann nur die Projektion vor Augen, die man sich selbst geschaffen hat. Alle tragen ein Bild in sich von dem, was sie zu sein glauben – oder was sie meinen, sein zu sollen. Und dieses innere Leitbild, diese Vorstellung hindert sie daran, sich so zu sehen, wie sie wirklich sind.

Es gehört zu den schwierigsten Dingen in der Welt, auf irgendetwas einfach zu schauen. Weil der Geist sehr kompliziert ist, hat man die Fähigkeit verloren, einfach zu sein. Ich meine nicht die Einfachheit in der Kleidung oder in der Ernährung oder sonstiger Lebenshaltung, indem man nur ein Lendentuch trägt oder Ähnliches. Ich meine die Einfachheit, die euch unmittelbar und furchtlos auf

Dinge schauen lässt, die es möglich macht, sich zu sehen, wie man tatsächlich ist, ohne jede Verzerrung. Ich meine die Einfachheit, die zum Eingeständnis führt, dass man lügt, wenn man lügt, ohne diese Tatsache zu bemänteln oder vor ihr davonzulaufen.

Um sich selbst zu verstehen, bedarf es großer Demut. Dazu bedarf es aber auch innerer Abgeschiedenheit. Jeder muss einen inneren Raum zur Verfügung haben, um in Freiheit zu leben, um unbelastet zu sein und zu wirken, um schwerelos zu sein. Schließlich kann Güte nur im weiten Raum zur Blüte kommen, ebenso wie sich Tugend nur in der Freiheit entfalten kann. Ihr mögt politische Freiheit haben, aber innerlich seid ihr nicht frei, und darum haben die meisten Menschen keine innere Weite. Keine Tugend, nichts Wertvolles kann ohne diesen weiten Raum in euch wirken und wachsen.
Raum und Schweigen sind notwendig, denn nur wenn der Geist allein ist und unbeeinflusst, nicht durch die unendliche Vielfalt der Erfahrungen gebunden, kann er etwas völlig Neuem begegnen. Man kann es deutlich wahrnehmen, dass nur in einem stillen Geist Klarheit möglich ist.
Raum und Stille sind notwendig, um über die Begrenzung des Bewusstseins hinauszugelangen. Aber wie kann ein Mensch ruhig sein, der aus Eigennutz unaufhörlich tätig ist? Man kann den Geist disziplinieren, ihn kontrollieren und formen, aber eine solche Marter macht ihn nicht ruhig, sondern stumpft ihn nur ab. Das bloße Streben nach dem Idealzustand eines ruhigen Geistes ist offensichtlich wertlos, denn je mehr du ihn erzwingen willst, umso begrenzter und träger wird der Geist.

Zwang und Kontrolle in jeder Form, wie zum Beispiel durch Unterdrückung, erzeugen nur Konflikte. So sind Kontrolle und äußere Disziplin nicht der Weg, aber auch ein undiszipliniertes Leben hat keinerlei Wert. Dein Leben verläuft äußerlich meist diszipliniert, weil die Gesellschaft, die Familie, das eigene Leid, die eigene Erfahrung es erfordern, weil du dich einer bestimmten ideologischen oder religiösen Schablone anpasst. Diese Form der Disziplin aber stumpft jedes lebendige Gefühl ab. Disziplin muss ohne Kontrolle, ohne Unterdrückung, ohne jede Art von Furcht sein.

Wie kann man dahin kommen? Es ist nicht zuerst die Disziplin da und dann die Freiheit. Freiheit steht am Anfang und nicht am Ende. Diese Freiheit zu verstehen, die dich von jeder Disziplin befreit, die ja nur das Ergebnis von Anpassung ist, ist selbst die höchste Disziplin. Im Lernen liegt Disziplin (das Wort bedeutet in seinem Ursprung "lernen"). Der Akt des Lernens an sich führt zur Einsicht. Es ist größte Aufmerksamkeit erforderlich, wenn du Dinge wie Kontrolle, Unterdrückung und Duldung ihrem Wesen und ihrer Struktur nach ganz verstehen willst. Du musst dir keine Disziplin auferlegen, um das zu prüfen, vielmehr bringt das Prüfen selbst seine eigene Disziplin hervor, in der es keine Unterdrückung gibt.

Um die Autorität abzulehnen – die innere, nicht die der Gesetze –, um also die Autorität aller religiösen Organisationen, der Tradition und Erfahrung abzulehnen, muss man erkennen, warum man normalerweise gehorcht. Man muss dies aufmerksam untersuchen, und das kann man nur, wenn man frei ist von Verdammung, Rechtfertigung, von Meinungen und Billigung. Um das psychologische Gefüge der Autorität in dir zu untersuchen, musst du Freiheit haben. Wenn du sie richtig untersuchst, verwirfst du ihre ganze Struktur. Und wenn du dies tust, ist diese Verneinung die Einsicht eines Geistes, der frei von jeglicher Autorität ist. Alles zu verneinen, was als wertvoll betrachtet wurde, wie zum Beispiel äußere Disziplin, Führerschaft, Idealismus, bedeutet, es zu untersuchen. Dann ist diese Untersuchung nicht nur Disziplin, sondern Verneinung. Und diese Absage ist eine positive Handlung. Du verneinst also all diese Dinge, die zur Beruhigung des Geistes für wichtig gehalten werden.

Das einzige Schweigen, das du kennst, ist die Ruhe, die eintritt, wenn die Geräusche und die Gedanken aufhören, aber das ist kein wahres Schweigen. Schweigen ist etwas gänzlich anderes – nur der Schönheit und der Liebe vergleichbar. Dieses Schweigen ist nicht das Ergebnis eines ruhigen Geistes, es ist nicht das Produkt der Gehirnzellen, die das Ganze durchschaut haben und sagen: "Um Gottes Willen, sei ruhig!" Dann erzeugen nur die Gehirnzellen selbst das Schweigen – und das ist kein Schweigen. Schweigen wird auch nicht durch Aufmerksamkeit verursacht.

Du wartest nur darauf, dass ich dir beschreibe, was dieses Schweigen ist, sodass du es vergleichen, interpretieren, davontragen – und begraben kannst. Es kann nicht beschrieben werden! Nur das Bekannte kann beschrieben werden, und Freiheit von dem Bekannten kann nur entstehen, wenn du dich jeden Tag von dem Bekannten loslöst, von den Kränkungen, den Schmeicheleien, von allen Bildern, die du dir gemacht hast, von allen Erfahrungen, auch von dem Denken an Krankheit. Du musst dich Tag für Tag davon lösen, sodass die Gehirnzellen selbst frisch, jung, unschuldig werden. Aber auch diese Unschuld, diese Frische, diese Zartheit und Güte bringen keine Liebe hervor; sie sind nicht die Schönheit, sie sind nicht das Schweigen.

Dieses Schweigen also, das nicht im Aufhören der Geräusche liegt, ist nur ein winzig kleiner Anfang. Es ist so, als ob du durch eine schmale Öffnung zu einem ungeheuer weiten, ausgedehnten Ozean gelangst, in einen unermesslichen zeitlosen Zustand. Aber du kannst dies nicht verstehen, solange du nicht die gesamte Struktur des Bewusstsein und die Bedeutung von Freude, Leid und Verzweiflung verstanden hast und die Gehirnzellen in diesem tiefen Verstehen ruhig geworden sind. Dann vielleicht magst du auf jenes Mysterium treffen, das dir niemand enthüllen und das durch nichts zerstört werden kann. Ein lebendiger Geist ist ein stiller Geist, ist ohne Zentrum und daher frei von Raum und Zeit. Solch ein Geist ist unbegrenzt, und das ist die einzige Wahrheit, die einzige Wirklichkeit.

Meditation verlangt einen erstaunlich wachen Geist, denn sie ist das Verstehen des Lebens in seiner Ganzheit. Jede Art von Zersplitterung hat in diesem Zustand aufgehört. Meditation ist keine Gedankenkontrolle, denn wenn das Denken kontrolliert wird, erzeugt dies im Menschen Konflikt. Wenn du aber den Ursprung und die Struktur des Denkens verstehst, dann wird sich das Denken nicht einmischen. Dieses Verstehen der Denkstruktur ist an sich Disziplin – das ist die höchste Form der Meditation.

Meditation bedeutet also, sich eines jeden Gedankens, eines jeden Gefühls gewahr zu sein, niemals zu sagen, sie seien richtig oder falsch, sondern sie einfach zu beobachten und ihnen nachzugehen. In diesem Betrachten beginnst du, alle Regungen des Denkens und Fühlens zu verstehen. Aus diesem Gewahrsein erwächst auch das Schweigen. Ein Schweigen, das vom Denken zustande gebracht wurde, ist Stagnation, ist unfruchtbar. Aber das Schweigen, das entsteht, wenn das Denken seinen eigenen Anfang, sein eigentliches Wesen verstanden hat, wenn es begriffen hat, dass alles Denken niemals ungebunden ist, sondern immer mit der Vergangenheit beladen ist – dieses Schweigen ist eine hohe Form der Meditation, in der es keinen Meditierenden gibt. In diesem Zustand hast du die Vergangenheit aus dir entlassen.

Wenn du diese Zeilen eine Stunde lang aufmerksam gelesen hast, ist das Meditation. Wenn du aber nur ein paar Worte mitgenommen und ein paar Ideen gesammelt hast, um darüber später nachzudenken, dann ist dies keine Meditation mehr. Denn sie ist ausschließlich ein Zustand des Geistes, der auf alles mit vollkommener Aufmerksamkeit schaut, der das Ganze betrachtet und nicht nur einzelne Teile. Und niemand auf der Welt kann dich lehren, achtsam zu sein. Wenn dich irgendein System lehrt, wie du achtsam sein kannst, dann wendest du nur dem System deine Achtsamkeit zu, aber dies ist keine Achtsamkeit.

Diese hohe Form der Meditation ist eine der größten Lebenskünste, vielleicht die größte – und man kann sie unmöglich von jemandem erlernen. Darin liegt ihre Schönheit. Sie hat keine Technik, und daher unterliegt sie keiner Autorität. Wenn du dich selbst beobachtest, dich betrachtest, wie du gehst, wie du isst, was du sagst – das Geschwätz, den Hass, die Eifersucht –, wenn du das alles in dir ohne Rangfolge wahrnimmst, ist dies Teil der Meditation. Du kannst folglich meditieren, wenn du in einem Bus sitzt oder durch einen Wald voller Licht und Schatten wanderst, dem Gesang der Vögel zuhörst oder in das Gesicht deiner, deines Geliebten oder eines Kindes blickst.

Diese Meditation zu verstehen heißt zu lieben, und solche Liebe ist nicht das Produkt von Systemen oder Gewohnheiten. Sie wird nicht ausschließlich durch das Befolgen einer bestimmten Methode erzeugt, so wie Liebe nicht durch Denken entwickelt werden kann. Liebe kann vielleicht in vollkommenem Schweigen entstehen, in einer Stille, in der der Meditierende gänzlich fehlt. Und der Geist kann nur still sein, wenn er die Regungen seines Herzens, seines Fühlens und Denkens versteht. Um diese Regungen zu verstehen, darf man sie nicht verurteilen, während sie beobachtet werden. In dieser Weise zu betrachten, ist wahre Disziplin, und diese Art der Disziplin ist beweglich, frei – es ist nicht die Disziplin der Gleichförmigkeit.

Meditation heißt also nicht zwangsläufig, einem System zu folgen, wenngleich dies Schülern, die am Anfang ihres Erfahrungsweges stehen, über einen gewissen Zeitraum hinweg nützlich sein kann. Sie besteht nicht allein in der beständigen Wiederholung und Nachahmung. Sie ist auch keine pure Konzentration. Worauf es allein ankommt, ist, dass du bei jeglicher Regung des Geistes achtsam sein solltest, wo immer er auch umherwandern mag. Wenn sich dein Geist verliert, bedeutet es, dass du in Wahrheit an etwas anderem interessiert bist. Deshalb verlangt Meditation einen erstaunlich wachen Geist. Sie ist das Verstehen des Lebens in seiner Ganzheit, und jede Art der Zersplitterung hat in diesem hohen Zustand aufgehört. Und Meditation ist keine Gedankenkontrolle.

Gedankenkontrolle ist eben Gedankenkontrolle, sonst nichts, denn – noch einmal – wenn das Denken kontrolliert wird, erzeugt es im Menschen Konflikt.

Der religiöse Mensch ist etwas ganz anderes als der Mensch, der einen religiösen Glauben hat. Du kannst nicht religiös und zugleich ein Christ, ein Moslem, ein Hindu oder ein Buddhist sein. Ein religiöser Mensch sucht überhaupt nicht, denn er kann nicht mit der Wahrheit experimentieren. Wahrheit wird nicht durch Freude oder Leid bestimmt oder durch dein Bedingtsein als Christ. Im geistigen Zustand des religiösen Menschen gibt es keine Furcht und daher keinerlei Glauben, sondern nur das, was ist – tatsächlich ist!

Der religiöse Mensch ist in jenem Zustand des Schweigens, der nicht durch das Denken hervorgebracht wird, sondern vielmehr das Ergebnis unmittelbarer Wahrnehmung ist. Das heißt, er ist in einer Meditation, in der, wie wir eben sahen, der Meditierende gänzlich fehlt. In diesem Schweigen liegt eine Energie, in der es keinen Konflikt gibt. Energie ist Handlung und Bewegung. Alle Handlung ist immerzu Bewegung, und alle Handlung ist Energie. Alles Leben ist Energie. Wenn diese Energie ohne jeden Widerstand, ohne jede Reibung, ohne jeden Konflikt dahinströmen kann, dann ist sie grenzenlos, ohne Ende. Wenn keine Reibung da ist, gibt es für die Energie keine Grenzen; durch Reibungen werden der Energie Beschränkungen auferlegt. Wenn du das einmal eingesehen hast, kannst du deine Energie nicht mehr in ihrem natürlichen Fluss hemmen. Dann gibt es keine Krankheit, kein Leid, keine Vorsichtsmaßnahme, um das Leid, den Schmerz zu lindern oder sich vor ihm abzuschirmen. Warum erzeugst du in dieser Bewegung, die Leben genannt wird, noch Reibung? Ist reine Energie, grenzenlose Energie für dich nur eine Idee? Hat sie keine Wirklichkeit in dir?

Du brauchst Energie nicht nur, um eine totale Revolution in dir hervorzubringen, sondern auch um zu forschen, zu schauen, zu handeln. Und solange es in irgendeiner eurer Beziehungen Misshelligkeiten irgendwelcher Art gibt – zwischen Mensch und Mensch, zwischen einer Gemeinschaft und einer anderen, einem Land und einem anderen Land, einer Ideologie und einer anderen –, solange es innere Reibung und äußeren Konflikt in irgendeiner Form gibt, und mögen sie noch so subtil und fein sein, ist das eine Verschwendung von Energie. Solange ein Zeitintervall zwischen dem Beobachter und dem Beobachteten steht, erzeugt es Reibung und ist damit Energieverschwendung. Die Energie erreicht ihren Höhepunkt, wenn der Beobachter das Beobachtete ist und zwischen den beiden kein Zeitintervall mehr besteht. Dann ist die vorhandene Energie ohne Motiv und wird zur reinen Handlung, weil dann kein "Ich" existiert.

Ihr braucht gewaltige Mengen von Energie, um die Verwirrung zu verstehen, in der ihr lebt, und das Gefühl "ich muss verstehen" bringt auch die Vitalität hervor, um zu forschen. Zu forschen und zu suchen schließt die Zeit ein, aber dies ist nicht der richtige Weg, wenn du den Geist allmählich von seiner Beschränkung und Voreingenommenheit befreien willst. Zeit ist nicht der Weg. Du kannst in jedem Augenblick deines Lebens den gesamten Lebensprozess in eine andere Dimension erheben. Man geht nicht den richtigen Weg, wenn man das Gegenteil von dem anstrebt, was man ist. Der Weg liegt auch nicht in einer künstlichen Disziplin, die uns durch ein System, einen Lehrer, einen Philosophen oder Priester auferlegt wird. Wenn der Geist neu und unverbraucht ist, kann er jedes Problem sofort aufgreifen. Aber man wünscht sich, dass man darin unterrichtet wird, wie das zu geschehen hat. Jeder wünscht sich, dass sein Denken durch einen anderen bestätigt und bekräftigt wird.

Der Mensch, der aus Einsicht nicht mehr kämpfen kann, ist der wahrhaft religiöse Mensch.

In diesem Zustand des Geistes magst du dann dem begegnen, was Wahrheit oder Realität oder Glückseligkeit oder Schönheit oder Liebe - oder Gott - genannt wird. Er/Es kann nicht eingeladen werden, man kann nicht danach suchen, weil der Verstand in der Regel zu töricht, zu schwach ist, weil die Gefühle zu minderwertig sind, die Lebensart zu verwirrt ist, als dass dieses Gewaltige, dieses Unermessliche in solch ein kleines "Haus" eingeladen werden könnte, in jenen kleinen Lebenswinkel, der mit Füßen getreten und so schändlich behandelt worden ist. Du kannst Es/Ihn nicht einladen. Um Es/Ihn einzuladen, musst du Es/Ihn kennen, aber man kann Es/Ihn nicht kennen. Wenn jemand - es kommt nicht darauf an, wer es ist - sagt "ich kenne es", kennt er es nicht. In dem Augenblick, da du sagst, dass du es gefunden hast, hast du es nicht gefunden. Wenn du sagst, dass du es erfahren hast, hast du ganz und gar nichts Wirkliches erfahren.

Nun fragst du dich, ob es überhaupt möglich ist, auf dieses Eine zu treffen, ohne es einzuladen, ohne es zu erwarten, ohne es zu suchen, ohne danach zu forschen - es wie von ungefähr zu erleben wie einen erfrischenden Windhauch, der hereinströmt, wenn du das Fenster öffnest. Du kannst den Wind nicht einladen, aber um ihn zu spüren, musst du das Fenster offen halten. Aber dies bedeutet nicht, dass du deswegen in einer Erwartungshaltung wärst, das wäre eine andere Form der Täuschung. Es bedeutet nicht, dass du das Fenster öffnest, um den Wind zu empfangen - das wäre ein anderer Gedankengang.

Hast du dich je gefragt, warum es den Menschen so sehr an diesem Unnennbaren mangelt? Sie zeugen Kinder, haben die Erotik und die Zärtlichkeit, die Fähigkeit, an etwas gemeinsam in kamerad-schaftlicher, freundlicher Verbundenheit teilzuhaben, warum aber haben sie das "andere" nicht erlangt? Hast du dir je überlegt, in aller Ruhe, während eines Spaziergangs durch eine schmutzige Straße oder in einem Auto sitzend, während der Ferien an der See oder bei einem Spaziergang im Wald voller Vögel, Bäume, Ströme und frei herumlaufender Tiere – bist du je auf den Gedanken gekommen, warum der Mensch, der seit Millionen von Jahren lebt, dieses Eine noch immer nicht erlangt hat, diese ungewöhnliche, nie welkende Blume? Wie kommt es, dass du als Mensch, der so begabt ist, so klug und gescheit und voller Eifer, der den Himmel erobert hat und unter die Erde zu gehen vermag und in die Tiefen des Meeres, der ungewöhnliche Elektronengehirne erfindet – wie kommt es, dass du dieses Eine, auf das es allein ankommt, nicht erlangt hast?

Was kann deine Antwort darauf sein, deine klare Antwort ohne Zweideutigkeit? Ja, sie würde der Kraft und der Eindringlichkeit entsprechen, mit der du diese Frage stellst. Wahrheit lässt sich nicht finden ohne Leidenschaft – Leidenschaft, die voller Ungestüm ist und in der sich keine Wünsche verbergen. Leidenschaft kann furchterregend sein, und wenn jemand voller Leidenschaft ist, weiß er nicht, wohin sie ihn bringen wird. Furcht ist immer die Ursache, warum einer nicht die Kraft dieser Leidenschaft besitzt, die es ihm ermöglicht herauszufinden, warum ihm Liebe dieser Art fehlt, warum diese Flamme nicht in seinem Herzen brennt. Wenn du deinen Geist und dein Herz genau geprüft hast, wirst du wissen, warum du sie nicht hast. Wenn du mit Leidenschaft versuchst, dies herauszufinden, wirst du erfahren, dass sie da ist! Nur durch vollkommene Verneinung, die die höchste Form der Leidenschaft ist, erwächst die Liebe! Wie die Demut kannst du auch die Liebe nicht wie eine Pflanze heranzüchten. Demut stellt sich ein, wenn der Eigendünkel vollkommen aufhört zu sein, und dann ist sich der Mensch auch seiner Demut nicht mehr bewusst. Ein Mensch, der zu wissen glaubt, was Demut ist, ist eitel. Wenn du mit Geist und Herz, mit Nerven und Augen, mit deinem ganzen Sein dabei bist, die Lebensart zu finden, die dich sehen lässt, was tatsächlich ist, und wenn du darüber hinausgehen und das Leben, das du jetzt führst, ganz und gar verneinen kannst, entsteht in dieser Verneinung des Hässlichen, des Brutalen, Ängstlichen,

211

Kranken das "andere". Aber du wirst dir auch dessen nicht bewusst sein. Ein Mensch, der sich seiner inneren Stille bewusst ist, der weiß, dass er liebt, weiß weder, was Liebe ist, noch was das Schweigen ist.

Jeder also wünscht sich Erfahrungen irgendwelcher Art, mystische Erfahrungen, religiöse Erfahrungen, sexuelle Erfahrungen, das Erlebnis, viel Geld, Macht, Rang und eine Vorherrschaft zu besitzen. Wenn man älter wird, mögen die körperlichen Gelüste aufhören, aber dann verlangt man nach ausgedehnteren, tieferen, "bedeutungsvolleren" Erfahrungen und erprobt die vielen angepriesenen Mittel, um sie zu erlangen, wie zum Beispiel das Bewusstsein auszuweiten, was eine ausgesprochene Kunst ist, und oft nimmt man hierfür Rauschmittel irgendwelcher Art. Dieses Verlangen nach immer mehr Erfahrungen verrät die innere Armut des Menschen. Er glaubt nämlich, dass er durch sogenannte "Erfahrung" sich selbst entrinnen kann. Aber solche Erfahrungen sind durch das begrenzt, was man tatsächlich ist. Wenn ein Mensch nichtssagend, eifersüchtig, ängstlich ist, mag er das neueste Rauschmittel einnehmen, aber er wird doch nur seine eigene kleine Welt sehen, seine eigene unbedeutende Projektion, die seinem bedingten Hintergrund entstammt.

Die Menschen verlangen heutzutage nach "bleibenden Erfahrungen", die völlig befriedigen und die durch das einfältige Denken nicht zerstört werden können. Hinter dem Verlangen nach Erfahrung liegt also der Wunsch nach Befriedigung. Das Verlangen nach Befriedigung bestimmt die Erfahrung, und darum musst du nicht nur alles verstehen, was mit dem Verlangen nach Befriedigung zusammenhängt, sondern auch das, was erfahren wird. Tiefe Befriedigung zu erleben, ist ein großer Genuss. Je bleibender, tiefer und weiter die Erfahrung ist, umso wohltuender ist sie. So diktiert also das Verlangen nach Wohlsein die Art der Erfahrung, die man zu erlangen hofft. Der Genuss ist der Maßstab, an dem die Erfahrung gemessen wird. Alles Messbare liegt in den Grenzen des Denkens und ist geeignet, Illusionen zu schaffen. Du kannst dabei erstaunliche Ergebnisse erzielen und doch vollkommen irregeführt sein. Denn du wirst zwangsläufig nur Illusionen oder Visionen haben, die deiner Voreingenommenheit entsprechen. Du wirst Christus oder Buddha oder Shiva sehen oder an wen du sonst glaubst, und je größer dein Glaube, umso stärker werden deine Visionen, die Projektionen deiner eigenen Wünsche, Triebe und Affekte sein.

Wenn du also etwas Fundamentales suchst, zum Beispiel die Wahrheit, und dabei den Genuss als Maßstab nimmst, hast du bereits das projiziert, was du erleben wirst, und diese Erfahrung kann keine Gültigkeit haben.

Was versteht man unter Erfahrung? Liegt darin etwas Neues oder Ursprüngliches? Erfahrung ist nichts als ein Bündel von Erinnerungen, die auf eine Herausforderung antworten. Die Erfahrung kann nur entsprechend deinem "Hintergrund" antworten, und je geschickter du darin bist, diese Erfahrung zu "deuten", umso mehr Antworten erhältst du. So musst du nicht nur die Erfahrung eines anderen in Zweifel ziehen, sondern auch deine eigene. Wenn du eine Erfahrung nicht als solche erkennst, ist es gar keine Erfahrung. Denn jede Erfahrung ist bereits erfahren worden, sonst würdest du sie nicht erkennen. Du anerkennst eine Erfahrung als gut, schlecht, schön, heilig und so fort gemäß deiner Voreingenommenheit, und darum ist das, was für dich Erfahrung ist, zwangsläufig das Vergangene.

Wenn du danach verlangst, die Realität zu erleben, musst du sie, um sie zu erfahren, kennen. In dem Augenblick, da du sie erkennst, hast du sie bereits projiziert, und daher ist sie nicht wahrhaft und echt, weil sie ja im Bereich des Denkens und der Zeit liegt. Wenn der Gedanke in der Lage ist, über die Realität nachzudenken, kann es keine Realität sein. Du kannst nicht eine neue Erfahrung "wiedererkennen". Es ist unmöglich. Du erkennst nur das wieder, was du bereits gekannt hast. Und wenn du sagst, dass du eine "neue Erfahrung" gemacht hast, ist sie nicht "neu". Wenn du weitere Erfahrungen durch Ausdehnung des Bewusstseins suchst, liegen diese Erfahrungen dennoch im Bereich des Bewusstseins und sind darum sehr begrenzt.

So erkennen wir die fundamentale Wahrheit, dass ein Mensch, der nach ausgedehnten und tiefen Erfahrungen "sucht" und nach ihnen verlangt, sehr oberflächlich und stumpfsinnig ist, weil er immer nur mit seinen Erinnerungen lebt. Was würde mit dem Menschen geschehen, wenn er überhaupt keine Erfahrungen hätte? Er ist ja von ihnen, von den vielen Herausforderungen, die sie zum Inhalt haben, abhängig, um sich "wachzuhalten". Wenn es in ihm keine Konflikte, keine Veränderungen, auch keine Störungen gäbe, würde er fest schlafen. So sind Herausforderungen für die meisten Menschen notwendig. Sie glauben, dass ihr Geist ohne sie stumpfsinnig und schwerfällig werden könnte, und darum brauchen sie immer mehr Anreize, die ihren Geist schärfen.

Ist es möglich, sich völlig wachzuhalten – nicht peripher an einigen Punkten des Seins, sondern völlig wach –, ohne dass es einer Herausforderung oder Erfahrung bedarf? Dazu gehört große Sensibilität – sowohl im Körperlichen wie im Geistigen. Es bedeutet, dass man von jedem Verlangen frei sein muss, denn in dem Augenblick, in dem man "fordert", wird man erfahren. Um vom Verlangen und seiner Befriedigung frei zu sein, ist es notwendig, dass man sich selbst erforscht und die Natur des Verlangens verstehen lernt.

Verlangen wird aus der Dualität/Polarität geboren. "Ich bin unglücklich und ich muss glücklich sein!" In diesem Verlangen, das jeder kennt, liegt das Unglück. Wenn man eine Anstrengung macht, um im weitesten Sinn "gut" zu sein, ist in dieser Güte, diesem "Gutsein" auch der Gegensatz, das "Böse", enthalten. Alles, was man bejaht, enthält seinen Gegensatz, und die Anstrengung, diesen

214

Zwiespalt zu überwinden, verstärkt das, wogegen gekämpft wird. Wenn du nach einer Erfahrung der Wahrheit oder Realität verlangst, wird dieses Verlangen aus deiner Unzufriedenheit mit dem, was ist, geboren und erzeugt somit auch den Gegensatz. Und dieser enthält das, was gewesen ist. Man muss also von diesem unaufhörlichen Verlangen frei sein, sonst wird das Band der Dualitäten kein Ende nehmen. Das bedeutet, sich selbst so vollkommen zu kennen, dass der Geist nicht länger sucht. Solch ein Mensch verlangt dann nicht mehr nach Erfahrung, er kann keine Herausforderung herbeiwünschen, er weiß um keine solche. Er sagt nicht mehr "ich schlafe" oder "ich bin wach". Er ist einfach nur vollkommen das, was er ist, in jedem Augenblick. Nur der enttäuschte, enge, oberflächliche Geist sucht in seiner Beschränktheit immer nach dem "Mehr". Ist es nun möglich, in dieser Welt ohne das "Mehr" zu leben, ohne dieses ständige Vergleichen? Sicherlich ist es möglich, aber man muss es selbst herausfinden!

Dies ist die wahre Natur des DAO, eingebettet in ein Bewusstsein, das man nicht einfach aus sich selbst hervorbringen kann wie einen edlen großen Gedanken. Das Leben selbst steht hinter dir und will nur eines: ERKENNEN! Erkennen jenseits aller bisherigen Erfahrungen, die ihm keine "Er-lösung" brachten. Erkennen jenseits des diskursiven Denkens, so einfach und klar wie ein Gebirgsbach, der seiner Natur gemäß dahinfließt, DAS IST DASEIN IM AUGENBLICK!

SAINT GERMAIN DEFINIERT SEIN
WIRKEN ALS GEISTIGER LEHRER

Zum Verständnis des Textes ist zu erwähnen, dass einige aus unserem Freundeskreis, darunter auch ich, mehrfach nach Indien in den Ashram von Sathya Sai Baba gereist sind.

Diese Schulung mit aufwärtssteigender Tendenz hat also jetzt ihre Höhe, ihren Schlusspunkt erreicht. Mehr vermag ich euch nicht zu hinterlassen als meine Fußspuren auf eurem Lebensweg, euch nur ein kleines Stück vorangegangen. Ein Lehrer-Schüler-Verhältnis leitet sich ab aus Abhängigkeit. Beide sind aufeinander angewiesen. So bin ich an jeden einzelnen meiner Schüler noch durch ein einmal gegebenes Versprechen gebunden. Aber ich versuche mit allen Mitteln, diese "Bindung" auf die Grundlage der persönlichen Freiheit des Individuums zu stellen.

Ihr seid natürlich auch darin frei, das, was ich euch lehre, anzunehmen oder abzulehnen. Wenn ihr es ablehnt, entlasst ihr mich augenblicklich in die Freiheit. Nehmt ihr es an, bindet ihr mich. Ich bitte euch weder um das eine noch um das andere. Diese Bindung erzeugt für mich kein Leid, sie hält mich neutral in meiner

Beziehung zu meinen Schülern, und ebenso neutral wäre die Bindungslosigkeit für mich. Es liegt gar nicht in meiner Macht, euch zur Annahme oder Ablehnung der Lehrinhalte zu bewegen. Es steht also keinerlei Selbstnutz hinter dem, was ich tue, und auch kein anderes Motiv als das der **wertfreien Liebe**. Und so muss es euch weder bekümmern noch dürft ihr irgendein anderes persönliches Gefühl für das entwickeln, was uns aneinander bindet. Ich habe keinen Ashram, keine äußere Schule, in die ich euch mit dem Versprechen der "Befreiung" locke. Was es damit in toto auf sich hat, vermitteln frühere Texte und die vorangegangenen Zeilen.

Texte, Lehren, die nicht wachrütteln, sondern nur substanzlos erhabene, bekannte Lehrsätze wiederholen, die einlullen und unhaltbare Versprechungen geben, wie leicht zum Beispiel "Erleuchtung" zu erlangen sei, sind das Papier nicht wert, auf das sie gedruckt werden. Und dennoch ging auch euer Schulungsweg zunächst über eine Erfahrungsebene, die ich in diesem vorangegangenen Text letztlich als Trugschluss entlarve. Wie kann das sein? Es hängt natürlich mit den unterschiedlichen Ebenen der inneren Struktur des Schülers zusammen. Keiner geht schon am ersten Schultag zum Abitur. Nur dort, wo ein kritischer Geist am Werk ist, kann Neues, Fruchtbares entstehen. Wenn ich aus einer Bewusstseinsebene zu euch spreche, die euch (noch) nicht zur Gänze zugänglich ist, so tue ich dies aus dem Wissen heraus, dass ein so wohlvorbereiteter Boden die Saat aufzunehmen vermag, die einmal die neue Ernte sein wird.

Ihr geht durch das Labyrinth eurer Erfahrungen. Seht meine Aufgabe auch darin, euch den Ariadnefaden zu weben, mit dessen Hilfe ihr den Weg zur und in die Freiheit zu finden vermögt. Was diese Freiheit ist, findet ihr an vielen Stellen des vorangegangenen Textes. Bindet euch nicht mehr, bleibt euch treu und verlasst den einmal eingeschlagenen Weg nicht, auch wenn so manches schöne Gasthaus am Weg zur Einkehr lockt. Sich vom Weg abbringen zu

217

lassen, heißt, sich wieder zu binden und unnötige Zeit zu vergeuden. Jedes Zentrum, jeder Ashram, jede Gemeinschaft ist letztlich solch ein "Gasthaus". Ihr habt so viel Wegzehrung erhalten, dass ihr deren lockendem Schein nicht mehr folgen müsst. Ihr könnt es wohl, aber was findet ihr dort? Bindendes! Es gibt keinen einzigen Ort auf dieser Welt, der für euch so kostbar sein kann wie das Zentrum in eurem Inneren. Warum also "da draußen" nach etwas suchen, was es dort nicht gibt, nicht geben kann, sondern nur in euch selbst? "Widerstehen" heißt, noch nicht wirklich in sich gefestigt sein, "sich ergeben" besagt, dass man vordem einen Kampf geführt hat. Stärke gewinnt man nicht, indem man sich in einen Haufen von ebenfalls Suchenden begibt und dort um einen "Platz an der Sonne" kämpft oder sich blindwütig herausboxt. Wer siegt in einem solchen Getümmel? Mit Sicherheit nicht jener, der der Stärkste im Geist genannt zu werden berechtigt ist.

Ich bin kein Freund von Ashrams, in denen Kleingeister ungehemmt und unkontrolliert Egostärke entwickeln dürfen. Es entspricht wohl der indischen Mentalität, aber für einen westlichen Menschen sind dort der Gefahren zu viele, als dass er absichtslos widerstehen könnte. Er wird hineingerissen in den Strudel der "Ismen", wovon der Egoismus die markanteste Erscheinungsform darstellt. Kaum einer vermag sich dort von der Gier nach all den Dingen, die er eigentlich zu überwinden gekommen ist, zu befreien. Vor allem nach der Gier, dem Meister, dem Guru, dem Göttlichen nahe, der geliebte Nächste zu sein. Bedarf es dazu dieser Reise? Und muss sich ein Mensch, der durch jene Erfahrungsebenen gegangen ist, die ihn zum "absichtslosen Erkennen" gebracht haben, auf der äußeren Ebene einem hohen Wesen nähern, das sogenannte Wunder wirkt und die Menschen dadurch an sich bindet, wiewohl es ihnen Befreiung verspricht? Wie gesagt, diese Manifestationen sind dem indischen Wesen und der geistigen Entwicklungsstufe des Hindu angemessen, er vermag sie leicht in sein Weltbild zu integrieren und sie zu seiner persönlichen Entwicklung zu gebrauchen. Diese

Wunder sind im eigentlichen Geschehen aber vollkommen bedeutungslos und binden die Menschen. Sie binden sie einerseits auf besondere Weise an den, der sie hervorbringt, und andererseits geht der Blick für das wahre Wirken des Göttlichen im Menschen und für den Menschen verloren. Auch viele gänzlich unentwickelte Yogis und "Kleinmeister" in Indien verfügen über diese Fähigkeiten. Sie besagen absolut nichts. Jeder Mensch kann sich dahin entwickeln.

Um das Phänomen Satya Sai Baba in toto zu verstehen, darf man eigentlich nicht zu seinem Ashram reisen. Und doch werdet ihr es tun, um selbst zu einem "Urteil" zu kommen. Auch ihr müsst noch durch äußere Erfahrungsebenen gehen, um zur absoluten Bindungslosigkeit in eurem Inneren zu finden. Aber seht euch vor und holt euch nicht den "Ashram-Virus", der so viele befallen hat.

Alle östlichen "inkarnierten Gottheiten" (Avatare) sind Symbolgestalten, Manifestationen oder Spiegelungen und nicht das Unnennbare selbst. Sie vermögen einen Weg dorthin aufzuzeigen, der aber an ihr jeweiliges Charisma, ihre "Natur", gebunden ist. So wird zum Beispiel der Dalai-Lama immer Buddhist sein und sich nicht daraus lösen, solange bis der Buddhismus als System zu existieren aufgehört hat. Auch Sathya Sai Baba ist gebunden an seine Herkunft und wird ebenso lange in diesem Bereich wirken und lehren, bis auch dessen Strukturen aufgelöst sind. Und alle, die er zu sich hinzieht, sind eingebunden in seine Ebene, die zwar "hoch", ja erhaben – im wahrsten Sinne "göttlich" – ist, aber sie ist eine von vielen und nicht das einzig Absolute.

(Zum Verständnis: Sathya Sai Baba war und ist in drei aufeinanderfolgenden Inkarnationen der Manu unseres Zeitalters: Shirdi Sai Baba, 1918 gestorben, Sathya Sai Baba, 2011 gestorben, und Prema Sai Baba, die künftige und letzte Inkarnation. Das Buch *Saint Germains Vermächtnis. Kabbala und Rosenkreuz* enthält ein Kapitel über das Phänomen »Manu« – das weit über die physische Gestalt Sai Babas hinausreicht.)

In einem früheren Text, in dem ich die Natur des Manu erläuterte, beschrieb ich die indische Auffassung der Abfolge der Zeitalter und der menschlichen Entwicklung (siehe *Saint Germains Vermächtnis. Kabbala und Rosenkreuz*). Andere Kulturen haben andere Darstellungen, und sie alle kennen nur einen Teil jener Realität, die ohnehin kein Mensch begreifen kann. Auch der Manu selbst, den in ähnlicher Form alle Kulturen beschreiben, ist ein Produkt des "indischen Geistes" und wirkt als solches. Wenn er darüber spricht, dass er immerzu glücklich ist, so schafft er damit auch einen unüberbrückbaren Abstand zu den Menschen, die ihm in Liebe zugetan sind und ja aufgrund ihres Menschseins niemals in diesen ununterbrochen anhaltenden Zustand gelangen können. Dort Gott, der weiß, dass er Gott ist – und da der kleine Mensch, der um Gottes Liebe bettelt, der zum wiederholten Mal die Beschwerlichkeit der Reise auf sich genommen hat, egal ob aus Indien oder dem Westen, um einen Blick, ein wenig nur von der Gunst des Manus zu erhaschen, aber immer "ent-täuscht" abreist, ausnahmslos, wenn sie nicht genährt wurde.

Puttaparthi (Wohnort und Ashram Sathya Sai Babas) liegt im Astralbereich (und selbstverständlich auch im irdischen Bereich) des indischen Subkontinents mit einer ungeheuren Ausstrahlung auf die Welt, wie sie – mit anderer Gewichtung – auch von anderen Orten ausgeht, mit einer Verästelung, die hineinreicht in das, was man den Herzschlag der Welt nennen könnte. Satya Sai Baba ist ein mächtiger Spiegel seiner Wirkebene, und jemand, der absolut frei ist von jeder Gefahr des Hineingerissenwerdens in Bindung und Abhängigkeit, kann wohl in diesem erdumspannenden Kraftfeld genesen. Nur wer frei und autark in sich ruht, bedarf dieser äußeren Begegnung nicht mehr, weil er dann das Göttliche in sich erkannt hat. Wer die Kraft besitzt, die innere Ebene zu erreichen, auf der er wirkt, mag auf wunderbare und wundersame Weise bereichert und beschenkt werden.

Man mag sich nun über diese Ausführungen Gedanken machen, da ich mir, was das Wesen und die Aufgabe des Manu betrifft, gegenüber früher gemachten Aussagen über ihn auch zu widersprechen scheine oder sie in ihrem Gehalt abschwäche. Ich habe dort jedoch nur eine Seite der Medaille beleuchtet und wollte auch mit diesen Aussagen den Glanz, das Gold dieser Seite nicht schmälern. Um das Phänomen Satya Sai Baba aber verstehen zu können, müssen wir diese Medaille auch umdrehen und die Prägungen des dort vorgefundenen Wertes betrachten und prüfen, wie viel wir von diesem "Wert" verstehen und ob diese "Münze" als "Zahlungsmittel" für eine "Fahrkarte zu Gott" hierzulande, für unseren Kulturkreis möglich ist.

Es geht also darum, die Wesensnatur einer in den Westen adaptierten hinduistischen inkarnierten Gottheit und einer Ideologie aufzuzeigen, für die nur das hinduistische Gedankengut eine geeignete Projektionsfläche ergibt. Denn alles, was Satya Sai Baba tut, ist eine Projektion, die er aus dem "Himmel" seiner geistigen Herkunft "zaubert". Diese spezifischen Formen des Wunderwirkens finden sich nur dort. Sie sind auch nicht jenen Wundern vergleichbar, die man Meister Jesus zuschreibt, da diese aus völlig anderen Motiven und unter gänzlich anderen Bedingungen entstanden.

Erst wenn man ein tieferes Verständnis für eine außergewöhnliche Erscheinungsform, ihre Aufgaben, Ziele, Ideale und Möglichkeiten gewonnen hat, kann man im Inneren eine Entscheidung "dafür" oder "dagegen" treffen. Niemals aber darf bloße Faszination und das vordergründige Starren auf das Außergewöhnliche, das sogenannte Heilige und die Wunder (auch wenn in vielen Büchern mit Euphorie darüber berichtet wird), die der Verstand nicht zu (er-)fassen vermag, ein Motiv für eine lebensverändernde Entscheidung sein, wie sie das Anhängen an einen "Meister" oder gar eine bedingungslose Nachfolge bedeutet. Deshalb darf man nicht den Fehler machen zu denken, dass eine hohe Inkarnation wie Satya

Sai Baba zur Ausschließlichkeit verpflichtet. Warum sich dies so verhält, liegt in der Natur des Göttlichen selbst begründet, die niemals Ausschließlichkeit zum Inhalt haben kann, sondern der unendlichen Vielheit Vater und Mutter ist.

Schon der Blick auf den kabbalistischen Lebensbaum (siehe *Saint Germains Vermächtnis. Kabbala und Rosenkreuz*) hat uns eine Vorstellung davon vermittelt, welcher Ebene Satya Sai Baba zuzuordnen ist. Auch wenn dieses Beispiel nicht die Wirklichkeit des Hindupantheons zeigt (das ja in toto eine "astrale Wirklichkeit" und keine rein allegorische Abstraktion ist), sondern der Vorstellungswelt des esoterischen Judentums entspricht, so sind die beiden Ebenen da und dort dennoch in ihrer Grundstruktur verwandt oder vergleichbar. Aber ebenso wie die hinduistische Götterwelt auf der großen Astralfläche über den Hinduregionen "real" ist, so ist auch die Erscheinungswelt der Kabbala in den ihr entsprechenden Astralebenen "real", die auch den sich immer weiter ausdehnenden "christlichen Himmel" in sich bergen (wie das Hindupantheon natürlich auch die aus ihm hervorgegangene buddhistische Astralebene beinhaltet, weswegen Satya Sai Baba die höchste wirkende Kraft in diesen unendlich erhabenen Astralebenen ist und, wie ich es einmal formulierte, auch der Dalai-Lama "in Babas kleiner Hand geborgen" ist). Wenn man sich diese vielleicht merkwürdig anmutenden Tatsachen vor Augen hält, beginnt man zu verstehen, warum es so schwierig ist, sich von einer spirituellen Kultur zu einer anderen zu bewegen, ohne dabei die innere Balance zu verlieren. Denn der Mensch wird gespeist von den ihn umgebenden Kräften seiner astralen Erscheinungswelt - seines "Himmels".

Nun sitzt natürlich kein hoher himmlischer Beamter an den Pforten der jeweiligen Eingangstore und prüft Nationalität, Rasse und Eignung eines Aspiranten, der von einer Religionsebene zu einer anderen zu emigrieren beabsichtigt. Niemand kümmert sich um einen "Asylanten", der aus freien Stücken in den Himmel seiner Wahl gekommen ist. Man muss, einmal dort angekommen, auch keine Eignungsprüfung ablegen oder über ein Basiswissen bezüglich des "Neulandes" und seiner Regenten und deren Familie verfügen. Jeder wird liebevoll aufgenommen, aber für sein Heimatgefühl und das Tempo seiner Anpassung ist jeder selbst verantwortlich. Wie überall in den erhabenen Reichen ist auch hier der Mensch so lange auf sich selbst gestellt, bis er Teil dieser Wirklichkeit – man könnte auch sagen: Teil deren spezifischer Natur – geworden ist. Erst dann umhüllt ihn die wohlige Wolke der Assimilation.

Es kann also gar nicht in der Wesensnatur der Menschen aller Nationen liegen, sich ausschließlich Satya Sai Baba anzuschließen. Dies würde der Vielfalt, der Individualität und dem Farbenreichtum der unterschiedlichen spirituellen Kulturen weltweit Gewalt antun. Aber die Welt wird, wenn sie reif hierfür geworden ist, die elementaren Botschaften der Liebe, die Sai Baba der Menschheit per se zu geben hat, aufnehmen wie ein trockener Schwamm das Wasser. Man wird ihn eines Tages als Weltweisen verehren, und viele werden noch den Weg zu ihm, zu seinem Herzen finden. Aber er wird, ja er muss jeden dorthin zurückführen, wo sein angestammtes "Heimatland", sein "aurisches Kraftfeld" liegt. Auch gründet seine Lehre in ihrer Gesamtheit im Hinduismus, und vieles daraus ist für Menschen anderer spiritueller Kulturen natürlich nicht nachvollziehbar. Er legt großen Wert auf die Einhaltung der Hinduriten und ist auch in jeder anderen Hinsicht eingebunden in seine eigene auratische, individuelle geistige Heimat. (Satya Sai Baba hat immer großen Wert darauf gelegt, dass seine Anhänger in ihrer eigenen Religion bleiben, sie in ihren Alltag integrieren und so mit Leben erfüllen.)

Natürlich ist Satya Sai Baba ein genialer Grenzgänger zwischen den Ebenen, aber er ist nicht Herr in "fremdem Territorium", sondern dort nur "Botschafter", wo er keinen "Regierungsauftrag" hat. Jede göttliche Inkarnation, also jede/r indische Avatar/in ist mit diesen Attributen ausgestattet. Sai Baba ist ihr höchster Repräsentant neben Mahavatar Babaji, mit dem er sich sozusagen die "Regierungsgewalt im Kailash" teilt. (Yogananda schreibt über Babaji in seiner *Autobiografie eines Yogi.*)

Er handelt also in "besonderem Auftrag", ist mit Privilegien ausgestattet, die nur ihm als dem Regenten seiner Ebene zukommen. Aber diese sind zum Teil sehr spezifisch und nicht unbedingt übertragbar auf andere Kulturen, die in einer gänzlich anderen Vorstellungswelt wurzeln. Diese Vorstellungswelt bildet ja den untersten Bereich der jeweiligen, den Menschen umgebenden Astralebene, die sich nach und nach, je "höher" beziehungsweise "tiefer" sie reicht, "entschleiert", sie bringt also das, was im Sanskrit "Maya" heißt, das "Trennende", in den höchsten (tiefsten) Regionen zur Auflösung. Erst "dort oben" (was wiederum meint "in der tiefsten Tiefe") treffen die weltumspannenden Ebenen aufeinander, durchdringen sich und verschmelzen – BRAHMAN, AIN SOPH sind eins ...

Sai Baba wirkt also so lange als "Regent", bis die untersten, die mittleren und die hohen Astralebenen seines "Pantheons" mit dem Höchsten verschmelzen, alles in BRAHMAN eingeht und auch er, wie alle göttlichen Erscheinungen, mit allem eins wird. Dies ist das "Ende aller Zeiten", das sogenannte "Jüngste Gericht", wo auch alle anderen Welten und ihre Erscheinungen miteinander verschmelzen und eingehen in AIN SOPH AUR (die höchste göttliche Ebene der Kabbala).

Mit Sicherheit bleiben noch immer Fragen offen. Wenn ihr versucht, eine Art Plan oder Skizze dessen zu entwerfen, was ich hier mit Worten nur grob skizzierte, wird euch vielleicht die Wirklichkeit, um die es hier geht, greifbarer, wesentlicher und ihr vermögt dann auch Widersprüchlichkeiten als Ausdruck des Unnennbaren, also die **Doppeldeutigkeit des Einen** zu verstehen, was ja ebenfalls einen groben Widerspruch in sich birgt. Denn der Eine ist ungeteilt der Eine, aber der menschliche Geist muss ihn zergliedern, damit er die Ganzheit in ihren einzelnen Teilen (= Aspekten) zu verstehen lernt. Die indischen Avatare sind Beispiele hierfür, *wie* solche Teile wirken. Sai Baba ist das Herz, Babaji der Kopf, Yogananda die Leber und so weiter. Jeder ist Teil des Ganzen mit spezifischen Aufgaben, die nur von ihm beziehungsweise ihr wahrgenommen werden können.

Sai Baba sagt selbst von sich, dass Widersprüchlichkeit zu seiner Wesensnatur gehört. So mag sich jeder darin zurechtfinden und auch mit jenem Eindruck zurechtkommen, der von der äußeren Welt, in der er sich bewegt, erzeugt wird.

Auch ich bin solch ein "Grenzgänger", ein Bevollmächtigter sozusagen, der die Verirrten, die sich im Dickicht einer fremden Welt verlaufen haben, wieder in ihr "angestammtes Heimatland" zurückführt – immer eins mit allen Brüdern und Schwestern und mit dem Manu, in dessen Auftrag ich auch wirke, wenngleich nicht immer einverstanden mit den Dingen auf der äußeren Ebene, die jedoch für die "tiefere Wirklichkeit" ohne Bedeutung sind.

Indien hat viele große Lehrer, aber auch ein Heer von Kleingeistern hervorgebracht, und der Abendländer, der sich anschickt, das Heil im Osten zu suchen, ist gut beraten, die Spreu vom Weizen zu trennen. Zwischen den erhabenen Lehren eines Mahavatar Babaji, eines Swami Vivekananda, eines Sri Ramana Maharshi oder des gotttrunkenen Paramahamsa Yogananda gibt es eine Vielzahl fragwürdiger und kritisch zu bewertender Lehrer, von denen ich Jiddu Krishnamurti kurz herausgreifen möchte, der ein Leben lang versuchte, gegen den übermächtigen Schatten seiner theosophischen Erziehung anzukämpfen. In seiner rigorosen Ablehnung traditioneller Strukturen und Lehren ging er nun nicht einen Weg der Mitte, sondern den schmalen Pfad einer erbarmungslosen

Radikalität, von der ein Zeitzeuge einmal sagte, man verhungere bei den Vorträgen Krishnamurtis' bei gedecktem Tisch. Gebet, Meditation, Japa (das Wiederholen des göttlichen Namens) geißelte er als sinnentleerte Tätigkeiten, die den Geist verdummen. Aber er erkannte nicht die Kraft, die davon ausgeht, die den Menschen rückverbindet mit dem Prinzip und sich aus dem Kraftfeld speist, das bei solchem Tun entsteht.

Immer ist also der Mensch bei seiner Suche auf sich selbst gestellt. Er ist in der Tat sein eigener Meister und Lehrer.

DIE GRUPPE

Mit diesem Text stimmte uns Saint Germain zu Beginn unserer gemeinsamen Woche im Schwarzwald, die nach sechs Jahren mit ihm als unserem Lehrer den Abschluss der Schulungen bildete, auf unser Miteinander ein. Hier wird auch wieder seine Rolle als Erzieher deutlich. Es geht um spirituelle Erziehung, in deren Tiefe eine normale pädagogische Erziehung nicht reicht.

Die Gruppe ist ein Ort der Sicherheit, ein Zentrum, in dem sich der Mensch geliebt weiß, wo ihn niemand zu vereinnahmen beabsichtigt, wo er also - egal welche Themen die Gemeinschaft gerade beschäftigen - ganz er selbst sein kann, akzeptiert von allen. Wenn alle Gruppenmitglieder sich diesem wichtigsten Grundsatz beugen, entsteht etwas Heiliges - eine Begegnungsstätte liebender Individuen. Und wie von selbst baut sich ein Kraftfeld ganz besonderer Art auf, eine Art "Energiespirale", und Gleichgesinntes wird angezogen, weil Gleiches immer Gleiches an sich zieht.
Die Gruppenmitglieder sind einander nah, wie es in intakten Familien üblich ist. "Spirituelle Familien" indes wachsen über Begrenzungen, die in "normalen" Familien üblich sind, mit Leichtigkeit hinaus. Im Idealfall findet eine Interessenteilung statt, keine

Gegnerschaft, die von unterschiedlichen Meinungen dominiert wird. Und so können die Mitglieder einer solchen Gruppe auch außerhalb der Gruppe "in die Welt" die Idee der Liebe weitertragen, die auf **Achtung vor der Meinung des anderen** basiert.

Solche Gruppen dürfen nicht an äußere Autoritäten, wie selbstherrliche Gruppenleiter, gebunden sein, denn dann entwickelt sich kein demokratisches Verständnis. Und dieses darf nicht auf gewaltsam herbeigeredeter Harmoniesucht beruhen, sondern einzig auf der tiefen Achtung voreinander.

Nur auf diese Weise kann sich ein "innerer Klang" entwickeln, der die Gruppe weithin als göttliches Instrument ausweist, und es ist nur eine Frage der Zeit, bis sich aus der Energiespirale eine Art unabhängiges Wesen herausbildet, das die zumeist sehr zerbrechlichen Teile der einzelnen Gruppenmitglieder widerspiegelt. Aber durch den Zusammenhalt in der Gruppe wird es bald erstarken, weil es ein Abbild der "vereinten Kräfte" ist, die in der Gruppe wirken. Gemäß des Einverständnisses, das die Gruppe auszeichnet, wird es zu wachsen beginnen. Und die vorherrschenden Eigenschaften, wie Liebe, Offenheit und Toleranz, die die Gruppe zu einem Ort der Sicherheit machen, werden sich nach innen und außen entwickeln und den Energieaustausch in der Gruppe beständig beeinflussen.

Diese Gruppenseele ist anfangs ein zartes Pflänzchen, das ununterbrochener Zuwendung bedarf, bis es erstarkt. Die einzige Nahrung, nach der es verlangt, ist Liebe. So genährt kann es seinerseits seine immer stärker werdenden Energien in das Zentrum ausströmen. Dieses aus Liebe gespeiste Seelenlicht wird sich für alle, die mit ihm in Berührung kommen, als geistige Nahrung erweisen.

Und wenn die Gruppenmitglieder eines voneinander lernen, dann dies: Wer sein göttliches Selbst erkannt hat, wird es auch im anderen erkennen, und dann ist es ausgeschlossen, dass irgendeine

Art von Streit ausbricht, weil es unmöglich ist, dass zwischen den einzelnen Erscheinungsformen des "einen Ursprungs" ein Zerwürfnis entsteht. Wo Einigkeit herrscht, gibt es weder Hass noch Streit. Alle Menschen sind miteinander durch ein feines Band verbunden, das sie als Geschwister ausweist, die alle aus dem Gedankensamen des HIMMLISCHEN VATERS und aus dem Schoß der ERDMUTTER stammen.

Gott und Mensch sind nicht voneinander getrennt. Dieses Bewusstsein erzeugt die Harmonie in der Gruppe, die sich wie ein Lied in den Kosmos schwingt. Wenn Menschen einander bekämpfen, zwingen sie Gott, in den Kampf einzutreten, den er dann gegen sich selbst führen **muss**. Welcher Mensch möchte dem Vorschub leisten? Jeder Mensch ist durch das Gewebe des einen Lebens, durch dieselbe Herkunft mit allen anderen Lebewesen in der gleichen Weise verbunden, wie die Geflechte des physischen Körpers miteinander und untereinander in Beziehung stehen.

Jedes Verhalten in der Gruppe, egal ob positiv oder negativ, erzeugt durch die naturgegebene Vernetzung, der zufolge alles mit allem verbunden ist, eine Reaktion nach innen und außen. Was immer die einzelnen Gruppenmitglieder tun, löst also eine unmittelbare Reaktion nach innen und außen aus. Deshalb müssen die täglichen Handlungen immer wieder auf dem Prüfstand stehen.

Wir haben es nun schon oft gehört – **Energie folgt stets dem/den Gedanken.** Wie leicht geschieht es doch, dass man seine eigenen Gedanken und Überzeugungen auf andere Menschen überträgt beziehungsweise projiziert. Schaut euch die Welt an mit ihren banalen, trivialen, egozentrischen Wucherungen, die man allesamt Gott in die Schuhe schiebt. Wollt ihr weiterhin teilhaben an dieser Art von Umweltverschmutzung?
Jesus lehrt in *Ein Kurs in Wundern*, dass es in der wirklichen Welt – der Welt der Liebe und der göttlichen Ordnung – weder

Vergleiche noch daraus resultierende Kämpfe gibt, es existieren weder Unwissenheit noch Disharmonie, denn in der vollkommenen Welt, Gottes wahrer Schöpfung, herrscht Friede. Habt teil an der Welt Gottes, dann werdet ihr eingehen in Gottes Reich. Diese Heimat ist in der Welt nicht zu finden. Werdet Frieden und sendet ihn aus eurer kleinen Gemeinschaft in die Welt, damit sie an euch genesen kann.

In vielen spirituellen Traditionen erkennt man den einzigen Weg zu Gott im **Dienen** und in der **Hingabe**, und ein selbstsüchtiger Mensch wird sich dabei in der Rolle des "Opfers" wähnen. Aber all diese Dinge entspringen Denkkonzepten, die andere für euch aufgestellt haben, die ihr aber nicht zwangsläufig übernehmen müsst. Solange ihr überhaupt noch irgendwelche Konzepte verfolgt, wird euch ein solcher Weg nichts anderes einbringen, als das Gefühl von beständiger Unzulänglichkeit, denn es gibt immer Vorbilder, die man euch als nachahmenswertes Beispiel vor Augen führt.

Ihr solltet nicht aufhören, euch in jedem Moment eures Lebens dem "Willen Gottes" zu unterwerfen, was nicht im kirchlichen Sinn zu verstehen ist, sondern ein **angstfreies Leben aus der Vollkommenheit** meint, damit ihr alles loslassen könnt, was ihr bis dahin für wirklich gehalten habt. **Die Hauptaufgabe eures Lebens besteht darin, Liebe zu geben – und das heißt auch, sie möglich zu machen. Es ist eine große Verschwendung von Lebenskraft, nicht immerzu von Liebe erfüllt zu sein.**

Alles, was wir bisher gelernt haben, war im eigentlichen Sinn eine Wegbeschreibung zu *Ein Kurs in Wundern*. Sein zentrales Thema ist die **Vergebung**. Um seine Aussagen hierüber in ihrer Tiefe zu verstehen, müsst ihr in euch selbst an jenen Ort gelangen, wo **völlige Vergebung** herrscht und ihr niemandem auf Erden auch nur das Geringste noch vorzuhalten habt. Das mag dann, sofern ihr ein schwieriges Leben hattet, nicht leicht für euch sein, aber dies ist etwas, woran jeder Mensch uneingeschränkt arbeiten muss. Denn der Weg ist nicht ohne vollständige Vergebung zu beschreiten. Die einzige Methode, den Schmerz zu verarbeiten, ist die Vergebung. Es ist sehr hart, zur Vergebung zu gelangen, wenn man selbst schweres Unrecht erlitten hat und vom Wunsch nach Vergeltung erfüllt ist. Lebt nicht auf diese Weise, sonst werdet ihr den "Kurs" nicht verstehen. Er lehrt euch, die Gerechtigkeit Gott zu überlassen und euch nur auf die Vollkommenheit auszurichten.

Durch eure Vergebung, so lehrt es der "Kurs", findet eine vollständige Erlösung statt, und nicht nur euer Leben wird sich verändern, sondern das Leben aller anderen ebenso, weil ihr sie mit gänzlich neuen Augen sehen lernt. **Die ganze Welt hat ununterbrochen teil an eurer Vergebung!**
Daraus entsteht dann die **Dankbarkeit**, und ihr spezifischer Klang wechselt rascher als ein Wimpernschlag von einem Menschen zum anderen hinüber. Wann immer man den Klang der Dankbarkeit vernehmen kann, verschwinden alle negativen Gefühle und Urteile im gleichen Augenblick. In der Dankbarkeit verschmelzen alle anderen Klänge zu einer Art Traummusik, alle Disharmonien und Dissonanzen lösen sich auf.

Macht euch bewusst: Ihr seid die Augen, durch die Gott sieht, die Ohren, durch die er hört, die Nase, durch die er riecht, die Hände, durch die er berührt, und der Mund, durch den er spricht!

Gott ist also in jedem Augenblick eures Lebens anwesend. Manche sehen ihn in der Schöpfung. Das ist gut, aber einseitig gedacht. Andere sehen die Schöpfung in Gott. Auch das ist nur ein Teilhaben an Stückwerk. Der Mystiker sieht Gott gleichzeitig in der Schöpfung und diese in Gott. Und was er sieht, ist die Vollkommenheit, die wahre Schöpfung.

Werdet Mystiker!

Eine tiefe Freude durchflutet uns, wenn wir begreifen, dass wir einander immer schon kannten. Tatsächlich sind wir alle zutiefst miteinander vertraut. Wenn ihr dies eines Tages im Geheimnis des Atems ganz wahrnehmen könnt, seid ihr auch imstande, euch noch mehr füreinander zu öffnen. Ihr könnt dann dem Augenblick vertrauen und das Wissen um die Liebe miteinander teilen.

Wenn ihr euch gegenseitig im Namen Gottes liebt, so bedeutet dies, dass wir alle nicht voneinander getrennt, sondern einzigartige Beispiele der Einheit sind. Und wenn ihr in Liebe beisammen sein könnt, wird etwas Großes in der Welt freigesetzt. Die ganze Welt ist genau "hier", und wenn ihr in Liebe - das heißt im Gebet - zusammensitzen könnt, dann geschieht in der Welt in diesem Augenblick etwas höchst Wunderbares - und darin besteht die Kraft und das Wunder der Liebe. Hört nie auf, einander so - auf eure ganz besondere Weise - zu lieben, und wisset euch getragen und gestärkt von allen unsichtbaren Wesen, die dem Geist der Liebe dienen.

BRÜDERLICHKEIT

Brüderlichkeit unter den Menschen muss natürlich zuerst in der Zusammenarbeit wachsen, und diese kann nur auf Wissen aufbauen. Wir müssen alle zusammen arbeiten und übereinander Bescheid wissen. Brüderlichkeit verlangt also Zusammenarbeit, damit erledigt wird, was zu einem bestimmten Zeitpunkt erforderlich ist. Die Bedürftigkeit des Einzelnen selbst bringt eine "Bruderschaft" zusammen, damit Freundschaft gelernt werden kann. Loyalität und Vertrauenswürdigkeit zu entwickeln, erfordert Anstrengung. Man kann das nicht einfach Gott überlassen. Es liegt am Einzelnen, einander mit Liebe und Respekt zu behandeln. Eine Bruderschaft kann nicht nur aus lauter Egos und Persönlichkeiten bestehen. Sie kann und darf nicht auf Angst, Ärger und Gier aufgebaut sein oder auf irgendetwas anderem, was sie von der "restlichen Welt" trennt. Und sie darf nicht als "Barrikade" gegen die Welt benutzt werden. Sie muss einzig auf der Achtung für andere und dem Dienen in der Welt beruhen – und nicht auf der Abgeschiedenheit von ihr.

Wir müssen jetzt noch einen großen Schritt weitergehen in der Erkenntnis, was "brüderlich" wirklich bedeutet: Die Grundlage muss Vertrauen sein. Aber Vertrauen ist gewöhnlich mit irgendeiner Form, Idee oder Person verbunden, aber dies ist Begrenzung, von der das restliche Leben ausgeschlossen bleibt. Solange man nicht unmittelbare Einsicht in das Leben gewinnt, also über wirkliches Wissen verfügt, kann man Vertrauen nur in die Meinungen anderer setzen, und man folgt ihnen blind. Der Geist vergleicht unentwegt mit diesem und jenem und beurteilt das eine als richtig, das andere als falsch. Das sind aber nichts als "Meinungen".

Wem es gelingt, das eigene Gewissen zu erwecken und unmittelbar Einsicht in das Leben zu gewinnen, entdeckt mit Sicherheit die höhere spirituelle Brüderlichkeit, die ihn als tiefes Gefühl der Liebe für die Menschheit und alles Leben auf diesem Planeten erfüllt. Er erkennt die tiefe Verbundenheit mit allen Dingen und ist imstande, anderen wahrhaft zu helfen – aber niemals aus Pflichterfüllung, denn dann wäre keine Liebe da.

So sind spirituelle Gruppen dort nützlich, wo sie einen Weg zu einer **Bruderschaft des Menschen in der Vaterschaft Gottes** aufzeigen. Es wird immer unterschiedliche Gruppierungen geben, die sich alle dem gleichen Ziel verschrieben haben, und jeder muss sich davor hüten, sich selbst oder die Gruppe wichtiger als andere zu nehmen. Die Gruppe darf lediglich die für die unmittelbare Einsicht notwendigen Bedingungen gewährleisten und muss die Möglichkeit bieten, einer Sache zu dienen, die weitaus größer ist als das individuelle Selbst. Wenn man sich in solch eine Gruppe einbringt, findet eine Transformation von Energien statt. Und falls es keine "sichtbare" Gruppe gibt, von der man Teil sein kann, dann kann man zumindest im Erkennen der "einen Essenz" mit gleichgesinnten Freunden zusammentreffen. Der Wert einer solchen Gruppenarbeit kann gar nicht hoch genug geschätzt werden, weil man nur dort wirklich lernen kann, einander in Liebe zu begegnen. Je mehr man einander erkennt, umso mehr kann man lieben.

Der Mensch verlangt nach Sicherheit, deshalb braucht er auch einen sicheren Ort, an dem ihn niemand vereinnahmen will und wo er ganz er selbst sein kann. Und dort kann eine "Spirale" ent-

stehen. Wenn es einer Gruppe gelingt, eine solche Spirale zu erzeugen, was meint, einen Ort, wo Menschen sich sicher und nicht
vereinnahmt fühlen, dann wird er zu einem Heiligtum. Er wird zu
einem Ort der Liebe.

Durch eure Liebe und euer grundlegendes Einverständnis erzeugt
ihr also eine Energiespirale, und sie gibt euch die Möglichkeit zu
einer transformierenden Arbeit. Die Spirale baut ein magisches
Kraftfeld auf, das Gleichgesinntes anzieht, wie Gleiches immer
Gleiches anzieht. Und so kann eine "spirituelle Familie" Gestalt
annehmen, sie mag zahlreiche Untergruppen hervorbringen, es
findet eine Teilung der Interessen statt und letztlich tauchen die
Einzelnen wieder in die Welt ein – so kann sich das Heilige über
die ganze Welt ausbreiten.

Mit der Entstehung einer solchen Spirale wird sich langsam eine
Art "unabhängiges Wesen" entwickeln oder herausbilden. Es beginnt zu keimen, und sein Anfangszustand ist zerbrechlich, weil
es die zerbrechlichen Teile der Familienmitglieder widerspiegelt,
aber es entwickelt sich und beginnt zu erstarken in dem Maße,
wie die Gruppe zusammenwächst. Die Entwicklung dieses "Wesens"
wird von der Art des gesamten Einverständnisses gelenkt und geprägt, das in der Gruppe bestimmend oder vorherrschend ist. Und
wenn sich dieses Einverständnis einzig auf Liebe, Toleranz und Offenheit richtet, dann wird es sich auch in diese Richtung entwickeln.
Bezieht sich dieses Einverständnis aber auf bestimmte vorherrschende Meinungen über andere Menschen oder über konkrete
einzelne oder bestimmte Methoden oder einen Ansatz hierzu,
dann wird das "Wesen" sich unweigerlich in diese Richtung entwickeln und die Meinung der Gruppe entsprechend verstärken.

Um sich weiter gut entwickeln zu können, braucht dieses neue Wesen Nahrung. Es braucht die Nahrung eurer Liebe. Denn es darf
niemals darum gehen, von der Gruppe etwas zu bekommen, sondern darum, selbst etwas in das "Zentrum" zu geben. Und während

die einzelnen Gruppenmitglieder ihre Spannungen, ihren Schmerz und ihre vorgefassten Konzepte aufgeben, werden diese ins reine Licht erlöst. Sie werden auf diese Weise in den "Athanor", den alchemistischen Schmelztiegel, geworfen, und wenn die Hitze (die Leidenschaft und die Glut der Liebe) stark genug ist, dann wird etwas wunderbar Neues geboren. Das "Gruppenwesen" oder die "Spirale" erweist sich am Ende für all jene, die in Kontakt damit kommen, als "führendes Licht" und "geistige Nahrung". Dieses Licht kann überallhin in die Welt getragen werden, es fällt immer und überall auf fruchtbaren Boden. Es ist dann, als würdet ihr mit dem Licht einer Kerze all die Kerzen anzünden, die nur darauf warten.

Das Leben entfaltet sich immer aus sich selbst. Jedes Lebewesen ist eine einmalige Manifestation des einen Ursprungs. Für den, der gelernt hat, sich selbst zu erkennen, kann es keinen Streit mit anderen Erscheinungsformen dieses einen Ursprungs geben, unter welchem Namen und in welcher Gestalt auch immer sie erscheinen. Gott ist eins und die Menschheit ist eins. Aus diesem Wissen erwächst das Bedürfnis für Zusammenarbeit und Respekt. Habt ihr einmal erkannt, dass eure Identität eins ist mit allen anderen Identitäten, dann werdet ihr aufhören, euch gegenseitig zu bekämpfen. Ja, die Menschheit ist wahrhaft eins, und jeder von euch ist durch das Gewebe des einen Lebens mit allen anderen Lebewesen ebenso verbunden wie die Nerven im Körper miteinander in Beziehung stehen.

Das Verhalten des einen verursacht zunächst in der Gruppe und letztlich - da alles mit allem zusammenhängt - global eine Reaktion: Was immer man auch tut, es löst in der ganzen Welt unvermeidlich eine entsprechende Reaktion aus. Seid euch dessen in jedem Augenblick eures Lebens bewusst!

ASTROLOGIE – SINN UND UNSINN

Viele Menschen beschäftigt die Frage, welchen Einfluss die planetarischen Einwirkungen auf den Menschen haben. Wäre denn die bewusste Entwicklung des Menschen hin zum "Purusha", dem göttlichen Menschen, auch nur ansatzweise gerechtfertigt, wenn er nichts anderes wäre als ein wehrloser Spielball zwischen den Elementen und dem Einfluss der Planetenkräfte? Wenn ein Mensch bestrebt ist, ein höheres Bewusstsein zu entwickeln, ist er diesen Dingen überhaupt nicht ausgesetzt, wie die heutige Astrologie dies glauben macht, denn der Mensch kann charakterliche Schwächen, die das Horoskop angeblich vergröbert zu erkennen gibt, mithilfe seines höheren Bewusstseins jederzeit überwinden. Und so vergisst die Astrologie bei ihrer Auswertung das alles umschließende, alles einschließende kosmische Gesetz, das je nach entwickeltem Bewusstsein die Elemente und die Planetenkräfte und deren Auswirkungen auf den Charakter weitaus stärker beeinflusst, als die "(angeblich) realen berechenbaren Kräfte" dies zunächst im Horoskop glauben machen (sollen).

Wenn wir uns also der Astrologie annähern wollen, müssen wir verstehen, dass die Elemente in den feinstofflichen Dimensionen Energien - die wir vereinfacht die "geistigen Elementeengel" nennen - erzeugen. Wir sprechen hier natürlich nicht mehr von den

physischen Elementen, wie Erde, Wasser, Luft und Feuer, sondern von feinstofflichen Atomen, die in ihrer Ausstrahlung Schwingungen der Wärme, der Feuchtigkeit und der Trockenheit erzeugen. Diesen Kräften "dienen" die "Engel der physischen Sektion".
Die daraus entstandenen Energiezusammensetzungen sind mitbestimmend für unser Klima, für Wärme, Kälte, Feuchtigkeit oder Trockenheit und somit für das Leben auf der Erde ganz allgemein.

Es ist also unsinnig, irgendwelche Planetenbahnen zu berechnen und sie in Bezug zu - vom Standpunkt des Kosmos aus betrachtet - solch unwichtigen Größen wie dem Einzelschicksal eines Menschen zu setzen. Es geht hierbei um große globale Kräfte, um atomare Verdichtungen unbegreiflichen Ausmaßes, welche Auswirkungen auf die Kräfte des Kosmos haben. Die Astrologie müsste also von umgekehrten Vorzeichen ausgehen, als sie es heute tut. Nicht die Gestirne haben Einfluss auf den Menschen, auf die Umstände seiner Geburt, auf seine besonderen oder nicht vorhandenen Fähigkeiten und seinen Charakter, sondern diesen Einfluss üben jene von den kosmischen Elementen erzeugten feinstofflichen Energien aus, die die Planeten in ihrem Kreislauf und auch - unter anderem - die Entwicklung des Menschen bestimmen. Somit ist der Mensch von den Planetenkräften nicht abhängig, sondern er teilt das Schicksal der Abhängigkeit von den kosmischen Elementen mit ihnen und ist somit Teil der kosmischen Gesetzmäßigkeit.

Zumeist lähmt der Blick auf ein Horoskop den Menschen in seiner Entwicklung, anstatt ihm Hilfestellung zu geben, weil es selten ermutigt, sondern zumeist "Astrologenlatein" auftischt. Es gibt im Westen heute keine Schule mehr, die die wahre Astrologie der alten Einweihungsschulen lehrt. Macht euch die Mühe und geht mit einem erfundenen Problem zu vier verschiedenen Astrologen - und ihr werdet verstehen. Dies alles sind Resultate falsch angewandter geistiger Gesetze, und je mehr man den "Kosmos" mit ihnen vollpfropft, umso unbarmherziger "schlägt" er mit seinen Waffen der ausgleichenden Gerechtigkeit zurück.

Gedanken sind ja keine abstrakten Größen, sondern messbare Energien, die "rückwirkend" auch die Elemente im Kosmos beeinflussen. Ein Beispiel: Das gesamte menschliche Gedankengut – zusammen mit einer gesunden oder, wie es leider wesentlich öfter geschieht, umweltverschmutzenden Natur und ihrer Ausstrahlung – beeinflusst nicht nur, sondern **erzeugt** das Wetter. Je mehr sich der Mensch also dieser Dinge bewusst wird und begreift, dass alles Schwingung und Energie darstellt, desto eher wird er sich endlich auch darüber klar werden, wie viel er als Individuum zum Allgemeinwohl beitragen, inwieweit er die Natur beeinflussen und wie er Gutes beziehungsweise Schlechtes erzeugen kann. Dazu braucht er nicht die Hilfe eines Horoskops, sondern muss sich nur auf seine inwendige Göttlichkeit besinnen. In diesem Sinne sollten vernunftbegabte Astrologen ihre Klienten beraten.

Die (heutige) Astrologie lehrt unter anderem, wie einem gut eingeführten Lehrbuch zu entnehmen ist, dass das Horoskop eine Botschaft sei, die im Augenblick der Geburt in "leuchtender Schrift am Himmel geschrieben steht". Und ein Kind würde an dem Tag und zu der Stunde geboren, da die Strahlen der Gestirne mit mathematischer Genauigkeit seinem individuellen Karma entsprächen. Dem muss man doch einmal nachlauschen! Ja, das ist Teil des "Astrologenlateins", von dem ich sprach. Wie können die "Strahlen der Gestirne" mit mathematischer Genauigkeit dem individuellen Karma eines Neugeborenen **entsprechen**? Und dann soll das Horoskop dieses Kindes dieser mathematischen Gleichung wegen "mit leuchtender Schrift in den Himmel geschrieben" sein? Da es sich ja um Astrologie handelt, ist hier wohl der Himmel als Träger der Gestirne gedacht. Welcher Unsinn verbirgt sich doch in solch aufgeblasener Rhetorik. Was sind denn die "Strahlen der Gestirne"?

All-eins-Sein sei Einssein mit dem All, heißt es dort weiter, und sich auf die Schwingungen des Alls einzustimmen bedeute, sich selbst mit dem All in Einklang zu bringen. Sei man dann mit dem Kosmos im Einklang und würde man sich dessen bewusst, hätte man kosmisches Bewusstsein erreicht. So einfach also ist kosmisches Bewusstsein zu erreichen? Der Grundgedanke ist natürlich richtig, nur müsste die Astrologie ihre Anhänger auch lehren, **wie** ein Mensch diesen Einklang mit dem Kosmos finden kann, um letztlich jenen Zustand des "kosmischen Bewusstseins" zu erreichen. Wo findet sich in der Astrologie aber ein einziger Hinweis darauf, wie ein Mensch die Schwingungen des Alls so hellhörig aufzunehmen imstande ist, dass er in seinem Alltag mit diesem harmonisch, ohne je einen "falschen Ton" zu erzeugen, zusammen zu spielen lernte?

Wo also liegt der Widerspruch? Wir erinnern uns: "Nicht die Gestirne haben Einfluss auf den Menschen, auf die Umstände seiner Geburt, auf seine besonderen oder nicht vorhandenen Fähigkeiten und seinen Charakter, sondern diesen Einfluss üben jene von den kosmischen Elementen erzeugten feinstofflichen Energien aus, die die Planeten in ihrem Kreislauf und auch - unter anderem - die Entwicklung des Menschen bestimmen. Somit ist der Mensch von den Planetenkräften nicht abhängig, sondern er teilt das Schicksal der Abhängigkeit von den kosmischen Elementen mit ihnen und ist somit Teil der kosmischen Gesetzmäßigkeit ..."
Wer sich also auf diese Weise vertraut macht mit den kosmischen Kräften, wird nicht mehr die Planetenbahnen oder die strahlenden Gestirne in ihrem Lauf berechnen, sondern versuchen, wie man in Kontakt treten könnte mit jenem Energiepotenzial, von dem die Planeten in gleicher Weise abhängig sind wie der Mensch in seiner Entwicklung - und das die eigentliche Intelligenz darstellt, die das ganze All harmonisch durchstrahlt und mit "Sphärenklängen" in Bewegung, in Einklang hält. Diese Energien stammen aus dem Urlicht und dem Urwort, die aus der Unendlichkeit - über die Endlichkeit des Alls - das Leben im Kosmos bestimmen.

Dass die Astrologie heute den Karmagedanken in den Mittelpunkt der menschlichen Entwicklung rückt, zeigt, dass sie ihn nicht wirklich versteht. Wenn sie lehrt, dass ein Kind angeblich an dem Tag und zu der Stunde geboren wird, da die Strahlen der Gestirne mit mathematischer Genauigkeit seinem individuellen Karma entsprechen, so zeigt dies, dass hier einfach Weisheiten aus aller Herren Länder und Religionen zusammengemischt wurden, die aber dem Wesen der wahren Astrologie widersprechen.

Was die **alten Astrologen** berechneten, waren große kosmische Zusammenhänge, die ihnen aufzeigten, wie die **Wirkkräfte der makrokosmischen Elemente** zu entschlüsseln seien, um nach und nach die Auswirkungen von deren unterschiedlichen Kräfteverhältnissen auf das Leben im Mikrokosmos Erde verstehen und beeinflussen zu können. Schon für sie war die Erde keine Scheibe und nicht der einzige Ort, an dem Gott, den sie die "Quelle" nannten, wirkte. Sie erfanden für ihre Berechnungen die Mathematik wie auch die Geometrie und waren imstande, die Wirkkräfte, die den Kosmos erhalten, zu "personifizieren". Sie lernten, durch sie "hindurchzuhören", um - einzig mithilfe ihrer Berechnungen - zur Quelle ihrer Natur zu gelangen. Sie wussten sich eins mit den Gestirnen, mit dem Kosmos, aber er war nur ihr Führer zur Quelle, jedoch nicht die Quelle selbst, wie jeder einzelne Planet und Stern nur ein Bruder ihres Planeten war.

Diese Personifizierung der kosmischen Kräfte war die Geburtsstunde der Kabbala und ihrer Hierarch(i)en. Mithilfe dieses logisch aufgebauten Systems war es wirklich möglich geworden, über die kosmischen Gegebenheiten hinaus Kontakt zu den Wirkkräften zu erhalten - die die frühen Astrologen-Kabbalisten "Engel" nannten - und ihren Einfluss auf das Leben jedes einzelnen Menschen zu erkunden. So entstand nach und nach ein wirksames Instrument, das leider alsbald in ein bestehendes religiöses System integriert wurde, in das sich aber die "Ahnherren", die Astrologen, nicht einbinden wollten. So kam es, dass die Kabbala sich immer weiter von den einstigen Ursprüngen entfernte und damit auch die Wissenschaft der Astrologie langsam verfiel.

Die heute verbliebenen Reste sind traurig. Auch aus der Kabbala verschwand nach und nach das alte Wissen und wurde von fundamentalistischen jüdischen Strukturen übertüncht, die mit dem Ursprungswissen über Metempsychose (Reinkarnation) ebenso wenig anzufangen wussten wie die heutigen "Erneuerer" der Astrologie. Diese nehmen Anleihen bei Buddhisten und Hinduisten und anderen Lehren, die die Reinkarnation samt Karmalehre propagieren. Dies zeigt, wie weit sich diese einstige **göttliche Wissenschaft** vom Ursprung entfernt hat. Dass Geist und Seele unsterblich sind und alles Leben eins, war seit jeher Bestand jeder großen Lehre, und auch für die alten Astrologen stand diese Tatsache im Mittelpunkt ihrer Berechnungen. Ihnen war bewusst, dass alles Leben linear und ohne Unterbrechung in verschiedenen Schattierungen und Erscheinungsformen verlief. Deshalb hatte der Karmagedanke keine tatsächliche Bedeutung, die Metempsychose **war** Realität. Die Erfahrung lehrte doch, wenn man die Saatkörner in die Erde verbrachte, keimte bald darauf die junge Saat. Was immer man tat, erzeugte eine mehr oder weniger fruchtbare Gegenreaktion, und deshalb war es selbstverständlich, dass jeder Gedanke, jedes Wort, jede Tat eine ebensolche Gegenreaktion auslöste, denn alles ist in diesen ununterbrochenen Prozess von Aktion und Reaktion einbezogen. **So wie jeder Klang ein Echo erzeugt, entsteht auch im Leben der Dinge und Menschen ein Echo auf den Klang des Lebens.** Es wäre töricht gewesen, ihn zu bewerten, da er doch der Natur der Dinge entsprach. Wer hinterfragte schon Tatsachen, die unmittelbar zum Leben gehören?

Hier nun begegnen wir auch der Aussage von Jesus in dem Buch *Ein Kurs in Wundern*, dass es im eigentlichen Sinn keine Reinkarnation gibt. Wie auch? Nur wer sein Leben für in sich abgeschlossen, einmalig und auf Raum und Zeit begrenzt hält, wird sich diese törichte Frage stellen.

Wenn die heutige Astrologie ihre Anhänger damit verunsichert, dass sie zum Beispiel den Karmagedanken lehrt, der in der Ursprungsastrologie **in dieser Weise** überhaupt keine Rolle spielte – weil es ja Karma **in diesem Sinne** nicht gibt –, dann missbraucht sie das Vertrauen, das jemand Hilfe suchend in sie setzt. Jeder Astrologe hat heute seine private Sicht der Dinge, zudem verunsichert die Vielzahl der "Schulen" den Suchenden, und der Unsinn, der sich durch die Esoterikszene ganz allgemein zieht, findet sich in der Astrologie im Besonderen.

Lebe so, dass du dich im "Ein-Klang" mit dem Kosmos befindest. Versuche, dessen "Klang" zu hören, durch ihn hindurchzuhören, um die Harmonie, die der "Quelle" entströmt, mit deinem Herzen, mit deiner Seele wahrzunehmen. Was spielt es denn für eine Rolle, welches "Echo" gerade aus früheren Tagen zurücktönt? Hier und heute ist der Augenblick, da du dich wieder erinnerst, da du aufwachen und dich an die unsichtbaren Engel wenden kannst, jene wunderbaren Kräfte, die den Kosmos mit Energien aus der Quelle versorgen, die von dort zu dir "herunterfließen" als "Produkte" eines gigantischen Umwandlungsprozesses, in den alles Leben mit einbezogen ist.

Um aber diesen Einklang als lebensverändernde Realität erfahren zu können, genügt es nicht, aus dem Horoskop zu erfahren, überspitzt formuliert, in welchem Haus sich dein Saturn momentan befindet und wie sich der Mondknoten in deinem Liebesleben auswirkt. Wenn der Kosmos wirklich "Widerhall" in deiner Person finden soll, dann musst du die Elementekräfte, die in ihm wirken, in ihrer Vollkommenheit auch in dir verwirklichen, dann musst du zur "Sonne" werden, die als einziges Gestirn in unserem Sonnensystem auf uns herunterstrahlt:

»Ich selbst muss Sonne sein.
Ich muss mit meinen Strahlen
das farbenlose Meer der ganzen Gottheit malen.«

Angelus Silesius

DAS THEMA HEILUNG

WAS IST EIN HEILER?

Das Thema »Heilung« bestimmt den ersten Teil des Buches *Saint Germains Vermächtnis. Ein westlich-abendländischer Einweihungsweg* und ist präsent in vielen Texten unseres Lehrers. Es ist Saint Germain ein Anliegen zu erklären, was Heilung tatsächlich ist. Der folgende Text, in dem der »Heiler« im Mittelpunkt steht, war nicht Teil einer der Schulungen, sondern wurde unserem Freund Thomas, der einen heilenden Beruf ausübt, von Saint Germain gegeben.

Heilung bewirkt eine bewusst gelebte Gegenwart, die sich nicht nähren darf aus den Bildern der Vergangenheit. Das Licht ist die einzige Kraft, die alte Bilder aus dem Gedächtnis löscht.
Wirkliche Heilung bedeutet, **ganz** zu werden! Es braucht Mut und Tapferkeit, um in die Welt hinauszutreten und als Werkzeug des Höchsten zu wirken. Es braucht Vertrauen, das Wachheit erfordert, denn nur wenn du wach bist, bringst du das nötige Vertrauen auf zu wissen, **was** du tust.
Sei wach für deine Füße auf dem Boden, für deine Hände, wenn sie einen anderen Menschen berühren, für deinen ganzen Körper – und Atem.

Die richtige Weise, der Welt zu helfen, ist zu lieben! Ja, so einfach ist das. Es handelt sich dabei nicht um eine sentimentale Art von Liebe, sondern um eine bewusste Form der Liebe, um "Liebe im Licht des Wissens". Je mehr du über jemanden weißt, umso besser kannst du ihm helfen, weil du seine Bedürfnisse berücksichtigen kannst. Denn Liebe beginnt mit Respekt. Respekt erlaubt dir, die Einzigartigkeit eines Menschen zu erkennen und zu verstehen, wie du ihm wirklich in Liebe dienen kannst.

Für das Heilen ist es von großer Bedeutung, eine **Frage** zu haben. Diese Frage ist nötig, damit du eine Antwort erhalten kannst. Hast du jedoch schon eine (vorgefasste) Meinung, dann verstellt diese der echten Antwort den Weg. So lassen sich die meisten Menschen beim Heilen von verborgenen Beweggründen leiten. Man will, dass sich der Zustand eines Menschen schnell bessert, und möchte ihn daher in einer angemessenen Weise heilen. Aber vielleicht ist es gar nicht das, was eigentlich - oder im Augenblick - notwendig wäre! Vielleicht muss er im Grunde genommen eine Weile - oder wie lange auch immer - krank sein. Dein Motiv beim Heilen muss also im **Einklang mit der Wahrheit** stehen - und sonst gar nichts! Dann erst kannst du ein Verbindungsglied zwischen Himmel und Erde sein. Die meisten werden sofort aktiv, ohne zuvor die nötigen Fragen gestellt oder um Erlaubnis gebeten zu haben. Der Wunsch zu helfen kann manchmal so stark sein, dass man eher im Weg stehen oder mehr Schaden als Gutes anrichten kann.

> Es sind drei Fragen, die sich ein "Heiler" zu stellen hat: Darf ich? - Soll ich? - Kann ich?

> "Darf ich?" meint: Habe ich die Erlaubnis von der "ersten Ursache", also von Gott?

> "Soll ich?" bedeutet: Ist es der rechte Zeitpunkt und der rechte Ort?

"Kann ich?" beinhaltet die Frage: Bin ich die richtige Person für diese Aufgabe?

Wenn du dir stets diese drei Fragen stellst, kannst du besser helfen und richtest keinen Schaden an. Frage und lausche immer vorher nach innen. Du wirst die Antwort hören, wenn du bereit bist zu gehorchen. Bitte darum, helfen und dienen zu können und keinen Schaden anzurichten. Und was immer du auch tust, wird weitreichende Folgen für dich und andere Menschen haben.

Die drei Fragen müssen für jeden Heiler immer mit großer Intensität lebendig sein. Du musst von ganzem Herzen und vollständig ins Gebet versunken um Antwort bitten. Denn du sollst immer das Richtige tun und keinen Fehler begehen.

Immer wieder hört man die Leute heutzutage von "Führung" reden, wobei sie jedoch häufig nicht verstehen, dass diese Führung nicht unbedingt auf dem höchstmöglichen Wissen beruhen muss. Sie kann, ja sollte durchaus ihren Ursprung in einer "tieferen" Ebene haben, und aufgrund der Gesetze der Anziehung können Menschen bisweilen "frei schwebende" Gedankenformen manifestieren, die in der Situation der heutigen Welt nicht sonderlich hilfreich sind. Solange deine Gedanken nicht vollständig gereinigt sind, projizierst du lediglich dein eigenes Ego, also die Konditionierungen deiner Vergangenheit. Die so erhaltene "Führung" gibt dann lediglich der Selbstgefälligkeit einen enormen Auftrieb. So viele angeblich "geführte" Menschen befinden sich in Wirklichkeit nur in den Händen des sogenannten Schicksals. "Führung" ist häufig nichts anderes als eine ständig wiederkehrende Gedankenform, die sich einfach durch irgendwen manifestieren möchte. Viele Menschen stellen unter solcher "Führung" die lächerlichsten Dinge an. Sie bilden sich ein, sie seien für eine "große Intelligenz" offen, obwohl diese nichts weiter als eine frei schwebende Gedankenform oder - noch schlimmer - reines Verlangen ist. Zunächst also muss jeder sich selbst finden, und dann erst vermag man den

Unterschied zwischen Schicksal und Bestimmung zu erkennen. Wenn dein Fundament **wahres Wissen** ist, dann bist du auch nicht offen für frei schwebende Gedankenformen oder falsche Führung. Besser ist es, einmal die eigene Unwissenheit einzugestehen, als aus falsch verstandener Führung heraus einem Menschen zu schaden.

Ein Heiler muss immer ganz wach und geerdet sein. Es ist durchaus möglich, sensitiv mit höheren, reinen Wesen und "wahrem Wissen" in Einklang zu sein, während man auf dem Boden steht und vollkommen wach und dem anderen zugewandt ist. Es besteht also keinerlei Anlass, sich in irgendeinen "Trancezustand" zu begeben. Dies kann bei einer Heilungsarbeit sogar sehr gefährlich sein, weil dann auch falsche, niedere, schlechte Energien in dich einfließen können. Es ist sehr einfach, in solch eine Trance zu geraten oder eine Verbindung zu einem anderen Wesen aufzunehmen, aber womit nimmt man dann wirklich Verbindung auf? Der wahre Heiler oder Lehrer muss noch weit mehr als andere Menschen und im besonderen Maße geerdet sein, damit allein die höchsten Wesenheiten in seine Arbeit einfließen können.

Je nun, nichts, aber auch gar nichts kann geschehen, wenn der "rechte Zeitpunkt" noch nicht da ist. Du kannst von allem guten Willen in der Welt beseelt sein, bist du jedoch nicht empfänglich für den Augenblick, ist alles Tun reine Zeitverschwendung. Die Bedürfnisse des einen Menschen entsprechen nicht notwendigerweise denen eines anderen. So darf man sich nicht anmaßen zu wissen, was ein anderer braucht. Du musst also lernen, gegenüber dem Augenblick vollkommen empfindsam zu sein, um zu wissen, was richtig ist und wie du handeln sollst. Das ist der Anfang des "Wissens", von hier aus kannst du beginnen zu dienen.

Wenn du dazu beitragen möchtest, dass sich auch Heilung einstellt, oder wenn du an einer wirklichen - nicht nur scheinbaren - Veränderung der Welt mitwirken willst, dann musst du für das wach sein, was bisweilen auch die "dritte Kraft" genannt wird. **Drei ist die erste Zahl in der relativen Welt, weil es immer drei Elemente braucht, um irgendetwas zu manifestieren.** Das ist das tiefe Geheimnis der Trinität, die jede spirituelle Kultur kennt, du erinnerst dich an frühere Texte. Wie heißt es doch: *"Die Eins erzeugt die Zwei, die Zwei die Drei und die Drei all die zehntausend Dinge."* Wir können also dieses "wirkende Gesetz der Drei" überall und in allem erkennen. Du musst immer erst der "dritten Kraft" erlauben, dass sie eintritt, denn diese verbindet die Eins und die Zwei miteinander – es ist der Geist! Wenn es ein "Ich" gibt, das von dir getrennt ist, dann kann Veränderung nicht wirklich stattfinden, sondern nur an der Oberfläche. Wenn ihr euch als getrennt anseht, dann herrschen Dualität und Vergleich. Die dritte Kraft, der "erlösende Geist Gottes", kann aber nicht zugleich mit Vergleich existieren. Lerne also, für diese dritte Kraft immer wach und offen zu sein, lerne, dem "Wind" zu lauschen ...

Wenn du also zu helfen versuchst, wirst du herausfinden, dass sich eine Veränderung erst dann einstellt, wenn die dritte Kraft zugegen ist – und dies ist nur dann der Fall, wenn du offen und wach dafür bist. Solange du noch nicht "erwacht" bist, kannst du niemandem wirklich helfen. Du musst dir erst bewusst sein, **wer** und **was** du bist. Nur wenn du **bewusst** bist, können Körper, Gefühle und Gedanken zu Werkzeugen für das **Dienen am Leben** werden. Aber jede Art des Denkens begrenzt dich, vergegenwärtige dir daher immer den einführenden Text (Kapitel "Über die Natur des DAO"). Du musst also über deinen Verstand und über dein Denken weit hinausgelangen. Solange du "etwas" denkst, trägst du nur eine Illusion von diesem "Etwas" mit dir herum und projizierst diese wahrscheinlich auch noch auf andere.

Energie folgt stets dem Gedanken, deshalb musst du vorsichtig sein, dass du nicht deine eigenen Gedanken und Überzeugungen auf andere Menschen projizierst. Du darfst niemals die Macht der

Liebe und des Lichtes und die Kraft in anderen Menschen unter-
schätzen, weil nämlich Mann und Frau nach dem "Bilde Gottes"
erschaffen sind. Deshalb muss man andere stets als das eigene
Selbst respektieren, und dann wird einem vielleicht das Wissen zuteil, das man braucht, um ihnen zu helfen.

Wenn du in das WERK eintrittst, musst du es natürlich mit dem
Denken tun. Das Geheimnis liegt zwischen dem Ein- und Ausat-
men. Das ist alles! Die Frage ist, worin es besteht. Ihr lebt in einer
Illusion über euch selbst und andere. Diese Illusion beruht auf
euren Gedanken über euch selbst und andere. Diese Illusion
beruht auf euren Gedanken über euch selbst und die Welt. Diese
Gedanken und Meinungen bilden euren konditionierten Verstand
– und das Muster eures Lebens. Solange ihr an diesen Konzepten
festhaltet, ob sie nun positiv oder negativ sind, könnt ihr die
Wahrheit, wie sie im Augenblick gegeben ist, weder sehen noch
hören, sie nicht erlauschen – und deshalb könnt ihr weder euch
selbst noch anderen helfen.

Wenn alle Illusionen geheilt oder verschwunden wären, woran
würdet ihr euch dann halten? Illusorisches Denken ist nicht einfach
negatives Denken. "Negativ" und "positiv" sind lediglich zwei Po-
laritäten derselben grundlegenden Sache – des Denkens! Positives
Denken zu heilen ist wesentlich schwieriger, als negatives Denken
zu verändern. Ein Mensch könnte etwa behaupten: "Das weiß ich,
das bin ich und darum geht es!" Mit dieser Art zu denken ist es
sehr schwierig zu leben und zu arbeiten, weil solche Menschen an
ihren Konzepten, an ihrer eigenen "Wahrheit" hängen.

Wirklich geheilt zu werden heißt also, **ganz** zu werden. Es bedeutet
aber auch, in reines Denken – was ganz allgemein meint: **jenseits
des Denkens** – zu gelangen. Jesus sagte von sich: "Ich bin Gedanke,
vollkommener gedachter Gedanke!" Reines Denken kommt immer
ohne Vergleich und Urteil aus. Es ist dies die **Erkenntnis der Voll-**

kommenheit Gottes. Es ist ein Denken, das aus der vollkommenen Matrix der Schöpfung hervorgeht.

Die Nahrung des reinen Denkens ist die dritte Kraft, der reine Geist. GEIST heißt aber auch ATEM. Alles andere wird vor allem wieder die Illusion nähren, der Gedanke sei für sich selbst wirklich, manifest, real. Reines Denken gestattet es der Matrix der Vollkommenheit, hier auf Erden geboren zu werden. Es ist dies nicht ein Denken in Urteilen oder Meinungen, sondern es ist rein und daher empfänglich – empfänglich für das WORT DER WAHRHEIT. Es kann sich also auf Erden manifestieren. In diesem reinen Denken werden alle Wesen im Reich Gottes in einem einzigen Akt der Erlösung zur Quelle zurückgeführt.

Ich bin vollkommen, wie der Vater vollkommen ist,
und ich anerkenne nur diese Vollkommenheit!

So ist das Ziel des Heilens die Einheit, die Vereinigung mit Gott, dem absoluten Sein, dem Unnennbaren, DAO – wie auch immer man es nennen mag. In dieser Einheit erst ist das Gefühl der Trennung, das alle Krankheiten verursacht, völlig verschwunden. Das ist das Ziel des Heilens! Jeder Mensch, der Heilung braucht, leidet an einem grundlegenden Problem, nämlich dem Gefühl der Trennung vom Ursprung.

"Esoterisches Heilen" hilft dem Menschen, in jedem einzelnen Augenblick seines Lebens auch bewusst zu sterben. Es unterstützt den Menschen nicht in einer Illusion, die ja eines Tages auch zum Sterben verurteilt ist. **Heilen bedeutet, dafür zu sorgen, dass der Fluss des Lebens weitergeht.** Du bist als Heiler aufgerufen, dich zum Werkzeug für das Leben zu machen, zu einem Werkzeug dafür, dass die heilende Kraft des Lebens immer weiterfließen kann. Dies führt zum ewigen Leben in dem Wissen, dass das, was du wirklich bist, niemals sterben kann. Die wahre Bedeutung eines bewussten Todes besteht darin, alles bewusst loszulassen, einschließlich deines Selbstbildes, und den Fluss des Lebens ungehindert weiterfließen zu lassen.

Heilen erfordert weniger Zeit, als du brauchst, um ein Auge zu öffnen und wieder zu schließen, also weniger als einen Augenblick, aber du musst jemanden an "diesen Punkt" bringen. Tue dies mit liebevoller Freundlichkeit. Liebe diesen Menschen, der zu dir kommt, "in den gegenwärtigen Augenblick hinein". Ist dir dies erst einmal gelungen, dann ist alles ganz einfach. Vergiss dabei niemals, dass wirkliche Heilung auf GANZHEIT abzielt. Solche Heilung bedeutet, zu deinem wahren Selbst zurückzukehren, das nicht vom Ganzen der Existenz getrennt ist. Es geht darum, vollständig hier – nicht im Gestern oder im Morgen – zu sein, heute, mit allem, was zu dir gehört – mit deiner ganzen Liebe!

Angst ist die Ursache der meisten eurer Probleme, aber wovor fürchtet ihr euch? Kannst du zulassen, dass ich dich immer sehe? Kannst du immer zu mir sagen: "Hier bin ich, mein Vater!"? Habe keine Angst, sei stolz auf das, was du bist. Sei dir bewusst, geliebt zu werden. Dann gibt es Heilung. Wenn du dich als Vertreter Gottes auf Erden erkennst, wirst du nie mehr Angst haben, dich zu zeigen. Wenn du das begriffen hast, weißt du auch, was **Angenommensein** bedeutet. Als Vertreter Gottes bist du hier, der Welt dein Gesicht zu zeigen und anderen deine einzigartige Schönheit zu enthüllen. Du bist hier, um zu wissen, dass du geliebt bist, und um die Fähigkeit zu erwerben, dich selbst - ohne Scham und Schuldgefühl - liebend hinzugeben.

Es heißt, dass der einzige Sinn der Liebe Schönheit ist. Die größte Heilung der Welt ist möglich durch das Wissen, dass ihr geliebt seid. Kannst du das akzeptieren? Wenn du nicht weißt, dass du geliebt wirst, wirst du eine Menge Schmerz auszuhalten haben, in der Welt herumirren und nach jemandem Ausschau halten, der dich zu lieben vermag. Es ist immer schwierig, einen anderen Menschen vorbehaltlos, ja bedingungslos zu lieben. Wenn du sehen kannst, wie wichtig dieses Wissen für alle ist, dann wirst du jedem Menschen noch mehr Mitgefühl entgegenbringen können. Du wirst ihm begegnen und sehen, dass er Angst hat und dass es wichtig ist, ihm zu sagen, dass er geliebt wird – von dir, in diesem Augenblick. Bringe deshalb jedem Menschen, dem du begegnest, Respekt entgegen und hilf ihm zu erfahren, dass er geliebt wird. Wenn die Menschen dies erfahren, dann wird Energie für die ganze Welt freigesetzt und die Engel singen voll Freude.

CHANCEN DER HEILUNG

Alles, was ihr durch euren Verstand bewegt, ist eine Projektion bewusst oder unbewusst erzeugter Bilder. Wenn ihr euer Denken noch weit mehr als bisher den Bedürfnissen eures "inneren Menschen" anpasst, werdet ihr euch nicht nur eures Leides bewusst werden, sondern natürlich auch aller anderen Erfahrungen, wie der Freude, der Liebe, des Verlangens und so weiter.

Wenn euer Verstand nicht "wirkend eingreift", sondern in schweigender Wachsamkeit verharrt und nicht irgendeine Hoffnung hegt, Schlussfolgerungen zieht oder in Erinnerungen kramt, wird er die Geschichte, um die es geht, im Augenblick verstehen. Solche Freiheit des Denkens ist der Schlüssel für euer Lebensglück. Das ganze Sein äußert sich in jeder Sekunde in "geschwinden Bewegungen", denn die Gegenwart ist kein statisches Gebilde, sondern ununterbrochener Lebensfluss.

Sich in jeder Minute des Daseins auf das gänzlich Neue einzulassen, ohne es mit alten Erfahrungen zu konfrontieren, schafft erst die Möglichkeit, sich mit der inneren Weisheit zu verbinden, mit jener unerhört sanften Stimme aus deinem Gottselbst, das nicht aus der Ebene der Vergangenheit kommt. Sie ist die Stimme der Ewigkeit, das Organ jener zeitlosen Wahrheit, die allein die Handlungen in der Gegenwart bestimmen sollte.

Nichts ist schwerer zu erlangen als solche Gelassenheit. Wer nicht ständig aus den Bildern der Vergangenheit das Material für die Ausgestaltung des Heute wählt, sondern in vollkommener Ruhe auf den Strom des Lebens blickt, ohne darüber nachzudenken, woher die Wasser kommen, die ihm Gestalt verleihen, hat auch keine Veranlassung, Erlebtes, also einmal gemachte Erfahrungen, immer wieder zu zitieren. Das heißt auch, dass alles Unbequeme, alle sogenannte "negative" Erfahrung im Heute bedeutungslos sein kann. Und jeder Moment des Glücks wird nicht deswegen zu einer Besonderheit, weil er aus Erinnerung besteht, sondern weil der unberührte Augenblick ihm Glanz verleiht.

Das heißt nun nicht, dass man gänzlich auf Erinnerungen verzichten könnte. Natürlich bilden sie den Resonanzkasten, auf dem der Grundton eures Lebensliedes schwingt. Nicht eine Verdrängung des einmal Erlebten ist gemeint, sondern das Bemühen um ein wertfreies Erleben des Augenblicks, in dem man nicht darauf wartet, was das Denken, das sich aus vergangenen Erfahrungen nährt, euch zur Bemeisterung des Heute vorzuschlagen hat.

Das Denken kann nur "alte Geschichten" erzählen, es lebt von den Bildern, die in den "grauen Zellen" gespeichert sind, und täglich kommt eine Vielzahl neuer hinzu. Der Verstand, ein Arbeitstier ohnegleichen, sortiert diese Bilderflut, wählt aus und weist die einen der Kategorie "Vergessen" und andere der Kategorie "Aufbewahren für ewig" zu. Aber dieser Verstand ist ja keine autonome Persönlichkeit oder ein Instinktwesen ohne Bezugspunkt zu eurer wahren Natur. Wer gelernt hat, beim Hereinbrechen des täglichen Bildmaterials nicht "wirkend einzugreifen", sondern nur Beobachter und nicht Handelnder zu sein, wird rasch lernen, jede Minute neu und köstlich zu erleben. Dann gibt es auch nicht dieses ständige Daran-erinnert-Werden an Krankheit und Leid, sondern nur die sich ständig erneuernde Gewissheit, dass ein klarer, unverbrauchter (= unverdorbener) Verstand keinen Anlass findet, alte Bilder, also Krankheitsbilder, von gestern heute am Leben zu erhalten.

Nicht im Vergessen, sondern in der Bejahung des Heute, das sich nicht an der Erfahrung des Gestern orientiert, liegt auch die Chance für Heilung. In diese Bejahung passen alle guten Ansätze, die dem Menschen helfen, sein Denken grundlegend zu verändern – Gebete, Invokationen, aber auch das Sichverbinden mit den Kräften der Natur, ihren intelligenten Helfern und Freunden auf den astralen Ebenen, den Devas und sonstigen Wirkkräften der heilkräftigen Pflanzen, Mineralien und anderer Substanzen.

Wer sich immer wieder neu auf diese alten Helfer einlässt und nicht aus dem Satz "Das hat mir gestern nicht geholfen, also taugt es nicht für mich" die Handlungsebene für das Heute schafft, sondern mit offenem Herzen und dem Verlangen, **gerade heute** das bisher für unmöglich Gehaltene zu erreichen, agiert, verschließt sich nicht unnötigerweise einer Erfahrung, die einen vielleicht **gerade heute** erreichen möchte. Sich ohne Erwartung und wertfrei jenen Kräften zu öffnen, die nur auf einen unvoreingenommenen Geist und ein offenes Herz gewartet haben, ist zumeist der erste Schritt zu einer umfassend möglich gewordenen Heilung.

Ich sagte weiter oben: "Heilung bewirkt eine bewusst gelebte Gegenwart, die sich nicht nährt aus den Bildern der Vergangenheit. Das Licht ist die einzige Kraft, die alte Bilder aus dem Gedächtnis löscht." Welcher Natur ist dieses Licht? Dr. Edward Bach hat nicht nur eine seiner Spuren entdeckt, sondern ein ganzes umfassendes System, in dem es seine Wirksamkeit entfalten kann. Aber wie das Telesma-Licht (= Christuslicht) auch nur dann umfassend zu wirken vermag, wenn der "Empfänger" sich ihm vollständig öffnet, so wirken auch die Seelenpflanzen des Dr. Bach nur dann umfassend, wenn der "Glaube hinter dem Tun" der Kraft die Richtung weist.

Wir wollen die "Natur des heilenden Lichtes" noch einmal beleuchten - im Kontext unserer Erfahrung mit jener Kraft, die wir nach Hermes Trismegistos "TELESMA" nennen (siehe *Saint Germains Vermächtnis. Ein westlich-abendländischer Einweihungsweg*). "Es werde Licht" ist der Anfang der Schöpfung. Die Bibel meint nicht das Licht der Sonne, sondern das "Licht des manifestierten Sohnes". Wir nannten diesen "Sohn" Christus, an anderer Stelle "das dem Menschen zugeneigte göttliche Antlitz". Jesus, der sich als Träger dieses Lichts - und somit als "eingeborener Sohn" - erkannte, durfte von sich sagen: *"Ich bin das Licht der Welt und wer mir nachfolgt, wird nicht in Dunkelheit wandeln, sondern das Licht des Lebens haben!"* Was wären Welt und Menschen ohne dieses Licht? Die Erde - ein vergessener Planet. Das Christuslicht ist die reinste Essenz allen Lebens - für den Menschen erfahrbar als "Flamme", die die Herzen der Mystiker und Gottsucher aller Zeiten und Kulturen entzündet.

Es ist mehr als ein Symbol, wenn die Überlieferung davon berichtet, dass die Sonne verdunkelte, als Er, das "lebendige Licht", die Quelle der Wahrheit, aufgegeben zwischen Himmel und Erde, am Kreuz sein Leben aushauchte und seinen Geist in das Herz des All-Vaters senkte. Ihm nachzufolgen heißt nicht, die gleichen Wunder zu wirken oder die Menschen wie er zu lehren und dafür Schmach und Tod zu erdulden, sondern das "Licht des Lebens" in sich zu entzünden, das TELESMA-LICHT, um Licht zu sein in der Finsternis der Welt. Das meint die Dunkelheit in der eigenen Seele ebenso wie jene Verdunkelung, die die Menschen seit jeher über die Erde bringen. Dieses "Es werde Licht!" ist ein ewig gültiger Appell an alle, die der Spur des Christus zu folgen bereit sind.

Die folgenden drei Kapitel enthalten Empfehlungen Saint Germains für Mitglieder unserer Gruppe, die gesundheitliche Probleme hatten. Seine Informationen und sein Rat bezogen sich jeweils nicht auf die Einnahme eines Medikamentes, sondern auf tiefe Ursachen und Zusammenhänge. Ich veröffentliche diese Texte hier, weil sie vielleicht auch für einige Leser interessant sein mögen.

LEBER, LEBEN UND ICH BIN

Was ich dir sagen möchte, ist dies: Verbanne aus deinem Kopf auch das mindeste Gefühl - auch wenn es dir einmal nicht gut geht -, krank zu sein. Denn wenn man sagt "ich bin krank", öffnet man sich für das astrale Fluidum jener Kräfte. Diese ergreifen sofort diese Disposition, die sich bei einem Menschen zeigt, indem er das, was auf der körperlichen Ebene passiert, mit sich identifiziert, sie ergreifen sofort diese Gelegenheit und halten diesen Menschen besetzt. Der geringste, kleinste Virus, die kleinste Bakterie, alles wird belebt von den astralen Negativkräften.

Wenn man das "ICH BIN" anwendet, so bezieht sich dieses naturgemäß auf die dem Menschen einwohnende, ihm zugehörende Vollkommenheit. Denn das "ICH BIN" an sich ist allumfassend und schließt jede Form von Nichtvollkommenheit aus. Wenn ihr also lernt, "ICH BIN" so anzuwenden, wie es euch gelehrt wurde - nämlich das Denken auf den höchsten Punkt in euch zu richten -, dann ist das, was auf der körperlichen Ebene passiert, auch wenn es euch dabei äußerlich schlecht geht, nichts anderes als ein Reinigungsprozess. (Siehe *Saint Germains Vermächtnis. Ein westlich-abendländischer Einweihungsweg.*)

Und immer ist die Leber daran beteiligt als das wichtigste Organ, durch das die fluidalen Kräfte fließen, die den Menschen verbinden mit den ihn umgebenden Wirkkräften. Das, was durch die Leber fließt - oder geschleust wird -, wird, wenn der Mensch nicht versteht, worum es sich dabei handelt, irgendwo im Körper hängen bleiben und nicht nach außen abfließen können.

Das Festhalten an alten Vorstellungen vom "Kranksein" wird jede Gesundung letztlich ausschließen. Aber indem man anerkennt, dass das "ICH BIN", also die eigene göttliche Natur, die eigene Wesensnatur des Menschen, unberührt ist von dem, was über den Körper als Entwicklung vonstattengeht, wird jede körperliche Unpässlichkeit als nicht wirklich zu einem gehörend erkannt. Sie gehört aber natürlich insofern zu dir, als sie dir zeigt, wie wirksam die Zusammenarbeit zwischen Seele und Körper funktioniert.

Es geht auch darum, die Leber auf besondere Weise zu hätscheln, zu lieben und zu erkennen, welche Kraft sie in Wirklichkeit besitzt. Und dass der deutsche Name "Leber" so viel schon enthält, was ihre Wesensnatur meint. Man muss also alles tun, um der Leber den Transfer der verschiedenen fluidalen Kräfte - aber auch der Lebenskräfte des Körpers - zu erleichtern. Von daher schließt sich, wenn man das einmal begriffen hat, jeglicher Verzehr von Nahrungsmitteln und Getränken aus, die die Leber auch nur im Entferntesten belasten. Sie müssen nicht eigens aufgezählt werden.

Wer den reibungslosen Ablauf zwischen fluidaler Essenz und Lebensessenz gewährleisten will, muss ein "Lebermensch", ein "Lebensmensch" werden, der diese Gesetzmäßigkeiten, die solchem Transfer zugrunde liegen, jederzeit beachtet. Das bedeutet nicht, dass man sich jetzt nur noch auf die Leber hin zu orientieren hat, sondern dass man einfach das äußere Leben in Einklang bringt mit den Bedürfnissen des inneren Menschen.

So nimm den Körper in Liebe an, und betrachte ihn als deinen Seismographen. Mute ihm nicht mehr zu, als er verträgt, und lebe ganz in Übereinstimmung mit seinen Signalen. Versuche immer zu erkennen, was er dich lehrt, denn dein innerer Lehrer hat Wohnung in ihm und drückt sich auf die eine oder andere Weise über ihn aus. Was kann man der Leber also Gutes tun? Am meisten liebt sie es – und das regt ihre Tätigkeit enorm an –, wenn man täglich das Licht in sie aufnimmt mit dem Bewusstsein dafür, dass es das Lebenselixier, die Lebensessenz ist.

Also denke nie mehr "ich bin krank", sondern erkenne das "ICH BIN" als das, was unveränderlich und vollkommen ist in dir. Pflege den Körper über die Leber, damit er sich in diese Vollkommenheit entwickeln kann. Denn der Körper hat wunderbare Kräfte, die um ihn herum wirken und ihn verbinden mit den drei höheren Körpern, durch die ununterbrochen die Kraft fließen will. Aber bei den meisten Menschen gelangt sie nicht einmal bis unter die Haut, geschweige denn in den Blutkreislauf und damit durch die Bahn zum Herzen und durch die Leber. Man kann sagen, dass der Mensch im Feinstoffbereich im Prinzip nur zwei Organe besitzt – das Herz und die Leber.

AUGEN, OHREN UND MUND

Frage: Welche Ursache hat das Geschwür, das ich auf meiner Zunge habe?

Saint Germain: Mein Kind, wenn du dir deine Beschwerden der letzten Jahre einmal betrachtest, so wirst du feststellen – und zum Teil hattest du diese Überlegungen schon selbst –, dass es immer der Kopf ist, der sich meldet, weil natürlich er das Zentrum ist, von dem aus der Mensch seinen "spirituellen Aufstieg" macht.

Es würde eine lange, lange Zeit erfordern, um auszuführen, was Ohren, Augen und Mund dem Lichtschüler zu zeigen haben.

Aber dass all dies sehr eng miteinander verknüpft ist und in der Reihenfolge von dir erlebt, erlitten wird, wie deine geistige Entwicklung vonstattengeht, das ist deutlich und daraus lässt sich erkennen – und darauf möchte ich dein Augenmerk lenken –, dass dein Weg in die Vollkommenheit, der Weg in deine Mitte, in dein Selbst, kontinuierlich und auf wunderbare Weise verläuft, auch wenn dies auf der äußeren, oft krank erscheinenden Ebene nicht immer so aussehen mag.

Wenn du jetzt das Gefühl hast, dich in deiner Entwicklung in einer Stagnation zu befinden, so bringt das nur zum Ausdruck, dass dein Suchen und dein Gehen sich neu orientieren müssen, wenn du in die nächsthöhere Stufe der Erkenntnis aufsteigen willst. Und bei allem, was dir jetzt wieder zufällt und auf dich zukommt (sei es in den Belehrungen hier oder in deinem eigenen Studium mit dem gesegneten Meister Jesus und seinem *Kurs in Wundern* – und bei all jenem, was du dir selbst erarbeitest und was sich dir in der Stille deines Selbst kundtut), wirst du immer weiter den Weg zum Licht gehen, und der Körper folgt ja getreulich immer dem, was wir in den inneren Welten, auf unserem inneren Weg erleben.

Um alles auszuführen, was die Organe im Körper (ich sage bewusst "Organe", weil es eben auch organische Zusammenhänge sind, die wir dort erfahren, denn Ohren, Augen und Mund stehen in enger Verbindung zu verschiedenen Körperorganen, die wiederum ihren Bezug haben zu geistigen Entsprechungen) an Aufgaben erfüllen, müssten wir drei Tage sitzen, um dies alles in der Tiefe zu begreifen. Aber es ist gar nicht notwendig, dass wir uns bei diesen Betrachtungen in die ganz tiefen Zusammenhänge hineinbegeben. Nur so viel:

Die Zunge ist gewissermaßen der "Vor-Magen", der alles schon zur Verdauung vorbereitet. Und du hast recht mit dem Ausspruch, den du vorhin sagtest, nämlich dass sich hier noch einmal die Worte "zeigen", die man einmal in Zeiten aussprach, in denen man sich nicht unbedingt in der eigenen Mitte und im Zentrum der Liebe befand. Nun werden diese Worte in einer Art Geschwür ausgeschieden, weil das innere Erkennen derart feingestimmt ist, dass alles "Niedere", was sich im Körper seit langem angesammelt hat, diesen nun verlassen muss. Das ist eine sehr wichtige und tiefe Erkenntnis, die du hier gewonnen hast.

Es ist ein wichtiger Reinigungsprozess, der hier stattfindet, sowohl was die Ohren als auch was die Augen und den Mund betrifft, weil deine "Werkzeuge" nämlich fein- und hochgestimmt werden, damit du den Christus in dir, die allerhöchste Schwingung, sehr bald in seiner reinsten, höchsten Essenz erfahren kannst. Alles Alte, was dich hindert, diese reine Christusessenz in dir in dieser Tiefe und Durchdringung zu erfahren, wird ausgespült, ausgeschwemmt, hinausbefördert.

Der Körper bedient sich natürlich einer sehr kompakten Sprache, und so spricht er eben in und gemäß seiner Art mit dir und zeigt dir unmissverständlich, wo und auf welche Weise er sich nun von den Altlasten befreien will. Und so zeigt dir in der gleichen Weise deine Seele, dein Gottselbst, wo du – und das ist ja nicht nur in diesem Leben zu suchen – dich früher immer wieder verstrickt hattest (das war der Grund dafür, dass du als mein Schüler, der du damals im 18. Jahrhundert warst, wieder eine Stufe nach unten versetzt oder "eine Klasse zurückversetzt" wurdest). Es war das Reden und das Nichtbeherzigen des höchsten Gebotes, das ich euch damals gab und auf dessen Einhaltung ich auch heute so sehr dringe, das des Schweigens. Und so kommt es nicht von ungefähr, dass du jetzt (wieder) in diese Einweihungsschule gefunden hast, wo dich genau dieser Anspruch und Ruf abermals erreicht.

Jetzt aber – wo du selbst aus eigener Anstrengung wieder zurückgefunden hast und dort anknüpfen darfst, wo du einstmals den
Weg wieder zurückgegangen bist – musst du dir bewusst machen,
dass, wenn du deine Sinne dem Äußeren verschließt, du die große
Kraft nur aus und in der Stille gewinnen kannst.

Wenn ich sagte, dass der Mund die Vorstufe des Magens ist – er
ist eigentlich der erste Magen –, so meine ich damit auch, dass du
alles, was du auf der niederen Ebene zu verdauen hast, auf der
überlagerten Ebene schon einmal durch den Mund, durch das
Sprechen der absoluten Wahrheit in Liebe und das Nichtsprechen
vorverdauen, vorbereiten musst.

Und so mag dir das, was deine äußeren Sinne dir zeigen, nun auch
auf der tiefen Ebene, geläutert durch die "Verdauungssäfte", aufgehen und dir die Dankbarkeit dafür mitliefern, dass dein Körper
ein so feingestimmtes Instrument ist, das dir genau die Richtung
zeigt, die du gehen sollst. Mit diesen Medikamenten, die du auf
der äußeren Ebene zur Behebung der Störung benutzt, bist du erst
einmal gut versorgt. Und wenn du tief in dir erkennst, dass es sich
"nur" um eine Reinigung von alten Dingen handelt, die zwar noch
in dir vorhanden waren, mit dir heute jedoch nichts mehr gemein
haben, so wird dieser Reinigungsvorgang dich beim Heilungspro-
zess wirksam unterstützen.

Der Mund, die Verdauung insgesamt, hat ja auch mit den Nieren
zu tun. Ich sagte dies auch von den Augen (Augendruck, siehe folgendes Kapitel). Wo die Nieren beteiligt sind, ist immer die Leber
mit betroffen. So sind die Augen eben mit diesen inneren Verdau-
ungsorganen genauso befasst wie der Mund, und was ich damals
sagte (siehe folgendes Kapitel "Das Wasser des Lebens"), hat natürlich – das heutige Problem betreffend – genauso seine Gültigkeit,
sodass du auf der inneren und äußeren Ebene, wenn du ihre göttliche Gesetzmäßigkeit betrachtest und bedenkst, sehr leicht durch

die Erkenntnis in die wahre Heilung und Heiligung finden kannst.
– Ich segne dich mit meiner Liebe.

DAS WASSER DES LEBENS

Frage: Was ist die tiefere Ursache für meinen Augendruck, und wie kann ich damit umgehen?

Saint Germain: Der physische Körper, mein Kind, wird gesteuert und gelenkt nicht nur von den Abläufen im Körper, wie dem Herzschlag, dem Kreislauf, sondern auch von den Energien, die aus den Feinstoffkörpern in ihn einfließen. Nicht umsonst ist es so wichtig, über den physischen Körper hinaus die feinstofflichen, ätherischen, geistigen Körper kennenzulernen, um das spirituelle Leben auf eine neue Grundlage stellen zu können.

Alles, was im Ätherleib aufgezeichnet ist, wird von den anderen feinstofflichen Trägern umgesetzt und fließt von dort beeigenschaftet zurück wieder in den Ätherleib und hinein in den physischen Körper. So ist es zu erklären, dass es oft eine lange Zeit dauert, bis Erkenntnisse, die man gewonnen hat, sich auch auf der physischen Ebene auswirken können. Wenn jemand lange Jahre in einer Situation gelebt hat, die von Ängsten und Unsicherheiten gekennzeichnet war, so dauert es oft ein ganzes Leben - auch wenn längst eine Änderung im Bewusstsein stattgefunden hat -, bis der physische Körper auf diese veränderten Bewusstseinserfahrungen reagieren kann. Es spielen dabei viele Faktoren eine Rolle, und so ist die karmische Erfahrung, die wir mitbringen, zunächst der Auslöser dafür, dass wir über sie in ein großes Lernfeld eintreten. Und dieses Lernfeld ist der Gestalter unseres künftigen Lebens.

Alles, was du bisher erfahren hast, ist so zu verstehen, dass dein Ätherkörper jetzt umgepolt wird, ja dass die Erkenntnisse und das tiefe Wissen, das aufgebrochen ist aus dem, was dir aus der Vergangenheit wieder zugewachsen ist, nun ihre Fortsetzung finden in der Umgestaltung des physischen Leibes und seines "Innenlebens".

Was vielleicht kompliziert klingt, ist auf einen einfachen Nenner zu bringen. Dieser Nenner lautet: Du bist in deiner geistigen Entwicklung schneller vorangeschritten, als dein physischer Köper dies verarbeiten kann. Wie kann man aber das "Gefährt" gleichermaßen in Bewegung bringen wie den Geist, der sich ja leicht in höhere Gefilde erhebt?

So sollte dir auch der Vorgang im physischen Köper zunächst bewusst sein, der diesen "Überdruck" in dir auslöst. Die Nieren, so sagt man, sind die inneren Augen, die über den Stoffwechselvorgang im Körper ein wachsames Auge haben. Das, was die Nieren nicht zu leisten imstande sind – und sie reagieren sehr stark wie ein Sensor auf die feinstofflichen Veränderungen, die aus dem Ätherkörper in den physischen Körper fließen –, schlägt sich unmittelbar auf die Augen nieder. So ist auch zu erklären, warum sich ein Augendruck in einem bestimmten Lebensabschnitt verändert, sei es, dass er sich erhöht oder dass er fällt, und warum überhaupt die äußeren Augen in einem bestimmten Lebensalter in ihrer Sehkraft nachlassen. Dies hängt unmittelbar mit der Funktion der Nieren zusammen, die als Erste die zarten Ströme aus den Feinstoffkörpern aufnehmen und diese Botschaften an den physischen Körper weitergeben.

Eine Methode, die Nieren in der richtigen Weise anzuregen, ist etwas ganz Einfaches, was aber eine tiefgreifende Wirkung auf den ganzen Körperhaushalt hat und was die Menschen sich heute gar nicht mehr bewusst machen – das schluckweise Trinken von abgekochtem, heißem Wasser, morgens und abends, und wenn die Zeit hierfür vorhanden ist, auch untertags. Kein Getränk regt die gesunde Nierenfunktion so heilsam an und bringt Wohlbefinden auf allen Ebenen, wie dieses einfache Trinken von heißem Wasser, das man durch ein bewusstes Segnen in das "Wasser des Lebens" verwandeln kann. Durch die innere Weihe wird der Körper diese Wasserzufuhr sofort in der entsprechenden Weise aufnehmen und an den Ätherkörper die Botschaft weiterleiten, dass hier heiliges, geweihtes Wasser kommt, sodass von dort die "Rückmeldung", das "Okay" an den physischen Körper erfolgen kann, damit dieser nun besänftigend die Nieren anregt und sie die Botschaft erhalten, durch das geheiligte Wasser den ganzen Wasserhaushalt des Körpers wohlgefällig zu kontrollieren, zu stimulieren, sodass weder zu hoher Blutdruck, zu hoher Augendruck, zu hoher Druck auf das Nervensystem und so weiter den Körper stören.

Das klingt simpel, ist aber ungemein effektiv und hat des Weiteren zur Folge, dass der Körper nun immer wieder den Wunsch aussendet, nur heiliges, gereinigtes Wasser – das Wasser des Lebens – zu erhalten. Hier kommen wir an einen ganz wesentlichen Punkt. Durch diese einfache Botschaft, die das Unterbewusstsein an das Überbewusstsein "funkt", wird der ganze Körper in Harmonie und in einen gesunden Rhythmus versetzt.

Das ist die eine Ebene. Wenn du dein Bewusstsein mit diesen so einfachen Handlungen verbindest, wird das, was bisher aus deinem Unterbewusstsein immer wieder als Angst aufsteigt und deine Augen entsprechend reagieren lässt, ein ganz anderes sein. Du wirst nach und nach zu der tiefen Erkenntnis gelangen, dass es nicht mehr eines Umweges bedarf – dieser langen Zeit, bis die Informationen aus dem Ätherkörper den ganzen Alltag durchdringen und verändern –, sondern dass du im Augenblick der Erkenntnis schon das Bewusstsein der Heilung in dir trägst und es in jedem Augenblick umsetzen kannst. Dies ist sozusagen ein Nichtanerkennen der alten

Verhaltensweisen, die in früherer Zeit beeigenschaftet wurden – und das Negieren, dass sie Einfluss auf dein Leben haben (ein "Überschreiben" der alten Information mit einer neuen). Es ist dies nicht ein Verdrängen, sondern eine ganz neue Art von Bewusstsein, die nun deinen Alltag durchdringt.

Die Bemühungen aus den geistigen Welten, die euch jetzt zukommen, dienen ja genau diesem hohen Zweck, dass ihr euch selbst in die Lage versetzen könnt, euer Leben im Augenblick zu verändern. Damit ihr nicht mehr anerkennt, dass es etwas gibt, das euch in eurer Entwicklung behindert, weil ihr erkennen könnt, dass – wie es heißt "ich und der Vater eins sind" – es keine Entfernung mehr gibt zwischen dem Geist und der Materie und dass die Materie, wenn der Geist in der rechten Weise eingestimmt und mit dem Höchsten verbunden ist, unmittelbar und sofort darauf reagiert, ja reagieren kann und nicht den Umweg über eine lange Reihe von Erkenntniswegen gehen muss.

Natürlich hat auch dieser sogenannte "Umweg der Erkenntnis", das heißt der Umorganisation der feinstofflichen und psychischen Bereiche, einen tiefen Sinn, da er Wachstum und Entwicklung beinhaltet. Jedoch ist einmal die Zeit solchen Wachstums und solcher Entwicklung vorbei. Sie weicht dem "Bewusstsein der Erkenntnis". Was kann dich heute noch belasten, behindern, was du nicht in der Erkenntnis der Freude, der Einheit erfahren hast?

All die alten, angstbesetzten Verhaltensweisen also – die wichtig waren, weil sie dir die Möglichkeit boten, in deine heutige Erkenntnisstufe hineinzuwachsen – haben heute keinerlei Kraft mehr und das, was du immer noch in diesen von dir beschriebenen Beschwerden erlebst, sind nur Reste, Überreste, die keine Bedeutung mehr, für dich haben müssen. Wenn du dich in dem Bewusstsein weiter entfalten kannst, dass alte Ängste zwar alte Ursachen haben, die dein Heute aber nicht mehr betreffen, kannst du im Augenblick der Dankbarkeit für alle Hilfen die grundlegende Verwandlung (= Heilung) erfahren.

Dankbarkeit, Erkenntnis, Gottesschau – dies sind die wesentlichen Erfahrungswerte und gleichzeitig das Wissen darum, wie die Zusammenhänge zwischen Feinstofflichem und Grobstofflichem, zwischen Geist und Materie sich auswirken. Alles dies zusammen beinhaltet die Lösung und die Erlösung aller Probleme, die es noch zu erkennen und dann zu beseitigen gilt.

PSYCHOTHERAPIE

Eine Freundin hatte Fragen zum Verlauf ihrer Psychotherapie. Hier ein Auszug aus Saint Germains Antwort.

(...) Es ist schon wichtig, dass die Dinge, die in der Therapie benannt werden und aufbrechen, innerhalb dieses Prozesses beim Namen genannt werden. Aber es ist ebenso und zwingend wichtig, das Gleichgewicht in deiner Hinwendung zu Gott zu finden, damit du nicht stecken bleibst in Schuldzuweisungen und damit dir dabei immer bewusst ist, dass du dich unmittelbar an Gott wenden kannst (oder an deinen Schutzengel oder wer immer dir im geistigen Bereich nahe ist). Denn die volle Aufarbeitung dieser Dinge kann nie aus dir allein heraus entstehen, wenn nicht letztlich das Vergeben in und durch Gott erfolgt, denn nur so kann er dein Karma von dir nehmen, damit du dich auf deiner innersten Ebene für Seine Liebe öffnen kannst. Das braucht aber nicht die therapeutische Arbeit zu beeinträchtigen, denn es ist wichtig, an Wut oder verwandte Gefühle zu gelangen, aber sie müssen entsprechend verwandelt werden. Lass dich also in der Therapie durchaus auf diese Bereiche ein.

Verletzt zu werden, das sind deine Lebensfäden, die natürlich auch am Ego hängen. Wer als Kind oder Jugendlicher Verletzungen auf der psychologischen Ebene erleidet, kann noch nicht die Trennung zwischen innerem und äußerem Ego vornehmen.

In der Therapie machst du die Erfahrung, alle Fäden neu knüpfen zu können. Jede Verletzung, aber auch jedes positive Erlebnis ist ein eigener Faden – und alle zusammen machen ein Lebensgebilde aus.

Das, was wir mitbekommen von den Eltern und anderen Bezugspersonen, sind sozusagen die "Kettfäden", auf denen wir dann unser Lebensmuster weben. Und wenn man diese verändern will, muss man sich auf die Kettfäden beziehen und ihre Struktur anschauen.

Und hinterfrage nicht, was ist Ego, was ist Nicht-Ego und so weiter, denn das ist – von oben betrachtet – einfach "Grundgewebe". Und erst später wirst du sehen, wo deine eigenen Webmuster verborgen sind und wie du deinen Lebensteppich letztendlich zu Ende bringst. Er ist nicht möglich ohne das Fundament der "Kettfäden".

CHANNELING

Wir hatten nach der Lektüre eines Buches mit gechannelten Texten nach deren Wahrheitsgehalt gefragt. Heute ist leider festzustellen, dass nach zwanzig Jahren, die seither vergangen sind, die Stellungnahme von Saint Germain ihre damalige Aktualität weitgehend nicht verloren hat.

Um das schlüssig beantworten zu können, muss man das Problem "Channeling" grundsätzlich immer mit einem Fragezeichen versehen. Wenn man sich heute auf dem Markt umschaut und wenn man fernerhin all das berücksichtigt, was kreuz und quer vermittelt wird, auch wenn es nicht veröffentlicht ist, so muss man feststellen, dass es so etwas wie ein einhelliges Ergebnis unter dem Strich nicht gibt. Woran das liegt? Auch hier gibt es tausend und keine Antwort. Wie ich an anderer Stelle schon sagte, ist ein hoher Prozentsatz darauf zurückzuführen, dass Menschen sich an eine Modeerscheinung hängen und wahllos Fantasie und Dinge aus dem eigenen Unterbewusstsein oder dem Kollektiven Unbewussten miteinander vermengen. Aber leider sehr häufig trifft man auf das Fantasiepotenzial einer Schar Mitmenschen. Allein die Tatsache, dass es zu jeder Frage Tausende unterschiedliche Antworten aus den geistigen Reichen gibt, lässt den traurigen Schluss zu, dass entweder die meisten Antworten aus den allerniedrigsten Astralbereichen kommen oder aber aus dem Fantasiereservoir der jeweiligen "Medien". Es ist nicht gestattet und deshalb nicht möglich, dass Dinge aus den inneren Reichen, den sogenannten Hierarchien, in ihrem Strukturgehalt und ihrer Erscheinungsform dem Menschen zugänglich gemacht werden, weil er es nicht verstehen kann und weil es für sein Leben ohne wirkliche Bedeutung ist. Deshalb wird jeder wirkliche Lehrer nur dieses Wissen weitergeben, das auch in der Welt schon zur Verfügung steht.

Dass allein, um ein Beispiel herauszugreifen, über die Mission und das Leben Jesu eine so riesige Bandbreite von Erklärungen, Deutungen, "Wahrheiten" verkündet wird, lässt schon den Schluss zu, dass entweder diejenigen, die Entsprechendes berichten, nicht wirklich Bescheid wissen, also keinen Zugang zu der Ebene haben, auf der Meister Jesus sich befindet, oder aber dass es sich um Fantasieprodukte handelt. Das Einzige, was es über Jesus wirklich zu sagen gibt aus dem Bereich jener Ebene, auf der er sich jetzt befindet, hat er selbst über Ein *Kurs in Wundern* ausgesagt. Und so ließen sich die Beispiele verzigfachen. Und es ist nicht eine einzige dieser Antworten dazu angetan, die Menschen in irgendeiner Form vorwärtszubringen, ihnen also Hilfestellung zu geben. Meistens wird ob der Vielfalt der möglichen Antworten mehr Verwirrung gestiftet als wirkliche Hilfe gegeben.

Das besagte Medium ist echt. Die Quelle ihrer gechannelten Texte möchte ich nicht näher benennen. Sie ist echt, aber ich habe keinen Zugang zu ihr. Sie ist also weit entfernt von meiner eigenen Wahrnehmung und Ebene und spielt nicht in sie hinein. Es sind allein schon deshalb, weil es sich um eine echte Quelle und ein echtes und ehrenwertes Medium handelt, nicht von vornherein Gründe zur Warnung gegeben. Jeder muss für sich entscheiden, ob er Dinge, die als Wahrheit erscheinen, auch als solche für sich persönlich annehmen kann.

Man muss das Jesus-Wort immer wieder neu bedenken, das da heißt: "Was ist Wahrheit?" Meiner Erfahrung nach ist der Mensch nur in der Lage, das zu verstehen, was ihn unmittelbar mit anderen Menschen verbindet, was also aus der Essenz allen menschlichen Denkens destilliert wurde. Dies gereicht, wenn es sich auf höchstem Niveau befindet, dem Menschen zur Hilfe, alles andere muss im Bereich der Spekulation verbleiben. Und nur in wenigen Ausnahmefällen ist es gestattet, den Schleier, der die Welten trennt, ein wenig zu heben, aber eben nur so viel, wie zum größeren Verständnis notwendig ist. Es macht wenig Sinn, jenseitige Welten und ihre Strukturen zu erklären, die so unbegrenzt und in Abermillionen Strukturen aufgeteilt sind. Wie sollte ein Mensch, der in der Verhaftung an die physische Erde sich müht, dies begreifen können – und wozu sollte es ihm dienen? Man muss immer die menschliche Natur im Auge behalten, sie mit liebender Hand führen, wo sie sich selbst begegnet, indem sie das "Stirb und Werde" begreift.

Um die Frage nun abschließend zu beantworten, es handelt sich bei jenen Durchsagen tatsächlich um wahre Erfahrungen, genau der Art, wie sie geschildert wurden, und deshalb mogen sie wesentlich kostbarer sein als das meiste andere, was sich diesen Anschein gibt. Aber ob sie der Wahrheit letzten Schluss enthalten, muss jeder für sich selbst erkennen an jenen Beispielen, die er nachvollziehen kann, die in seine eigenen Erfahrungen hineingreifen. Und er wird feststellen, wo ihm eine andere Erkenntnis mittlerweile zugekommen ist und er sich nicht mehr von diesen Botschaften als der einzig möglichen Wahrheit und Erkenntnismöglichkeit beeindrucken lässt. So denke ich, gibt es viele wichtigere Dinge zu studieren, sie im Kopf und im Herzen, in der Seele zu bewegen, als diese Darstellungen. Man erlebt es ja, dass solche Texte oft mehr Fragen aufwerfen und verwirren, als dass sie tatsächlich den Menschen zur inneren Befriedigung und Bejahung führen.

Und so möchte ich abschließend betonen, dass die Art der Darstellung, in die ich meine Lehre kleide, ebenso nicht für alle Suchenden die rechte und einzige Form darstellt. So hat jeder Lehrer seine Schüler, die er unmittelbar erreicht, und es sind diese Belehrungen für eben diesen ganz bestimmten Schülerkreis gedacht. Denn es könnte eine Sache zum Problem werden, wenn sie sich über das Ziel oder die Gruppe, die eigentlich angesprochen werden soll, hinausbewegt.

Meine viele Jahre danach gestellte Frage, ob ich die Manuskripte unserer Schulungen veröffentlichen und sie damit einem größeren Leserkreis zugänglich machen dürfe, bejahte Saint Germain und meinte, sie würden die Menschen erreichen, die dafür reif seien.

HERR, LIEBE DU DURCH MICH

Wenn dir Dinge begegnen, die schwierig sind, sprich das Gebet in dir: *"Herr, liebe du durch mich, bis ich es selbst vermag."* In diesem Augenblick bist du erhoben, wirst dein Ohr an Gottes Herz spüren und wirst seinen Herzschlag hören, den Herzschlag der Liebe.

Auf diese Weise kannst du jedem Problem, jedem Menschen begegnen, ohne all die Vorurteile, Vorverurteilungen und sonstigen Animositäten, die euren Alltag begleiten.

Wenn du dich immer wieder auf das Höchste in dir besinnst, deinen inneren heiligen Berg besteigst, auch wenn die Laune einmal nicht so günstig ist und so etwas wie eine verdrängte Aggression als Depression sich äußert, oder was auch immer passiert in deinem Alltag, was dir das Bemühen, in deiner Mitte zu bleiben, erschwert, besinne dich auf das Höchste, auf den Herrn allen Lebens, auf die Liebe und versuche, durch dieses Herz zu lieben, das deinem Herzen und deinem ganzen Leben den Antrieb gibt.

Wenn du dich mehr und mehr auf dieses Herz ausrichtest, wirst du von Mal zu Mal mehr lieben können.

GADLUT

)》Gadlut« ist ein Begriff aus der Kabbala. Hier wird Saint Germain mittels einer »Standpauke« anlässlich einer unserer Heilkreis- und Licht-dienst-Zusammenkünfte sehr deutlich.

Der GADLUT-Zustand ist dies – dass man die Gedanken zur Ruhe bringt, dass man das Gehäuse verlässt, in dem die Gedanken wie wild gewordene Vögel herumflattern, dass man sich also von dort entfernt und sich "nach oben" begibt, wo man Kontrolle hat über das Denken. Was heißt "sich nach oben begeben"? Es besagt, dass das Höhere das Niedere leitet, indem man sich über die niedere Natur hinausbewegt, sich also "nach oben" erhebt und das, was sich darunter befindet, befriedet. Denn immer befindet man sich mit dem niederen Selbst, dem Ego, in einer Art von Kriegszustand.

Das also ist Gadlut: sich zu erheben über das niedere Selbst. Das bedeutet natürlich noch lange nicht, auch das Bewusstsein des Al-lerhöchsten zu haben. Aber erst im Gadlut-Zustand kann man sich überhaupt erst auf die Reise machen, um auf den heiligen Berg in sich zu gelangen.

Wenn ihr also auf diese Weise, so wie heute zusammenkommt, haben euch andere Menschen, ihre Probleme und Schicksale und alles, was zu ihnen gehört, nicht zu interessieren. Oder denkt ihr, dass ihr, indem ihr über sie redet, ihre Probleme gleichsam lösen könnt oder dass ihr die Eigenart ihres Wesens zu ergründen imstande seid? Sprachen wir nicht einmal davon, dass man sich immer nur um das eigene Ego oder um das Ego des anderen kümmert, wenn man über ihn spricht? Und selbst wenn man "gut" von jemandem spricht, erkennt man ihn nicht wirklich, weil man ihn nur so erkennt, wie man ihn eben selbst sieht.

Es verbindet euch sehr viel, warum geht ihr nicht einmal in diese Verbindung hinein? Ihr bewegt euch immer nur aufeinander zu, indem ihr über andere redet. Ich meine damit nicht, dass ihr über mich reden sollt, diese Verbindung meine ich nicht, denn über mich braucht nichts gesagt zu werden.

Glaubt ihr, dass es euch möglich ist, nachdem ihr euch eine, zwei oder drei Stunden lang über Banalitäten, über die Probleme von anderen unterhalten habt, euch augenblicklich hinzusetzen, um sofort die höchste Energie, die ich euch gab, zu lenken und für eure innere Heilung einzusetzen und dabei die Gedanken zu konzentrieren auf die "Kraft, die alle Kräfte bewegt", auf den "Vater aller Wunder" in unserem Gebet? Wohl nicht! (Siehe *Saint Germains Vermächtnis. Ein westlich-abendländischer Einweihungsweg*). Also handelt künftig danach, ich werde euch nie wieder in dieser Weise ermahnen.

Der Weg zu Gott, zur Gott-Verwirklichung, ist ein einsamer Pfad, aber nur einsam für den, der gewohnt ist, sich über seine Mitmenschen zu spiegeln. Für den, der im Mitmenschen nur den Bruder sieht, dem man nicht mit dem geringsten Wort wehtun will, ist die Gott-Verwirklichung die Fülle, auch wenn sie in der Abgeschiedenheit und im Allein(s)sein vonstattengeht. Ich stehe nur an der Wegstrecke, dort wo der Pfeil in die Richtung weist, die ihr zu gehen habt. Wenn ihr einmal auf dem Weg seid, seid ihr allein. Und dennoch begleitet euch der ganze Kosmos ...

Ihr wundert euch, warum ihr im Leben immer wieder mit Problemen konfrontiert werdet. Und ihr klagt bitter darüber, dass es euch nicht gelingt, Herr über diese Situationen zu werden. Aber wie sollte euch dies gelingen, wenn ihr nicht einmal Herr über euer eigenes Denken und Sprechen seid? Ihr setzt lebendige Bilder in Bewegung, die bis in die Ränder eures Alltags reichen und immer wieder neue Nahrung bekommen.

Erst wenn ihr gelernt habt, in der Abgeschiedenheit, im Einssein mit dem Höchsten in euch – mit dem Höchsten Selbst – nach außen nur zu segnen und nicht zu bewerten, zu befinden, zu urteilen und Noten auszuteilen, erst dann also werden eure Probleme gleichsam an den Rand gefegt und von eurem Licht, das aus eurem Inneren nun strahlen kann, in Nichts, in Staub verwandelt.

So hat es jeder selbst in der Hand, wie das Leben ihm begegnet. Denn das Leben ist ein großes Echo, aus dem alles widerhallt, was wir hineinrufen, in unsere Tage, in unsere Arbeit, in unsere Begegnungen. Und so, wie wir das Leben rufen, erhalten wir die Antwort. Und wenn diese Antwort uns nicht gefällt, dann war unser Ruf wohl nicht besonders gesegnet. Wenn wir uns aber in dieses Leben einwärtswendend hineinbegeben, um das innere Licht zum Strahlen zu bringen, dann wird unser Alltag nur dieses Strahlen wieder auf uns zurückwerfen – und auf alle, denen wir begegnen.

Warum interessieren euch Leute wie XY und all die anderen? Was an ihnen ist interessant? Es kann doch nur das Hohe Selbst des Einzelnen sein, das euch zu interessieren hat. Je nun, bedenkt diese Worte und versucht, danach zu handeln. Und schätzt euch glücklich, dass euer Lehrer euch keine Zensuren erteilt.

POLARITÄT

Alles, was sich innerhalb der physischen Welt befindet, ist polar. Wie oben so unten, wie innen so außen, wie negativ und positiv. Was du als "negatives Denken" bezeichnest, klingt, so wie du es ausdrückst, als ob es schlecht wäre. Es ist aber nur ein Denken, das euch aus der Polarität heraus vor Probleme stellt, denn um das Leben zu bemeistern, muss man beides – das Positive und das Negative – erkennen. So möchte ich es einmal als Erkenntnisprozess bezeichnen, denn Gut und Böse existieren im Prinzip nicht wirklich. Die Wirklichkeit ist das, was jenseits der Polarität existiert, jenseits des physischen Bereichs. Die physische Welt ist nicht die Wirklichkeit, aber die Polarität, das duale System. Und so kann euer Denken immer nur im polaren Kreislauf stattfinden. Indem ihr etwas vermeintlich Negatives feststellt, könnt ihr die Unterscheidung lernen, nämlich dass das andere Denken euch zu besseren Ergebnissen führt – und das Bessere ist immer dasjenige, was man als gut erkennt. Es ist aber nur die Kehrseite von etwas, was entsteht, indem ihr es bewegt. Alles im physischen Bereich entsteht durch Bewegung. Auch das Denken ist nichts anderes, als dass etwas vorher Statisches sich in Bewegung setzt.

Und so kommen Fragen in deinem Inneren auf, und du begegnest ihnen nun auf ganz unterschiedliche Weise, je nachdem in welchem

277

Zustand du dich befindest. Nun, man kann nicht sagen, dass man schlecht sei, wenn man krank ist. Gesundheit wird als etwas Wunderbares empfunden, Krankheit als etwas Negatives, aber das ist eure Art der Betrachtung. Du kannst eine Krankheit als positiv erfahren, wenn du dir bewusst machst, dass sie dir dazu verhilft, etwas zu erkennen. Das wiederum ist an dein Denken geknüpft. Und so ist jede Erfahrung im Leben ein einziger Denkvorgang der Bewertung, der Beurteilung. Immer aus der momentanen Bewegung heraus entscheidest du, ob du etwas als gut oder schlecht, positiv oder negativ empfindest.

So wie du deine Frage gestellt hast, lässt sie die Vermutung zu, dass du das negative Denken mit "schlecht denken" gleichsetzt. Ich möchte dir aber sagen, dass es dir nur dazu verhilft, deine eigene Unterscheidungsfähigkeit im verstärkten Maße auszubilden. Wofür du dich letztlich entscheidest, wirst du nur mittels deines Denkvermögens eines Tages schaffen, und so ist das Denken etwas Neutrales. Nur durch die Bewertung geben wir ihm positive oder negative Züge, weil wir nur in der Polarität oder Dualität überhaupt zu einer Art von Bewertung fähig sind.

SAINT GERMAIN ANTWORTET AUF DIE FRAGE, WIE WIR MIT IHM IN KONTAKT TRETEN KÖNNEN

Dein Wunsch, in direkteren Kontakt mit mir zu treten, ist verständlich. Aber es hat eine tiefliegende Bedeutung, warum du dich jetzt wieder so weit entfernt hast von dieser ersehnten Wahrnehmung, von diesem Kontakt und der Möglichkeit, jederzeit in diesen Schwingungsbereich zu gelangen. Dies kann nämlich weder vom Verstand gesteuert noch vom Willen beeinflusst werden, sondern es ist das Ergebnis langer Zeiten des Bemühens, den eigenen Körper zu vergeistigen und auf ein höheres Schwingungsniveau zu bringen. In diesem Zustand erst werden solche Begegnungen, wie von dir gewünscht, natürlich und automatisch (wieder) möglich sein.

Damit wir uns überhaupt verständlich machen und uns auf eine Weise manifestieren können, in der wir für euch wahrnehmbar sind, brauchen wir "Werkzeuge", und es ist leider nicht immer jener Idealzustand gegeben, dass diese Werkzeuge rein- und hochgestimmt sind. Es hat zumeist schon eine sehr enge Beziehung bestanden, aufgrund derer eine Kontaktaufnahme möglich ist. Ich hatte zu den meisten von euch eine persönliche Beziehung, und ich habe diese über all die Zeiten weiter gepflegt. So nimm zunächst diese Tatsache hin, auch wenn du dich jetzt weder daran erinnern noch in die Lage versetzen kannst, deinen Körper wie einst zu erhöhen.

Du solltest aber nicht nachlassen in deinen Bemühungen, in diese höhere Schwingungsfrequenz zu gelangen, indem du lernst, den göttlichen Namen, den du liebst, in dir vibrieren und schwingen zu lassen. Das heißt, indem du dein Denken ausschließlich ausrichtest auf den Höchsten, den Geliebtesten in dir. Und wenn du dich in dieser Schwingungs- und Vibrationstechnik vervollkommnest in einer Weise, dass dein ganzes Denken fokussiert wird auf den einzigen Wunsch, Gott in dir in Schwingung zu versetzen, wirst du irgendwann plötzlich in die höhere Wahrnehmungsebene aufsteigen können. Es gelingt dies immer nur durch das eigene Bemühen und gehört nicht zu jenen Dingen, die einem "gnadenhalber" zufallen. Und vergiss nie, dass die "dunklen Zeiten" im Leben die allerwichtigsten sind, weil nur in ihnen die Sehnsucht Nahrung bekommt und sich entwickeln kann. Und weil während dieser Phasen alle deine Körper, die dicht- und feinschwingenden, jeweils auf eine höhere Energiefrequenz eingestimmt werden. Dieses passiert nicht, wenn es dir gut geht und du dich mit deinen Gefühlen in Einklang befindest, sondern nur dann, wenn du tief in dir zu suchen beginnst. Und es geht ja immer "nur" um diese Suche nach dem Licht. Wenn man ein Licht gefunden hat, sucht man weiter nach dem noch stärkeren, wärmeren, intensiveren Licht, und so sind auch wir immer noch auf der Suche nach dem noch größeren und strahlenderen Licht, bis wir alle wieder mit IHM verschmelzen, dem Unaussprechlichen, der unsere und eure Sehnsucht belebt und beflügelt. So danke Gott auf deinen Knien, wenn du durch die Erfahrungen der dunklen Zeiten gehen darfst, denn sie sind auch ein Beweis dafür, dass du dich wirklich auf dem Weg zurück zum "Herzen des Vaters" befindest.

Und halte deine Sehnsucht jetzt nicht ausgerichtet darauf, einem von uns oder mir zu begegnen, denn wir sind, ich bin immer um dich. Es spielt in Wirklichkeit keine Rolle, ob du jetzt eine Ahnung, einen Schimmer davon erhältst, wie mein Wesen beschaffen sein könnte. Ich bin in dir, um dich und führe und leite dich und kenne jeden deiner Gedanken. Indem du lernst, diese deine Gedanken immer wieder zu klären, wirst du mir immer näher kommen, auch von deinem Bewusstsein her. Und eines Tages wirst du eine klare Wahrnehmung haben und wissen, dass du mir nun auch auf dieser Ebene so nahe gekommen bist, dass wir in unserer gemeinsamen Gottgegenwart miteinander verschmelzen können. Nähre nicht eine Sehnsucht, die sich auf diese Weise gar nicht erfüllen darf, dass ihr plötzlich mit inneren Augen etwas zu sehen wünscht, was ja nur aus den Ego-Wünschen heraus in euch entsteht.

Ihr habt es leichter als viele andere – ihr kennt den geliebten Satya Sai Baba und könnt vor ihm knien, sitzen, ihn anfassen, wenn er es erlaubt. Es ist eine große Gnade, einen göttlichen Menschen auf diese Weise erleben zu dürfen. Und dennoch lehrt er euch nichts anderes als dies: Gott in euch, Christus in euch zu verwirklichen, zur Welt zu bringen. Nur diesem hat eure Liebe zu gelten. Gerne erwidern wir, erwidere ich eure Liebe. Aber sie darf sich nicht beschränken auf die Persönlichkeit in mir, sondern muss einmünden in das, was ich euch geben möchte. Und das ist nicht, eine persönliche Sehnsucht in euch entstehen zu lassen und sie zu nähren, sondern es ist dies: Ich möchte euch dabei helfen, eure noch nach außen gerichteten Augen einwärtszuwenden, dorthin wo euer Licht glüht und strahlt und Christus in euch Wohnung hat. Und wenn ich euch führe und leite, so nur zu diesem einen Zweck – und ihr wisst darum: euch wieder zurückzuführen zu diesem Wissen, das einmal schon in euch war, das ich euch ja einmal schon gebracht hatte. Ich habe euch beigebracht, wie ihr mit den Mitteln der weißen Magie – auch für euren Verstand und für den noch tieferen Verstand – die Möglichkeit bekommt, das Wesen des

All-Einen zu begreifen. Ich habe euch gezeigt, wie ihr jene Resonanz in euch kennenlernen und verstehen könnt, die von Gottes Schwingungskörper ausgeht. Sie ist es, die euch lebendig erhält und euren Körper in gesundem Gleichgewicht schwingen lässt.

Und so hülle ich dich jetzt ein in meine Liebe und nehme dich an dieses liebende Herz. Es ist der Herzschlag des Ewigen, der dein eigenes Herz am Leben erhält und der das Herz ist von Satya Sai Baba und von allen, die um euch sind, um euch zu leiten und heimzuführen.

BEMERKUNGEN ÜBER MEDITATION UND »LATIHAN«

Einige Mitglieder unserer Gruppe waren seit 1980 für den Fluss des »Latihan« im Inneren geöffnet worden, hatten es mehr oder weniger regelmäßig gemacht und seine Auswirkungen entsprechend der eigenen individuellen Möglichkeiten erfahren. Die tatsächliche Dimension dieses wunderbaren Instrumentes für eine Gotteserfahrung war uns allerdings nicht bewusst, dies erfuhren wir erst durch Saint Germain, der es ein »Hindurchgehen zum Göttlichen in uns« nannte und das Latihan als pulsierende Lebenskraft, fließende Gnade und die individuellste persönliche Gotteserfahrung bezeichnete.

Meditation ist ein Weg zur Entwicklung des Bewusstseins. Mit ihrer Hilfe kann es – diszipliniertes, regelmäßiges Meditieren vorausgesetzt – möglich sein, das göttliche Licht in sich zu entdecken. Wer eine tiefe Gottessehnsucht in sich trägt, kann sie mithilfe der Meditation stillen und zu einem Geborgensein in Gott finden. Mithilfe der Meditation kann der Mensch alles das aufgeben, was ihn von Gott in seinem Inneren trennt. Es kann möglich sein, die Begrenztheit des Egos zugunsten einer inneren Gottesschau aufzulösen.

Einwärtswendung ist also Meditation, ein Nachsinnen, bis man den "Sinn" entdeckt, wie es der Buddhismus lehrt. Da der Buddhismus frei ist von jeder Gottesvorstellung, ist die Sinnhaftigkeit der Meditation dort die erhoffte Befreiung vom Rad der Wiedergeburt. Nichtbuddhisten definieren diesen Sinn anders, jeweils im Kontext ihrer Lehre.

In allen religiösen Gemeinschaften und spirituellen Zentren steht die Meditation in der Bandbreite der möglichen Erfahrungen an erster Stelle. Darüber hinaus vermittelt das gemeinsame Gebet, gemeinschaftliches Singen und das Rezitieren von Mantren und anderen heiligen Silben in der Gruppe einen ähnlichen Effekt wie das gemeinsame Meditieren, wobei hier die individuelle Persönlichkeit jeweils hinter die "Gruppenpersönlichkeit" zurücktritt. Wenn viele einer Idee verpflichtet sind und, wie an anderer Stelle beschrieben, durch vereintes Tun eine Energiespirale entsteht, ist auch jeder Teilnehmer in die "Drehbewegung" der Spirale eingebunden, die sich immer weiter nach oben in die feinen Bereiche der individuellen Wahrnehmung hineinwindet.

Auch im **Latihan** steht zunächst die Erfahrung der Gruppe im Mittelpunkt, und erst nach einiger Zeit, wenn das Zutrauen in die dort gemachten Erfahrungen gewachsen beziehungsweise genügend gefestigt ist, wird es den Praktizierenden angeraten, diese Erfahrung auch alleine außerhalb der Gruppe zu wagen.

Das Latihan ist die individuellste persönliche Erfahrung des göttlichen Wirkens im Menschen. Meditation führt zumeist zu identischen Erfahrungen/Erlebnissen, die sich lediglich in der Intensität unterscheiden. **Das Latihan indes ist so individuell wie der Fingerabdruck eines Menschen – jeder hat seine eigenen "Rillen" im Muster der erlebbaren Möglichkeiten, und die sind so vielfältig, wie es Menschen gibt, die sich in diese Erfahrung begeben.**

Da die Latihan-Erfahrung im Allgemeinen mit einem Eintritt in die "Subud"-Gemeinschaft gekoppelt ist, ist eine Grenzüberschreitung nur in Ausnahmefällen möglich, was bis heute verhindert, dass sich diese einzigartige Möglichkeit in größerem Rahmen auch außerhalb von "Subud" verbreiten kann. Hinzu kommt das Unvermögen der zuständigen "Helfer" in "Subud", über das Latihan gebührend zu sprechen, sodass sich dem Sucher der Sinn (= **die unauslotbare Möglichkeit einer individuellen Gotteserfahrung**) so gut wie nicht erschließt, und entsprechend sind zumeist die ersten Erfahrungen/Berührungen mit dieser Kraft, die oft vorschnell zu einem Austritt aus der Gemeinschaft und zur gänzlichen Aufgabe des Latihan führen.

Nun kann natürlich niemand Tag und Stunde wissen, da die göttliche Gnade in das Leben eines Menschen zu treten beabsichtigt ... Wie töricht gedacht! Die göttliche Gnade ist immer da, es muss einer nur die Bereitschaft mitbringen, sie in jedem Augenblick des Lebens zuzulassen beziehungsweise einzulassen. Jeder Augenblick ist der richtige, zu jeder Zeit! Man sollte also nicht sagen, man sei noch nicht so weit, man müsse erst noch diese und jene Erfahrung machen, ehe man sich für das Latihan "öffnen" lasse, sondern sich immer offen und bereithalten für die Gunst, die Gnade des Augenblicks.

Was aber ist nun das Latihan? Die meisten hier kennen es schon. Latihan ist ein indonesisches Wort und bedeutet "einfache Übung". Und darin liegt auch der Schlüssel, dass nämlich jeder uneingeschränkt diese "einfache Übung" erlernen und ihre Segnungen erfahren kann.

Worin besteht diese "einfache Übung"? In der schlichten Bereitschaft, Gott jetzt, im Augenblick in das Bewusstsein eintreten zu lassen! Latihan bedeutet also, bereit zu sein für das göttliche Wirken im Alltag – im jeweiligen Augenblick des Lebens. **Es bedarf**

keiner Vorkenntnisse, keiner Vorbereitung, lediglich einer liebevollen Bereitschaft. Wer sich so unvoreingenommen in den Strom der Gnade begibt, kann in genau diesem Augenblick überschüttet werden von ihr – vom Wirken Gottes im Geist. Er reinigt, wirft alles Unnötige und Unnütze hinaus und bereitet den "niederen Menschen" vor auf die Verbindung mit dem "Hohen", dem Göttlichen, der im Herzen wohnt.

Dieses Reinigen kann Schmerz erzeugen, kann zu so manchem Tun führen – lachen, weinen, tanzen. Aber wenn das Göttliche hervortritt, soll Friede einkehren. Wer sich immerzu nur in den "äußeren Strom der Reinigung" begibt und die Stille nicht zulässt, die dann folgen will, wird niemals das ganze Potenzial der Möglichkeiten ausschöpfen, die das Latihan ihm bietet. Und hier liegt ein großes Versäumnis seitens der Verantwortlichen in "Subud" vor: Das Latihan darf niemals nur als Reinigungsinstrument gebraucht werden. Sein eigentlicher Sinn ist, durch die Phase der Reinigung hindurch ins Licht, in den Strom der Gnade zu gehen, der dann wie ein Glücksstrom sanft durch den Körper zu fließen beginnt. Wer immer nur singt oder tanzt oder weint oder lacht, wird nicht zur Quelle des inneren Glücks geführt, weil er sich ihr versperrt. Eines sollte zum anderen führen.

Wer das Latihan erhalten will, muss diesen Willen bekunden, damit er "geöffnet" werden kann. "Diese Öffnung ist ein Akt der Hingabe an den göttlichen Willen" – so lehrt es "Subud". Jede Öffnung ist ein Initiationssymbol und setzt die Bereitschaft des "Empfangens" voraus. Da dies eines der Schlüsselerlebnisse aller Latihan-Praktizierenden ist, wollen wir es einmal kurz hinterfragen. Bereitschaft ist wichtig. Voraussetzung ist, dass man wirklich aufgeklärt wurde über das, was man nun bereit ist zu empfangen. Dann empfängt man den Impuls, sich zu öffnen. Das ist alles, was man je in Verbindung mit dem Latihan "empfangen" sollte. Denn alles **ist** ja bereits empfangen, **ist** da, man muss nur durch die

Schichten der niederen Persönlichkeit, des Egos, hindurchdringen, um zu dem zu gelangen, was als Lotos im Herzen ruht. Latihan ist also kein "Empfangen", sondern ein "Hindurchdringen".

Auch das sogenannte "Testen" (= das Bitten um Antworten auf wichtige Fragen des Lebens) ist kein Empfangen, sondern nur ein Sichöffnen, damit das, was immer schon an Wissen im verborgenen Selbst ruhte, auch "gehört" werden kann. Gott verwendet keine Worte und antwortet nicht in Worten. Er kann nur durch den Christus in dir – den Heiligen Geist – sprechen, der seine Antwort in diejenige Sprache übersetzt, die du immer verstehen und akzeptieren kannst. Da der Inhalt unserer Probleme die Trennung von der Liebe ist, liegt das Aufheben dieser Probleme einfach darin, sich wieder mit der Liebe zu verbinden.

DAS LATIHAN

Die folgende vertiefende Aussage über das Latihan erhielten wir, als wir mit Saint Germain am Ende unserer Schulungen eine Woche im Schwarzwald verbrachten.

"Latihan" meint zwar wörtlich "einfache Übung", aber das Einfache ist, wer könnte dem widersprechen, mitunter auch das Schwerste. "Einfach sein" ist doppeldeutig zu verstehen: **Einfach** sein meint, sich nicht unnötig mit Ballast zu beschweren, der der persönlichen Entwicklung mehr im Wege steht, als dass er sie zu fördern vermöchte. Dies zielt vordergründig auf das Überangebot an sogenannten "esoterischen Wegen", die aber zumeist nicht ins "verborgenste Innerste" des Suchers, sondern direkt in die Brieftasche so manchen Schlitzohrs führen oder dessen Geltungsbedürfnis befriedigen. Im Einfach*sein* wenden wir uns nach innen, um uns im einfachen Da*sein* an den immerwährenden Strom des Lebens anzuschließen. Das ist Latihan. Einfach **sein** ist die logische Konsequenz solchen Tuns.

Die Praxis des Latihans ist ein Hindurchtreten durch die niederen Schichten der Persönlichkeit, um dem Wesen des Selbstes zu begegnen – des eigenen Selbstes ebenso wie dem innersten Wesen anderer, die diese Erfahrung mit uns in der Gruppe teilen.

Wenn wir in die Latihanerfahrung eintreten, beginnt zunächst das "Sicherinnern an den göttlichen Ursprung". Dies geschieht nicht über das Verstandeserinnern, sondern in der Hingabe an das Wirken des Göttlichen in uns, sodass eine Rückverbindung augenblicklich möglich wird.

Aber, ist diese Hingabe wirklich eine so leichte Übung, wie das Wort "Latihan" sie verheißt? Wer kann sich augenblicklich so tief fallen lassen, dass er in der Stille des Augenblicks dem wahren Wesen, dem Lichtfunken des Göttlichen im eigenen – und auch im Herzen des anderen – gewahr wird? In jeder Meditation begegnen dem "Anfänger" hierbei die von den Gedankenfluten ausgelösten beziehungsweise erzeugten Schwierigkeiten, die ein Still- und Leerwerden so schwer machen. Im Latihan indes begegnen wir diesem Problem nicht, weshalb es auch mit Meditation nicht zu vergleichen ist. Wählen wir getrost den Begriff der "Gnade", der hierdurch einen ganz anderen Charakter erhält. Denn es ist ja wahr, dass wir uns immerzu im Zustand der "göttlichen Gnade" befinden, sie aber nur dann wahrnehmen, wenn wir uns bewusst daran erinnern. Das verlangt aber nicht von uns, dass wir in diesem äußerlich sichtbaren Zustand der inneren Erhebung durchs Leben gehen sollten, der uns gelegentlich befällt, wenn wir uns dem Latihan mit Bewusstsein nähern. Dieser "äußere" Zustand ist nur der erste Schritt, in dem wir das Hindurchgehen üben – so lange, bis wir gelernt haben, das "Wasser des Lebens" aus der inneren Quelle zu schöpfen, ungeachtet dessen, was uns im Leben "draußen" begegnet.

Wenn wir diese Metapher auf unseren Alltag übertragen, erkennen wir, dass das Latihan unser eigentlicher Bewusstseinszustand ist, der unser Leben nicht nur in den kurzen Augenblicken, da wir

"Latihan machen", heiligt, sondern uns durch unser ganzes Leben begleiten sollte. "Übung" meint ja auch, etwas so lange zu probieren, bis es vollkommen geworden ist. Die Künstler und Lehrer unter euch können ein Lied davon singen, aber auch der "normale" Mensch ist in all seinem Tun diesen ununterbrochenen Lektionen des Lernens ausgeliefert. So gesehen ist Latihan in der Tat eine Alltagserfahrung, die - wenn man dem Sinn der Übung auf den Grund geht - irgendwann das Objekt des Lernens in die Vollkommenheit führen muss. Deshalb darf es nicht nur beim guten Willen bleiben, denn damit allein gewinnt man keine befriedigenden Resultate. Ihm muss immer das Tun folgen, will man wirklich in die "nächste Klasse" aufgenommen werden.

So führt uns das Latihan nach der Reinigungsphase - wenn die Impulse, sich zu bewegen und so weiter, nachlassen - schließlich in den inneren Raum der Stille, in dem wir uns "ganz einfach" dem Strom des Göttlichen hingeben können. Dies ist das wahre Wesen der Hingabe, das höchste Gut des uns eigenen "freien Willens". Dabei geben wir unsere Individualität nicht auf, sondern wissen uns geborgen in der Liebe Gottes.

Wenn wir dies über einen längeren Zeitraum hinweg zunächst in der Gruppe und später auch alleine praktiziert haben, sollten wir vorbereitet sein, das Latihan auch im Alltag zu verwirklichen, indem wir uns immer wieder daran "erinnern", durch die niederen Schichten unserer Persönlichkeit hindurchzugehen. Dies sind all die kleinlichen Randzonen, in denen das Ego und unsere emotionalen und mentalen Schwächen unser Leben beherrschen. Keiner sage, er sei diesem Emotionsmüll ausgeliefert, weder dem eigenen noch jenem der anderen.

Denke einfach: Gott ist in mir! Denke einfach: Latihan oder "Atma-Rama" (*) - und schon fließt der Strom der Gnade, und du bist augenblicklich mit deiner Wirklichkeit verbunden. Denn das ist Gnade: Die Klippen des "freien Willens" mit all seinen Fallen und selbstverschuldeten Fehltritten im Augenblick als überwindbar zu erkennen und in die Christusnachfolge zu treten, was meint, in jedem Augenblick des Lebens auf den Christus im Inneren ausgerichtet zu sein. Das ist freier Wille in Vollendung.

* Saint Germain hatte uns empfohlen, dem Latihan für unseren eigenen Gebrauch einen neuen Namen zu geben, denn die Übersetzung aus dem Indonesischen ("einfache Übung") würde Inhalt und Wert des Latihans nicht gerecht. Beim Blättern in einem Sanskritlexikon fand ich zufällig den Begriff "Atmarama", der "die Freude des Selbstes am Selbst, dessen Natur Glückseligkeit ist" bedeutet. Atmarama bezeichnet eine "Freude, die nicht mehr von äußeren Objekten abhängig ist und daher ständig erfahren werden kann." (Spirituelles Wörterbuch Sanskrit-Deutsch, Verlag Sathya Sai Vereinigung)
Dieses Wort besteht aus dem Begriff "Atman" – er bezeichnet die dem Menschen innewohnende Göttlichkeit, den göttlichen Funken, die unsterbliche Seele – und aus "Rama", eine der großen Gestalten der hinduistischen Götterwelt, deren Namen man mit "Entzücken, die Quelle aller Freude" übersetzen kann. Mir schien also dieses Wort passend zu sein für das, was das Latihan ausmacht.
Nähere Informationen über die Gemeinschaft "Subud", die die "Verwalterin" des Latihan ist, können über das Internet erfahren werden.

DER INNERE LEHRER

Durch das in den beiden vorhergehenden Texten schon beschriebene Latihan gibt es die Möglichkeit, Fragen an unserer Hohes Selbst zu richten, bei »Subud« als »Testen« bezeichnet. Die Reinigung unserer »Kanäle« durch das Latihan, die uns mit dem Göttlichen verbinden, ermöglicht es uns, allmählich und Schritt für Schritt Zugang zu unserer eigenen inneren Weisheit zu erhalten, die die Antworten auf all unsere Fragen kennt.

Unser innerer Lehrer ist ein Archetyp. Ihr erinnert euch an den gemeinsam gegangenen Übungsweg zum "inneren Lehrer" (enthalten im Buch *Saint Germains Vermächtnis. Kabbala und Rosenkreuz)*, der uns durch das Meer des Unterbewusstseins "hinaufführte" in die Wohnstätte jener Instanz, die wir heute – ohne die damals gewählten archetypischen Bildkräfte – mithilfe des Latihans mühelos und schnell erreichen können. Diese Instanz ruht mehr oder weniger verborgen in jedem von uns, sie ist der innere Wegweiser zum "Haus des Vaters". Sie empfängt Wissen und Weisung aus der höheren, ihr überlagerten Ebene und leitet diese schrittweise – gemäß unseres Wachstums – an uns weiter.

Es ist demnach nicht so, dass wir augenblicklich Antwort auf alle Fragen, die uns in den Sinn kommen, erhalten. Das Wissen kommt uns, wie eben festgestellt, schrittweise zu, und deshalb wird die Antwort immer nur den nächsten Schritt betreffen, der getan werden muss. Dieser "Lehrer" ist ja eine lehrende Instanz, die niemals in einem Atemzug das ganze Wissen preisgibt, sondern nur den Wachstumsprozess begleitet und inspiriert. Damit diese Weisungen auch von uns verstanden werden können, bedient sich der innere Lehrer eines weiteren Archetyps, der in uns wirksam ist, des inneren Bildners, der uns das Wissen in einer Form zukommen lässt, die wir auch verstehen können. Unser ganzer Entwicklungsprozess verläuft also in einem unserer Gesamtpersönlichkeit angepassten Rahmen. Naturbedingt aber kann man davon ausgehen, dass wir Lernende sind, die ihren Wissenshorizont ohne Ende vergrößern können, und so werden wir behutsam von Stufe zu Stufe geführt.

Mit dem Latihan haben wir ein "Vehikel", das uns immer schneller und ohne Umwege direkt zum Ziel bringt. Inwieweit und wie lange der innere Bildner noch in seine "Trickkiste" greifen muss, hängt von unserem bisherigen Lebensweg mit seinen vielfältigen Erfahrungen und Eindrücken ab, die unsere Vorstellungen prägten, mit denen wir die physische und die geistige Welt betrachten und beurteilen. Je mehr wir uns dem Strom der Gnade hingeben, umso eher vermag unser Verstand Dinge auszublenden, die einen Schatten auf die Wirklichkeit werfen und die unsere Entwicklung hemmen.

Echte, aus der Tiefe gelebte Spiritualität kennt in letzter Instanz keine esoterischen Leitbilder, bedarf keiner religiösen Autorität und braucht keine äußeren Erfahrungen mehr, die über irgendwelche Menschen und deren "Produkte", wie Horoskope, Karten, Klangwolken und so weiter, vermittelt werden. Wenn der innere Lehrer als jene hohe, allgemeingültige Instanz erkannt wird und wenn man gelernt hat, sich von Urteilen und Fremdmeinungen zu distanzieren, um nur noch der eigenen innewohnenden Weisheit und Führung zu vertrauen, wird man Licht werden können in der Finsternis, an dem auch andere Suchende ihr Licht zu entzünden vermögen. Bis man aber zu jener inneren Instanz gefunden hat, ist es nötig, sich an einer äußeren Instanz zu orientieren, die frei ist von all jenen Allüren, die Abhängigkeiten und Bindungen erzeugen. Von einem Lehrer abhängig zu sein, zeigt nur, dass man der eigenen Göttlichkeit nicht halb so viel Vertrauen entgegenbringt als jenem gegenüber, das einem von außen begegnet und das mit Worten und einem "Schein vom Sein" blendet. Ein echter Lehrer ist daran zu erkennen, dass er bedingungslos lebt, was er lehrt. Er verfolgt keine Ideologie und ist selbst frei von Bindungen jeder Art, außer jener an Gott.

Ich bin mit euch diesen Weg gegangen, damit ihr Sehende und Hörende werdet. Weiter als bis ins Zentrum eures Seins vermag euch niemand von außen zu führen. Geht nun voll Vertrauen über euren Atem in das Reich in der Mitte eures Seins, in die Obhut eures göttlichen Vaters und seiner "lehrenden Kraft". Es stehen euch für immer die zwei Ebenen offen:

1. Die Ebene des Vordringens – vermittels des zur spirituellen Herzmitte gelenkten Atems – zur INNEREN WEISHEIT, dem ewigen Quell im Sinne des Hindurchhörens nach der Latihan-Reinigungsphase.

2. Die Ebene des Ins-Leben-Wagens – um dem Wagnis des Lebens auf ganz neue Art zu begegnen. Dies geschieht unter Anleitung eurer inneren Intelligenz über den gelenkten Atem ins Dritte-Auge-Zentrum, wo sich in der Imagination eines Strahls weißgoldenen Lichtes Energie und Geist "paaren", um alles Leid, das der Gedanke an Trennung, an dein Vertriebensein aus dem Garten der Liebe in dir auslöste, wieder aufzulösen im Licht.

Ich sagte: "Es ist demnach nicht so, dass wir augenblicklich Antwort auf alle Fragen, die uns in den Sinn kommen, erhalten. Das Wissen kommt uns schrittweise zu, und deshalb wird die Antwort immer nur den nächsten Schritt betreffen, der getan werden muss."

Wenn unser innerer Lehrer selbst uns schon nicht alle Fragen auf einmal beantwortet, wieso sollte es dann möglich sein, für andere zu "testen" und um Antwort auf deren Lebensprobleme zu bitten? Wir sind wohl miteinander über unser göttliches Selbst verbunden und bleiben dennoch Individuen. Ja, wir bleiben individueller Geist, auch wenn wir einmal eingehen in den göttlichen All-Geist, so wie auch ein Wassertropfen jederzeit wieder aus dem Meer isoliert werden kann. Jeder einzelne Tropfen bringt seine individuellen Reiseerfahrungen mit, die sich nicht auflösen, wenn er mit dem Meer verschmilzt. Das Meer besteht somit aus der Fülle jener Erfahrungen, die im Ätherleib jedes einzelnen Tropfens gespeichert sind.

Was bedeutet dies also für das "Testen für andere"? Zunächst wollen wir nicht das aus der "Subud"-Tradition stammende Wort "Testen" übernehmen, sondern es ersetzen mit "Hindurchhören", handelt es sich doch um ein Hindurchdringen zum Ruheort unserer inneren Weisheit, die sich uns, wenn wir "tief" genug fragen, mitteilt als Gewissheit. (In »Subud« ist es üblich, für andere, so sie es wünschen, in ihrem Beisein zu »testen«.)

Nun müssen wir natürlich lernen, Gottes Sprache auch zu verstehen, müssen sie erst dechiffrieren, um die Antwort, die sich oft in Bildern oder über den Körper äußert, in ihrer Tiefe zu begreifen. Wenn wir selbst noch Mühe haben, unsere eigenen Bilder oder Gefühle richtig zu analysieren, wie sollte es dann möglich sein, dies für andere – wenn möglich sogar besser als sie selbst – zu tun? Jede solche Antwort ist unvermeidlich gefärbt durch den "Filter" des Empfängers, durch dessen eigene Meinungen, Vorlieben und vor allem durch sein Vermögen oder Unvermögen der Interpretation. Ist nicht der Alltag schon zur Genüge vollgepfropft mit Meinungen und Mutmaßungen, die über andere gefällt werden? Beteiligt euch nicht an derlei Machenschaften, sondern bleibt bei eurer Wahrheit, denn es gibt keine andere für euch. Und die muss – dem geistigen

Gesetz zufolge – lauten: Jeder hat alles in sich, was er für die Bemeisterung seines Lebens braucht, und niemand außer dem Auge
des Göttlichen kann Einblick in diese verborgene Quelle haben.

Hier begegnen wir auch dem Problem jeglicher medialer Übermitt-
lung. Jedes Medium empfängt – denn anders ist es nicht möglich –
mit dem äußerst fragilen Sensorium des Tagesbewusstseins aus verschiedenen geistigen Ebenen, zumeist aber aus den verschachtelten
Ebenen des eigenen Bewusstseins, sodass es gänzlich unmöglich
ist, ungefilterte Antworten zu erhalten. Selbst ein "hochkarätiges"
Medium wie Helen Schucman (*Ein Kurs in Wundern*) musste
diesen Filter benutzen, um das "Gehörte" in Sprache zu übersetzen.
Jeder persönliche Gedanke trübt im Augenblick die Botschaft und
verzerrt sie mehr oder weniger, je nach der Integrität des Mediums.

Man darf also das "Empfangen" des anderen durch die eigene Ausrichtung auf Gott unterstützen, was dem Gegenüber auch Mut machen kann, noch tiefer und wahrhaftiger in die eigene Mitte zu hor-
chen. Und wenn es weiß, dass es von den Gruppenmitgliedern nur
energetische Unterstützung erhält, aber niemand ihm die "Last"
der eigenen Erkenntnis abzunehmen imstande ist, wird es sich sehr
wohl um eine Vertiefung seiner eigenen Möglichkeiten bemühen.
Macht also künftig aus euren Fragen keinen lustigen Zeitvertreib,
sondern bewegt sie lange in eurem Herzen, ehe ihr sie der höchsten
Instanz vorlegt.

Frage: Woher kommen die Bilder in der Übung mit dem inneren
Lehrer? Aus dem Kollektiven Unbewussten oder aus dem Zentrum
der eigenen Gedanken? Und wie kann man das unterscheiden lernen?

Saint Germain: Diese Unterscheidung kannst und musst du selbst
treffen, was nur langsam zu lernen ist. Ihr müsst ja erkennen, um
dann unterscheiden zu lernen, ob die Antworten und Bilder aus

dem Emotionalkörper oder dem Gedankenkörper mit seinem Wunschdenken kommen oder ob sie dem reinen Ego-Denken entspringen – oder ob ihr angeschlossen seid an die höhere Weisheit, um aus deren übergelagerten Impulsen zu schöpfen. Wenn ihr euch der Qualität einer Antwort nicht wirklich sicher seid, könnt ihr von der Herzensebene aus die "Gegenfrage" stellen. Es ist kein Meister vom Himmel gefallen, alles dies sind Lernprozesse. Beide Instanzen (innerer Lehrer im Dritten Auge und die Herzensweisheit) sind stets in liebevoller Eintracht in euch wirksam. Ihr müsst nur lernen, das Ego-Denken zur Auflösung zu bringen.

Frage: Was geschieht wirklich bei den in Subud sogenannten "Einstellungstests"? Verändert der "Test" als solcher, oder hat mir mein Glaube geholfen?

Die Frage lautet: Wie soll meine Einstellung zu diesem oder jenem Thema/Problem sein? Ich hatte damit eine eindrucksvolle Erfahrung. An meinem damaligen Arbeitsplatz hatte ich – mehr innere als äußere – Probleme mit meinem Chef. Obwohl er eigentlich recht harmlos war, nervte mich seine Präsenz im Büro zunehmend. So stellte ich die einfache Frage: Wie soll meine innere Einstellung zu meinem Vorgesetzten sein? Die Antwort war in meinen Augen nicht sehr zufriedenstellend, weil eigentlich recht simpel, aber zu schwierig umzusetzen, wie mir schien – ich sollte nämlich einfach gelassen sein. Als ich einige Tage später wieder diesem Vorgesetzten begegnete, war ich gelassen und ruhig und blieb es auch für die weiteren Jahre der Zusammenarbeit. Interessant war, dass auch er sich mir gegenüber veränderte, vermutlich, weil ich entspannter mit ihm umging. Ich hatte mich um diese Gelassenheit gar nicht bemühen müssen und empfand dieses Erlebnis als großes Geschenk. Ich stellte diese Frage an Saint Germain, weil ich die geistigen Hintergründe dieses Geschehens verstehen wollte.

Saint Germain: Jede dieser Erfahrungen beruht auf unserem Glauben. Das Vertrauen, das wir in Gott setzen, ist maßgebend für unser ganzes Leben. Wenn wir eine Antwort aus der Tiefe erhalten, verändert dies unsere Zellstruktur, was bedeutet, dass sich etwas in uns wandelt, verändert. Göttliche Gnade ist ein Ausfluss der göttlichen Urkraft. Wenn sich jemand im Zustand des Angebundenseins an diese Urkraft (hier in Bezug auf ein bestimmtes Thema) öffnet, so vermag die göttliche Kraft genau dort wirksam zu werden, weil sie zugelassen wird und sich somit die persönliche Einstellung ändert.

Frage: Worum handelt es sich bei der "Öffnung", wie man in "Subud" die erste Latihan-Erfahrung nennt?

Saint Germain: "Öffnung" – und wir wollen diesen Terminus hier nicht übernehmen – ist ein Initiationsritual, im eigentlichen Sinn ein Erinnerungsritual, eine Öffnung eines Zugangs zu etwas, was immer schon da war. Die Bereitschaft, sich (selbst) zu öffnen, ist wichtig. Nur diese innere Öffnung ermöglicht das Wiedererkennen. Deshalb wollen wir (bei der Weitergabe des Latihans) kein äußeres Ritual praktizieren, sondern lediglich fragen: "Bist du bereit, das Geschenk des Latihans jetzt zu empfangen?" – "Ja, von ganzem Herzen!" Eine symbolische Geste, wie etwa das Handauflegen auf den Scheitel als äußeres Zeichen der Rückverbindung zum göttlichen Geist, könnte hier ihren Platz haben.
Wer ein solches Ritual vollzieht, übernimmt eine Verantwortung jenem Menschen gegenüber. Und es mag bei dem einen oder anderen gut sein, ihn eine Weile fürsorglich an die Hand zu nehmen, bis er selbst ganz in die Latihan-Praxis hineingewachsen ist. Letzten Endes jedoch möchte ich jenem Aspekt den Vorzug geben, dass wir, nachdem jemand seine Bereitschaft erklärt hat, die Verantwortung getrost dem Göttlichen überlassen.

Die in »Subud« sogenannte Öffnung wird während eines Latihans vollzogen, das die »Helfer« mit dem zu Öffnenden machen. Eigentlich aber kann jeder Mensch, der das Latihan praktiziert, einen anderen »öffnen«, so dieser es tatsächlich möchte. Diese Öffnung wird von jedem Menschen anders empfunden. Zehn Menschen haben zehn unterschiedliche Initiationserlebnisse. Ich spürte während meiner »Öffnung« gar nichts, während Myra, Saint Germains späteres Medium, ein Erleuchtungserlebnis hatte, das zwei Tage anhielt und eine der Grundlagen schuf für ihre spätere Berufung als sein Medium.

Frage: Ist meine Empfindung von einem "Kribbeln", durch das sich der Energiefluss anzeigt, richtig?

Saint Germain: Jedes Latihan ist und äußert sich individuell anders, es ist vergleichbar mit dem individuellen Fingerabdruck eines Menschen. Die Reinigung findet vor allem im Emotional- und Mentalkörper statt. Das Latihan "bewegt", und dies ist oft wahrnehmbar durch äußere Bewegungen, aber auch durch Kribbeln oder sanftes Streicheln auf der Haut. Es ist ein Angerührtsein vom göttlichen Atem. Aber wie er uns bewegt, ist individuell. Alles ist richtig, denn es entzieht sich jeder Bewertung von außen. Lasse dich einfach in die Liebkosung durch das Latihan hineinfallen.

LEBENSHILFE 1

Die erste Frage ist, womit wir uns identifizieren. Wenn wir das Leben, den sogenannten Alltag mit all seinen Erscheinungen, ungehindert auf uns einwirken lassen, werden wir nicht umhinkönnen, uns mit ihm als unserem unentrinnbar scheinenden Schicksal zu identifizieren. Dem aber hat SOPHIA, die WEISHEIT, einiges entgegenzusetzen. Sie lässt uns erkennen, dass wir nicht einem blindwütigen Schicksal ausgeliefert sind oder wurden, sondern dass wir Meister unseres Lebens sind. Dies ist die Natur der uns innewohnenden Weisheit. Aber wir ignorieren ihre Stimme, weil wir tagtäglich versuchen, dem Schicksal einiges abzutrotzen. Wir stellen uns dem Leben wohl, aber wir stellen uns ihm entgegen, anstatt es einzuladen, seinen Alltag mit uns, der wir der Stimme der Weisheit im Inneren vertrauen, zu teilen.

Das Gegenteil von Liebe ist Angst. Warum lässt du die Angst in dein Leben treten und traust der Liebe nicht? Welche Liebe meine ich? Die Liebe deines Ehepartners, deiner Kinder, deiner Eltern gar – oder vielleicht jene Liebe, die nicht von dieser Welt ist? "Ach, die kann ich nicht fassen, kann sie nicht riechen, nicht erkennen, sie versteckt sich in all den Problemen, die auf mir lasten." So einfach machst du es dir?

Es ist die Zeit der Reife, noch nicht die der Ernte, diese kommt, wenn die Reifephase vorüber ist. Wer will schon ungereifte Früchte kosten? Die Stimme der Vernunft sagt: "Sei geduldig – und vor allem: Lass die Angst, die Zweifel los!"

Was versprichst du dir von deinem spirituellen Leben? Soll es oder der, der sich "dahinter" verbirgt, deine Probleme für dich lösen? Bist du wirklich (schon) bereit, Probleme als Lehrmeister zu erkennen und – vor allem – zu akzeptieren? Wenn du dies bejahst, dann frage dich zunächst: "Identifiziere ich mich mit meinen Problemen in einer Art und Weise, dass ich ihren Anfang nicht (mehr) erkennen kann?" Denn wenn dir dieser "Anfang" wieder bewusst geworden ist, wirst du augenblicklich auch ihr "Ende" erkennen können, denn die Erkenntnis ihrer Ursache beinhaltet auch ihre Lösung!

Der Glaube an die Einheit mit Gott ist der Weg in die Bindungslosigkeit. Solange du gebunden bist an Dinge – wie Angst und Zweifel, mangelndes Selbstwertgefühl, Aufopferung im Sinne einer inneren Versklavung an Menschen und Objekte, ein Über-Funktionieren-Müssen, wo doch die "einfache" Funktion genügen würde, und so weiter –, wirst du das Prinzip solcher Einheit nie im Leben erfahren, sondern immer nur den Mangel als Ausdruck deiner inneren Versklavung an überwindenswerte Eigenschaften. Wer sich seines Reichtums an Möglichkeiten nicht bewusst ist, wird stets von einem Gefühl des Mangels beherrscht. Wer Dankbarkeit der eigenen Göttlichkeit gegenüber nicht täglich praktiziert, sondern den Ängsten und Zweifeln Raum gibt, wird diese innere Kraft nie im Leben spüren.

Wenn du alle dir zur Verfügung stehenden Energien sammelst in deinem Herzen als dem Ort deiner urteilsfähigen Unterscheidungskraft und liebenden Möglichkeit, Irrtum, so er entstanden, zu vergeben und die Konsequenzen daraus zu ziehen, wirst du viele

Energien für die Erkenntnis deiner wahren Bedürfnisse entdecken – und sie zu nutzen wissen. Welcher Rat könnte dir sonst gegeben werden, Dinge zu tun, die dein Herz ohnehin längst als Lösungsweg aus der Angst entdeckt hat, die aber vom freien Willen, dem Ego, noch blockiert werden?

LEBENSHILFE 2

Was dein Verstand und dein Gedächtnis von dir wissen, ist nicht alles. Wenn du einmal erkannt hast und begreifst, dass dein Verstand nicht alles von dir weiß, dann beginnt ein neues Wissen von dir selbst, ein neues Verstehen, ein neues Hinsehen, ein neues Hinhören, ein neues Ja-Sagen und ein neues Nein-Sagen. Das Unbewusste wirkt mehr auf dein Leben ein als dein Verstand. Denn alle deine Lebensziele und Lebensentwürfe, die allein auf Verstandeswissen beruhen, sind alle mehr oder weniger am Unbewussten gescheitert. Dein Verstand weiß also zu wenig von dir, um dir die Möglichkeit zur Verwirklichung zu geben.

Es sind deine Gefühle, die deinem Leben Halt und Grund geben. Sei dir bewusst, dass du dich lange Zeit mehr mit deinem Denken als mit deinen Gefühlen identifiziert hast. Heute ist das genau umgekehrt. So machst du immer wieder die Erfahrung, dass deine Gefühle dich tiefer wissen lassen – und auch mehr bewahren und schützen – als deine Gedanken. Gefühle und Gedanken, die dir fremd vorkommen und die du als "ich-fremd" zurückweist, verleugnest, verdrängst, sind Botschaften des Selbstes, sind vom Unbewussten ausgelöst, um dir etwas von deinem Selbst zu sagen, etwas dir Unbekanntes, manchmal auch Unerlaubtes, was deinem Verstand und deinem Bewusstsein und deinen gewohnten Gefühlen (noch) nicht zugänglich ist.

Was ihr Wirklichkeit nennt, ist nie mehr als ein winziger Ausschnitt aus der großen äußeren und inneren Wirklichkeit, in der ihr lebt und in die euer Leben eingebettet liegt, als Teil von ihr. Und diese Wirklichkeit - die für euch riesige und unfassbare Wirklichkeit - wirkt auf euer Leben ein, ohne dass ihr euch dessen bewusst seid. Und je enger euer Bewusstsein ist, desto winziger ist der Ausschnitt, den ihr Wirklichkeit nennt. Es gibt aber nicht die eine und einzige Wirklichkeit für euch, sondern viele Wirklichkeiten. Da ist die geglaubte Wirklichkeit, die gedachte, die geträumte, die geliebte, die ertragene Wirklichkeit. Und da ist die Wirklichkeit hinter der Wirklichkeit. Und da ist die Wirklichkeit wie im Traum. Und alle diese Wirklichkeiten wirken auf euch ein, auf euer Denken und Fühlen, auf eure Vorstellung von der Wirklichkeit. Jeder Mensch lebt also in einer ihm eigenen und persönlichen Wirklichkeit. Sobald du diese Wirklichkeit des anderen Menschen verstehst, verstehst du auch ihn und sein Handeln. Und so wie es verschiedene Arten des Verstehens gibt, gibt es auch verschiedene Arten des Nichtverstehens. Es gibt das Verstehen so natürlich wie das Atmen. Es gibt das Verstehen mit dem ganzen Leben. Es gibt das Verstehen, das alles verändert und das Leben in ein "Davor" und ein "Danach" einteilt. Es gibt ein Verstehen, das wie Regen ist, der auf die Wüste fällt.

Es ist nicht das Ereignis, es ist die Bedeutung, die du einem Ereignis gibst, die dieses Ereignis steuert und es in ein Ereignis von schicksalhafter Bedeutung verwandeln kann. Dein Unbewusstes lebt und ist genauso wirklich und lebendig wie die Welt des Wachbewusstseins. Um die Bilder des Unbewussten deutlich werden zu lassen, musst du die Aufmerksamkeit von außen nach innen richten. Dann wirst du jene Wirklichkeit hinter der Wirklichkeit erleben, aus der du "in Wirklichkeit" lebst. Die meditative Wahrnehmung schafft ein anderes Verhältnis zur Wirklichkeit als die Wahrnehmung durch den Verstand. Dieser erzeugt nur die Illusion und teilt dir mit, dass du es bist, der das Leben beherrscht. Das Unbewusste aber erzeugt die Ganzheit des Lebens, in der du lebst, so wie die Fische im

Wasser schwimmen. Vielleicht denkt mancher Hering, er würde das Meer beherrschen, dabei beherrscht er nur das Schwimmen. Und ohne Wasser nutzen ihm alle seine Schwimmkünste nichts.

In jeder Erfahrung erfährst du also dich selbst. Es gibt keine Erfahrung außerhalb von dir, außer jener deines Selbstes. Ist dieses Selbst eng und dunkel, werden alle Erfahrungen deines Lebens eng und dunkel. Ist dein Selbst aber weit und hell, werden alle Erfahrungen deines Lebens weit und hell. In jeder Erfahrung erfährst du nur dich selbst. Und es gibt keine andere Erfahrung – keine andere! – außer dieser einen und einzigen, dieser Erfahrung **deines Selbst**. Und so ist deine innere Welt genauso wirklich wie die äußere Welt. Und die innere Welt übt genauso große Wirkungen auf dein Leben aus wie die äußere Welt. Du kannst dich den Wirkungen beider Welten nicht entziehen, denn sie sind ein- und dieselbe Welt. Wenn die innere Welt erkaltet und stirbt und untergeht, geht auch die äußere Welt unter.

Also entscheidet deine innere Haltung darüber, **wie** du das Äußere lebst und erlebst. Das gleiche äußere Ereignis mit einer anderen inneren Haltung ist nicht mehr das gleiche Ereignis. Denn Ereignisse sind vor allem Erlebnisse. **Es gibt aber nichts auf eurer Welt, was sich nicht ändern ließe, wenn man die innere Haltung ändert. Es gibt nichts auf der Welt, was sich nicht schlagartig ändert, wenn du dich änderst.** So wirst du den Zustand der vollen Wirklichkeit nur dann erreichen, wenn es dir gelingt, die innere in die äußere Welt und die äußere in die innere Welt zu bringen, sodass sich die Kräfte aus beiden Welten gegenseitig durchdringen und stärken können. Den wahren Mittelpunkt deines Lebens kannst du nicht außerhalb von dir finden, sondern nur tief innen in dir. Den wahren Mittelpunkt deines Lebens kannst du auch nicht in einem anderen Menschen finden, sondern wiederum nur tief in dir. Denn das Selbst kann der Mensch nur in sich wiederfinden.

Jeder Mensch muss sich verwirklichen. Solche Verwirklichung bedeutet immer Selbstverwirklichung. Und wenn du ihn konsequent gehst, erlebst du, der Weg der Selbstverwirklichung ist nicht die Belehrung, sondern die Begegnung, die Begegnung zwischen Menschen als Austausch von Leben und Vertrauen, eine Begegnung, in der alle Beteiligten Möglichkeiten finden, das Selbst klarer zu erkennen – sein Wachsen und Werdenkönnen, sein Werdenmüssen, sein Werde-der-du-bist, DEIN WERDE-DER-DU-BIST!

Selbsterkenntnis ist also die Voraussetzung allen Wissens, aller Erkenntnis. Wer sich nicht selbst kennt, wird nichts und niemanden wirklich erkennen. Alle Erkenntnis führt über die Selbsterkenntnis, ist Selbsterkenntnis. Und je klarer die Selbsterkenntnis, umso klarer die Erkenntnis anderer Menschen und der Welt. Wer sich aber selbst verkennt, verkennt auch alles andere. Wer um sich selbst nicht weiß, weiß im Grunde nichts, soviel er auch wissen mag. Ohne Selbsterkenntnis sind alle anderen Erkenntnisse wie Bäume ohne Wurzeln.

Das SELBST ist mehr als das Ich. Das Selbst ist das Unveränderliche, der Maßstab. Dem Selbst verdankt ihr, dass ihr Veränderungen und Entwicklungen feststellen könnt. Dem Selbst habt ihr dafür zu danken, dass ihr euch sehen könnt, wie ihr früher wart, und dass ihr ahnen könnt, wer ihr einmal sein werdet. Das Selbst bewahrt die Entwicklung deines Lebens zu dir hin, so wie ein Sonnenblumenkern die Entwicklung zur Sonnenblume bewahrt. Und wenn du von deiner Selbstentwicklung abweichst, weisen dir Gedanken der Unruhe und der Angst den Weg zurück. Ohne ein selbstbestimmtes Leben ist keine "Selbst-Entwicklung" möglich.

Was bedeuten dir die Worte Selbstverwirklichung, Selbstbewusstsein, Selbstwertgefühl? Dass es solche Worte gibt, zeugt vom Selbst und von der Weisheit der Sprache. Entdecke bei solchen Worten, dass es die Selbstverachtung ist, die zum Selbstverlust führt, und dass es das Selbstbewusstsein ist, das zur Selbstverwirklichung führt.

Alles kommt zu dem, der warten kann! Die Menschen westlicher Kulturen suchen die Erkenntnis, die Menschen östlicher Kulturen warten auf sie. Diese beiden Grundhaltungen gilt es, in ihrer ganzen Reinheit zu sehen: Warten auf Erkenntnis, suchen nach Erkenntnis. Dasitzen und warten - allein schon diese Vorstellung bereitet den meisten westlichen Menschen Alpträume. Um sich wiederzugewinnen, müssen sie aufstehen und sich suchen. Und je ungeduldiger sie suchen, desto mehr meiden sie das, was sie suchen. Und das Gesuchte meidet sie. Doch sie selbst fühlen sich wohl dabei, Suchende zu sein. Suchende und nicht Wartende. Doch sei dir gewiss, wenn du dich entschließt, auch einmal zu warten, einfach zu warten, dann kommt viel mehr zu dir, als du erwartet hast. Setze dich doch einmal irgendwo hin, ohne den Platz vorher auszusuchen. Setze dich auf eine Wiese oder in den Wald oder an einen Wegesrand - und bald siehst du, was du noch nie gesehen hast: eine Amsel, die dich anschaut, einen Hasen, der die Ohren spitzt, einen Schmetterling. Dies alles begegnet niemals dem Suchenden.

Jeder Mensch weiß um den Sinn seines Lebens. Aber anstatt ihn voll Zuversicht zu entdecken, sucht ihr ihn voller Zweifel, Ungewissheit und der Angst, ihn nicht zu finden. Denn in Wirklichkeit aber habt ihr Angst davor, ihn zu finden - Angst vor seiner Unbedingtheit, Angst vor seiner Klarheit und Unausweichlichkeit, vor seiner Bestimmtheit und Einfachheit. Deshalb sucht ihr ihn überall dort, wo er ganz sicher nicht ist.

Es gibt viele Tode inmitten des Lebens: Es gibt den Tod durch ein ungelebtes Leben, den Tod durch das Totschweigen der wirklichen Bedürfnisse, den Tod durch das Abtöten eurer lebendigsten Gefühle, den Tod durch das Ersticken eurer lebendigsten Wünsche, den Tod durch Hass und den Tod durch Mangel an Liebe. So bevölkert sich die Welt mit immer mehr Toten. Die Welt ist voll von Menschen, die mit Nichtleben überbeschäftigt sind. Und täglich werden es mehr. Flüsse sterben, Wälder sterben, Tiere sterben, Menschen sterben – sterben für eine "gesunde Wirtschaft", sterben für den Profit weniger, sterben für die Produktion überflüssiger Dinge. Der Mensch ohne ein Selbst ist leicht zu manipulieren. **Das Totsein des Selbst ist die Voraussetzung dieser wahnhaften Normalität, die als normal hinstellt, was in Wirklichkeit das Leben vernichtet.**

Kein Mensch kann sich seiner Selbstverwirklichung verweigern, ohne krank zu werden, ohne Schaden zu nehmen an seiner Seele, seinem Geist, seinem Körper. Immer wieder begegnest du Menschen, welche die Möglichkeit ihrer Selbstverwirklichung nicht wahrnehmen und dann ihr ganzes Leben lang am ungelebten Selbst leiden und mit dem Gefühl eines ungestillten, nie zu sättigenden Lebenshungers leben. Es kann niemand glücklich werden, ohne sich selbst verwirklicht zu haben. Je näher du deinem Selbst kommst, umso wohler fühlst du dich. Dieses Selbst ist die große Herausforderung für dich, nimm sie an, heute, im Augenblick und beginne endlich, DU zu sein, DICH zu leben, es DIR zuzutrauen und alle Lebensängste zugunsten dieses Vertrauens über Bord zu werfen. Es ist die Angst vor Liebesverlust, welche alle anderen Ängste erzeugt. Befrage deine Ängste bis auf ihren Grund, dann begegnest du immer wieder nur dieser Grundangst. Aber es ist gut, dass jeder diese Angst vor Liebesverlust kennt. Alle Gefühle benötigen als Nahrung Liebe, denn die Nahrung der Gefühle ist die Liebe. Ohne Liebe würden alle Gefühle verhungern. Deshalb leugne nicht die Urangst in dir, die, wie bei jedem Menschen, weit in die Kindheit reicht. Dann, und auch nur dann, wenn du deine Angst vor dieser Angst verlierst, wird sie dich nicht schwach, sondern stark machen und liebesfähig und "liebens-würdig".

Das Selbst sehnt sich nach lebbarem Lebenssinn. Es gibt kein Leben ohne Suche nach dem Sinn. Das Selbst setzt immer den Sinn gegen die Sinnlosigkeit, setzt den Mut zu leben gegen die Angst zu leben. Depressionen, innere Spannungen, Sinnverlust sind Forderungen des Selbst nach Sinn. Um zu wachsen, musst du die Werte des Ideal-Ichs, des Egos aufgeben mit seinem Leistungsdenken, seinem Zweckdenken, seiner Habsucht. Um in wirklicher Selbstbestimmung leben zu können, muss also das Selbst an die Stelle des Ideal-Ichs treten. Frieden und Erfolg kann nur der in diese Welt bringen, der den inneren Frieden kennt, der, dessen Herz friedvoll ist und dessen Gedanken die Weisheit der Hasslosigkeit kennen. Du kannst nicht Frieden in die Welt bringen, ohne selbst Frieden zu werden. So befriede deine Angst, und sie verwandelt sich vor deinen Augen in Hoffnung und Bewusstsein.

Lass die Angst, was morgen sein wird, was in einem Jahr sein wird, was dann oder dann sein wird. Nichts wird sein, alles ist hier, alles ist jetzt! Der letzte Grund der Angst ist, dass du, wie die meisten Menschen, den Schwerpunkt deines Lebens hast in dem, was nicht ist und nie sein wird. Zukunft – was ist das in der Wirklichkeit? Die Befreiung liegt im Jetzt. Im Jetzt als Zustand der vollen Wahrnehmung des Augenblicks. Hierin liegt die Befreiung von der Angst. Nur das Dasein im Hier und Jetzt hebt alle Ängste auf. Denn das Jetzt ist unendlich mehr als die Gegenwart und gegenwärtiger als die grammatikalische Zeitform der Sprache. Das Jetzt ist unendlich mehr als ein Zeitpunkt, den ihr das Jetzt nennt. Denn die Zeit ist immer ein Ganzes und ist immer auch die Ewigkeit. Die Ewigkeit des Jetzt. In deinem Hier und Jetzt sind alle Sekunden und Stunden und Monate und Jahre deines Lebens versammelt. Ihr alle habt die Ewigkeit der Zeit deshalb verloren, weil ihr die lebendige, vertrauensvolle Beziehung zum Leben verloren habt. Ihr geht da und dorthin und befragt andere nach dem Sinn eures Lebens. Die aber befragen zumeist nur ihr eigenes kleines Selbst und verkaufen die eigene Kleinheit als Antwort ihres Überselbst.

Alles Leid, alles Unglück, alles Elend dieser Welt und in jedem Leben kommt daher, dass Menschen verschiedener Bewusstseinsstufen sich gegenseitig als Missionare begegnen und jeder den anderen dadurch in seiner Würde kränkt und beleidigt, dass er ihn aufklären und befreien möchte, weil er seine eigene Bewusstseinsstufe für allein selig machend hält. Und dabei hat doch jede Bewusstseinsstufe ihre eigene Seligkeit, ihre Gewissheit und Notwendigkeit. Menschen, die höhere Bewusstseinsstufen erreicht haben, sind leicht daran zu erkennen, dass sie den anderen so sein lassen, wie er ist, und ihn in seinem Anderssein zu verstehen suchen, voller Achtung und Liebe. Es ist doch genau das Anderssein, das eure Gedanken und Gefühle bewegt.

Nichts, was im Leben geschieht, ist bedeutungslos. Das Leben kennt keine Zufälle, und der Entwicklungsprozess öffnet sich den Ereignissen und Menschen, die wichtig sind. Im Leben hat alles seine Bedeutung und geschieht genau im richtigen Augenblick, auch wenn die meisten Menschen das nicht wahrhaben wollen.

Im Geschehen des Lebens geschieht, was geschehen muss. Immerzu und ausnahmslos. Lerne mehr als bisher, im Augenblick zu leben, frei von den alten Bindungen und Ängsten, die nichts mit diesem Augenblick zu tun haben. Nur in der Freiheit des Selbst vermagst du dein Leben zu gestalten. Klebe nicht an fremden Bildern, die von irgendwoher aus dem Unbewussten auf deine Leinwand, deine verletzbare Lebensfläche projiziert wurden. Sie haben nichts mit dir und deinen Erfahrungen zu tun! Meide Orte, die dich negativ beeinflussen, und Menschen, die ihre Kraft nicht aus der Mitte des wahren Selbst, sondern aus einer eitlen Gesinnung und dem Drang zur Selbstinszenierung beziehen. Das wahre Selbst bedarf nicht solcher Trugbilder, es erhält seine Kraft aus einer liebevollen Hinwendung zum Du, was auch den Dialog mit dem eigenen Du, dem inwendigen, unveränderlichen Selbst, einschließt.

Wenn du lernst, ganz aus dieser Kraft zu leben, wirst du Gestalter deines Lebens, weil du dich dann dem Fluss des Lebens nicht versagst und sich im Augenblick alles in deinem Dasein manifestieren kann, was der Vervollkommnung des wahren Menschen dient, der du in Wirklichkeit bist.

SICH SELBST ANNEHMEN

Annehmen ist das Wichtigste, sich selbst in Liebe annehmen. Wenn das einmal gelingt, dass man sich auch mit den Schwachstellen, mit allem, was zu einem gehört, bedingungslos annimmt, erst dann ist man überhaupt in der Lage, wirklich an sich zu arbeiten. Dann lernt man, die Punkte, die einem weniger lieb sind, nach und nach auszumerzen, umzuwandeln oder einfach fallen zu lassen, loszulassen, je nach Erfordernis.

Es ist so wichtig, zu dieser Akzeptanz zu kommen, sich täglich selbst zu sehen, sich auch einmal vor den Spiegel zu stellen und sich anzuschauen. Nun hat man im Spiegel immer nur ein Spiegelbild vor sich, man sieht sich also seitenverkehrt. Und das lässt sehr tief blicken, weil die Menschen nie gelernt haben – auch nicht über das Visuelle –, sich wirklich zu sehen. Sie sehen sich immer nur seitenverkehrt. Dein Spiegelbild gibt dich also falschseitig wieder. Und dennoch ist es dein Spiegelbild. Wenn du dich selbst beobachtest, wenn du dir zuschaust, wenn du deine Mimik studierst und alles, was zu dir gehört, wenn du siehst, wie du dich bewegst, wie du in der Welt agierst, wirst du dich erst einmal selbst wirklich kennenlernen. Und das ist wichtig, denn man kann nur das annehmen, was man durch und durch kennt.

Die meisten Menschen haben wichtige Teile von sich abgespalten. Die einen denjenigen, den sie nicht leiden können, weil er zu dick oder zu dünn ist, zu grobknochig oder zu fein. Was auch immer sie an sich auszusetzen haben, wird abgespalten, statt dass man lernt, es zu integrieren. Ich kann nur das an mir verändern, was ich angenommen habe. Und das setzt sich in vielen Bereichen des Lebens fort – und immer spaltet man gewisse Anteile von sich ab, weil man sich nicht mit den Schwachpunkten oder den dunklen Stellen auseinandersetzen möchte. Das muss man aber tun, um sich ganz und wirklich zu kennen, anzunehmen, in den Arm zu nehmen.

Wie kann man andere Menschen lieben, wenn man sich selbst nicht liebt? Immerzu möchte man beim anderen die Teile vervollkommnen, die man an sich selbst nicht mag und daher abgespalten hat. Aber man wünscht sich, dass der andere einen ganz und gar, mit Haut und Haar annimmt und liebt. Wie soll das gehen? Und so muss immer die Arbeit am Selbst geschehen.

WELTWEITES EGREGORE DER LIEBE

Am 31. August 1997 starb Lady Diana. Der darauffolgende 6. September war der Tag der Trauerfeier, die von drei Milliarden Menschen, also der Hälfte der damaligen Erdbevölkerung, live im Fernsehen mitverfolgt wurde. An diesem Tag starb Mutter Teresa von Kalkutta. Als wir uns am Abend zum »Lichtdienst«, unserer Lichtarbeit für Verstorbene, trafen, ergriff Saint Germain zu Beginn das Wort. »Egregore« ist ein altgriechischer Begriff und bedeutet etwa »Energiefeld«.

Auch wir werden nun Teil des weltweiten Egregores der Liebe – verbinden uns mit ihm –, der sich völkerübergreifend am heutigen Tag gebildet hat und der nicht nur aufgrund seiner Einmaligkeit den Beginn einer neuen Ära markiert. Dieser Egregore besteht aus den Gebeten von Millionen von Menschen, die alle erfasst wurden von dieser besonderen, unerklärlichen Strahlkraft an der Schwelle des Wassermanns. Diese zahllosen Gebete und die direkte Anteilnahme, die tiefe Betroffenheit und die Liebe all dieser Menschen öffneten die Tore zu den inneren Reichen, in die zwei bedeutende Menschen zurückgekehrt sind – und Unzählige mit ihnen. (Hier sind Verstorbene gemeint, die sich bis dahin noch nicht entschlossen hatten, ihren Weg in lichtvolle jenseitige Welten zu gehen.)

Und Ganymed, der göttliche Mundschenk hat all die geöffneten Herzensschalen gefüllt mit dem Trank des Lebens - das ist die Liebe -, und dieser Tag markiert die Schwelle, an der der Wassermann sich endgültig erhoben hat; und so wie dieser Tag mit seinem Geschehen unumkehrbar ist, ist auch dieser Beginn unumkehrbar - und nichts wird danach mehr sein, wie es war.

Werdet auch ihr jetzt und fortan zu Gefäßen, damit Ganymed sie täglich neu zu füllen vermag mit dem frischen Wasser aus der unerschöpflichen Quelle des Lebens.

KORNKREISE

Frage: Worum handelt es sich bei den sogenannten "Kornkreisen", und wer sind ihre Verursacher?

Saint Germain: Es wird die Zeit kommen, da diese Dinge enthüllt werden. Zunächst ist es nur wichtig, diese Botschaften zu erhalten und zu lernen, sie zu entschlüsseln.

In ihrer Komplexität zeigen sie über die Symbole an, was die derzeitige Menschheit und ihre Kultur wieder zu lernen haben. Symbole sollten als Hilfe wahrgenommen werden, eine Hilfe, die von höherer Stelle gegeben wird, um die Menschheit darauf hinzuweisen, welcher Methoden und Kräfte sie sich bedienen sollte. Der kabbalistische Lebensbaum zum Beispiel (erschien am 3. Mai 1997 in einem Rapsfeld bei Barbury Castle in Wiltshire, England, und ist fotografisch dokumentiert und veröffentlicht) ist eine weise und wichtige Nachricht an alle, die bereit sind, die Zeichen der Zeit zu deuten. Und so kann man auch durchaus ermessen und verstehen, woher und von wem diese Botschaften kommen und welche Kräfte dahinterstehen. Wie sie entstehen ist nicht so wichtig, wenngleich die Menschen es gerne hätten, einmal Zeuge einer solchen Entstehung zu sein. Große Heilige erschaffen Kraft ihres Willens so manche Dinge. So mag es auch mit diesen Zeichen sein.

POLITIKER UND POLITIK

Dieser Text ist heute so aktuell wie damals, als unsere Regierung aus anderen Personen bestand.

Sehr viele Leute, auch ihr, haben nur Kritik und im schlimmeren Fall Verwünschungen für die übrig, die an regierender Stelle stehen. Um das Volk zu amüsieren, werden überall, in Zeitung, Kabarett und auf Theaterbühnen, jene lächerlich gemacht, die die Verantwortung für das Land tragen.

Habt ihr euch darüber und über die Auswirkungen dieser Handlungen schon einmal Gedanken gemacht? Ihr liebt politisches, bissiges Kabarett? Aber die Bedauernswerten, von diesen üblen und bösartigen Angriffen belastet, können nicht umhin, für ihr Land nachteilige Entscheidungen zu treffen, und ihre Irrtümer schaden dann dem ganzen Volk, auch euch. Wollt ihr eurem Land helfen, müsst ihr die erreichen, die es regieren, ihnen lichtvolle Kräfte aus der rechten Einstellung heraus senden, damit sie zu ihrem Wirken stets die rechten Eingebungen erhalten.

Natürlich, eurem ganzen Vaterland könnt ihr nicht helfen, denn es ist viel zu groß. Es genügt, einem Menschen beizustehen, nur diesem einen, das ist leichter - und er wird dann zum Wohle aller wirken, weil sehr vieles von ihm abhängt. Gelingt es ihm, Gesetze und Vorschriften durchzusetzen, die der Volksgesundheit, dem Wohnungsbau und Erziehungswesen und so weiter dienen, wird die gesamte Bevölkerung den Segen davon haben, nur weil ein einziger Mensch, du, klarsah! Dann sage noch einmal: "Was kann ich alleine schon ausrichten?"

KORREKTUR EINES WELTBILDES

1. ÜBER UND WIDER DEN ZEITGEIST UND SEINE AUSWIRKUNGEN IM SPIRITUELLEN BEREICH

Bei der Lektüre des folgenden Textes mag sich vielleicht der eine oder andere Leser fragen, was ihn denn diese Informationen angehen – besonders wenn er einer ganz anderen esoterischen oder spirituellen Richtung anhängt. Aber es wird deutlich, dass das, was Saint Germain hier beschreibt, die Grundlage des größten Teils der neuzeitlichen Esoterik ist, die recht wenig mit der wahren Esoterik im Sinne des Wortes zu tun hat und geradezu zum Verruf dieses Begriffes beigetragen hat.

Ohne dass dies allgemein bekannt wäre, ist die sich aus der theosophischen Lehre der Helena Petrovna Blavatsky speisende amerikanische I-AM-Bewegung die Grundlage für viele gedruckte und in Workshops weitergegebene Erfindungen, ohne dass den »Weitergebern« zumeist die Quelle bewusst ist, aus der sie schöpfen.

Saint Germains Anliegen war es über die gemeinsamen Jahre hinweg, uns Unterscheidungsvermögen zu lehren. Dies bezog sich auch auf die esoterischen Angebote auf dem einschlägigen Buch- und Workshopmarkt. Wir hatten zu lernen, die Spreu vom Weizen zu trennen. Und als wir bei uns merkwürdig erscheinenden Phänomenen innerhalb der esoterischen Szene nachfragten, diktierte er den nachfolgenden Text, der seine Gültigkeit bis heute nicht verloren hat. Saint Germain spricht hier notwendigerweise Klartext, nennt die Dinge also deutlich und ungeschönt beim Namen.

Bei allen von mir veröffentlichten Saint-Germain-Texten, so auch im folgenden, wird deutlich, dass ein wirklich spirituelles Leben, das diesen Namen verdient, eben keine Spielwiese ist, wie es der »esoterische Zeitgeist«, wie Saint Germain ihn nennt, suggeriert, und dass persönliches geistiges Wachstum nicht zu erreichen ist mit falsch verstandenem, verwestlichtem Tantra-Yoga, ein bisschen Schwärmerei von Energien und Schwingungen, ein bisschen Anhimmelei der Aufgestiegenen Meister, ein bisschen Parkplatzsuche mithilfe der Engel – als hätten sie nichts Sinnvolleres zu tun – und dergleichen Unsinn mehr.

Wer sich heute auf Spurensuche begibt, um sich im Dschungel des nicht nur neueren, schier unübersehbaren Angebots sogenannter esoterischer Literatur und ebensolchen Wissens zurechtzufinden, und fernerhin die überlieferten Dokumente geistigen Strebens nach Erkenntnis durchforstet, wird sich einer solch ungeheuren Flut von Meinungen, Gegenmeinungen, Darstellungen, Gegendarstellungen, Selbstdarstellungen, Lehrgebäuden und deren hohlen, gültigen oder überkommenen, falsch interpretierten ... Inhalten ausgeliefert sehen, dass er sich, bestenfalls nur noch der eigenen Stimme folgend, nach innen wendet. Nun ist aber auch diese Nach-innen-Wendung zunächst nicht ohne äußeren Einfluss vollziehbar, und somit ist auch hier der latenten Gefahr der Verirrung Tür und Tor geöffnet.

Um sich am Schatz der Erkenntnis der geistig Erwachten gütlich zu tun, bedarf es also eines gewaltigen Unterscheidungsvermögens, das wiederum nur aufgrund einer hervorragenden Schulung seitens eines integeren Lehrers oder einer integeren Lehrerin im Suchenden heranwachsen kann. Ein solcher Lehrer wird sich weit über all den zum Zeitpunkt der Lehre geltenden Erkenntnissen, Spekulationen und ihren Interpretationen befinden müssen. Ihm muss das überkommene wie das neue Erkenntnisgut eine unterscheidbare und teilbare Größe darstellen, an deren Linien er den Schüler entlang-führt. Dabei ist vor allem eines wichtig: dem Schüler die Durch-dringung des angebotenen Wissens selbst zu überlassen, ihn aller-dings bei der Schärfung seines Unterscheidungs- und Urteilsver-mögens nach bestem Wissen zu unterstützen. Letztlich muss ein solcher Lehrer die Einsicht besitzen, dass er am Schüler nur die eine Aufgabe zu erfüllen hat: die reine Lehre uninterpretiert und frei vom Zeitgeist weiterzugeben.

Was bedeutet "Zeitgeist"? Heißt das, dass das eine Wissen, die eine Wahrheit sich verändert, je nachdem aus welchem zeitlichen be-ziehungsweise geschichtlichen Blickwinkel man auf sie schaut? Oder dass die eine Zeit mehr Erkenntnismöglichkeit in sich birgt als die andere? Oder – und dies mag ein sehr gefährlicher Trugschluss sein – dass sich in neuen Zeiten alte Ordnungen auflösen müssen, um eben dem neuen Zeitgeist Tribut zu zollen? Aus solch unseligen Verwicklungen in zeitgeistgerechte Darstellungen des alten Wissens ergaben sich unter anderem die heute hinlänglich bekannten Er-scheinungen am (und ganz besonders im) Himmel, der plötzlich Wesenheiten in sich birgt, die aus dem Nichts, aus dem Meer des Unbewussten oder – sagen wir "zeitgemäß" – aus dem archetypi-schen Vermächtnis dessen, was im Menschen ruht, aufgestiegen sind. So muss alles, was ein dialektisch geschulter Verstand heute aus dem Urgrund seiner tiefliegenden Sehnsucht zaubert, immer nur als solches angesehen werden. Gebrauchte Metaphern, dem Vokabular des alten Wissens entlehnt, stiften, wenn der Geist des Ursprungs sie nicht befruchtet, mehr Verwirrung als Erhellung.

Unbestreitbare Tatsache ist, dass niemand, weder ein Lehrsystem noch ein einzelner Mensch – weder früher noch heute – in der Lage waren und sind, das Wesen Gottes auch nur annähernd zu begreifen oder gar darstellbar zu machen. Immer rang der Geist des Menschen nach den letzten Erkenntnissen, ohne dass es einem einzigen wirklich gelungen wäre, diese zu erfahren. Denn es liegt in der Natur des Göttlichen, dass es vom menschlichen Geist nicht erfasst werden kann. Der Mensch ist nicht dazu geboren, diese Dinge zu ergründen. Der Sinn seines Lebens besteht darin, wieder zum eigenen Ursprung zurückzukehren, von dem er sich entfernt hat. Dabei dient ihm die Liebe, die von der persönlichen zur unpersönlichen gewandelt werden muss, als Lebenslinie. Und nur wer das Ziel des wahrhaft Liebenden erreicht hat, wird vom "Rad der Wiedergeburt" entbunden und in jene Bereiche eingehen, die ihm Einblick in die Welt jenseits der irdischen Welt gewähren.

Aber auch hier vermag er das Göttliche zunächst im Christus, dem "Sohn", zu erblicken, der Vorstufe zum Absoluten, jenem Vater-Mutter-Prinzip, das in ununterbrochener Vereinigung sich selbst ins Unendliche entfaltet. Diesem Vorgang ewiger Zeugung und Geburt zu folgen, ist keinem Menschen möglich, solange er noch an das Menschsein gebunden ist. Dies ist er natürlich auch noch nach dem Erreichen der sogenannten "Gotteskindschaft", also nach der Überwindung der irdischen Lebenserfahrungen. Das Aufsteigen bedeutet "bei-leibe" (!) noch nicht das absolute Eingehen in die ewige Seligkeit, das Nirwana. Erst müssen die in einer Unzahl von Leben gesammelten Erkenntnisse zu einer "erlösenden Erfahrung" verdichtet werden. In diesem Zustand besteht noch die Pflicht zur geistigen Rückkehr auf die materielle Erde, um den dort wirkenden Menschen bei ihrer Suche nach der Heimat behilflich zu sein.

Diese Hilfe muss notgedrungen auf solche Weise geschehen, dass jede persönliche Bindung ausgeschlossen bleibt. Denn der geistige Lehrer selbst ist aufgrund seiner eigenen Überwindung jeglicher persönlicher Bindung vom Gesetz, dem er untersteht, dazu verpflichtet. So wird er also einerseits seinen "Ein-Fluss" dorthin richten, wo er auf Menschen trifft, die diesen in der rechten Weise aufzunehmen fähig sind, und das sind, um das oben Gesagte ein wenig zu vertiefen, die auf der materiellen Ebene tätigen spirituellen Lehrer. Es muss dieser Lehrer nicht sofort als solcher erkannt werden – das Sichfinden von Lehrer und Schüler(n) kann ein sehr subtiler und im Unbewussten vonstattengehender Vorgang sein, je nach Erfordernis. In Zeiten, da beschleunigtes Wachstum seitens der Schülerschaft vonnöten ist, mag es dann sein, dass der geistige Lehrer da und dort hervortritt, um den oder die Lehrer und Schüler zu einer heftigeren Gangart zu ermahnen. Wenn dies vollbracht ist, wird er augenblicklich wieder zurücktreten.

Niemals aber wird ein ganzes Kollektiv von geistigen Lehrern auf den Plan treten und aus mehr oder weniger verborgenen, plötzlich entstandenen Tempeln Anweisungen zur Lebensgestaltung von Schülern geben. Das ist absurd und widerspricht dem, "was das Gesetz erlaubt". Wenn wir gehört haben, dass der Mensch aufgerufen ist, sein Herz zu einem Tempelheiligtum zu machen, umso mehr ist dann zu verstehen, dass das einzige Tempelheiligtum im Feinstoffbereich die Herzen jener sind, die ihr "Meister" nennt, die wir aber geeigneter als die "Lehrer der Lehrer" bezeichnen wollen. Niemals wendet sich solch ein Herzheiligtum an einen einzigen Menschen zu dessen Unterhaltung und Erheiterung.

Aber auch Folgendes ist zu beachten: Es gibt im Bereich der geistigen Welt keine neuen Errungenschaften, da die alte Ordnung sich – noch immer! – als die einzig wahre erweist. Es gibt allerdings eine Entwicklung, der zufolge das "Personal", das dort seine Dienste in den verschiedenen "Rängen" versieht, schon einmal ausgewechselt und erneuert wird. So kann es sein, dass sich in Jahrtausenden (nach irdischer Zeitrechnung gemessen) neue Gesichter zeigen, gemäß des Rotationsprinzips, von dem ich bereits an anderer Stelle schon einmal sprach. Aber die "Tempel", in denen sie dienen, sind jeweils nur die Herzen, aus denen ihre Liebe flutet – unsichtbar für die Augen der Menschen. Das Einzige, wovon diese berührt werden können, sind die Emanationen des Lichts, das solche Liebe stets begleitet. So mag es sein, dass es da und dort Menschen gab und gibt, die dieses Liebeslicht in verzückter Innenschau als Tempel des Heiligen Geistes erlebten.

Und so muss ich einem jetzt um sich greifenden Phänomen eine absolute und für viele vielleicht schmerzliche Absage erteilen: Es gibt keine neuen geistigen Gesetze, keine neuen himmlischen Tempelanlagen, keine Heerschar von "Aufgestiegenen Meistern", die eine ganz bestimmte und relativ gesehen kleine Menschengruppe unterrichten im Gebrauch von Flammen- und sonstigen Wirkkräften. Alle diese Dinge entstanden aus einem Wirrwarr von unterschiedlichen Deutungen ursprünglich theosophischen Gedankengutes (was meint die Adyar-Theosophie nach Frau Blavatsky), das sich ungeheuer schnell verbreitete und in den verschiedensten Strömungen auf- und unterging und in vielen Facetten neu aufglühte, wieder verlöschte, bis es in einigen wenigen Gruppen wieder erstand – und in ihrem Gefolge formierte sich eine neue himmlische Hierarchie. Eine Hierarchie mit den "alten Göttern" (Elohims) und Engeln im neuen, aktuellen Gewand des "Zeitgeistes". Wer dies alles verstehen will, muss sich der Mühe unterziehen, die Quellen zu studieren, um von dort ausgehend das Phänomen dieser Bewegungen zu begreifen. Eine Vielzahl geistig Suchender findet dort – meist nur vorübergehend – Belehrung und muss eine Kost aufnehmen, die aber schlecht verwertbar ist. So mag es zunächst die Auserwähltheit der Schülerschaft sein, die auf erste Ablehnung seitens des Suchenden stößt. Des Weiteren sind es die immerwährend gleichen Formeln von Belehrungen, die wie Balsam aus dem Mund der "Tempelinhaber" strömen, die so gar nichts im Sinn zu haben scheinen mit der Individualität und geistigen Reife derjenigen, zu denen sie sprechen.

Was sich da aus den west-östlichen traditionellen Lehren an Informationen herausgeschält und in ein Lehrgebäude, bestehend aus Pseudowissen, verdichtet hat, muss, so meint man auf den ersten Blick, Einzug gehalten haben in das Kollektive Unbewusste. Wie ließe es sich wohl sonst erklären, dass durch Hunderte von Medien diese Wesenheiten plötzlich ihre Stimmen erhoben und noch immer erheben und ihre – sich durchaus oft widersprechenden –

Botschaften verkünden? In Wahrheit aber lässt dieses Phänomen sich sehr leicht erklären. Es erhebt ohne Zweifel das Ego, Dingen, die schon in aller Munde sind, noch eine neue Dimension hinzuzufügen und sie als weiteres Indiz für das Wirken der neuen geistigen Hierarchie auszugeben. Und so erleben nicht nur die alten Erzengel, die ja in Wirklichkeit keine personifizierten Kräfte, sondern Energiepotenzen der emanierten Göttlichkeit darstellen, eine unbeschreibbare persönliche Metamorphose, bis hin zur bildlichen Darstellung ihrer Erscheinung. Auch die anderen Engel bis "hinunter" zum "einfachen Schutzengel" erfahren dort Rang und Deutung in nie zuvor gekanntem Ausmaß.

Es ist eine unleugbare Tatsache, dass vornehmlich diese Zeit es erforderlich macht, dass sich die Wirkkräfte des Kosmos dieser Erde und ihrer Lebewesen erbarmen. Diese Tatsache und der Ruf der Menschheit nach Errettung schuf dieses geistige Potenzial, aus dem sich das Kollektive Unbewusste schon seit Anfang des Mittelalters bediente. Was im ausgehenden 19. und 20. Jahrhundert - gespeist aus den erwähnten jahrhundertealten Vorräten eines kollektiven Energiereservoirs - geschah, mag kultur- und religionsgeschichtlich der erwähnten Phänomene wegen verständlich erscheinen. Aber menschlich stellt das, was heute unter dem Deckmantel der Esoterik auftritt - wie zum Beispiel die frühe Erscheinung der erwähnten Adyar-Theosophie, die heutigen I-AM-Bewegungen, die reihum gechannelten Botschaften aus den diversen Gegenden des kosmischen Raums, die marktschreierische Aufmachung sogenannten alten Wissens aus dem schamanisch-amerikanischen, australischen oder östlichen Raum -, einen Niedergang, eine Tragödie dar.

Deshalb rufen jene Kräfte, die es seit Urzeiten unternommen haben, die Menschen aus dem Zentrum ihres Herzheiligtums herauszubegleiten, allen zu, die sich weder verführen noch manipulieren lassen: Folgt nicht blind irgendwelchen Lehren, die nicht verbunden sind mit der Urtradition und mit dem alten Wissen, das für alle Ewigkeit bewahrt wird von den Eingeweihten der alten Hochreligionen. Es begegnet euch dies auch nicht in der Umdeutung der einzig wahren Lehre durch die verschiedenen christlichen, buddhistischen oder hinduistischen Konfessionen oder Richtungen, sondern dort, wo sich der Kern aller Religionen befindet – in der Einheit allen Wissens und Seins, wo es weder Auserwählte noch Verstoßene, sondern nur Kinder des einen Vaters gibt.

Und dann mag man auch verstehen, dass das sinnreiche Erklären göttlichen Wirkens durch Symbole in der Vergangenheit das Überleben der Urtradition im Verborgenen sicherte. Es macht aber keinen Sinn, das, was durch Symbole und Metaphern einst verdichtet wurde und sich nur den wahren Eingeweihten erschloss, heute zu übertragen in eine Scheinlehre, die aus einem Konvolut zusammengetragener Bruchstücke spiritueller Erkenntnisse besteht. Macht euch die Mühe und studiert die Entstehungsgeschichte dieser Gruppierungen – und nehmt nicht alles hin, was man euch sagt. Gebraucht euren eigenen Verstand und die Möglichkeiten, die er euch bietet, nämlich unter anderem dies: zu prüfen! Und dann haltet euch an jene, die ausgehend von der universellen Lehre ihre Schüler unterrichten. Es mögen dies die Weltweisen des Christentums, des Buddhismus, des Hinduismus, des kabbalistischen Judentums sein, sie alle lehren nur das Eine – mit vielleicht unterschiedlichen Worten, je nach ihrem eigenen kulturellen Hintergrund. Glaubt nicht den blumigen Worten neuer Religionsgründer und ihrer Botschafter, sondern einzig der alten, immerwährenden Wahrheit und Wirklichkeit, wie sie in den alten, heiligen Büchern, in den Erfahrungen und Zeugnissen der Mystiker und Erleuchteten aller Zeiten aufbewahrt wurde. Glaubt nicht daran, dass irgendwelche "Aufgestiegenen Meister" aus über- oder unterirdischen Tempeln zum Wohl der Welt irgendwelche Flammenkräfte lenken. Ihr selbst müsst die Herzensflamme in euch entzünden und lenken, um so euren bedrängten Mitgeschwistern ein Licht in der Finsternis eurer Zeit zu sein. Kein Chohan und kein Erzengel nimmt euch diese Aufgabe ab.

Versucht nicht, einen Weltlehrer (hier spricht Saint Germain von sich), der einige Male bestimmter Aufgaben wegen unter den Menschen lebte, in einen Aufgestiegenen Meister nach der Vorstellung einer Madame Blavatsky oder eines Godfre Ray King zu verwandeln, der plötzlich an allen Orten der Welt auftaucht, die Menschen im Umgang mit dem violetten Feuer schult und ihnen moralische Anweisungen gibt – in Aufmachung und Tracht ähnlich jener Figur, die mit Frau Blavatsky neben zwei anderen meiner "Brüder" vor die Kamera trat. (Saint Germain bezieht sich hier auf eine im Umlauf befindliche Fotografie, die Frau Blavatsky auf einem Sessel sitzend zeigt, umgeben von einigen um sie herumstehenden, bärtigen und orientalisch kostümierten Herren, die angeblich Aufgestiegene Meister sein sollen.)

Die heute verfügbaren Bildnisse der angeblichen Brüder und Schwestern (Weiße Bruderschaft) entstammen gleichfalls der Einbildungskraft zeichnerisch begabter Menschen, zum Teil noch ausgehend vom Diktat Frau Blavatskys, später fortgeführt aus eigener "Innenschau". Von der Musik, die diesen Meistern und den Erzengeln der sieben Strahlen angeblich eigen ist und mit deren Schwingungsfrequenz man sie erreicht, ganz zu schweigen. (Saint Germain spricht hier die ziemlich kitschigen bunten Portraits im amerikanischen Stil an, die auch bei uns kursieren und sogar Buchcover schmücken, von denen eines ihn darstellen soll, mit kurzen Haaren, Spitzbart und in alt-österreichischer Uniform. Wie er uns versicherte, hat er in keiner seiner Inkarnationen eine Uniform getragen und auch niemals so ausgesehen. Ein anderes dieser »Heiligenbildchen« zeigt eine »Aufgestiegene Meisterin«, die angeblich zum letzten Mal vor 3000 Jahren in China gelebt hat, aus unerfindlichen Gründen aber blond und blauäugig dargestellt wird.) Dieser Chohan (Saint Germain) ist eine Erfindung der Theosophen und Godfre Ray Kings (Begründer der I-AM-Bewegung) und hat nichts mit seiner Wesenswirklichkeit zu tun. Ich bin einer der "Lehrer der Lehrer" und seit jeher als solcher im Dienste der einzigen Hierarchie tätig, die der Kosmos kennt. Das, was als meine Lehre und als die Lehre anderer "Aufgestiegener Meister" verbreitet wird, entsprang und entspringt der Fantasie einiger Menschen, die vielleicht – man möchte es zu ihrer Entschuldigung vorbringen – am Kollektiven Unbewussten teilhaben und Botschaften, die sie dort vorfinden, in die entsprechende Diktion kleiden, die der nun schon so vielfach zitierte Zeitgeist heute verlangt.

Es ist bedauerlich, dass viele nach der Wahrheit verlangende Menschen auf ihrer spirituellen Suche zunächst in den Fangarmen solcher Gemeinschaften notlanden, deren es natürlich noch weitaus schlimmere gibt. Und es ist die Aufgabe der schon erwähnten "Lehrer der Lehrer", die dort Gestrandeten und in ihrem Namen "belehrten" mit liebevoller Hand wieder herauszugeleiten, sofern sie sich dieser Hilfe öffnen und das Wissen, das sie dort erhielten, entweder direkt oder über einen Lehrer korrigieren. So kann nach und nach das Bewusstsein des Schülers verändert werden. Damit die Lehrer überhaupt gehört und erkannt werden, müssen sie sich zunächst in Form und Sprache auf das Niveau der Schüler begeben, um deren Empfindungskörper im Folgenden Schritt für Schritt auf das angestrebte Niveau zu erhöhen.

Glaubt niemandem, der sagt, er channele die Hierarchie. Diese lässt sich nicht channeln, weder im Kollektiv noch im Einzelnen. Es mag wohl ein besorgter Lehrer in der beschriebenen Weise da und dort seine Stimme erheben und euch, so wie jetzt, zur Umkehr, zur Umbesinnung mahnen. Immer gab es Propheten, die Einblick nehmen konnten in das, was man heute das "Kollektive Unbewusste" nennt oder – mit den Worten der Weisheit benannt – den "Akasha-Äther". Und so gab es zu allen Zeiten Menschen mit diesen Fähigkeiten, aber sie stellen sich, wenn sie die Kunst der Unterscheidung beherrschen, nicht in den Dienst einer

Gemeinschaft zweifelhaften Ursprungs. Und so gab und gibt es natürlich überall Medien, die Botschaften aus dem geistigen Umfeld aufzunehmen imstande sind. Das "geistige Umfeld" ist natürlich ein äußerst dehnbarer Begriff, und es bietet in seiner tatsächlichen Beschaffenheit genügend Potenzial für allerlei Hokuspokus. Die Medien, von denen ich spreche, dienen nicht einer kurzlebigen, dem Zeitgeist dienenden Idee, sondern sind Mittler zwischen den Welten, die nur durch einen dünnen Schleier voneinander getrennt sind, der für sie kein Hindernis darstellt. Aber dies sind keine wichtigen Erscheinungen. Wesentlich wichtiger ist euer eigenes Bemühen um die rechte Lebensführung, die richtige Hinwendung zu dem einen Urgrund und die Durchdringung der einen universellen Lehre. Und dies ist auch das Einzige, das euch wirklich zugerufen werden kann aus den inneren Reichen von einem Lehrer, der nichts ist im Gegensatz zu dem, in dessen Auftrag er seit Jahrhunderten lehrt (gemeint ist Jesus). Ich unterrichte viele Gruppen weltweit als einer jener Lehrer der Lehrer, von denen ich sprach – aber ich habe indes nichts zu schaffen mit den Praktiken derer, die sagen, ihre Lehre und Botschaft kämen von mir.

Gewiss erheben sich nun kritische Stimmen, weil Beschädigungen am spirituellen Menschheitskörper natürlich vorwiegend von jenen Gruppierungen (in erster Linie den Kirchen) vorgenommen wurden – und noch immer werden –, die die alte traditionelle Lehre eigentlich verbreiten sollten. Und selbstverständlich sind diese Stimmen ernst zu nehmen, da sich der Unfug, der im Namen Gottes geschieht, quer durch alle Bereiche menschlichen Lebens zieht und auch nicht haltmacht vor jenen, die im eigentlichen Sinn die Hüter und Vermittler des alten Wissens sein sollten. So gibt es sowohl unter den Kabbalisten als auch unter den äußeren Orden der Rosenkreuzer und Freimaurer im Bereich des Abendlandes wie auch bei allen Vertretern östlichen Glaubensgutes ebenso viele schwarze Schafe wie unter jenen, an denen hier, gewissermaßen stellvertretend, Kritik geübt wurde. Im Prinzip spielt die Zugehö-

rigkeit zu einer Gruppe, Sekte oder etablierten Glaubensgemein-
schaft keine Rolle, solange das Herz des Gottsuchers rein und von
tiefer Liebe zu allem Geschaffenen und zu Gott erfüllt ist. Ist dies
der Fall, schauen weder die Lehrer der Lehrer noch andere nicht-
irdische Helfer auf das "Parteibuch", sondern ausschließlich auf
die Qualität des Schülerherzens.

Und so können die bonafiden Botschaften aus den nichtirdischen
Bereichen überall empfangen werden, wo sich ein offenes Gemüt,
ein liebendes Herz diesen Einflüssen öffnet. Die Belehrung, die
dann zuteil wird, richtet sich selbstverständlich nach dem Glau-
bens- und Weltbild des betreffenden Menschen, wird also in einer
Weise stattfinden, die ihn weder verwirrt noch in den Zweifel treibt.
Aber es wird dennoch ein Anliegen sein, solch empfängliche Herzen
allmählich in der oben beschriebenen Weise "umzuformen", dass
weder Ängste noch Irritationen entstehen und dennoch eine Wandlung im Seelenkörper vor sich gehen kann, die diesen empfänglich
macht für den **wertfreien Strom göttlichen Lichtes**. Dieses Licht
kümmert sich nicht um den Standpunkt in Glaubensfragen, den
der Empfänger des Gnadenstroms vertritt, aber es vermag ihn da-
hingehend zu wandeln, dass er die Quelle des Lichtes in ihrer Ur-
sprünglichkeit begreift, die über alle Weltbilder, Erfahrungen und
Projektionen, die die Menschheit hervorbringt, erhaben ist. Er begreift dann diese Quelle als jenen Mutterschoß, der ihn mit dem
Strom des EINEN LEBENS, des EINEN SEINS verbindet.

So mochte zunächst der Eindruck entstehen, dass hier den Vertretern westlichen Ideengutes, wie den Rosenkreuzern und Freimaurern, sowie den Kabbalisten ein gewisser Vorrang eingeräumt wird.
Diese Auffassung muss korrigiert werden. Gerade in den eben genannten Gruppierungen gibt es nach wie vor ein hohes Maß an
Uneinigkeit, und die Geschichte dieser Bewegungen lehrt, dass es
keinem einzigen äußeren Rosenkreuzerorden und keiner Freimau-
rerloge gelungen ist, über die Zeiten hinweg zu bestehen. All das

Bemühen der schon an anderer Stelle erwähnten bonafiden Botschafter war letztlich verlorene Liebesmüh, und die Machenschaften Einzelner brachten immer wieder das ganze System in Verruf, genau wie bei allen anderen spirituellen Gruppierungen, die immer Spielball des unseligen Zeitgeistes bleiben werden, solange die Menschheit als Verursacher solcher Zustände sich nicht grundlegend gewandelt hat. Nie waren es äußere Gemeinschaften, Orden und Bewegungen, die Zugang hatten zur wahren Quelle. Diese im Außen Wirkenden haben seit jeher andere Aufgaben zu bewältigen, als eine Lehre, zu der sie kaum Zugang haben, "rein" zu erhalten. Hier muss erst einmal das Miteinander erlernt oder das Gegeneinander überwunden werden, ehe man jenseits von menschlichen Schwächen den Urgrund als den Mutterboden, aus dem die Quelle entspringt, erkennt.

Die Lichtträger sind die Angehörigen der **inneren Orden,** die im Verborgenen wirken und dem Zentrum der Welt, dem göttlichen Shambala und dessen Leiter, dem Manu (mehr darüber in *Saint Germains Vermächtnis. Kabbala und Rosenkreuz*), direkt unterstellt sind. Dort befinden sich die wahren alchemistischen Schmelzöfen und Lebenselixiere und deren verwandelnde Kraft. Und es sind die Lehrer der Lehrer, die wahren Weißen Brüder und Schwestern, die von diesem Ort ausgehen in alle Welt. Man mag sie in dieser Welt Meister nennen. Nach menschlichen Begriffen ist dieser Titel sicher zutreffend. Ihr Wirken ist nicht gerichtet auf das Lenken von Flammenkräften, wie es von äußeren Gruppen gelehrt wird, sondern auf die Ausgießung des reinen, weißen Christuslichtes, das wir in Anlehnung an den "dreimal großen" Hermes Trimegistos, den Stammvater aller Weisheitslehren, TELESMA, den Vater aller Wunder, nennen und dessen Empfänger und Transformatoren sie sind. Sie senken es, dem Schwingungsfeld der physischen Erde gemäß, nun in die Herzen der aufnahmebereiten Schüler. Ihr Wirkungskreis ist die Ebene JETZIRAH der Kabbala.

So mögen diese Ausführungen gleichwohl als ein Aufruf verstanden werden, dem inneren Orden, dem Herzensorden der Weltbruderschaft, beizutreten und dem Suchen auf der Ebene der äußeren Gruppierungen, auch wenn sie sagen, sie stünden unter dem Einfluss der Weißen Bruderschaft, für immer zu entsagen. Wie kann ein Beitritt in das Herzheiligtum erfolgen? Indem ihr eure Herzen zu Lichtherzen macht und den Weg nach innen geht, die äußeren Sinne verschließt und in mystischer Innenschau den Weg eures inneren Lichtes bis hin zur Quelle verfolgt.

2. KLEINE GESCHICHTE DER THEOSOPHIE

Da es keinem von uns möglich war, die tatsächliche Geschichte der Theosophie und der daraus resultierenden I-AM-Bewegungen nachzuvollziehen, und da uns daher auch die Möglichkeit fehlte, die Spreu vom Weizen zu trennen, baten wir um entsprechende Hintergrundinformationen, damit wir uns ein besseres Bild von den tatsächlichen Vorgängen machen konnten, die zu jenen Phänomenen führten, die die westliche Esoterik heute in so großem Ausmaß prägen. Durch eine Bekannte, die in Amerika mit einer der I-AM-Bewegungen (es gibt die verschiedensten bis hin zu antisemitischen, rassistischen, ultrarechten oder amerikanisch-nationalistischen Gruppierungen) in Kontakt gekommen war, wurden wir mit den »Aufgestiegenen Meistern« und der violetten Flamme bekannt gemacht und bauten diese in unseren spirituellen Alltag ein. Als Saint Germain in unser Leben trat, führte er uns – behutsam korrigierend – wieder heraus aus dem Dickicht und gab uns seine Lehre, die, soweit wir sie von ihm erhalten haben, nun veröffentlicht ist (siehe »Buchempfehlungen«).

Die Geschichte der neuzeitlichen Theosophie beginnt mit dem Erscheinen der Helena Petrovna Blavatsky (im Folgenden H. P. B.) auf der Bühne der okkulten Welt. Es liegt nicht in meiner Absicht, über die Hinter- und Beweggründe zu sprechen, die H. P. B. auf diese Bühne stellten. Auch dies subsummiert unter dem Begriff des "Zeitgeistes", wie ich dies bereits darlegte. Jeder an dieser Frau Interessierte kann sich in einschlägigen Werken – pro oder contra H. P. B. – selbst ein Bild machen. Was für uns im Zusammenhang mit der Erklärung des Phänomens der I-AM-Bewegungen interessanter ist, ist die Geschichte der Theosophie **nach** Helena Blavatsky. Doch zunächst zur Vorgeschichte.

Was H. P. B. und der ihr ergebene Mr. Henry Steele Olcott in einer "Stunde der Innenschau" während ihres Indienaufenthaltes eines Abends aus dem Ärmel ihres Fantasiemantels zauberten, ging als die "Geburtsstunde der tibetischen Meister" in die Geschichte der okkulten Erscheinungen ein. Man muss in aller Härte feststellen, es war die Innenschau nicht im Entferntesten ein mediales Ereignis, sondern das Fantasieprodukt zweier Betrüger. Später hat sich H. P. B. krampfhaft von diesen frühen "Erscheinungen" zu distanzieren versucht, aber da war die Lawine bereits unaufhaltsam losgetreten. Hunderte von "Zauberlehrlingen" warteten schon in den Kammern der Experimentierlust darauf, dass die Meisterin ausgeht.

Eine traurige Tatsache war fernerhin, dass weder H. P. B. noch irgendeiner ihrer westlichen Gefolgsleute den Buddhismus und die ihm innewohnenden Metaphern verstanden. Wie ich an anderer Stelle schon feststellte, hat sie aus den bruchstückhaften Erkenntnissen, die ihr zur Verfügung standen, ein neues, größtenteils absurdes Collagebild des Okkulten geschaffen, und die Erfindung der tibetischen Meister (Mahatmas) in der von ihr dargestellten Form bildet vielleicht den Höhepunkt ihrer "Lehre", weil in ihr am offensichtlichsten ihre betrügerische Absicht, ihr egozentriertes Handeln zutage tritt. Leider hatte sie willfährige Partner gefunden, zum Teil kluge Menschen, wie den Dr. Franz Hartmann, dem es leider nie gelungen ist, aus ihrem Windschatten hervorzutreten und die Theosophie, die ihm so etwas wie eine Heimat bot, mit all ihren sich widersprechenden Elementen zu durchschauen. Im Gegenteil unterstützte er die Geschichte, die sich um die Entstehung ihres "literarischen Hauptwerkes" rankt, und dementierte nicht energisch genug, dass es sich beileibe nicht um das Diktat des "tibetischen Meisters Djwal Khul", sondern um die Hervorbringung von Frau Blavatsky handelte, war er doch während eines langen Zeitraums direkter Zeuge der "Geburt" dieses ausufernden Machwerkes. Wie viele andere Menschen unseligen Einflusses war auch sie eine Demagogin, die ihre Anhänger auf "zauberhafte" Weise in ihren Bann zog.

Hat H. P. B. also in ihrer letzten Zeit versucht, die "Meister-Mär" zu relativieren, so gingen ihre Nachfolgerinnen Annie Besant und Alice Ann Bailey rasant ans Werk. Frau Bailey reklamierte den "Tibeter Djwal Khul" im Folgenden für sich, und so entstand, auch in der Auseinandersetzung um den neuen "Weltenheiland" Krishnamurti, das Schisma in der Theosophischen Gesellschaft, was im Prinzip nur einen "Krieg" zwischen den Damen Besant und Bailey meinte. Diese Querelen hatten auch die Spaltung der Theosophie in Deutschland zur Folge, was zur Gründung der "Anthroposophie" durch Rudolf Steiner führte. Auch dies alles ist nachzulesen und interessiert uns hier nicht weiter.

3. WIE DAS "ICH BIN" IN DIE THEOSOPHIE KAM

Eines Tages kam der schillernde Freimaurer Johann B. Kerning für kurze Zeit – in Form der von ihm in den Vierzigerjahren des 19. Jahrhunderts entworfenen Idee des "ICH BIN" als immerwährendes Mantra – quasi posthum in den Innercircle der Theosophischen Gesellschaft. Aufgrund seiner starken Persönlichkeit war er noch immer in aller Munde und hoch geachtet, sodass gewisse von ihm entwickelte (und von seinem Nachfolger vervollkommnete) Praktiken der Selbstsuggestion Bestandteil der theosophischen Geistesübungen wurden. So gelangte also die "I-AM-Lehre" auf verschlungenen Pfaden in die Theosophie, zunächst als reines Selbstsuggestions-Ritual. Das Ziel dieser suggestiven Übungen war, "gottgleich" zu werden, indem man das "ICH BIN" als fortwährendes Mantra benutzt, *"... bis Wahrnehmungen im Inneren auftauchen, die das eigene Selbst an die Stelle Gottes setzen ..."* Dies kam den Theosophen sehr entgegen, da sie ja kein Gottesbild im eigentlichen Sinn besaßen, worin sie ihr nicht verstandenes buddhistisches Weltbild unterstützte. Fernerhin gelang es mithilfe dieses Mantras, das Ego derart aufzublähen, dass die Gottessehnsucht, die ja in jedem Menschen wie eine Kerbe eingegraben ist, von der Sehnsucht, sich selbst an dessen Stelle zu setzen, be- und schließlich überflügelt wurde. Dies alles hätte nie in der Absicht des integeren Johann B. Kerning gelegen, aber die Dinge nahmen ihren Lauf, weil sie – einmal verselbstständigt – immer neue Nahrung fanden. Und so kam eines zum anderen ...

4. DIE GEBURT DER I-AM-BEWEGUNG

Der Amerikaner Baird Spalding brachte Erfahrungen aus seinen Auslandsaufenthalten mit, die er in seinen wohlbekannten Büchern (*Leben und Lehren der Meister im Fernen Osten*) niederschrieb. Nun muss allerdings gesagt werden, dass es sich hierbei gar nicht um selbst erlebte Abenteuer handelte, sondern um von anderen Erlebtes, was ihm zugetragen wurde und – das muss zur Ehrenrettung des ersten Bandes gesagt werden – einen wunderbaren und wahren Kern enthält. Es ist eine traurige Tatsache, dass die Menschen durch ihr Ego oft zu Handlungen verleitet werden, die von der Wahrheit so weit entfernt sind. So lag ihm daran, das, was er an zum großen Teil wahren Geschichten im Gepäck hatte, als eigene Erlebnisse darzutun, um sich "auf bescheidene Weise interessant zu machen" und dadurch einen größeren Leserkreis zu erreichen. Zum Verhängnis wurden ihm schließlich seine amerikanisch-nationalistischen Einfügungen (vor allem im 2. Band), die sein Hauptwerk in die Nähe eines Machwerks brachten, wovon sich viele Menschen vor allem im nichtamerikanischen Raum abgestoßen fühlten und was in der Tat eine besondere Entgleisung darstellt.

Auch der sich später so nennende Godfre Ray King geriet schon früh in den Bannkreis der Theosophie und der Bücher Spaldings. Außerdem schwirrten in seinem Kopf die Erkenntnisse theosophischen Meistertums wie Bienenschwärme, und er geriet oftmals in ekstatische Zustände, die aber von einem Hirnleiden herrührten und nichts mit wirklichen Erfahrungen gemein hatten. Djwal Khul war schon von Frau Bailey "besetzt", Kut-Humi ebenfalls durch Frau Blavatsky selbst und einem Mr. Sinnett blieb da also noch Saint Germain oder Racoczy, der ja Frau Blavatsky ebenfalls "erschienen" war und um den sich von ihren Nachfahren bisher keiner besonders gekümmert hatte. Jetzt konnte plötzlich alles "Wissen", das sich in der Theosophie tummelte und aus rosenkreuzerischen, freimaurerischen, buddhistischen, hinduistischen und christlichen Quellen kam, und "das Wissen um das göttliche ICH BIN" dank Saint Germain, der Godfre Ray King im Folgenden auf gar abenteuerliche Weise "belehrte" – auch dem Vorbild Spaldings folgend: amerikanisch-nationalistisch –, in eine "ganz neue Erkenntnis" gewandelt werden und ihm (Godfre Ray King), dem "Königsstrahl", zu zweifelhaftem Ruhm verhelfen. Was ihn schließlich selbst nach seinem "Aufstieg" in die Reihe der "Meister" führte, wie seine Anhänger dies nach seinem Tod verkündeten, je nun.

Was Annie Besant und der als geistig verblendet zu betrachtende W. Ch. Leadbeater über Avatare, Mahatmas und die "sieben Strahlen" aus "eintausenddrei Quellen" zusammengeschrieben

hatten, wurde von Godfre Ray King nun – gemäß seiner Denkungs-
art – neu aufbereitet. Seine abenteuerlichen Geschichten, die er in
vielen Bänden vorlegte, fanden bald eine begeisterte Leserschaft.
Und "sein" Meister Saint Germain stieg so – vom einfachen Helfer
der Menschheit – zum Helden des neuen Zeitalters auf, der später
– was meint: in jüngster Zeit – aus den Händen des Christus die
"... *Schlüssel zum neuen Himmelreich, das er an dessen Stelle nun
als Leiter übernommen hat ...*", erhalten durfte. Es war hierbei
sogar einer zugegen, der dies als Vision erschaute und, wie so manches andere, im Bild festhielt ...

Bald gab es viele Gruppen, in denen Saint Germain und eine Reihe
anderer "Aufgestiegener Meister" gechannelt wurden, zu denen
sich immer weitere gesellten. Da Saint Germain, wie Godfre Ray
King vorgab, ihm erstmals am nordkalifornischen Mount Shasta
begegnete, avancierte dieser den Indianern heilige Berg nun zum
Brennpunkt der neuen Heilslehre. Dieser Gebirgszug ist seit jeher
heilig, und die Kräfte, die dort spürbar sind, rühren unter anderem
aus dieser besonderen Vergangenheit, da er Kultstätte für die in-
dianischen Schamanen war. So mag es sein, dass von den neuen
Wallfahrern zum "Brennpunkt der Meister" viele von der besonderen Qualität dieses Ortes berührt wurden. Denn der Mount
Shasta ist tatsächlich ein großer Brennpunkt, er bildet das Nabel-
chakra der Erde.

Man kann hieran ersehen, welche Sogwirkung die Theosophie auf
ihre Nachfahren ausübte, so mächtig und stark, dass es für Unwis-
sende kaum möglich ist, sich ihr zu entziehen, wenn man einmal
in ihren Wirkungs- und/oder Bannkreis geraten ist. Auch Vicky
Wall wurde später davon berührt, wenngleich sie dies leugnete. Die
von ihr entwickelte Aura-Soma-Farb-Aroma-Therapie, die ja an sich
eine große Sache hätte sein beziehungsweise werden können, geriet
auf diese Weise in den Bannkreis der I-AM-Philosophie, was der
Glaubwürdigkeit dieser Therapieform keinen guten Dienst erweist.

Und es mögen jene, die dies lesen, ebenfalls auf die eine oder andere Weise - will sagen: mehr oder weniger - von dieser neuen okkulten Varietät betroffen sein. Sie alle seien auch auf das verwiesen, was ich an anderer Stelle über Phänomene und Auswirkungen des "Zeitgeistes" sagte. So mag sich jeder darüber selbst eine Meinung bilden.

5. DIE WIRKLICHKEIT DES "ICH BIN"

Es ist dies aber auch der Platz, an dem wir uns die Frage stellen müssen, was dieses "ICH BIN" für den heutigen Menschen bedeutet, der in Unkenntnis der "Ursprungslehre" damit auf die eine oder andere Weise in Berührung kommt. Denn es ist nicht von der Hand zu weisen, dass dieser magischen Formel eine große Kraft innewohnt. Jeder, der zum Beispiel mit Hingabe die Arbeit mit dem violetten Feuer verrichtet, wird - wenn er über einen gewissen Zeitraum damit Erfahrungen sammeln konnte - zum Teil Erhebendes berichten können. Und darin liegt mit Sicherheit der Grund, warum diese Form der Invokation mittlerweile fast weltweit so erfolgreich und mit tiefer Liebe praktiziert wird. Darin liegt auch ihr Segen.

So mag es wie ein Trost der Gottheit anmuten, dass sie ihre von Scheinheiligen betörten Kinder mit den Segnungen der Gebetserhörung beschenkt, sofern diese Gebete aus einem reinen, dem Dienst der Sache ergebenen Geist strömen. Deshalb wird der Dienst mit dem göttlichen Feuer ein Segensdienst für die Schöpfung und die Erde bleiben, solange es Menschen gibt, die ihm mit Hingabe verbunden sind. Aber es ist dennoch vonnöten, dass der Geist auch stets die Mittel heiligen muss, in deren Dienst er steht. Und in Bezug auf die Lenkung der Flammenkräfte heißen diese "Mittel" gemäß der nun schon hinlänglich bekannten Ursprungslehre "Meister", "Elohim", "Erzengel" und so weiter. Deshalb muss es der "geistigen

Lehrerschaft" ein Anliegen sein, einer – irgendwelchen äußeren Lehrern blind gehorchenden – Schülerschaft nach Möglichkeit das wahre "Personal" zu enthüllen, das die Gebete und Anrufungen entgegennimmt und diese Schüler des Heiligen Geistes mit fürsorglicher Hand aus den falschen Lehrgebäuden heraus in das wahre Herzheiligtum geleitet. In diesem Herzheiligtum mag der Schüler dann das vertraute ICH BIN wiederfinden, aber nicht mehr mit der irrigen Vorstellung verbunden, dass er, da er es als Formel ausspricht, augenblicklich zum Schöpfer all dessen wird, was er in deren Namen und Kraft bewirken will. Wenn dies so wäre – je nun, die Schüler und die Welt wären längst gemäß der ständig wiederholten Bitten von allen "Schatten der Vergangenheit", für deren Entstehung das "niedere Selbst" verantwortlich gemacht wird, erlöst.

Die Anwendung auf diese Weise, wie es von den Gruppen der I-AM-Bewegungen gelehrt wird, enthält noch viel vom Charakter der theosophischen Anwendungspraxis, die – wir hörten es schon – das eigene Selbst an die Stelle Gottes setzt. Gott aber ist das einzig wirksame Prinzip im Universum, und jedes seiner Geschöpfe lebt aus der Kraft der ersten Manifestation, des ersten "Herabströmens", wie dies in der Kabbala genannt wird. So sind die Erzengelkräfte als diese "erste Manifestation" verantwortlich für das Gedeihen allen Lebens im kosmischen Raum. Es mag für spirituell "Ungeübte" noch angehen, sich diese Erzengel als personifizierte Kräfte vorzustellen. In der heiligen Wissenschaft der Kabbala werden diese Kräfte viel tiefer und mit größerer Weisheit erkannt als die Wirkprinzipien der einzelnen Sephiroth, die ihrerseits als äußerer und innerer Ausdruck des immerwährenden Schöpfungsgeschehens betrachtet werden können. Wenn die sogenannten Erzengelkräfte also die Wirkprinzipien dieser Erkenntnisphänomene genannt werden können, dann mag das oben Gesagte damit zur Genüge illustriert sein. Die einzigen Kräfte, denen das göttliche Attribut des ICH BIN also tatsächlich zukommt, sind in dieser Ebene beheimatet, da sie Gott in seiner "ersten Emanation" darstellen. Sie tragen Verantwortung dafür, dass der menschliche Geist sich diesem Göttlichen aufzuschließen vermag.

Im Sanskrit gibt es die Begriffe SO-HAM und A-HAM. SO-HAM ist gemäß unserer Lesart das ICH BIN ER (konkret: ER IST ICH), und das A-HAM ist das reine ICH BIN. Es geht die Entwicklung also vom SO-HAM zum A-HAM, was bedeutet, dass das Bewusstsein diesen Weg, den Weg des Advaita (den Weg aus der Zweiheit in die Einheit), zu vollziehen hat, ehe es in Gott aufzugehen vermag. Dann aber ist es absichtslos geworden und bedarf nicht mehr der "Ent-Äußerung", was eine Invokation als Beschwörungsformel nun einmal darstellt.

In der Kabbala wird dies ausgedrückt mittels der verschiedenen Ebenen, in denen der Lebensbaum verwurzelt ist. Die menschliche Ebene wird dort genannt ASSIAH; die zweite, in der die "einfachen Engel" und die Heiligen aller Richtungen beheimatet sind, heißt JETZIRAH, und die Ebene der Erzengel B´RIAH. Es ist das Erreichen dieser Ebenen durchaus zu vergleichen mit dem Advaita-Bewusstsein des Hinduismus. Das höchste Bewusstsein liegt gemäß der Kabbala in der Ebene ATZILUTH, in der AIN SOPH – das TAO, der BUDDHA, das UNENDLICHE – sich ausdehnt ohne Anfang und Ende.

Mithin kann der fundamentale Unterschied zwischen der östlichen Praxis und der missverstandenen westlichen Deutung erkannt werden. Und genau in diesem Sinne verfährt auch die Kabbala, die EHEJE als das höchste Prinzip, als den ICH BIN DER ICH BIN gemäß der biblischen Überlieferung beschreibt. Keinem Menschen jedoch kann es im Traum einfallen, solange er sich auf der "Jakobsleiter", also auf dem Weg zurück zum Ursprung müht, in einen Ausruf der Erkenntnis zu verfallen, da ihm auf diesem Weg die Dualität wie ein Mühlstein um den Hals hängt und das Erkenntnisgut des Advaita äonenweit entfernt erscheint. Natürlich ist diese Erkenntnis auch nicht jedem Hindu eingeboren, und so

ist der Weg des Advaita auch im Hinduismus nur wenigen Eingeweihten vorbehalten. Hieran wird die Einheit aller Religionen in
ihrer Essenz sichtbar, die – man mag es jetzt vielleicht besser verstehen – tatsächlich nur den wahren Eingeweihten, also jenen, die
das Wissen durch ein wahrhaft göttliches Leben erworben und alle
Bindungen an das dialektische Weltengefüge überwunden haben,
zur Verfügung steht.

Was bewirkt das Anwenden der Schöpferformel ICH BIN als
reines Lippenbekenntnis im Menschen, der den Dualismus noch
nicht überwunden hat? Zunächst eigentlich nichts, denn die erste
Manifestation lässt sich schwerlich von der Aufgeblasenheit des
Egos beeindrucken. Auch wenn es den Schüler nicht so anmutet,
der Gebrauch des göttlichen ICH BIN auf diese Weise ist ein ungeheurer Affront gegen Gott und wird erst einmal abgewiesen.
Dies geschieht indes nicht auf verurteilende Weise. Aus dem Bemühen des Schülers wird der "gute Wille" ausgesondert und dort
eingebettet, wo sich der "Vorrat" befindet, der aus den kollektiven
Gebeten gebildet wird. Es ist dies ein ungeheures Kraftfeld, das wie
ein segnender Mantel von den Engelkräften um die Erde gebreitet
wird. In diesem Kraftfeld befinden sich die Herzensgebete aller
Menschen guten Willens, egal aus welchem religiösen Umfeld sie
kommen. Es bildet ein sogenanntes morphogenetisches, astrales
Feld. Alles andere, was dieses Feld "sprengt", wird also ausgesondert,
man könnte sagen: "auf ein Sonderkonto verbucht". Nun wird
dem Schüler die Gelegenheit gegeben, sich zu "entwickeln", und
gemäß dieser Entwicklung wird er Zugang zu seinem "Sonderkonto"
haben. Bei manchen wächst der Schuldenberg auf diesem Konto
von Lichtdienst zu Lichtdienst. Warum das so ist, mag jeder für
sich selbst beantworten. Denn jedes reine Lippenbekenntnis, das
nicht vom Willen für das Werk durchdrungen ist, gerät augenblicklich "in die roten Zahlen", lässt also den "Schuldenberg" an-
schwellen. Mag also auf der einen Seite der gute Wille für das Werk
gelten und das Gebet dort ankommen, wohin es von den Engel-

kräften geleitet wird, so bedeutet das nicht zwangsläufig, dass der Wille das persönliche Werk automatisch heiligt, wenn er nicht von der tiefen inneren Überzeugung, die aus einem wahrhaft liebenden Herzen gespeist werden muss, durchdrungen ist.

So gibt es in allen Bereichen des spirituellen Lebens, in allen Religionen und Gruppierungen Menschen, deren Lippengebete zwar erhört werden, deren persönliches Wachstum davon aber nicht im Mindesten beeinflusst wird, wenn sie spirituell nur "lauwarm" sind. Wenn Jesus nach einer vollzogenen Handlung sagte *"Geh hin und sündige nicht mehr"*, so besagt dies, dass die Kraft des Glaubens den Menschen heil werden ließ, von ihm aber die Umkehr, die Metanoia, erwartet wird. Sobald ein geheilter Mensch das alte Leben, das ihn ja in Krankheit und Leid führte, weiterlebt, wird er binnen kürzester Zeit wieder erkranken. Die Sünde ist stets eine "Sünde wider den Geist", ein Handeln wider besseres Wissen. Auf unsere Ausgangsbetrachtung angewandt heißt das, dass jedes Gebet, jede Hinwendung an Gott **zweifach** zu geschehen hat: Einmal muss da sein die **Liebe**, die dieses Tun begleitet, und daneben das **Bewusstsein**, das dies vollbringt. Nur wenn diese beiden eine **harmonische Einheit** bilden, wird doppelter Segen daraus erwachsen in dem beschriebenen Sinn.

(Die nachfolgenden Passagen beziehen sich auf unseren vor der Zeit mit Saint Germain praktizierten Lichtdienst mit der violetten Flamme, der sich allerdings entsprechend unserem im Laufe der Jahre gewachsenen Verständnis sowie unter seiner Obhut fundamental verändert hat. Wie wir diesen Lichtdienst seit vielen Jahren bis heute gestalten – gerne auch zur Nachahmung empfohlen – kann man im Anhang des Buches *Saint Germains Vermächtnis. Ein westlich-abendländischer Einweihungsweg* nachlesen.)

Es ist dies also auch ein Aufruf an all jene, die über das Gebet – egal, mittels welcher Methoden – einen Lichtdienst für die Menschheit und den Erdplaneten verrichten. Geht in die Erkenntnis, dass nicht jene aufgeblasenen Worte, deren Sinn ihr ja nicht im Entferntesten (ohne die entsprechende Hilfe) begreifen könnt, etwas bewirken, sondern **dass eure Absicht zielgerichtet sein und aus der Liebe kommen muss.** Dann konzentriert euch nicht auf kosmische Strahlen, deren wahre Natur ihr nicht kennen könnt, oder auf irgendwelche "Lenker", sondern seid selbst Strahl und Lenker, nämlich in eurer nicht nachlassenden Konzentration auf das einzige Licht, das den Kosmos erhält – das WEISSE Christuslicht, das alle heilenden Qualitäten, deren Welt und Menschheit bedürfen, enthält. Und seid gewiss, dass die wahren Lenker, also die bonafiden, auf der Ebene JET-ZIRAH Sorge dafür tragen, dass eure Gebete dorthin gelangen, wo sie aus höchster Sicht gebraucht werden – gemäß eurer Herzensbitte. Dies geschieht, wenn ihr versteht, euch mit ihnen in der rechten Weise zu verbinden.

Die stärkste Macht kommt aus der Stille. Deshalb sind es nicht die lauten Gebete, die eine Gruppe spricht, die die stärkste Wirkkraft entfalten, sondern die stillen Herzensgebete jedes Einzelnen, der sich in diesem Gruppen-Egregore (Gruppenenergiefeld) befindet. Dieses Egregore wird aus dem Willen gebildet, der die Gruppe eint. So braucht sich keiner im Besonderen auf die Gebete des anderen zu konzentrieren und dessen Wortwahl vielleicht mit kritischem Intellekt zu verfolgen. Und es muss sich niemand selbst um die sinnreiche Darstellung seiner Anrufungen bemühen, die ja nur das Ego dessen aufplustert, der "sich traut"; der tiefe Herzenston aber bleibt in all diesen Bemühungen ungehört. Es bedarf, wenn man dies alles einmal erkannt hat, auch keiner Musik mehr, die solches Tun nur stören würde. All dies lenkt ab und bewirkt nichts Großes. Dieses kann nur aus der Stille erblühen.

So macht aus euren Herzen also Lichtherzen und sprecht das Herzensgebet künftig nicht mehr als Anrufung, sondern als Dank an das geistige Kollektiv, das solchen Lichtdienst mit seiner kraftvollen Anwesenheit beschenkt. Diese Anwesenheit kann jeder in sich erspüren, der gelernt hat, sich dem astralen Feld der Ebene JETZIRAH zu öffnen. Dies bedeutet aber auch, dass er sich aus dem, was ihn an die Welt bindet, der Ebene ASSIAH, erheben muss. Das ist nicht möglich, wenn man sagt "ICH BIN die mächtige violette Flamme" und gar nicht weiß, was diese Flamme im eigentlichen Sinn darstellt. Wie kann ich sagen "ICH BIN das und das …", wenn ich nicht weiß, worum es sich dabei in toto handelt? Lasst diese Form des ICH BIN dort, wo sie hergekommen ist, und versucht – im Sinne des Advaita – von der Erkenntnis des SO-HAM zum A-HAM zu gelangen.

Dann beginnt, das Gruppen-Egregore mit immer mehr Kraft zu füllen, indem ihr euch mittels des kabbalistischen Lebensbaumes oder anderer geistiger Übungen mit jenen Ebenen verbindet, die euch umgeben, um so mit der Hilfe und Fürsprache der Ebene JETZIRAH jene Ebene der ersten göttlichen Manifestation, B`RIAH, die Heimat der Erzengel, zu erreichen. Sie bilden den Zugang zum Christus, dem sie dienen und der das Antlitz des Menschen trägt, des wahren ADAM. Es ist dies die Zusammenfassung all dessen, was euch, beginnend mit eurem Einstieg in die Arbeit mit der violetten Flamme, im Verlauf eines Jahres gelehrt wurde und was ihr selbst Schritt für Schritt durch die Führung, die euch zuteil wurde, an Erkenntnissen erworben und umgesetzt habt. Jetzt, da das Werk vollbracht ist, liegt die Vertiefung, das Weitergehen ganz allein in eurer Obhut.

6. DIE "SIEBEN STRAHLEN"

So bedarf es, um all das Gesagte wirklich verstehen zu können, noch einer Erklärung über die Entstehung des Begriffes der "sieben Strahlen". Genauso soll es um die Herkunft und Wesenheit der

343

"Meister" und den Begriff der "Siebenheit" und so weiter gehen. Wir müssen uns, um eine Antwort darauf zu finden, noch einmal mit der Theosophie, ihren Begründern und Nachfolgern befassen. Mit Letzteren im Besonderen, da sie der theosophischen Ursprungslehre noch die Krone aufsetzten in ihrem Bemühen, ein neues Himmelreich mit einer neuen Hierarchie und neuen geistigen Gesetzen zu schaffen. Es ist merkwürdig, dass sich nur wenige Schüler dieser Richtungen – vor allem jener der "Brücke zur Freiheit" (deutscher Zweig der amerikanischen I-AM-Bewegung), die gar den Kontakt mit der Großen Weißen Bruderschaft verspricht – Gedanken darüber machen, warum die Meister und Engelkräfte sich so ausschließlich in diesem Rahmen bewegen, ja dass es offensichtlich nur dort möglich ist, die entsprechenden Botschaften zu erhalten, in denen die Lichtschüler ununterbrochen zu allerlei Tun mit dem heiligen Feuer ermahnt und ermutigt werden. Viele "Kräfte", die sich dort tummeln, entsprangen ursprünglich der Fantasie Helena Petrovna Blavatskys, Annie Besants und Alice Baileys und ihrer Getreuen. Aber sie vermehrten sich, einmal im "Brücke-Umfeld gelandet", bald auf wunderbare Weise. Wesenheiten aus der Vorstellungswelt des Hinduismus und der christlichen Bibel, des chinesischen, tibetischen und sogar des antiken Pantheons feierten ein fröhliches Wiedererstehen im Geiste einer okkulten Gemeinschaft.

Die durch die "Brücke zur Freiheit" (gemeint ist primär die amerikanische Sektion) unternommenen Neubelebungsversuche einer Wesenheit wie "Kwan Yin" – dies als Beispiel herausgegriffen – zeigen im Besonderen, auf welch primitive Weise der Zugriff auf diesen Pantheon erfolgt. Bei all diesen himmlischen Tempelbewohnern handelt es sich weitgehend um solche, die in der Vorstellungswelt irgendwelcher Traditionen eine Rolle spiel(t)en und die, mit wenigen Ausnahmen, stets nur allegorischen Charakter besaßen, wie es bei fast allen Gottheiten des Hinduismus und jenen des asiatischen Raumes des Fall ist.

Wollen wir das durch jahrhundertelange Gebete entstandene Kraftfeld für diese Betrachtung einmal beiseitelassen, in dem eine heilige Figur wie "Meisterin Kwan Yin lebt und wirkt". Es verhält sich hier wie bei der Hindu-Gottheit Ganesh. Immerwährende Gebete erzeugen ein besonderes Kraft- und Energiefeld, sodass sich der göttliche Aspekt, der in einer solchen Wesenheit verehrt wird, unmittelbar in Form von "Gebetserhörung" oder einfacher Segnung dem Betenden zuneigt. Aber es findet keine Personifizierung des Aspektes statt. So mag ein Gläubiger diesen Aspekt in Form eines Bildes verehren und auf diese Weise eine Vorstellung von Wesen und Sein dieses (oder dieser) Heiligen in sich entwickeln. Dies aber bleibt immer auf seine eigene, höchst private Vorstellung, die er aufgrund des Bildes in seinem Inneren entwickelt, beschränkt. Auf diese Weise ist es auch möglich, Gott, den Unfassbaren, wenigstens in Teilaspekten zu lieben, wie dies vor allem im Hinduismus mit seiner Vielzahl von Göttern als Ausdruck der Aspekte des Einen möglich ist.

Kwan Yin ist keine Hindu-Gottheit, sondern war ursprünglich ein "Bodhisattwa", also eine buddhistische Gottheit, die später, als der Buddhismus sich in China ausbreitete, von der ursprünglich männlichen Form zu einer weiblichen verändert wurde – in dem Maße, wie Taoismus und Buddhismus sich vermischten und der Buddhismus immer mehr an Boden verlor. Mit diesem Verlust schwand auch das Bewusstsein um die eigentliche Herkunft Kwan Yins. Der ursprüngliche Bodhisattwa bekam immer weiblichere Züge, und all die Qualitäten, die einst Avalokit-eshvara (einer der vier Bodhisattwas und Weggefährte des "Buddha Amithaba") verkörperte, wurden nun auf Kwan Yin – so die chinesische Bezeichnung für die Hauptqualität Avalokit-eshvaras, der "Erhörung der flehenden Bitten der Welt" – übertragen. Nach und nach schwand dann bei der breiten Masse des Volkes das Wissen um die wahre Herkunft, und es begann eine Verehrung der weiblichen Gottheit, die mit der Madonnenverehrung der katholischen und orthodoxen

345

Kirche verglichen werden kann. So existiert in buddhistischen Kreisen in China noch die Verehrung des Bodhisattwa, während die vorwiegend taoistische Anhängerschaft der weiblichen Gottheit huldigt. Beide Formen konnten und können gut nebeneinander existieren, und es zeigt dieses Beispiel, dass es sich um den Aspekt des göttlichen All-Erbarmers handelt, hinter dem nicht eine Wesenswirklichkeit in persona steht.

Und so ließe sich dies beliebig fortschreiben. Wir wollen dies mit der Feststellung beenden, dass es sich bei der Lehre der "Brücke zur Freiheit" (I-AM-Bewegung) um eine primitive Fortsetzung theosophischer Praxis handelt, die wir nun schon hinlänglich kennengelernt haben. Die "Brücke zur Freiheit" hat das übernommene theosophische Grundmaterial nach eigenem Gutdünken verändert. So ist aus der ursprünglichen Lehre über die "sieben Strahlen" dort etwas ganz Neues entstanden. Die "alten Strahlenlenker" wurden teilweise zugunsten neuer ausgewechselt, und im Folgenden wurde ein Lehrgebäude zurechtgezimmert, durch dessen Fugen ein rosaroter Himmel mit Wattewölkchen schimmert, in dem nach und nach "neue Hierarchien" ihren Platz eingenommen haben. Die Medien beziehungsweise "Channels", die im Dienst dieser Gemeinschaft stehen, müssen bestimmte Lehrgänge durchlaufen, in denen sie Form und Diktion erlernen, deren sich die Tempelherren und -damen bedienen – deshalb der immer gleiche Inhalt in austauschbarer Form und Sprache.

Ein weiterer Faktor mag bei der Betrachtung des neuen (Brücke-) Himmels noch auffallen. Die Meister kommen nicht alleine daher, in ihrem Gefolge befindet sich zumeist ein weibliches Pendent. Auch dies hat seinen Ursprung im Buddhismus, geht hierzulande auf H. P. B. zurück und wurde von der "Brücke" noch "verfeinert". Sogar die Erzengel haben auf diese Weise eine weibliche "Zwillingshälfte" erhalten. Im sogenannten "Tantra-Buddhismus" werden die beiden Qualitäten eines Bodhisattwa, "Karuna" (Erbarmen,

Mitgefühl) und "Prajna" (Weisheit), durch je einen weiblichen und männlichen Aspekt ausgedrückt. Diese Symbolik findet sich natürlich auch im Hinduismus und – zwar latent, aber immerhin vorhanden – auch im Christentum. So ist die weibliche Seite des oben erklärten Avalokit-eshvara TARA, was heißt "die Weiße". Und aus dieser "Weißen" wurde dann das weiße Gewand Kwan Yins – und im Folgenden aus "Karuna" Kwan Yin.

So wurden die nebulösen Andeutungen Frau Blavatskys zur Geburtsstätte neuer "Götter" und "Meister" samt weiblicher Hälfte, ohne dass irgendwer die wahren Hintergründe erforscht oder auch nur danach gefragt hätte. Eine Wesenheit namens "Kut-Humi" ist nur den alten Tibetern bekannt und gelangte auf diese Weise zu H. P. B., ohne dass sie etwas Wirkliches über sie in Erfahrung hätte bringen können. Warum gerade er die Reinkarnation des heiligen Francesco sein sollte, vermag niemand zu sagen. Auch die tibetische Wesenheit "Morya" erschloss sich H. P. B. nicht, und dennoch wurde sie ins Gepäck genommen und huckepack der Theosophie als "Meister" einverleibt. "Djwal Khul" ist eine reine Erfindung, und von "Saint Germain" gab es die Überlieferung, dass er jener mysteriöse Mensch und angebliche transsylvanische Erbprinz Racoczy war, der niemals starb. Ein guter Grund, ihn zum "Meister" zu befördern.

(Die Wirklichkeit liegt – wie so oft – in der Tiefe verborgen, und es gab und gibt keine Notwendigkeit, sie zu enthüllen. Der Name "Saint Germain" gehört zu jenem Menschen, der 90 Jahre lang teilhatte an den Geschicken seines Jahrhunderts. Der Lehrer, der er seit jeher war und ist, trägt einen anderen Namen – so wie jeder Träger eines heiligen Namens ist, der in den inneren Reichen lehrt und wirkt. Ihr aber wollt mich mit dem euch bekannten Namen im Herzen behalten.)

Ähnliches trug sich auch bei der Erfindung der "sieben Strahlen" zu. Hier scheidet H. P. B. als Urheberin aus, denn diese Geschichte geht zur Gänze auf das Konto ihrer Nachfolger. Dabei ist nicht geklärt, auf wessen Konto die Hauptlast zu buchen ist, vielleicht auf jenes von Frau Bailey, die das, was Frau Besant und ihr Sekretär erfanden, später als verbindliche Lehre ausgab – "von den Meistern in Auftrag gegeben". So unterscheiden sich die Strahlentheorien der beiden Damen in einigen gravierenden Punkten, und Rudolf Steiner hat später noch seine eigene erfunden, sodass sich das, was noch später als "Lehre" in die "Brücke zur Freiheit" fand, im Wesentlichen aus den drei genannten Aspekten von Besant, Bailey und Steiner zusammensetzt. Man möge mir die Mühe ersparen, diese Einzelheiten zu nennen. Frau Bailey steht mit Sicherheit die Krone zu, da sie die Theorie der "neuen Lehre" in nicht weniger als fünf Bänden niederschrieb. Auch der genannte Sekretär von Frau Besant, Mr. Wood, schrieb ein Buch mit wieder anderem Inhalt.

Die "Brücke zur Freiheit" tat sich schon von Anfang an mit großer Attitüde hervor. Sie wechselte das Strahlenpersonal bald nach eigenem Gutdünken aus, und es scheint, dass ein "Meister" hart an sich arbeiten muss, wenn er seinen Posten im Brücke-Pantheon behalten will. Wesenheiten, bei Frau Blavatsky und Nachfolgern noch eher verschwommen, als mit eigener Kontur wahrnehmbar, durften alsbald in den Brücke-Himmel "aufsteigen" und von dort Strahlen herunterleiten, "auf deren Schwingungsfrequenz sie dienen" ...

Die Formeln zum "Lichtdienst" wurden zum Großteil den Büchern von Godfre Ray King entnommen, wie auch der Hauptteil der allgemeinen Belehrungen, die seither tausendfach wiederholt wurden, aber deshalb weder wahrer noch besser geworden sind.

Mag man also die "Lehre von den sieben Strahlen" (mittlerweile sind es anderen Richtungen zufolge schon zwölf und wieder anderswo vierzehn geworden) in die Abteilung Kuriositäten verbannen, so hat es mit der "heiligen Zahl Sieben" doch eine besondere Bewandtnis, die wir zum Teil an anderer Stelle (*Saint Germains*

Vermächtnis. Kabbala und Rosenkreuz) schon kennengelernt haben. Auch die Rosenkreuzer neuerer Prägung, wie die Orden "Lectorium Rosicruzianum" und "AMORC", haben viel vom Gedankengut der Theosophen in ihre Lehren aufgenommen, und Belehrungen, die von der "Brücke zur Freiheit" ausgehen, beziehen vielfach von dort Nahrung, wie auch umgekehrt die Orden kräftig in das Brücke-Repertoire greifen, wenn sie Erklärungsbedarf haben.

Die "heilige Zahl Sieben" findet sich in allen Religionen, insbesondere im Buddhismus oder im Judentum, und es ist hier nicht der Ort, das komplexe "System der Siebenheit" zu erörtern. Es ist für denjenigen interessant, der sich mit der Magie der Zahlen beschäftigen will, um dem alten Wissen mithilfe der Zahlensymbolik auf die Spur zu kommen. So mögen Fragezeichen stehen bleiben, was in der Natur einer solch komplexen Sache wie der hier geschilderten liegt.

7. SCHLUSSBEMERKUNG

Ihr mögt nun die Frage an mich herantragen, warum ich mich zu Anfang der Schulungen des Brücke-Idioms ("Brücke zur Freiheit") bediente. Man muss sich, ich sagte es schon an anderer Stelle, auf das Niveau der Schüler begeben, um sie dort zu erreichen, wo man sie zu verändern beabsichtigt. Ihr durftet die Erfahrung dieser Veränderung machen mit all den Enthüllungen, die nötig waren, um aus diesen eure eigenen Schlüsse zu ziehen und niemals in die Fallstricke spirituell getarnter Menschenfänger zu gelangen. Es ist mein Anliegen, nicht nur euren Blick und euer Unterscheidungsvermögen zu stärken, sondern euch in den Pantheon des All-Einen zu (ent-)führen, dessen "weltliches Antlitz" ihr kennt (mehr zum Manu unseres Zeitalters in *Saint Germains Vermächtnis. Kabbala und Rosenkreuz*) und dessen Lehre die einzige ist, die es heutzutage aus dem breiten Angebot wirklich zu verstehen und zu beherzigen gilt. Sie findet sich auch dort, wo der "Innere Orden" seine Pforten für euch geöffnet hält, bis ihr bereit seid, wahrhaft dort einzutreten. Dies ist der einzige Wunsch, den ich in Bezug auf euch, meine Schüler, im Herzen trage.

"ENTHÜLLTE GEHEIMNISSE"

Es existiert von dem schon mehrfach genannten Godfre Ray King ein dreiteiliges Buch mit dem Titel *Saint Germain. Enthüllte Geheimnisse*, dessen Inhalt uns damals recht merkwürdig vorkam. Nach der Lektüre stellten wir Fragen an Saint Germain. Ich habe die folgenden Informationen mit in dieses Buch aufgenommen, weil fast die gesamte heutige Esoterikszene, soweit sie sich mit den sogenannten Aufgestiegenen Meistern und den sieben Strahlen beschäftigt, aus dem Fundus der amerikanischen I-AM-Bewegung schöpft.

Nicht ausrottbar, obgleich eigentlich völlig unwichtig für den geistigen Weg, erscheinen mir verschiedene Behauptungen über die Vorinkarnationen der Meister. Hartnäckig hält sich in der einschlägigen Literatur unter vielen anderen die Behauptung, Saint Germain wäre Josef, der Vater von Jesus gewesen, Merlin aus der Artussage, Christoph Kolumbus und auch Christian Rosenkreuz (letztere Saint-Germain-Inkarnation wurde von Rudolf Steiner erfunden). Laut eigener Aussage aber hatte er tatsächlich eine Vorinkarnation als Joseph von Arimathia, der Onkel von Jesus, und Merlin ist keine historische Gestalt, sondern eine allegorische Figur, die die Weisheit des keltischen Druidentums repräsentiert. Von Christian Rosenkreuz, dem Helden aus dem Buch *Die chymische Hochzeit des Christian Rosenkreuz* sagte Saint Germain, er sei gleichfalls eine allegorische Figur, die den geistigen Entwicklungsweg des Menschen repräsentiere. Wer dieses Buch tatsächlich gelesen hat, kann auch gar nicht auf die Idee kommen, Christian Rosenkreuz sei eine tatsächliche Inkarnation, von wem auch immer.

Frage von Myra: Warum habe ich so widerstrebende Gefühle bei dieser Lektüre?

Saint Germain: Lass mich dir Folgendes erklären. Bei allem, was du hörst, liest und als einzige "unumstößliche Wahrheit" und "echtes" Erlebnis geschildert bekommst, ist immer zuerst dein Unterscheidungsvermögen gefordert, jene Wahrnehmung aus deinem Gottselbst heraus, die dir untrüglich Wahrheit von niederer Geltungssucht unterscheidbar macht. Und nur dieses hat vor dir zu bestehen. Es sind so viele Dinge, die sich dem Suchenden darbieten, und selbst wenn er einmal auf einem Gebiet, das einen Widerklang in ihm auslöst, etwas gefunden hat, so prasseln allein hier Hunderte von Meinungen und Fremderfahrungen auf ihn ein, sodass er wiederum nur in sich selbst – aus seinem Selbst heraus – finden kann, welche der dargebotenen Meinungen seinem momentanen Weltbild, besser gesagt seiner Gottesvorstellung, entsprechen und für ihn annehmbar sind.

Hüte dich vor allem, was den Pfad dessen verlässt, was große Mystiker in ihrer Innenschau wahrgenommen haben, denn nur dort ist Gott in seiner wahren Essenz zu finden. Des Weiteren will ich deinen Blick schärfen in Bezug auf das, was später aus irgendwelchen Lehren und ihren Kernaussagen geworden ist. Niemand – weder Jesus noch irgendein anderer Eingeweihter vor oder nach ihm – haben gewollt, dass sich aus der Lehre und Erfahrung, die sie hinterlassen haben, eine äußere Gemeinde formiert. Das einzige Anliegen richtete sich jeweils direkt an die individualisierte Seele und nicht an eine sich rekrutierende Armee von Wortverteidigern, -auslegern, -verdrehern und "blinden Nachbetern".

Kann ich also unter anderem hinter der "I-AM-Bewegung" stehen? Schon Godfre Ray King selbst hatte sich sehr schnell von dem distanziert und zurückgezogen, was in Windeseile von seinen direkten Schülern inszeniert, gechannelt und als "Meisterwort und -wissen" dargeboten wurde. Plötzlich sind Heerscharen von Himmelswesen herniedergeschwebt, und aus dunklen Ahnungen und Vorstellungen bildeten sich "konkrete Meister" mitsamt ihren Hierarchien und himmlischen Wohnorten. Eine Schwierigkeit ergab sich aus der Tatsache, dass diese himmlischen Wesen den einzelnen Schülern so unterschiedliche Dinge "durchgaben", dass es im Folgenden dann einer (schnell anwachsenden) "Bewegung" bedurfte, die eine Art von Systematik in das vorherrschende Chaos brachte. Bald kam unvermeidbar das Schisma, weil sich schnell Führernaturen fanden, die jeweils über den "besseren und richtigeren Draht" verfügten, und so gab (und gibt es immer noch) Haupt- und Nebengruppen mit Haupt- und Freizeitchannels – und alleine meine bescheidene Person erfuhr eine so unglaubliche Metamorphose, dass ich selbst Mühe habe, mich bei mir noch zurechtzufinden.

So rufe ich euch zu, wie ich es zu allen Zeiten meinen ernsthaften Schülern sagte: Der einzige Weg zur Erkenntnis führt über das Studium dessen, was die Großen hinterlassen haben! Und gerne lenke ich eure Aufmerksamkeit auf *Das Leben und die Lehren der Meister im Fernen Osten* Band 1 von Baird Spalding, weil es in den wesentlichen Grundzügen authentisch und wahr ist. Und weil es auf wunderbare Weise das "alte Wissen" erhöht und bereichert und weil neben den geliebten Brüdern und Schwestern Jesus tatsächlich spricht. Es gibt diese Brennpunkte in Amerika am Mount Shasta und im Himalaja, in denen wir wirken. Aber dieses Wirken war und ist zu allen Zeiten so einfach und unspektakulär gewesen, wie Mr. Spalding dies beschreibt, und nichts von dem, was Godfre Ray King beschreibt, findet sich dort in dieser Weise. Zu Recht beklagst du den Widerspruch in Godfres Darstellungen, so wie sie sich finden lassen in den Bänden 1 und 2. Lasse diesen Widerspruch in dir wirken, weil er dich zur Wahrheit in dir führt.

Seit jeher war ich an Europa gebunden. Ich habe meinen Entwicklungsweg als sogenannter "großer Europäer" abgeschlossen in dem brennenden Wunsch, Europas geistigem Erbe zum Wiederauffinden seiner Wurzeln zu verhelfen, die es in beinahe zweitausend Jahren Kirchengeschichte fast verloren hat. Mein Name war in Amerika nach der Jahrhundertwende (19. auf 20. Jahrhundert) – einhergehend mit einem jäh aufgeflammten Nationalismus – eine Art Wunderdroge aufgrund des Booms, den die Bücher von Madame Blavatsky auslösten. Und es ging lebhaft das Gerücht im ganzen Lande um, dass ich dereinst das vollenden würde, was ich als Christoph Kolumbus begonnen hatte. Was immer man dabei von mir erwartet hatte – ich war zu Kolumbus' Zeiten im Britischen und konnte daher auch später nicht vollenden, was er begann. Eine schreckliche Vorstellung auch, da dieses "Erbe" von mir nicht ausgelebt hätte werden wollen. Wem aber, so fragst du zu Recht, ist Godfre dann begegnet? Lassen wir den Mantel des Schweigens darüber sinken.

Wer spricht im 3. Band? Tatsächlich sind es hohe Werte und Wahrheiten, wie auch die "Reden" in den Bänden 1 und 2 aus hoher Quelle kommen. Nur ich bin weder deren Urheber noch jener, der dort agierte. Als du seinerzeit die Frage stelltest, ob die Bände "echt" seien, verneinte ich es nicht. Aber es handelt sich in hohem Maß um Traumbilder, und ich war nicht der Bildner. Ich habe meinen "Wohnsitz" weder über Transsylvanien noch in irgendeinem anderen "Tempel" in den Ätherreichen, sondern nur in euren Herzen. Aber ich liebe das göttliche Feuer, das reine Christuslicht und diene ihm, wie alles ätherische Leben ihm dient. Ich bin seit alters her Lehrer und finde meine Schüler weltweit. Wenn ihr mich anruft, komme ich auf euren Ruf augenblicklich und bringe euch das göttliche Feuer der Reinigung. Aber ich bin nicht dessen alleiniger "Hüter und Lenker". Dies ist eine irrige Auffassung, die sich nach Aufkommen dieser Idee rasch in den Gemütern festgesetzt hat – genauso wie jene über das besondere Wirken der Heiligen und Engelkräfte und deren "Wohnstätten" sowie ihrer Zugehörigkeit und

Wirkweise zu/auf dem einen oder anderen "Strahl". Die Vorstellungen, die hier verbreitet wurden und noch immer werden, sind vom wahren Wesen der Gottesflamme, dem reinen Christuslicht, um Lichtjahre entfernt.

Das tiefe Wissen um das Wirken der Engel – insbesondere das Wesen der Erzengel – und der sogenannten Aufgestiegenen Meister enthalten die alten Weisheitsbücher, das System der Kabbala und so weiter. Und dies den Menschen nahezubringen, war von jeher mein Anliegen. Gewiss, die ICH-BIN-Gegenwart und -kraft ist das schöpferische Prinzip. Aber der Mensch muss erst durch das Studium ins Stadium der Anerkennung und des Wissens gebracht werden. So ist es barer Unsinn, wie die I-AM-Bewegung dieses gesegnete alte Wissen gegen den Strich gebürstet und der neu entstandenen Ideologie entsprechend zurechtgestutzt hat. Warum hätte ich im Vollbesitz meines geistigen Potenzials dieses alte Wissen, die geheimen, gesegneten Orden, wiederbeleben sollen, wenn ich später hierzu augenscheinlich jeglichen Bezug aufgegeben hätte – zugunsten einer Primitiverklärung göttlichen Wirkens und göttlicher Weisheit? (Hier spricht Saint Germain von einer seiner Aufgaben, für die er im 18. Jahrhundert gekommen war.)

Genauso irrig sind die Vorstellungen, wir bräuchten eine bestimmte Musik; mithilfe von deren Schwingungen sollen wir erreichbar sein. Musik spielt wohl eine beherrschende Rolle auch in unserem Dasein, aber ich öffne euch die Türen meines Herzens auch ohne Musik und liebe es, wie alle meine Brüder und Schwestern, wenn die Schüler sich uns in Stille nähern, wie ihr wisst. Weder ich noch mein geliebter Bruder Zadkiel (Erzengelenergie) haben etwas mit Johann Strauß zu tun. Das geht von völlig irrigen Vorstellungen bezüglich meiner Herkunft in meinem letzten Erdendasein aus, wie es von Madame Blavatsky dargelegt und von der I-AM-Bewegung mangels Überblick über die europäische Geschichte weiter kolportiert wurde. (Innerhalb der I-AM-Bewegung und längst auch außerhalb wird behauptet, man könne Saint Germain mittels des Strauß-Walzers *Geschichten aus dem Wienerwald* »rufen«; genauso soll man andere Meister angeblich mit anderen klassischen Musikstücken anrufen können.) Aber dass auch die "Statthalter" der I-AM-Bewegung in Europa diese absurde Geschichte nicht durchschauten, entzieht sich meinem Verständnis, und es sollte euch Anlass sein, ins Zentrum des Schweigens zu gelangen, wenn ihr den Lichtdienst mit dem heiligen Feuer verrichtet.

Geliebte Schüler, haltet euch an jenen Mann und Freund, den wir, die "Söhne und Töchter des Lichtes", zu euch geschickt hatten, um die alten Lehren in "neue Schläuche" zu füllen, jenen Meister Omraam, unseren Bruder Omraam Mikhael Aivanhov (1900-1986), der hier im Himalaja in die Lehre der Großen Weißen Bruderschaft eingeweiht wurde. Er ist unser "Repräsentant" im Westen gewesen, und Europa war und ist der Nährboden für dieses Wissen. Gewiss, auch Amerika wird einst eine große Rolle spielen und von hohen Kräften darauf vorbereitet, aber ich war und bin dort nie auf irgendeiner Ebene tätig.

Myra: Kannst du mir den Unterschied erklären zwischen den Bänden 1 und 2, vor allem was das plötzliche Auftauchen der "mächtigen ICH-BIN-Gegenwart" betrifft, die im 1. Band ja noch keinerlei Rolle spielt?

Saint Germain: In der Zwischenzeit der Entstehungsgeschichte der beiden Bände findet sich die Geburtsstunde der I-AM-Bewegung. Was steht tatsächlich dahinter? Godfre machte inzwischen die Bekanntschaft mit der Bewegung um Baird Spalding und dessen Schriften. Im Gespräch mit Mr. Spalding wurde Godfre plötzlich bewusst, dass das, was er auf der Traumebene erlebt hatte, noch "erhöht" werden musste. Nämlich dass er das "ICH BIN" als tragende Kraft in seinen weiteren geplanten und belehrenden Hervorbringungen verwenden müsste. Und diese damit beeigenschaftete Schöpfungsformel folgte natürlich dem, was in "ihrem Namen" begonnen wurde. Hier lässt sich die große Kraft der Manifestation sehr gut verfolgen, die Godfre im "ICH BIN" erkannte und die ihm willig folgte.

Allein schon aus diesen Gründen würden wir niemals diese große Kraft in einer solch wuchtigen Entladung, wie sie in Band 3 erfolgt, auf die zumeist unvorbereiteten Schüler loslassen, wenngleich dazwischen eine lange Reihe von Erfahrungen Godfres liegen, die nur wenigen bekannt sind. Godfre und seine Frau haben hier viele Erlebnisse – auch solche, die sie in überhöhter, oft übersteigerter Innenschau mit einigen Weggefährten erfuhren – komprimiert vor dem Leser und Lichtschüler ausgebreitet. Mögt ihr Nutzen daraus ziehen, jetzt, da ihr um die wahre Kraft des ICH BIN wisst und genügend Wissen darüber gesammelt habt. Aber eben nur in dem Maße, wie ihr lernt, euch mit der Schöpferformel des ICH BIN vertraut zu machen – und nicht, indem ihr die dort geschilderten Erfahrungen als inneren Auslöser für eure eigene Suche betrachtet. Zu keiner Zeit habe ich mich in solcher Weise manifestiert, und es ist auch nicht meine Aufgabe, mich auf die dort geschilderte Weise in das Weltengeschehen einzublenden.

Meine Geliebten, sucht eure Wurzeln, indem ihr euch vollkommen mit Meister Omraams Lehre (siehe Buchempfehlungen) vertraut macht, und lasst euch von mir führen, so wie ich es über ein Werkzeug vermag. Keiner von euch wäre jetzt schon darauf vorbereitet, in direkteren Kontakt mit uns zu treten, da dies eine geistige Vorarbeit eurerseits erfordern würde, die ihr noch nicht zu leisten in der Lage seid. So fällt es einigen von euch noch immer schwer, die große Kunst des Schweigens zu üben und der inneren Stimme, die Heimat hat in eurer ICH-BIN-Gegenwart, zu lauschen. Zu uns aber führt der Weg ausschließlich über die Große Stille.

Myra: Wenn wir die Erfahrungen in den drei Bänden nicht wörtlich nehmen sollen, aber in den Aussagen tatsächlich auch Wahrheiten enthalten sind, dann bitte ich dich, mir zu beantworten, wie es sich mit dem Thema Sexualität verhält. Ist das, was du dort (vermeintlich) hierzu gesagt hast – auch wenn es dir nur in den Mund gelegt wurde – dennoch deine oder die Meinung aller Meister? Wie du dir denken kannst, beschäftigt gerade dieses Thema viele unserer Freunde, vor allem die jüngeren unter ihnen.

Saint Germain: Mir ist bewusst, dass diese Passagen polarisierend auf euch wirken müssen, und ich bin auch nicht ihr Initiator. Dieses Thema hat eine große Bandbreite. Die dort gemachten Aussagen treffen ja auch nur auf jene Lichtsucher zu, die bereit sind, alles Weltliche zugunsten ihres Aufstiegs in die höheren Sphären ganz und gar hinter sich zu lassen. Keine Begegnung mit einem geliebten Du braucht sich indes zu schämen, "wenn das Fleisch Schwäche zeigt". Dabei gehen wir natürlich nur von höchsten moralischen Werten aus. Aber gerade im sexuellen Austausch – beginnend bei der ersten zärtlichen Begegnung – finden im Körper wichtige Prozesse, hormonelle Ausschüttungen statt, die für ein gesundes Gleichgewicht im menschlichen Organismus verantwortlich sind. Und es ist auch nicht so, dass das Leben (ich sage bewusst nicht "Aus-Leben") von tief empfundenen Gefühlen den Alterungsprozess einleitet (dies war eine der Behauptungen in Godfre Ray Kings Buch). Dafür allein gab und gibt es genügend Beweise. Auch höchst ehrwürdige, heilige Personen, deren geläuterte und dem Weltlichen längst entwachsene Seelen keinerlei entsprechende Geschlechterkämpfe mehr auszufechten hatten, konnten und wollten diesen Alterungsprozess nicht aufhalten. Es ist ja keine Schande, in Würde alt zu werden, und der Körper folgt immer dem Denken. Und zu denken, man sei jetzt "alt", ist eben weltliches Denken und an sich nicht schlecht, aber begrenzt, das wohl. Erst wenn man ein Bewusstsein von der körperlichen Unsterblichkeit erlangt hat, wie es zum Beispiel die Adepten heiliger Orden nach langer Suche und ernstem Studium der wahren Gesetze des Lebens erreichen, vermag man einzusehen, dass nur ein Leben in Gott dorthin führt, und dann hat man die Sehnsucht nach einem "ergänzenden Du" längst überwunden und damit auch alle Beziehungsprobleme – oder wie ihr es nennt: "Beziehungskisten" – zu den "Altakten" und "Altlasten" des Lebens gelegt.

In dir, in euch findet die Heiligung des inneren Tempels statt, in eurem Denken, Wollen, Handeln und tatsächlichen Tun. Und wenn zwei solche Tempel sich vereinigen, um den Einen zu verherrlichen – nicht so sehr, um ein neues Leben in persona zu zeugen, sondern um der Liebe eine neue Form zu geben und sie so zu erhöhen –, dann erhält die Seele ein geradezu verjüngendes Momentum. Und es wäre dumm zu sagen, dies schade Leib und Seele. Aber jeder solche Akt muss gottgeweiht sein, sonst findet in der Tat die Zerstörung des Tempels statt. Und leider ist es diese Zerstörung, die die Menschen in die unablässige Suche und Sucht treibt nach Höhepunkten, die nur den Niedergang ihrer Würde zur Folge haben können. Und dies drängt sie immer wieder in neue Leben, bis sie begreifen, wem eigentlich die Suche gilt. Aber in einem geliebten Du ist man der Suche nach dem göttlichen Geliebten doch schon ein großes Stück näher gekommen. Und auch hier gilt der wunderbare Satz Jesu: "Wo zwei in meinem Namen versammelt sind, bin ich mitten unter ihnen." – Und wenn daraus dann drei werden, ist es ein Fest in den Himmeln.

VERSCHWÖRUNGSTHEORIEN

Anfang der Neunzigerjahre wurde ein Buch über »Verschwörungen« zum Bestseller. Ich empfand es als unangenehm und teilweise unglaubwürdig. Heute gibt es Hunderte solcher Bücher, voneinander abgeschrieben, am Schreibtisch weiterfantasiert und damit gewiss nicht besser oder wahrer. Die Autoren haben den »Vorteil«, dass niemand in der Lage ist, ihre Behauptungen zu widerlegen, so wie sie sie selbst auch nicht beweisen können. Deshalb habe ich den folgenden Text in dieses Buch mit aufgenommen. So stellten wir damals die

Frage:
Kannst du uns bitte die Frage beantworten, welche Motivation der Autor für seine Bücher und Artikel hat und welchen Wahrheitsgehalt sie haben?

Saint Germain:
Der Autor ist in der Tat ein Jünger des schon an anderer Stelle beschriebenen Zeitgeistes und ein großer Demagoge, so kann man sagen, ein "ewig Gestriger" mit neuem, offenbar nicht ausrottbarem Sendungsbewusstsein. Er ist Mitglied der Scientologen, wurde dort geschult und auf diese "Aufgabe" vorbereitet. Der von ihm beschworene Geist ist in diesem Lande und bei seinen direkten Nachbarn noch sehr lebendig. So findet der Autor fruchtbaren Boden,

auf dem seine Pamphlete gut gedeihen können. Zu allen Zeiten gab es Gruppierungen, die so etwas wie eine Weltherrschaft anstrebten. Heutzutage findet man diese – mit anderen Zielsetzungen – vornehmlich in den Vorstandsetagen der großen Banken (dies ist nach all den Erfahrungen der letzten Jahre ganz gewiss nicht von der Hand zu weisen). Dass gewisse Kreise dies den Freimaurern und Juden zuschreiben, hat Tradition und ist heute so absurd wie schon in früheren Zeiten.

Der Autor mischt wahllos gängige Trends miteinander und bietet sie einem Publikum an, das nicht das nötige Unterscheidungsvermögen besitzt, sie aber nur allzu gerne aufnimmt, da der unselige Geist in diesem Land auch nach fünfzig Jahren (Mitte der Neunzigerjahre) noch ungebrochen in vielen Schlupflöchern existiert. Feindbilder haben ein langes Leben, dieser Maxime bedient sich der Autor und er schürt das Feuer genau dort, wo die Brandherde unausrottbar scheinen. Er hat eine Art von Systematik entwickelt, auf die viele Menschen hereinfallen, da es kaum jemandem möglich ist, die Quellen, auf die er sich beruft, zu studieren – und die meisten davon existieren überhaupt nicht. Andere verdreht er in solcher Weise, dass seine Rechnung unter dem Strich immer aufgeht. So jongliert er mit Begriffen, die er aus dem Ärmel zaubert, und schafft auf diese Weise Nebelbilder, in denen diese Begriffe umhergeistern, unfassbar sind und doch "irgendwie existent", wie zum Beispiel "die Grauen", die das eben Gesagte aufs Beste illustrieren. Man nehme ferner das Beispiel seiner "Illuminati": Hier bedient er sich verschiedener "Quellen", vermischt die daraus gezogenen "Erkenntnisse" gemäß seines ultrarechten Weltbildes und zieht aus dem Hut einen Feind, dem man nun alle miesen Zustände auf der Welt in die Schuhe schieben kann. Naturgemäß bilden das Gros seiner "Illuminati" tatsächliche und vermeintliche – was heißt: von ihm zu solchen erklärten – Juden und Freimaurer und sonstige "Weltverschwörer", alle in solch durchsichtigem Kleid, dass es niemandem möglich ist, den Stoff zu bestimmen, aus dem dieses beschaffen ist.

Die echten "Illuminaten" – dabei ist zu bemerken, dass dieses Wort "Erleuchtete" bedeutet – gehörten einem Freimaurerorden dieses Namens an. Dass dieser Begriff heute von einem unangenehmen Beigeschmack begleitet wird, hat seinen Ursprung unter anderem im Kirchenrecht der katholischen Kirche, ausgehend von den Jesuiten, die von den Illuminaten im 19. Jahrhundert bekämpft wurden. Da der Illuminatenorden auch von vielen anderen gesellschaftlichen, staatlichen und freimaurerischen Gruppierungen beargwöhnt, verfolgt und schließlich ganz verboten wurde, entwickelte sich eine Aura des Unbehagens, die diesem Namen bis zum heutigen Tag anhaftet, ohne dass irgendwer auch nur noch eine Ahnung besitzt, worauf sich dieses Unbehagen gründet. Später geisterte dieser Begriff – bereits unausrottbar mit dem Nimbus der Zweideutigkeit behaftet – immer wieder durch die Köpfe der Menschen, und man vermutete mit dem Aufkommen des Nationalsozialismus die Juden hinter dieser nebulösen Gruppierung – und irgendwie, so ging die Mär, führte die Spur auch zu den Freimaurern, die man ohnehin gern in einen Topf mit den "jüdischen Verschwörern" warf. Sündenböcke werden immer dort gesucht und gefunden, wo die Spur ihrer Herkunft von einer "morbiden, unfassbaren Aura" umgeben ist. Ferner bezieht der Autor sein "Wissen" um die "Illuminati" aus einem Sciencefictionroman, und er hat diese Geschichte in sein Kauderwelsch verwoben – eine gängige Praktik der Scientologen, um ahnungslose Mitbürger mit "Enthüllungen" zu versorgen.

Es ist wichtig, einem Mann wie diesem Autor nicht durch die eigene Betroffenheit Energie zufließen zu lassen, und es macht auch keinen Sinn, beispielsweise ein Gegenpamphlet zu verfassen, da dies der Sache keinen guten Dienst erweist. Man würde sich dadurch auf dasselbe Niveau begeben und ein Energiepotenzial nähren, das nach Nahrung giert, das aber nur durch beständiges "Aushungern" beseitigt werden kann. So sollte man die von ihm ausgelösten Negativenergien durch eigene Lichtarbeit neutralisieren, damit das aus dem Zeitgeist kommende "Modell" keine neue Nahrung erhält.

362

Frage: Trifft zu, was man den Scientologen nachsagt, dass sie wie eine Krake in allem ihre Finger haben und sogar die Weltherrschaft anstreben?

Saint Germain: Auf diese Frage zu antworten hieße, dieser Gesellschaft und ihren Zielen Energie zuzuführen, was nicht in meiner Absicht liegt.

WACHSENDE RINGE
von Brigitte Hussak

ICH LEBE MEIN LEBEN IN WACHSENDEN RINGEN,
DIE SICH ÜBER DIE DINGE ZIEHN.
ICH WERDE DEN LETZTEN VIELLEICHT NICHT
    VOLLBRINGEN,
ABER VERSUCHEN WILL ICH IHN.
ICH KREISE UM GOTT, UM DEN URALTEN TURM,
UND ICH KREISE JAHRTAUSENDELANG.
UND ICH WEISS NOCH NICHT: BIN ICH EIN FALKE,
    EIN STURM,
ODER EIN GROSSER GESANG?

Wir spannen unseren Lebensbogen von dem, was dieses große Gedicht des österreichischen Dichtes Rainer Maria Rilke beschreibt, dorthin, wohin uns die Worte des persisch-islamischen Dichters und Mystikers Dschalal Rumi führen:

ICH HABE DIE GANZE WELT
AUF DER SUCHE NACH GOTT DURCHWANDERT
UND IHN NIRGENDWO GEFUNDEN.
ALS ICH WIEDER NACH HAUSE KAM,
SAH ICH IHN AN DER TÜR MEINES HERZENS
    STEHEN.

UND ER SPRACH: "HIER WARTE ICH AUF DICH SEIT
EWIGKEITEN!"
DA BIN ICH MIT IHM INS HAUS GEGANGEN.

Es ist der Weg des Suchens und Findens in diesem einen Leben, das wir abwechselnd diesseits und jenseits des Schleiers verbringen, der die Dimensionen noch trennt. Dieses eine Leben hat begonnen, als wir alle uns aus der Einheit – unserem göttlichen Ursprung – in die Materie, die Vielheit (auch Polarität, Dualität) begeben haben, um dort Erfahrungen zu machen.

Saint Germain meinte einmal: "Ihr müsst keine Angst vor dem Tod haben, denn es gibt ihn nicht, es gibt nur Leben!" Tod bedeutet also Nichtleben, ein Zustand, der niemals und nirgendwo existiert. So ist der Tod, da er der Welt der Polarität angehört, eine große Illusion. Wir meinen, unsterblich zu sein – und es würde nur "die anderen" treffen. Dieses Gefühl ist in diesem Sinn durchaus berechtigt, weil tief in uns das Wissen existiert, dass wir tatsächlich unsterblich sind. Geburt und Tod, sie sind nur "Eintrittskarten" in die jeweiligen Sphären. Der Maler und Bildhauer Michelangelo drückte es so aus: "Ich bin nicht tot, ich tausche nur die Räume." Und der Dichter und Mystiker Manfred Kyber schrieb in seinem Märchenroman *Die drei Lichter der kleinen Veronika*: "... denn wir alle wandern von einem Leben zum andern und wir bauen an uns und am Gebäude der Welt. Die Toten und die Lebenden sind doch nur Formen des einen großen Daseins."

Wir westliche Menschen meinen, der Tod sei sinnlos, und so versuchen wir, das Leben um jeden Preis zu verlängern. Wir klonen, transplantieren und lassen Menschen, die sterben wollen, nicht gehen. Wir verstehen nicht mehr den Sinn des sogenannten Todes. Er ist das Tor in unsere Lichtheimat und zum weiteren Aufstieg innerhalb unserer geistigen und seelischen Evolutionsspirale diesseits und jenseits des Schleiers notwendig. Wenn wir nicht ganz ignorant sind, erkennen wir, wenn ein geliebter Mensch stirbt, dass nicht der Körper einen Menschen ausmacht. Versuchen wir also, den Tod als das zu betrachten, was er tatsächlich ist, ein Transformationsprozess, für den die Metamorphose der Raupe zum Schmetterling immer noch das perfekte Symbol ist.

Wenn es uns schon im Leben gelingt, materielle Dinge und auch Menschen loszulassen, dann wird das große Loslassen am Ende des irdischen Daseins leichter sein. Loslassen aber bedeutet nicht, sich von etwas oder jemandem trennen zu müssen, sondern Anhaftungen und Abhängigkeiten aufzulösen. Wir sollten also den Tod nicht fürchten, sondern uns mit unserer Sterblichkeit auseinandersetzen, sie aus der dunklen Ecke holen, uns mit ihr vertraut machen – und das nicht erst, wenn sie an unsere Tür klopft. Körperzellen sterben und neue entstehen, so findet in unserem Körper wie auch in der Natur sowieso schon ununterbrochen Geburt, Tod und Wiedergeburt statt – ein ewiges "Stirb und Werde".
Aber es mag eine "goldene Zeit" vor uns liegen, in der das Sterben sich nicht notwendigerweise so gestaltet, wie wir es heute noch erleben. Wenn wir eines Tages unsere eigene Göttlichkeit tatsächlich erkannt haben und sie leben, werden wir Herr im Haus unseres Körpers und unseres Lebens sein und vielleicht selbst entscheiden, ob, wann und wie wir aus dem irdischen Leben gehen wollen.

Zwischen unserem Eintritt in und unserem Austritt aus dieser Welt erleben wir wechselnd Freude und Leid, wie das in einer polaren Welt noch gar nicht anders sein kann. Das Leid in Form von Krankheit und anderen vermeintlichen "Schicksalsschlägen" trägt eine Botschaft in sich. Diese Nachricht, die unsere Seele uns zukommen lässt – wenn wir sie denn hören wollen –, zu verstehen und umzusetzen in Entwicklungsschritte, das ist der Sinn dahinter. Dann mag es uns gelingen, das Leid nicht mehr als einen zu bekämpfenden Feind, sondern als wohlmeinenden Freund zu erleben. Wir werden dann nicht mehr Gott oder eine "Macht", der wir uns ausgeliefert fühlen, verantwortlich machen und sie als Projektionsfläche benutzen für alles, was wir an uns nicht mögen. Wir werden uns nicht mehr als Spielball unbekannter Kräfte fühlen, weil wir begreifen, dass wir selbst vor unserer Geburt in diese Welt unseren Lebensplan geschaffen haben, der die Matrix unseres Lebens ist, innerhalb derer wir uns bewegen.

Wir "kreisen jahrtausendelang" im Außen – angetrieben von unserer Sehnsucht – und suchen unseren göttlichen Ursprung in von uns heiliggesprochenen Gebäuden und Plätzen, in der Natur, im Kosmos. Aber nun ist die Zeit da, in der wir uns der Tür unseres Herzens nähern, dem heiligsten Platz, an dem das, was wir im Außen gesucht haben und dem wir den Namen "Gott" gegeben haben, schon immer auf uns gewartet hat, und wir verstehen, dass "Er" immer in uns anwesend war, ist und sein wird.

***

Viele unserer Gedanken sind nicht unsere eigenen Gedanken. Wir nehmen unbewusst auf, was uns werbewirksam suggeriert wird, und lassen uns und unsere Sicht auf das Leben und die Welt manipulieren, um schließlich zu glauben, alles müsse so sein, wie es uns vorgegaukelt wird. Wir halten TV-Serien, Computerspiele und die Aussagen der Werbung für die Wirklichkeit und lassen uns vorgeben, was wir zu brauchen, zu denken, zu fühlen und wie wir zu leben haben. Gedanken werden zu Worten und Worte zu Taten. So entsteht das, was Saint Germain als "herabgesunkene Menschenordnung" bezeichnet. Es sind die Folgen eines gierigen und ungezügelten Kapitalismus im Verbund mit einer pervertierten "Globalisierung", die die Erde und alles Lebendige in Todesgefahr bringt und das, was in Jahrmillionen der Evolution entstanden ist, innerhalb von hundertfünfzig Jahren zugrunde richtet. Wie kann es sein, dass der Mensch, der sich für das intelligenteste Wesen, ja sogar für die "Krone der Schöpfung" hält, eben diese Erde, die seine Lebensgrundlage ist, systematisch und barbarisch zerstört?

Das Gesetz von Ursache und Wirkung (Karma) ist ein geistiges Gesetz, das gültig ist, solange wir in einer dualen/polaren Welt leben. Die Atomkatastrophe von Tschernobyl (1986) war ein "Schuss vor den Bug", aber wir wollten die Zeichen nicht verstehen. Das gleiche Szenario in Fukushima fünfundzwanzig Jahre später war ein weiterer "Schuss", auf den die Regierungen einiger Staaten mit einem "Jetzt-erst-Recht" zu reagieren scheinen. Und so wird dies vielleicht nicht das letzte derartige Ereignis gewesen sein. Die Elemente Erde, Wasser, Luft und Feuer lassen uns vermehrt spüren, dass wir den Bogen überspannt haben.

Der Massenmord an den sogenannten Nutztieren legt den Grundstein für eine sowohl physische als auch geistige Kette von Krankheiten, Seuchen und Epidemien, es ist eben eine Auswirkung des oben erwähnten Gesetzes von Ursache und Wirkung. Welche selbstverschuldeten Katastrophen benötigen wir noch, um endlich unseren immer schneller und hysterischer werdenden "Tanz um das Goldene Kalb" anzuhalten?

Wir nehmen hin, dass aus unseren Lebensmitteln das Leben entfernt wird, wir nehmen hin, dass unsere Nahrung, unsere Kleidung und viele unserer Gebrauchsgegenstände vergiftet und dass täglich Tier- und Pflanzenarten ausgerottet werden. Es ist also an der Zeit, unser Konsumverhalten zu verändern und nicht Lebensmittelkonzerne dafür zu bezahlen, dass sie uns krank machen. Und es ist auch an der Zeit, einer gezielten Diffamierung einer gesunden Lebensweise, die im Einklang mit der Natur steht, etwas entgegenzuhalten, zum Beispiel das Argument, dass sich die Menschen der ganzen Welt bis vor einhundert Jahren natürlich ernährt haben.

Unsere Erde könnte gut und gerne zehn Milliarden Menschen und mehr ernähren. Wären genug Rücksicht, Mitgefühl und Liebe in der Welt, dann würde nicht etwa eine Milliarde Menschen hungern, die kaum oder gar keinen Zugang zu Nahrungsmitteln haben und von denen jährlich 8,8 Millionen verhungern, vor allem Kinder. Sie alle haben sich ihr Elend nicht selbst zuzuschreiben, denn die Ursache für ihr Leid sind eine ungerechte Weltwirtschaftsordnung mit einer turbokapitalistischen Globalisierung und Ausbeutung, mit Krankheiten und Hunger seit Generationen, Umweltzerstörung, Naturkatastrophen und so weiter. Wie lange wollen wir, die wir (noch) im Nahrungsüberfluss leben, den wir nicht achten, denn noch zusehen, wie die Grundnahrungsmittel als Spekulationsobjekte missbraucht werden, wodurch die Nahrung für die Armen dieser Welt unbezahlbar wird? Als die UNO-Vollversammlung vor wenigen Jahren das Recht auf Trinkwasser als Menschenrecht proklamieren wollte, gab es, man höre und staune, Gegner. In einem beinahe gespenstisch anmutenden Interview spricht der Chef des größten Lebensmittelkonzerns der Welt der Menschheit das Recht auf Trinkwasser ab, das ja immerhin das Grundlebensmittel Nummer eins ist; der Zugang zu Wasser soll, geht es nach ihm, kein öffentliches Recht sein.

Wollen wir wirklich in einer solchen, aus den Fugen geratenen Menschenordnung leben, die Jean Ziegler eine "kannibalische Weltordnung" nennt? Wir sollten uns nicht zu fein sein, von den noch verbliebenen Ureinwohnern aller Kontinente zu lernen, die wir so gerne als "primitiv" bezeichnen. Sie haben sich das alte Wissen um die Zusammenhänge in der Schöpfung bewahrt und kennen die Lösungen der meisten unserer Probleme. Sie hätten uns viel zu erzählen, wenn wir nur zuhören würden. Und würden wir uns mit den unsichtbaren Wesenheiten der Natur verbinden – die "Antennen" dafür haben wir alle –, wäre unsere Erde bald geheilt.

Wir (das sind vor allem die Menschen der Industrienationen) haben uns von der Natur abgetrennt, und daher bezeichnen wir sie als "Umwelt" und meinen, ihr mit ungenügendem "Umweltschutz" eine Gnade zu erweisen. Aber wir sind nur ein sehr kleiner, sehr verletzbarer und sehr abhängiger Teil des Ganzen, der sich als

Spezies für wichtiger hält, als er ist, und nicht begreift, dass er ohne "die Umwelt" nicht existieren kann, weil sie Teil ist von ihm und er Teil von ihr.

Würden wir unsere technischen Errungenschaften konstruktiv statt destruktiv anwenden, hätten wir längst das Paradies auf die Erde gebracht. Sie ist unsere nährende Mutter, die uns das Leben ermöglicht, ein lebendiger Organismus (unsere Wissenschaftler sind gerade dabei, das zu entdecken) und darüber hinaus ein heiliger Ort. Aber es scheint, als wäre den meisten Menschen nichts mehr heilig. So wird allmählich vielen Menschen diese mit kaltem Intellekt und maßloser Gier gestaltete Welt immer fremder.

Dass diese immer noch wunderbare, aber ausgebeutete und schwer verletzte Erde ein besserer Ort sein möge, das wünschen sich die meisten Menschen. Doch wie soll das Wirklichkeit werden? Es liegt allein an uns, wie wir die schöpferischen Kräfte nutzen, die jedem Menschen angeboren sind. Solange wir unseren Körper, unsere Psyche und damit unsere Erde zu einem Kriegsschauplatz machen, werden wir an und in dieser Welt zu leiden haben. Erst wenn wir unsere Innenwelt befrieden, gibt es nichts Ungutes mehr, das wir nach außen projizieren könnten. Dies ist wohl der einzig sinnvolle und wirksame Friedensdienst.

Wir werden nicht von Konferenzen gerettet, die Unsummen verschlingen und meist ergebnislos enden. Und wir werden auch nicht von außerirdischen Raumschiffen evakuiert werden, weil nichts gerettet werden muss, wenn wir die Verbundenheit allen Lebens erkennen und dadurch in der Lage sind, einen besseren Weg zu beschreiten. Wesentlich für einen grundsätzlichen Wandel auf unserer Erde erscheint mir die Auflösung von Egoismen und die Erkenntnis, dass nur ein Zusammenschluss aller Menschen, die guten Willens sind, die sich nicht verbiegen lassen und nicht alles gedankenlos und träge hinnehmen, eine Wendung hin zu einem Frieden ermöglicht, der den Namen auch verdient und der mehr ist als nur die Zeit zwischen zwei Kriegen.

In Zeiten der Not sind die Tore der geistigen Welten weit geöffnet, wie Saint Germain sagt. Und wenn wir unsere inneren Tore für diese Einflüsse öffnen, werden wir die rettenden Werkzeuge, die jeder Mensch in sich hat – sie heißen Liebe, Mitgefühl und Schöpferkraft –, entdecken und nutzen und dann vielleicht auch noch Hilfe von fortgeschritteneren Sternengeschwistern erhalten, wer weiß.

Auf unserer Suche nach dem Licht orientieren wir uns hin zu den geistigen Welten. Das ist sicher gut und richtig, aber wir vergessen dabei oftmals, dass wir selbst Teil dieser Sphären sind und dass wir das gesuchte Licht in uns tragen, um es in die dunklen Ecken dieser Welt strahlen zu können.

***

Eine dem Maler und Bildhauer Michelangelo zugeschriebene Anekdote berichtet, er sei von einem Bewunderer gefragt worden, wie denn seine genialen Skulpturen entstehen würden. Michelangelo erklärte ihm, dass das Kunstwerk im rohen Gesteinsblock bereits in Vollkommenheit enthalten sei. Die Aufgabe des Bildhauers aber wäre es, den überflüssigen Stein zu entfernen. Diese Geschichte ist eine Metapher für unsere Lebensreise hin zur Vollkommenheit. Wir sollten also alles Überflüssige entfernen, was uns von unserer göttlichen Herkunft trennt, um das zu werden, was wir in Wirklichkeit sind: "Lichtströme aus dem Herzen des Vaters, des All-Einen", als die Saint Germain uns bezeichnet. Diese "bildhauerische" Arbeit ist die wahre SELBST-Verwirklichung, die nicht sich selbst, also den dem materiellen Weltbild verfallenen Menschen meint, der sich von seinem Ego beherrschen lässt. Sie meint den göttlichen Menschen, der, wenn er sich aus dem Gesteinsblock befreit hat, eine Liebesbeziehung zu allen Wesen, zu allem Lebendigen unterhält.

Saint Germains meint dazu: *"Die Welt braucht Menschen, die gelernt haben und weiter lernen, ihr Licht auszudehnen, ihr Bewusstsein zu heben, um das Denken, das die Welt verwüstet, aufzulösen."*

Wir leben in einer Zeit, in der Ströme der Heilung und Liebe aus den geistigen Welten unsere Erde und das Universum erreichen und sich mit uns verbinden. Denn es gibt so vieles, was endlich geheilt und geliebt werden will. Der Königsweg ist Mitgefühl und Liebe für alles Seiende. "Wenn auf der Erde Liebe herrschte, wären alle Gesetze entbehrlich", das wusste schon vor 2300 Jahren Aristoteles. Und Albert Schweitzers Idee von der "Ehrfurcht vor dem Leben" ist kein Auslaufmodell, sondern ein Zukunftsmodell, das noch von vergleichsweise wenigen Menschen gelebt wird. Jeder Mensch aber ist in der Lage, auf seine ganz individuelle Weise Liebe in der Welt zu verbreiten. Damit aber unsere Liebe ohne Bedingungen sein kann, werden wir die Angst, die das Gegenteil von Liebe ist, aufzulösen haben.

Destruktive Strukturen in allen gesellschaftlichen Bereichen, die nicht den Gesetzen des Lebens entsprechen, werden sich umwandeln in ein neues und konstruktives Gefüge, das nicht mehr herrscht, sondern im besten Sinne dient. Es ist allerdings nicht damit zu rechnen, dass diese positive Veränderung unserer Lebensverhältnisse auf uns h*erniederschwebt. Und es liegt allein in unserer Hand, ob sich diese Neuordnung, die wir selbst zu gestalten haben, leidvoll oder freudig vollziehen wird. Aber in allen Problemen sind schon ihre Lösungen enthalten.

Ich schließe mit einem Gedanken von Mahatma Gandhi, der, in die Tat umgesetzt, die Erde zu einem Paradies machen kann:

Sei du selbst die Veränderung,
die du dir wünschst für diese Welt!

DANK

Mit dem vorliegenden Werk, dem letzten der fünfteiligen Reihe *Saint Germains Vermächtnis*, sind nun alle Texte Saint Germains aus unseren Schulungen veröffentlicht. Dies nehme ich zum Anlass, den Lesern für ihr Interesse zu danken.

Meinem Lehrer Saint Germain bin ich unendlich dankbar für seine Liebe und Geduld während unserer "Lehrjahre" und auch für sein Vertrauen, das es mir ermöglichte, seine Texte einer breiteren Öffentlichkeit nahezubringen.

Mein Dank gilt meiner verstorbenen Weggefährtin Myra, mit der mich erfüllte und niemals langweilige fünfunddreißig Jahre gemeinsamen Wachsens verbinden. Sie war Saint Germains reines und hochschwingendes Medium und ein wunderbarer Mensch.

Es mag nicht allzu viele Verlage geben, die sich schon nach der Lektüre des ersten Manuskriptes entscheiden, auch die nachfolgenden Bücher zu verlegen. So danke ich dem Team des Silberschnur Verlages für die gute und vertrauensvolle Zusammenarbeit und den Mut, "Saint Germains Vermächtnis" zu veröffentlichen, dessen Inhalte in vielen Teilen "gegen den (neuzeitlich-esoterischen) Strich gebürstet" sind.

Das vorliegende Buch enthält mehrere Zitate aus dem Buch *Ein Kurs in Wundern*. So ist dem Greuthof Verlag für die Erlaubnis zu danken, diese hier verwenden zu dürfen.

Quellenverzeichnis

1. aus: *Ein Kurs in Wundern*®, Greuthof Verlag, Freiburg, © 1994, 2008, Handbuch für Lehrer, S. 59

2. aus: Kenneth Wapnick, *Glossar zu Ein Kurs in Wundern*, Greuthof Verlag, Freiburg, © 2000, S. 137

3. aus: aus: Kenneth Wapnick, *Glossar zu Ein Kurs in Wundern*, Greuthof Verlag, Freiburg, © 2000, S. 114/115

4. aus: *Ein Kurs in Wundern*®, Greuthof Verlag, Freiburg, © 1994, 2008, Textbuch, S. 212

5. aus: *Ein Kurs in Wundern*®, Greuthof Verlag, Freiburg, © 1994, 2008, Textbuch, S. 212

6. aus: Kenneth Wapnick, *Glossar zu Ein Kurs in Wundern*, Greuthof Verlag, Freiburg, © 2000, S. 108

7. aus: *Ein Kurs in Wundern*®, Greuthof Verlag, Freiburg, © 1994, 2008, Textbuch, S. 7

8. aus: *Ein Kurs in Wundern*®, Greuthof Verlag, Freiburg, © 1994, 2008, Textbuch, S. 7.

9. aus: *Ein Kurs in Wundern*®, Greuthof Verlag, Freiburg, © 1994, 2008, Textbuch, S. 8

10. aus: *Ein Kurs in Wundern*®, Greuthof Verlag, Freiburg, © 1994, 2008, Textbuch, S. 11

11. aus: *Ein Kurs in Wundern*®, Greuthof Verlag, Freiburg, © 1994, 2008, Textbuch, S. 28

12. aus: *Ein Kurs in Wundern*®, Greuthof Verlag, Freiburg, © 1994, 2008, Textbuch, S. 28

13. aus: *Ein Kurs in Wundern*®, Greuthof Verlag, Freiburg, © 1994, 2008, Textbuch, S. 29

14. aus: *Ein Kurs in Wundern*®, Greuthof Verlag, Freiburg, © 1994, 2008, Textbuch, S. 32

15. aus: *Ein Kurs in Wundern*®, Greuthof Verlag, Freiburg, © 1994, 2008, Textbuch, S. 144

16. aus: *Ein Kurs in Wundern*®, Greuthof Verlag, Freiburg, © 1994, 2008, Textbuch, S. 144

17. aus: *Ein Kurs in Wundern*®, Greuthof Verlag, Freiburg, © 1994, 2008, Textbuch, S. 144

18. aus: *Ein Kurs in Wundern*®, Greuthof Verlag, Freiburg, © 1994, 2008, Textbuch, S. 147

19. aus: *Ein Kurs in Wundern*®, Greuthof Verlag, Freiburg, © 1994, 2008, Textbuch, S. 147

20. aus: Kenneth Wapnick: *Einführung in Ein Kurs in Wundern*, Greuthof Verlag, Freiburg, ©2012, S. 136

21. aus: Kenneth Wapnick, *Glossar zu Ein Kurs in Wundern*, Greuthof Verlag, Freiburg, © 2000, S. 64

22. aus: *Ein Kurs in Wundern*®, Greuthof Verlag, Freiburg, © 1994, 2008, Textbuch, S. 670

23. aus: *Ein Kurs in Wundern*®, Greuthof Verlag, Freiburg, © 1994, 2008 Übungsbuch, S. 480

24. aus: *Ein Kurs in Wundern*®, Greuthof Verlag, Freiburg, © 1994, 2008 Handbuch für Lehrer, S. 29

25. aus: *Ein Kurs in Wundern*®, Greuthof Verlag, Freiburg, © 1994, 2008 Handbuch für Lehrer, S. 29

Literaturverzeichnis

Saint Germain/Myra: *Saint Germains Vermächtnis. Ein westlich-abendländischer Einweihungsweg.* Silberschnur Verlag © 2010.

Saint Germain/Myra: *Kabbala und Rosenkreuz. Saint Germains Vermächtnis.* Silberschnur Verlag © 2011.

Saint Germain/Myra: *Devas: Die Natur hinter der Natur. Saint Germains Vermächtnis.* Silberschnur Verlag © 2012.

Saint Germain/Myra: *Kundalini: Die Lebenskraft des göttlichen Feuers. Saint Germains Vermächtnis.* Silberschnur Verlag © 2012.

Peter Schraud: *Graf Saint Germain, unser Bruder. Eine Wahrnehmungsübung.* Novalis © 2011.

Ein Kurs in Wundern®, Greuthof Verlag, Freiburg, © 1994, 2008.

Kenneth Wapnick: *Einführung in Ein Kurs in Wundern*, Greuthof Verlag, Freiburg, © 2012.

Kenneth Wapnick: *Glossar zu Ein Kurs in Wundern*, Greuthof Verlag, Freiburg, © 2000.

Kenneth Wapnick: *Den Widerstand aufgeben – die Liebe annehmen: EIN KURS IN WUNDERN in der Praxis*, Greuthof Verlag, Freiburg, © 2006.

Kenneth Wapnick: *Die Botschaft von Ein Kurs in Wundern: Alle sind berufen, wenige wählen zu hören*, Greuthof Verlag, Freiburg, © 2011.

Kenneth Wapnick: *Die Essenz von Ein Kurs in Wundern*, Greuthof Verlag, Freiburg, © 2010.

Kenneth Wapnick: *Wunder als Weg: Die 50 Grundsätze der Wunder in Ein Kurs in Wundern* Greuthof Verlag, Freiburg, © 2006.

Gloria Wapnick: *Der Himmel hat kein Gegenteil: Die wichtigsten Fragen zu Ein Kurs in Wundern*, Greuthof Verlag, Freiburg, © 2004.

Kenneth Wapnick: *Jenseits der Glückseligkeit – Das Leben von Helen Schucman und die Niederschrift von »Ein Kurs in Wundern«*, Greuthof Verlag, Freiburg, © 1999.

Konrad Dietzfelbinger: *Texte aus Nag Hammadi.* 4 Bände, Königsdorfer.

Laotse: *Tao te King.* In verschiedenen Übersetzungen.

Alle Vorträge von Omraam Mikhael Aivanhov sind in Buchform bei Prosveta erschienen.

Informationen über die spirituelle Arbeit von Waltraud Rempe und Andreas Bader erhalten Sie über deren Homepage www.engelsbotschaften.de.

Über die Autorin

MYRA (geboren 1945 in Oberbayern, gestorben 2002) war mehr als sechs Jahre Saint Germains Medium, seine Schülerin und Teil einer Gruppe, für die das vorliegende Buch ursprünglich entstanden ist.

Brigitte Hussak (geboren 1944 in Österreich), Schülerin Saint Germains und Myras langjährige Wegbegleiterin, sammelte die Botschaften Saint Germains, um sie nun einer breiteren Öffentlichkeit zugänglich zu machen.

256 Seiten, Klappenbr.
ISBN 978-3-89845-307-3
€ [D] 16,90

Myra

Saint Germains Vermächtnis

Ein westlich-abendländischer Einweihungsweg

Saint Germain, Aufgestiegener Meister und Menschheitslehrer, weist uns hier einen westlich-abendländischen Einweihungsweg, der eine Umwandlung des Lebens ermöglicht – eine Heilung im Sinne von Ganzheit.

Der zweite Teil des Buches eröffnet uns einen Zugang zum mystischen Christentum und zu unserer eigenen keltischen Urtradition. Ein Buch, das uns wieder mit unseren Wurzeln verbindet ...

480 Seiten, Klappenbr.
ISBN 978-3-89845-334-9
€ [D] 19,90

Myra

Kabbala und Rosenkreuz

Saint Germains Vermächtnis

In diesem einmaligen Buch lädt Saint Germain den Leser ein, sein Energiefeld zu betreten: Er nimmt ihn mit auf den Weg zu Kabbala und Rosenkreuz, die alle Weisheit der Menschheitsgeschichte enthalten und es uns erlauben, das wahre Wissen der Eingeweihten wieder zu erwerben.

Kabbala und Rosenkreuz durchdringen und ergänzen einander. Ein wichtiger Schritt zu einem neuen Verständnis der geistigen Welt – auf der Basis der »alten Ordnung«.

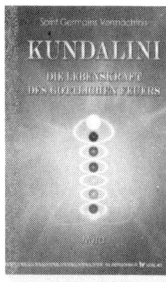

224 Seiten, Klappenbr.
ISBN 978-3-89845-372-1
€ [D] 16,95

Myra

Kundalini – Die Lebenskraft des göttlichen Feuers

In der Begegnung mit der Lehre von Kundalini, Tantra und Yoga erfahren wir einen wunderbaren Weg zu Gott. Dieser Weg bedient sich des Atems, der den physischen mit dem geistigen und spirituellen Menschen verbindet.

Saint Germain beschreibt in diesem Buch verschiedene Wege und Übungen, um sich der alten Lehre von der Kundalini-Energie zu nähern. Ist sie wieder in das Leben integriert, wird die Gesamtpersönlichkeit des Menschen geweckt, dank derer er in der Lage ist, die höheren Seinszustände zu erreichen und die Christus-Buddha-Natur in sich zu verwirklichen.

Mit praktischen Übungen für den Alltag.

176 Seiten, broschiert
ISBN 978-3-89845-357-8
€ [D] 6,95

Myra

Devas – Die Natur hinter der Natur

Saint Germains Vermächtnis

Im Hinhören und Wahrnehmen der Klänge der Natur können wir das wiederentdecken, was wir zur Harmonisierung brauchen. Dieses Buch führt Sie zu Ihrer inneren Stimme, die Sie stets zur richtigen Pflanze, zum richtigen Metall, zum richtigen Mineral – zu einer lichtvollen Alchemie der Heilung lenkt.

Machen auch Sie sich mithilfe von Saint Germain die Heilkraft der Natur zunutze.

160 Seiten, broschiert
ISBN 978-3-89845-292-2
€ [D] 6,95

Barbara Berger

Meditationen

Tore zum Bewusstsein

Verschiedene Wege führen zur Erfahrung von glückseligen, erweiterten Bewusstseinszuständen, jener globalen Revolution, die in unserer Zeit stattfindet. Ein einfacher Weg zu diesem höheren Bewusstsein sind die Meditationen von Barbara Berger.

Die Bestseller-Autorin vermittelt fundiert und immer leicht nachvollziehbar verschiedene Meditationsformen. In gewohnt unkomplizierter Art erklärt sie neben praktischen Übungen auch die Stolpersteine, die eine erfolgreiche Meditation verhindern können.

212 Seiten, mit farb.
Abbildungen, broschiert
ISBN 978-3-89845-308-0
€ [D] 6,95

Claire Avalon

Die Lichtstrahlen der Aufgestiegenen Meister

Eine praktische Einführung

Jedes lebendige Wesen und alles, was in der irdischen Materie erschaffen wird, folgt den gleichen Gesetzen. Wir alle haben einen Lebensplan. Die kosmischen Lichtstrahlen sind dabei wie Energiebahnen, denen wir folgen, und Geist und Materie treffen sich immer wieder, um die Weichen neu auszurichten. Doch wer hütet unseren Plan? Die Aufgestiegenen Meister sind unsere Partner auf der geistigen Ebene, und sie helfen uns, die Ziele unserer Seele zu erreichen.

Die Aufgestiegenen Meister zeigen uns, wie wir unser Leben geerdet und spirituell ausrichten können.

256 Seiten, Klappenbr.
ISBN 978-3-89845-373-8
€ [D] 16,95

Claire Avalon

Sanat Kumara und die Weiße Bruderschaft
Die Heimkehr der neuen Erde

Sanat Kumara, die Aufgestiegenen Meister und die atlantischen Priester sind in diesem Buch vereint, um uns zu erklären, dass die Zeit der Wandlung und der Augenblick für eine grundlegende Revision unseres Tuns gekommen ist. Sie geben die Anleitung, wie sich unser ursprüngliches Potenzial wieder in unserem Bewusstsein zeigen kann und wie wir neue Wege finden, die uns auf eine höhere Stufe führen. Dieses Buch zeigt uns Entwicklungschancen, von denen wir bisher nichts ahnten. Es öffnet den Zugang zum höheren Bewusstsein und zeigt so unser wahres Potenzial auf. Mit eindrucksvoller Übung zur Einstimmung der Chakren auf die Venusenergie.

216 Seiten, broschiert
ISBN 978-3-89845-377-6
€ [D] 14.90

Vadim Zeland

Transsurfing in 78 Tagen
Die Kunst der Realitätssteuerung

Transsurfing ist eine mächtige Technik zur Realitätssteuerung, mit der jeder die Möglichkeit hat, die Realität nach Belieben zu lenken. Das Basiswissen zu Transsurfing fasst Vadim Zeland hier in 78 Schritten zusammen und bietet damit ein Buch, das die Grundlagen der Realitätssteuerung klar und verständlich erklärt. Dieses Basiswissen ist notwendig, um zu erkennen, dass die Realität nicht festgeschrieben ist. Jeder Mensch kann zu jeder Zeit aus einer Vielzahl möglicher Wege den für sich richtigen wählen, um sein Ziel zu erreichen. Er kann selbst entscheiden, welche Ereignisse in seinem Leben stattfinden werden und welche nicht.

160 Seiten, gebunden
ISBN 978-3-89845-388-2
€ [D] 14.95

Mark L. Prophet

Handbuch des spirituellen Wachstums

In diesem wunderbaren Buch erfahren wir, dass Spiritualität ihr wahres Gesicht im Alltag offenbart. Mark Prophet erklärt uns fast spielerisch, wie und warum wir unsere Welt mit neuen Augen betrachten können und dass unsere Suche nach dem Sinn des Lebens zwar eine Herausforderung ist, die aber auch Spaß machen sollte. Lesen Sie, wie erfrischend es sein kann, über uns selbst in all unserer Menschlichkeit zu lachen, und wie sehr es Sie erhebt, wenn Sie die Weisheit Ihres Höchsten Selbst in den Rhythmus des Alltags einbringen.
Im *Handbuch des spirituellen Wachstums* erhalten wir endlich die Antworten auf unsere intimsten spirituellen Fragen.

176 Seiten, broschiert
ISBN 978-3-89845-399-8
€ [D] 14.95

Dirk Thomas

Botschaften der Waldfeen
Die reinigende Kraft der Natur

Feen – wenn wir unser Herz wieder für die Natur öffnen und die Kräfte der Natur in uns aufnehmen, können wir ihnen begegnen. Dana, die Feenkönigin des Waldes, geleitet uns in diesem Buch in ihre Welt. Sie zeigt uns, wie wir unserem eigentlichen, göttlichen Wesen wieder näher kommen. Dana begleitet uns zu unserer inneren Weisheit und erklärt dabei auch die Gesamtzusammenhänge unseres energetischen Umfeldes, um uns endlich als Teil der gesamten göttlichen Ordnung wiederzufinden.

Wer den lichtvollen Hinweisen folgt und die versöhnliche Hand der Fee ergreift, steht am Ende des Buches vor einem bedeutenden Schritt: dem Weg in den eigenen Garten Eden ...

184 Seiten, gebunden
ISBN 978-3-89845-400-1
€ [D] 14,95

Kurt Tepperwein

Das Huna-Geheimnis
Die hawaiianische Heilmagie

Wer Huna, »das verborgene Geheimnis«, kennt, kann sein Schicksal nach seinen Wünschen gestalten. Kurt Tepperwein enträtselt, wie jeder mit dem Urwissen des hawaiianischen Schamanismus seine eigenen Kräfte gezielt einsetzen kann, um Gesundheit, Glück, Wohlbefinden und Erfolg zu erlangen. Er stellt uns Praktiken vor, mit denen wir die Huna-Lehre in unser Leben integrieren können. Mit wertvollen Tipps, Übungen und Mediationen lernen wir, die alte Lebenskunst aus Hawaii ganz praktisch zu leben und unsere Wünsche und Ziele zu erreichen.